U0115692

阿勒坦汗与土默特

张继龙 著

内蒙古出版集团
内蒙古人民出版社

图书在版编目（CIP）数据

阿勒坦汗与土默特 / 张继龙著 . —— 呼和浩特：内蒙古人民出版社，2015.10

ISBN 978-7-204-13654-4

Ⅰ . ①阿… Ⅱ . ①张… Ⅲ . ①阿勒坦汗—生平事迹②内蒙古—地方史 Ⅳ . ① K827 ＝ 47 ② K292.6

中国版本图书馆 CIP 数据核字 (2015) 第 253931 号

阿勒坦汗与土默特

作　　者	张继龙	
责任编辑	蔺小英	
封面设计	李琳	
出版发行	内蒙古人民出版社	
地　　址	呼和浩特市新城区中山东路 8 号波士名人国际 B 座 5 楼	
网　　址	http://www.nmgrmcbs.com	
印　　刷	内蒙古地矿印刷厂	
开　　本	787mm×1092mm　1/16	
印　　张	24.5	
字　　数	460 千字	
版　　次	2016 年 3 月第 1 版	
印　　次	2016 年 3 月第 1 次印刷	
印　　数	1 — 5000 册	
标准书号	978-7-204-13654-4/K・697	
定　　价	79.00 元	

如出现印装质量问题，请与我社联系。

联系电话：（0471）3946120 3946173

目录

北元蒙古的土默特部落

一、土默特部名来源

"土默特"一名出现于北元时期，用以指代土默特部落集团、万户，清朝时指称归化城土默特旗以及喜峰口外的土默特旗。

长期以来，"土默特"这一部落集团、万户名称，被人们作为蒙古部落名称来追溯。其中，有推定《蒙古秘史》中的秃马惕即为土默特说，推定土默特源自客列亦惕部分支部落秃马兀惕或土别兀惕说，推定土默特源自蔑儿乞部说，推定土默特源自汪古部说。这些推定中，土默特作为部落源自秃马惕说提出最早，影响也最大。由此，一些人还推定《亲征录》中的土满土伯夷，《元史》中的土伯燕、秃满、吐麻都是秃马惕的异称。还有的推定唐代的都波、阿尔泰鞑靼就是秃巴思，也就是秃马惕。还有的推定《辽史》中辽金边外的阻卜后来演化为秃巴思，也就是后来的秃马惕，认为今俄罗斯境内的图瓦共和国的图瓦人也为由秃马惕演化而来的民族。

根据拉施特《史集》记载，秃马惕部是从巴尔忽惕（即巴尔虎）人的亲属和支系分出来的，是一支非常好战的部落和军队。《蒙古秘史》记载，秃马惕归附成吉思汗后，因成吉思汗许诺让谋士、大将、萨满教巫师、万户长豁尔赤娶三十个妻子，豁尔赤知道秃马惕女子长得漂亮，向成吉思汗要求从秃马惕部娶三十个妻子。结果，在豁尔赤受命前往秃马惕部挑选美女时遭到羁押。成吉思汗派斡亦剌（卫拉特）首领，其亲家忽都合别乞前去调解，结果忽都合别乞也被扣押。为此，成吉思汗派其四杰之一的孛罗忽勒（又译为博尔忽）征伐秃马惕。但由于孛罗忽勒轻敌冒进而兵败，死于秃马惕之地。成吉思汗又派朵儿边氏人多黑申率兵征伐，朵儿边·多黑申先派出一部分军队在行军、哨守的各处路口虚张声势，然后亲自率领大军沿着野牛走的路前往秃马惕人的驻地。他传令军中：若有人畏缩不前，就给予杖责，又让人带上斧、锛、锯、凿，遇到阻挡去路的林木就砍伐掉，开辟道路，很快登上了秃马惕人驻地旁的山顶。这时，秃马惕的百姓正在举行宴会，大军突然从山上冲下，把他们全部俘虏了。根据拉施特的《史集》记载，由于孛罗忽勒在战争中被杀，秃马惕人被认为是一个奸诈、不怀好意的部落，于是屠杀了他们的许多人。征服秃马惕部后，由于孛罗忽勒牺牲之故，成吉思汗把一百户秃马惕人赐给了他的家属为奴，又让豁尔赤选了三十个女子，秃马惕部的女首领孛脱灰塔儿浑被赐给了斡亦剌首领忽都合

别乞。《蒙古秘史》没有提到秃马惕剩余部众下落。其后，在成吉思汗分封部众时，斡亦剌各部人被分为四个明安（千户），忽都合别乞成为首领。这四个明安分别是：郭勒明安（意为中心明安，土尔扈特部）、伊克明安（意为大明安，辉特、巴图特部）、扎合明安（意为边陲明安，巴尔虎、布里亚特部）、茂明安（意为坏明安，其他氏族部落）。秃马惕人因当年叛乱而受到镇压，所以把他们称为"茂人"，即坏人，分到茂明安部，在历史发展演变中，科尔沁和蒙郭勒津部中各有一部分茂明安人。据《布里亚特蒙古史》记载，蒙古人统一布里亚特人所居住地区时，其中有一部分游牧到今俄罗斯联邦萨哈（雅库特）共和国一带，他们中有一部分秃马惕部落。

分给孛罗忽勒家属的一百户秃马惕人，被一些研究者认为就是日后居住于阴山南北的土默特人。他们的依据是据《蒙兀儿史记》记载："孛罗忽勒的次子塔察尔移营官山，此百户从之。"官山就是阴山中段，今内蒙古集宁西北面的辉腾锡勒草原九十九泉一带。塔察尔作为成吉思汗功臣之一四杰之后，幼年时就"值宿卫"。以后，他跟随窝阔台伐金，转战南北，任"行省兵马都元帅"，统领宿卫及诸王驸马亲军。而这些宿卫亲军在当时都是从各官员和白身人儿子内选择。归他所有的这些秃马惕人的身份均为奴隶，是没资格去当宿卫亲军的，随从他在队伍中也应都是做一些低级的事情。如果他的这些奴隶以后又返回，一直住在官山，那么战争中要有减员，不可能一百户兵丁都又回到官山。如果这一百户兵丁没有随同塔察尔参战，作为战败的奴隶，人口发展也不会太快，因为奴隶的身份不可能人人娶妻。在塔察尔去世

阴山山脉——大青山秋色

辉腾锡勒草原九十九泉一带即为古官山地区

150 多年后的元朝末年，官山和正蓝旗上都一带被明末农民起义军刘福通系的关先生、破头潘烧杀掳夺，破坏极为严重，这一百户秃马惕人的后裔如果当时仍在这里驻牧，受到的打击也应该是巨大的，根本无法保持它的建制。其后的明朝初期对蒙古的征伐，连当时居住于这一带，成吉思汗时就有 5000 户的强大的汪古部人都所剩不多，不用说这一百户秃马惕人后代了。所以，这一百户秃马惕形成以后的土默特是不可能的事情。

在明代的各种汉籍中，没有见到有土默特部落的记载。土默特部落集团一般都被记为"满官嗔""满官正""莽观镇"等，也就是蒙古文史籍汉译本中的"蒙郭勒津""蒙古贞"等。而作为蒙郭勒津当时的属部，仅有 500 兵丁的畏兀儿沁部、达拉特部、巴林部则经常出现在明代的各种史籍中，但没有见到有一个或大或小的土默特部的记载。如果当时蒙郭勒津属部内有一个势力和蒙郭勒津部不相上下的部落，明代的史籍是不会留不下一点记载的。成书于 1612 年（明万历四十年）的《万历武功录》，下限记事年代为 1600 年（明万历二十八年），记载了明嘉靖、隆庆、万历前中期 133 位蒙古和女真首领的事迹，但也并没有看到有关土默特部的记载。

在 1662 年成书的《蒙古源流》中，反映出来的情况是 15 世纪 70 年代，土默特和蒙郭勒津两个名称就可以互相通用了。这表明，"土默特""蒙郭勒津"实质是指一个部落，而明代汉籍史料之所以没有"土默特"的记载，一是因为"土默特"一称出现较晚，二是因为"土默特"并没有实质所指。在鄂尔多斯达尔扈特人的口口相传中，说"土默特"是较晚成立的，在成吉思汗大祭的祭词中，在提到蒙古六万户时也是把"土默特"放到最后。这可以证明"土默特"这一名称形成较晚。

"土默"为"万"之意，也指代"万户"。

万户是金朝开始设置的官名，为世袭军职，统领千户、百户，元代相沿，明代时，北元蒙古一般把兀鲁思称为万户，即"土默"，"特"为其复数词，土默特也就是万户、国家、领地很多的意思。所以，"土默特"应是阿勒坦汗的"十二土默特"形成后出现的，而不是单一的部落名称。这一名称出现后，因其意的表述仅为万户、国家、领地很多的意思，没有实质意义，所以，也没有在明代的汉籍中出现。如《三云筹俎考》在记载1613年博硕克图汗在得胜堡接受顺义王封号时使用的就是"十二部落"。也正因为"土默特"没有实质意义，所以在美岱召和苏木沁村堡子庙留有的汉文石碑上，才使用了以阿勒坦名字汉译而出现的"金国"。因为将其汉译成"万户很多"国，不如用阿勒坦汗的名字汉译后更能代表其含义。

元朝败亡退回蒙古草原的蒙古人，仍把自己的政权称为"元"，如卫拉特的也先在称汗后给明朝的书信中自称为"大元田盛（天圣）可汗"，达延汗在统一政权后，给明朝的书信中也称为"大元大可汗"。可见"元"仍是蒙古人退回漠北后的称号。在《蓟门考》中，记载东房（指蒙古左翼）称为"察罕儿"，西房（指蒙古右翼）通号为"莽贯儿"（蒙古），这也说明达延汗后裔们分为左右翼后，左翼称为察哈尔，右翼称为蒙古。"蒙古"也是土默特部在1543年后与"元"并列的对外称呼。在明朝的史籍中，把北元时期的蒙古称为虏、北虏、夷、北人、北朝、北狄、鞑靼、残元、达虏、胡虏等。

二、土默特部落源流

在明代的汉文史籍中，都把后来蒙文史籍中的土默特部称为"满官嗔""满官正""莽观镇"等，也就是蒙文史籍中的蒙郭勒津部。既然土默特部落集团的早期称呼为蒙郭勒津，那么土默特部落的源流就应该以蒙郭勒津部来追溯。

（一）蒙郭勒津之名的出现

蒙郭勒津，为"类似蒙古人"之意。"蒙郭勒津"一词最早见于记载，是在《蒙古秘史》中，为记载成吉思汗祖上孛儿只吉歹·蔑儿干的妻子为忙豁勒真·豁阿的记录，这也是成吉思汗祖上有"博尔济吉特"姓的开始。"蔑儿干"意为"善射者""神箭手"，常作为善射箭男子的美称。"豁阿"意为"美丽""美女"，常作为女子的美称。《蒙古秘史》中关于孛儿只吉歹·蔑儿干的妻子"忙豁勒真·豁阿"的记载，一个是表明当时蒙郭勒津部已经形成，蔑儿干的妻子来自蒙郭勒津部，另一个可能是蔑儿干的妻子为类似蒙古人的美女。

但是，在由忽必烈的兄弟旭烈兀的曾孙，伊利汗国大汗合赞和完者兄弟执政时下令由汗国宰相、大史学家拉施特主编，成书于1300—1310年的《史集》中的《蒙古史·部族志》中却没有蒙郭勒津部的记载。此外，在元朝陶宗仪著的《南村辍耕录》中所列的七十二个蒙古氏族中，同样没有蒙郭勒津氏族。这说明，《蒙古秘史》中关于"忙豁勒真"的记载不是部名，而是蔑儿干的妻子为类似蒙古人的美女之意。

蒙郭勒津作为部落名称出现于汉文史籍，为明朝1541年成书的《九边考》及其后出版的各种明代北部边防记事类书籍。在这些明代汉文史籍中，都记载蒙郭勒津部为河套地区（今内蒙古鄂尔多斯市）驻牧的蒙古三大部落之一，另两个部落分别为鄂尔多斯和永谢布，记载蒙郭勒津为弘治十三年（1500年）冬十二月进入河套地区驻牧，并且介绍蒙郭勒津部"旧属火筛，今则大酋俺答阿不害领之"。这表明在阿勒坦汗领有蒙郭勒津部之前，蒙郭勒津部是属于火筛的。火筛为满都鲁汗与满都海哈屯（也译写为哈敦，来自于突厥语，为皇后之意）所生的小公主也失格的丈夫，蒙文史籍称为"科赛""科赛塔布囊""浩绥""和实"等。在明史籍的北部边防记事类史籍中，几乎都能看到关于火筛的记载。诸史籍记载他为脱罗干之子，脱罗干在汉文史籍的记载中为满都鲁汗手下的大头目，是满都鲁汗、达延汗时期的人，与蒙古永谢布领主乩加思兰的族弟亦思马因关系密切。满都鲁汗于1475年被乩加思兰立为可汗，娶有两位哈屯，一位称为"伊克哈巴尔图钟金"，为乩加思兰之女，另一位即为日后又嫁给达延汗的满都海哈屯。乩加思兰立满都鲁为可汗后，自立为太师。满都鲁汗即可汗位后，将异母二哥阿噶巴尔济之孙巴颜孟克封为济农，称为孛罗忽济农（济农意为副汗）。满都鲁汗和孛罗忽济农共同执政的这一阶段，蒙古内部收抚散佚部众，得到迅速发展，有了较强的实力。然而好景不长，由于受人挑拨，1476年（明成化十二年），满都鲁汗和乩加思兰杀了孛罗忽济农，乩加思兰的族弟亦思马因霸占了孛罗忽济农的哈屯锡吉尔。此后，乩加思兰恃势专权，专横跋扈，引起脱罗干与亦思马因等人的不满，几人联合杀死了乩加思兰。但在很多明朝的史籍中都记载乩加思兰被杀的原因是乩加思兰欲取代满都鲁为可汗，恐众不服，又欲杀满都鲁而立别勒古台后裔毛里孩的儿子斡赤来为可汗，满都鲁知道后，向乩加思兰索要斡赤来，乩加思兰不给，于是双方发生战争。1479年，乩加思兰被杀，满都鲁汗也在这一年去世，孛罗忽济农之子巴图孟克被立为可汗，就是日后的达延汗，亦思马因自立为太师，脱罗干成为知院。在《明孝宗实录》卷九七，弘治三年（1490年）二月甲戌条下，有"瓦剌太师遣使入贡，过脱罗干部，因与其使偕来"的记载，这说明脱罗干的驻地是瓦剌使臣前往明朝的经过之地。《明宪宗实录》卷二〇八，成化十六年（1480年）十月壬申条下，有"脱罗干行营去大同猫儿庄约远五程"的记载。这说明，在1480年到1490年，脱罗干的驻地在大同以北地区，脱罗干的父亲被大小《黄金史》记称为土不申，脱罗干被记为"赛因·脱罗干"，意为好脱罗干。

达延汗继位时，年仅七岁，亦思马因仍"专擅事权"。1483年，满都海哈屯和达延汗派郭尔罗斯的托郭齐实古锡等人出征袭击亦思马因，杀死了亦思马因。亦思马因死后，脱罗干成为达延汗政权中的主要人物。在1488年达延汗入贡明朝的记载中，其部下大臣"阿儿脱歹王及脱脱孛罗进王及知院脱罗干"等同入贡，脱罗干以

流经鄂尔多斯的黄河

知院衔名列第三，足见地位之高。也应就在这一时期，满都海哈屯与满都鲁汗所生的小公主也失格长大，并嫁给了脱罗干之子火筛。根据明史籍记载，脱罗干还有一个儿子叫大节。脱罗干大约在1493年（弘治六年）去世，在1494年，火筛就已见于明朝史籍的记载了。《万历武功录》弘治七年八月条下记载："虏大入我关中，而会可汗西部大酋脱罗干之子火筛壮用事，大为边患。火筛者，故小王子部夷也，畜产富厚，倍小王子，小王子数与争雄长。"《皇明北虏考》记载："是年（弘治十年，1497年），虏火筛强，结诸部落，迭寇大同、宣府。""十三年（1500年），虏残神木堡。五月，火筛入大同、宣府塞。火筛本小王子部落，强悍，既屡寇边获财畜，日强盛跋扈，与小王子争雄长，数寇近边，京师戒严。""十四年（1501年）正月，虏入榆林塞。八月，火筛入花马池塞，至固原，大掠人畜，杀吏民，总兵恭顺侯鉴罢还京。"从上述记载可见，到1494年时，火筛已势力强盛、实力雄厚。《明实录》称火筛"枭骜尤甚"，是达延汗手下的骁将。《名山藏·鞑靼传》记载他："狡黠善用兵。"这表明，火筛是一个聪明、强悍的人。

（二）蒙郭勒津部在河套地区的活动

弘治十三年（1500年）冬十二月，火筛率领部众进驻河套地区。河套地区就是今鄂尔多斯，位于内蒙古自治区的西南部，黄河从宁夏进入内蒙古由西向东成"几"字形从山西省河曲县流出，"几"字形内，就称为河套，河套内三面环河，只有南面与明朝接壤，除了严冬短暂的冰冻季节，宽广而长流的黄河成为河套地区天然屏障，没有水上交通工具，根本无法进入，易守难攻。河套因黄河在清朝嘉庆二十四年（1819年）改道又有所缩小。河套内地势由南向中间隆起，西高东低，土地广阔、肥沃，水资源丰富，并有盐池。由于黄河环绕，河套内少有严寒暴雪，无霜期较长，五百年前的河套地区生态更要好于现在很多。在明成化六年（1470年），明都御史总督关中军务的王越在上疏中有"河套地区水草甘美、适于驻牧"的描述，曾任明兵部尚书，被尊称为"五朝元老"的马文升在他的《为驱虏出套以防后患事疏》中，称河套地区"地方千里，草木茂盛，禽兽繁多"，可见当时的河套地区水草丰美，

鄂尔多斯草原

生态极好。由于气候较暖，无霜期长，牧草返青早、枯黄晚，冬季也较蒙古其他地方暖和，发生雪灾少，使河套地区有着军事上和畜牧业发展上的优越性。

河套地区在周朝时被称为朔方，秦朝时被称为河南地，汉朝时为定襄郡属地，后又一度成为西夏国土，元朝时被称为察罕淖尔。明朝初年，河套地区由明朝占领，并在此设置东胜卫，但是由于这里经常受到蒙古各部的袭扰，明朝于1402年撤出东胜卫。

综合《万历武功录》《四夷考》《王享记》《皇明北虏考》《殊域周咨录》《明史纪事本末》等明史籍和《蒙古通史》的记载，北元蒙古始入河套驻牧为天顺二年（1458年）春。这年，明朝安远侯柳溥防御蒙古失败。蒙古太师孛来（喀喇沁部人）和毛里孩（成吉思汗弟别勒古台第十六世孙，

翁牛特部首领）及其部落进入河套。1461年，孛来以"太师淮王"的名义与明朝议和，并于同年冬和1462年六月、十一月三次遣使臣到北京朝贡，但毛里孩没有参与，仍由河套入明边抢掠，与孛来之间的裂痕加大。当时的蒙古可汗马克古儿吉思与孛

鄂尔多斯草原

来之间的君臣矛盾也进一步加深。1465年（明成化元年）春夏之间，因君臣矛盾激化，孛来杀死马克古儿吉思可汗。七月，毛里孩以替马克古儿吉思可汗复仇为名，兴兵讨伐孛来。毛里孩当时讨伐孛来组织的蒙古首领有孛来手下大头目阿罗出少师（乌鲁特部首领）、猛可（鄂尔多斯部首领），于当年冬将孛来太师杀死。与此同时，毛里孩立马克古儿吉思可汗的哥哥脱古思猛可为可汗，即摩伦汗。随后，阿罗出、猛可的部落也开始入河套驻牧。1466年五至七月间，毛里孩杀摩伦可汗。下半年间，毛里孩和阿罗出发生矛盾，毛里孩袭击阿罗出老营，将阿罗出逐出河套地区。这年冬，毛里孩也过黄河北行，到东北邻近鄂嫩河的地方驻牧。约在1468年，哈萨尔的后裔科尔沁乌纳博罗特因毛里孩杀害摩伦可汗，兴兵攻伐毛里孩，毛里孩兵败遁逃，"困

渴而死"。小《黄金史》记载毛里孩为满都鲁汗和孛罗忽济农所杀。毛里孩离开河套后，阿罗出又回到河套地区驻牧。1470年下半年，达延汗的父亲孛罗忽率部进入河套地区，这年畏兀儿沁人乩加思兰也从西北一带带领部落进入河套地区驻牧，河套地区形成阿罗出、孛罗忽、乩加思兰三大部共同驻牧的情况。1471年，乩加思兰与孛罗忽部下鄂尔多斯部首领猛可欲谋杀阿罗出，阿罗出发觉后逃出河套地区，其残部被孛罗忽和乩加思兰收编。孛罗忽和乩加思兰成为河套地区的主宰。约在1471年冬或1472年春，在1475年成为可汗的满都鲁也率部进入河套地区。1473年九月，满都鲁、孛罗忽、乩加思兰率大军进入明边入侵韦州，明都御史总督关中军务的王越侦察得知三部老营驻在边外红盐池时，率轻骑四千余人出境奔袭，杀掠妇女、儿童355人，夺获驼、马、牛、羊及器物不

可计算，并烧毁庐帐后退出。这次的老营被袭击，使驻牧河套的三部财产受到重大损失。1474年初，满都鲁、孛罗忽和乩加思兰渡过黄河，退出了河套地区。

1500年（弘治十三年）冬十二月，火筛率领蒙郭勒津部进入河套地区，这是1474年初蒙古部落退出河套地区26年后又重新占据河套地区。这26年中，蒙古内部又经历了1475年满都鲁成为可汗，孛罗忽成为济农，乩加思兰成为太师；满都鲁汗受人挑拨与乩加思兰杀了孛罗忽济农；满都知院和鄂尔多斯猛可少师、脱罗干与乩加思兰的族弟亦思马因杀死乩加思兰；满都鲁汗去世，巴图孟克被立为可汗（达延汗），亦思马因自立为太师，脱罗干成为知院，亦思马因被满都海夫人和达延汗杀掉的历程。脱罗干所领部落实力增强。也应是在杀死乩加思兰成为知院后，其所领部落迅速发展强大，并最终以"蒙郭勒津"

鄂尔多斯草原

作为部落名称。

（三）蒙郭勒津部的由来

既然蒙郭勒津的来源不是《蒙古秘史》中的"忙豁勒真"。那么，这个强大的蒙郭勒津所包含的"类蒙古人"称号是怎么来的呢？明严从简编撰的《殊域周咨录》中在记载火筛时说："或曰，火筛乃虏别种，号鹅掌鞑靼。"鹅掌即为鹅爪，脚趾之间有蹼相连，"鹅掌鞑靼"应为"相同""类似"蒙古人之意，和蒙古语蒙郭勒津之意相同。在道润梯步译校的《蒙古源流》中，把火筛译称为"蒙郭勒津彻库特浩赛塔布囊"。这个译称中，"蒙郭勒津"为部名，"塔布囊"为火筛娶也失格公主后的称号，"彻库特"应为氏族名称或本人称号。在乌兰译注的《蒙古源流》中，把"彻库特"译为"彻兀"，并在注释中解释清译本《蒙古源流》中的"彻库特"是因满译本而误，应为"彻兀"，并把"彻兀"解释为《元史》所载的"彻兀台氏"。按照一般蒙文史籍书写情况，这种放在部落名称后人名前的称呼，一般是其氏族称呼或其本人的称号。在现能查到的鄂尔多斯蒙古姓氏，呼和浩特土默特蒙古姓氏，阜新蒙古姓氏，北票、朝阳的蒙古姓氏中都没有"彻兀台氏"这一姓氏。作为蒙郭勒津部非黄金家族出生的首领火筛，其家族人口应该不在少数，否则，很难成为一个部落的首领，在可能存在"彻兀台氏"的鄂尔多斯和土默特部中都没有"彻兀台氏"，那么"彻兀"这一译词也肯定不正确。弄清"彻库特"或"彻兀"这个姓氏或称号，首先得弄清"蒙郭勒津"这个"类似蒙古人"的所指。在

鄂尔多斯地貌

接近于明朝的宋、辽、金、元史籍中，有"类似蒙古人"称呼的北方民族部落首推被称为白鞑靼、汪古的这一部族人，拉施特在《史集》中记载他们说："部落很特别，但与蒙古人相类似。"在成吉思汗时代，白鞑靼部人信奉景教，最早为金朝的直属臣民，驻牧于今阴山山脉大青山南北地区，"汪古"一名是在蒙古建立侵金后才开始出现的，也就是1211年后才开始出现。该族在归附金朝时担负着为金朝守卫界壕的责任，1203年，成吉思汗灭掉客列部后，和白鞑靼人都信奉景教并有着姻亲关系的北方强部乃蛮部太阳汗约白鞑靼部一起攻打蒙古，但白鞑靼部首领阿剌忽石的吉惕忽里将太阳汗的意图报告了成吉思汗，并出兵和成吉思汗一起消灭了乃蛮部。蒙古战胜乃蛮部是成吉思汗实现漠北统一的最后一次决战，而白鞑靼部又在其中起了重要作用。1206年，成吉思汗建国时，"授同开国有功者"九十五千户，其中就有"汪古惕阿剌忽失的吉惕忽里古列坚五千户"，人数超过蒙古全军的5%。在成吉思汗1211年初次出兵中原时，汪古人将为金朝守卫的关口交给蒙古，又为蒙古充当向导。并

在此后开始以"汪古"部出现于史籍，在史籍中又被译称为雍古、瓮古、旺古惕等。因消灭乃蛮部和进攻后金的功劳和主动归附，成吉思汗和汪古部相约两家世代通好，互称"安答（结拜兄弟）""忽答（亲家）"。并把汪古部作为"土默"保留下来，以联盟的形式加入蒙古。所以汪古部贵族首领在蒙元时期不仅世袭封王，而且还享有同成吉思汗家族世代通婚的宠遇。从成吉思汗将女儿阿剌海（史称阿剌海别吉，别吉也称为姃吉、伯姬，来源于突厥语，为王子之妻的称呼）嫁给汪古部首领到元末，蒙元汗廷共有16位公主下嫁汪古部，汗廷及宗室也有娶汪古部女子为妃和妻子的。汪古部信仰的景教为基督教的聂斯脱里派，基督教聂斯脱里派又被称为也里可温、景教。汪古部的首领居住地就是今内蒙古达茂旗境内的敖伦苏木古城，汉语又称为赵王城。在元代陶宗仪的《南村辍耕录》中，把汪古部列为色目人。1368年，元朝退回蒙古本土后，汪古部也在明朝的进攻中去向不明。

众多的资料证明，今青海省的土族和汪古部人同为一族。土族人自称"蒙古

内蒙古包头市元朝时汪古部草原，今达茂旗草原

尔""察罕蒙古尔"（意为白蒙古人）。藏族称土族为"霍尔""白鞑番""朵朵"，蒙古人称土族为"察罕蒙古尔""朵儿朵"，汉族、回族称土族为"土人""土民"（都为"本地人""当地人""土著居民"的意思）。外国学者把土族称为"蒙古尔""达拉特"（由达尔达意译而来），清朝时土族被称为"蒙古尔记"人。1952年，被定名为土族。

土族人早在元朝时就居住于青海西宁地区，应是在元朝时因防守驻扎居住于青海。1368年，元朝退出中原后，这些"蒙古尔""察罕蒙古尔"没有回到蒙古，归附了明朝。土族的语言为阿尔泰语系蒙古语族，因在元朝时就进入青海地区，其蒙古语中较多地保留了蒙古语的古音和古词。此外，在元朝时建立的伊利汗国也有汪古部人。这也说明，成吉思汗以后，汪古人参与了蒙古在元朝时的占领和西征，一部分人也因此留在这些地区。

青海土族人的语言证实，汪古部是操蒙古语的民族，自称为"察罕蒙古尔人"，是因在外貌和衣着信仰上区别于传统的"蒙古人"，而被称为"类蒙古人"。

在成书于1604年到1627年间的《蒙古黄金史纲》中，记载满都海哈屯之父为"土默特之恩库特部的绰罗斯拜特穆尔"丞相；在1607年成书的《阿勒坦汗传》中，记载满都海哈屯为"额尔克楚特图门"之女；在1662年成书，由道润梯步译校的《蒙古源流》中，记载满都海哈屯为"恩衮·绰罗斯拜·帖木尔"丞相之女；在乌兰译注的《蒙古源流》中，记载满都海哈屯是"汪古人绰罗黑拜·帖木尔"丞相的女儿；在

成书于 1677 年的《阿萨喇克其史》中，把满都海哈屯记载为"土默特汪古地方绰罗思拜帖木儿"丞相的女儿。

在《蒙古黄金史纲》和《阿萨喇克其史》中都记载满都海哈屯为土默特部人，而土默特人自己写的，也是成书最早的《阿勒坦汗传》，却把满都海哈屯记为是"额尔克楚特图门"之女。"额尔克楚特图门"中的"图门"是"土默"即万户的不同译写，

元朝时的汪古部草原，今内蒙古乌兰察布市四子王旗暮归的羊群

那么"额尔克楚特"这个称呼就成为关键。"额尔克楚特"也译写为"额尔克彻库特""额尔克彻古特""额尔克齐库特""翼尔克彻特""额尔克古特""额里克特"等等，在 13 世纪时，额尔克彻古特称为"额尔克彻古特"，是对成吉思汗信奉景教的两个姻亲部落，卫拉特部中心明安和阴山白鞑靼部的称呼。在成吉思汗时代，把三个女儿分别嫁给成吉思汗和他的长子术赤、四子拖雷的客列亦惕部王罕的兄弟札合敢不的儿子王宏领有的部民被称为"额尔古彻古特"，娶成吉思汗女儿阿剌海的阴山白鞑靼部被称为"额尔古彻古特"。"额尔古彻古特"意为"被抬举者"。因为王宏

所领的部民和阴山白鞑靼部都信仰景教，所以蒙古人也把景教称为"额尔古彻古特"或"也里可温"（"也里可"是"额尔克"的谐音，"温"是"昆"的谐音，人的意思）。"额尔古彻古特"在口语中又变成了"厄尔扈特"。"古特""楚特""扈特"，都是蒙语复数的形式，是"人们"之意。"汪古"部，就是"额尔古彻古特"的口语书写。在成吉思汗时代，卫拉特部中心明安和阴山白鞑靼这两个和成吉思汗有着姻亲关系的信仰景教部落被称为"额尔古彻古特"。这个称呼包含了"被抬举者""信仰景教的人"两个意思。1399 年，卫拉特部中心明安即额尔古彻古特部的乌格齐哈什哈杀死蒙古额勒伯克汗，收降不少蒙古人称霸强大时期，"额尔古彻古特"被改为了"额尔克彻古特"，意思成为"使权者""称霸者"，在《阿勒坦汗传》中，仍把阿勒坦汗在青海时收降的卫拉特中明安部称为"额尔克楚特"。卫拉特部在脱欢、也先父子所领的绰罗斯（即欧格勒德，清朝称为额鲁特，后分裂为准格尔和杜尔伯特部）部强大后，乌格齐哈什哈后裔所领的"额尔克彻古特"部归附于绰罗斯部，被称为"土尔扈特"，意为"变瘦""掉膘"。阴山白鞑靼部的"额尔古彻古特"改为"额尔克彻古特"则应是其首领在被成吉思汗封王之后，蒙元时期，阴山白鞑靼部首领先后有 4 人被封为北平王，3 人封为高唐王，3 人封为俞王，8 人封为赵王。卫拉特中心明安的额尔克彻古特改称为土尔扈特后，"额尔克彻古特"成为阴山白鞑靼一部的称呼。那么满都海哈屯也就是

土默特部内早先被称为"察罕蒙古勒昆"（白蒙古人），后来被称为"额尔克彻古特"，口语称为"厄尔扈特"（汪古）部的人了。在明末留在鄂尔多斯的察哈尔部"额尔克彻古特"人，就把自己称为"厄尔扈特人"。而且，在道润梯步先生译校的《蒙古源流》中，在蒙古额勒伯克汗被卫拉特额尔古彻古特部乌格齐哈什哈杀死后，乌格齐哈什哈的儿媳，蒙古巴秃剌丞相之女撒木儿在给娘家报信时说："额尔和彻古特之众乱其首矣。"在乌兰先生译注的《蒙古源流》中，则把此处译为"额尔克彻兀人乱了头绪"。这也可证，两种《蒙古源流》中译写不同的"彻库特""彻兀"，都是"额尔克彻古特"的译写。火筛被称为"彻库特"和"彻兀"，也都是"额尔克彻古特"的不完全译写。在鄂尔多斯的众多祭奠中，拖雷正妻唆鲁和帖尼的祭奠由其母家的"额尔克彻库特人"负责，在鄂尔多斯他们即被称为"额尔古特"，也被称为"彻库(同"古"音）特"。这也说明，他们有着被鄂尔多斯人从《蒙古源流》成书至今把"额尔古彻库特"这一称呼分开使用的习惯。达延汗时期的唆鲁和帖尼家族的额尔克彻古特部这时已成为了卫拉特部的土尔扈特部。那么，"彻库特"就成为白鞑靼一部的称呼，火筛就是来自成吉思汗时期先被称为"额尔古彻古特"，后又被称为"额尔克彻古特"，汉文史籍中所称的"汪古人"无疑了。同时，在阜新、北票、呼和浩特土默特的蒙古姓氏中，有着1204年成吉思汗攻打乃蛮部时，除先行逃走的札答阑部和朵儿边部外，乃蛮部及其所有联盟部落名称演变而

来的姓氏，这些部落人进入汪古部也应是成吉思汗在1204年打败乃蛮部后，对功劳最大的汪古部的奖励。火筛和满都海哈屯都为汪古部贵族。1368年，蒙古退回漠北草原后，在明朝的进攻中，汪古部的赵王汪古图、左承赵友德投降明朝，一部分汪古人西迁成为今哈萨克斯坦中的"瓦克"（额尔克的译音）人，仍留在蒙古草原的汪古部贵族和属民们在明朝的进攻和蒙古内部的动乱中，牧地也在不断变化，最终又成为蒙古大汗满都鲁的部下。汪古部人从成吉思汗到元末，与蒙元皇室通婚16次，又应有大量蒙古各部族人随同陪嫁进入汪古部。北元战乱时期，仍留在蒙古草原上的汪古部贵族和他们部内数量很大同是信奉景教，外表与蒙古人有一些区别的客列亦惕人、乃蛮人及各氏族蒙古族重新组成部落，因部内核心部落汪古人此时已失去了蒙元时的王号，"额尔克彻古特"所包含的"使权者""称霸者"的意思也完全失去，所以将重新组建的部落称为了蒙郭勒津部。在脱罗干和火筛时期，蒙郭勒津部又收抚了一些其他的蒙古部落，形成了强大的蒙郭勒津部。从《明实录》记载脱罗干驻牧大同北和火筛的活动大都在明朝宣府、大同、山西一带，以及日后蒙郭勒津部和达延汗的战争中出现的地名分析，蒙郭勒津部在北元时期形成后，仍然居住于其历史上的传统领地，也就是日后阿勒坦汗土默特部占有的驻牧地。1500年冬，火筛进占河套地区后，仍然占据着大青山前后的原驻牧地。

（四）蒙郭勒津部与达延汗的矛盾

据《万历武功录·俺答列传上》1497年条下记载："其十年（指弘治十年）冬十一月，火筛寇宣大。其十二月，寇甘凉。是月，虏遣使贡马。时（火）可汗因火筛相仇杀、渐衰。"这段记载和前述"小王子数与争雄长"都表明，自1494年到1497年，达延汗对实力强大的火筛不满，双方不断攻击对方，结果是达延汗占了上风。1500年冬，火筛进入河套地区，这是其势力衰弱的结果。蒙郭勒津部驻牧河套后的第二年，也就是1501年，乩加思兰和亦思马因的同族亦卜剌也率领亦思马因遗众发

汪古部元朝时驻牧地，今内蒙古呼和浩特市武川县山区

展形成的永谢布（永谢布一词源自蒙古语"雅斯屯"，意为"同骨""支系"，凡出于同一祖先，有共同血缘关系的人们，属于同一雅斯屯。这一称呼作为部名，应是因畏兀儿沁人首领亦卜剌一系人长期和畏兀儿沁人通婚，外表也像畏兀儿人，又信仰伊斯兰教，但他们父系是蒙古人而得到的称呼）部落进入河套地区驻牧。从1498年到1507年，没有看到有关达延汗和火筛之间争战的记载，这应是双方有着姻亲关系。在1497年的争战结束后，双方重

归于好了。

在《万历武功录·俺答列传上》1509年（正德四年）十一月条下又记载："火筛与小王子相仇杀。"在《蒙古黄金史纲》中也记载达延汗游牧于克鲁伦河时，曾出兵远征蒙郭勒津，宿营于图尔根河（今呼和浩特市东南的大黑河）渡口时，被蒙郭勒津部达拉特人把都儿·纽列该发觉袭击，达延汗的乘马受惊陷入图尔根河的泥泞之中。这也说明呼和浩特地区在1509年仍属于蒙郭勒津。这次战斗的结果，达延汗挫败了蒙郭勒津之军。在时间上，《蒙古黄金史纲》把这次的战争记在了1483年征伐亦思马因之前。在《蒙古源流》中却把这次战争记载为1510年亦卜剌和满都赉杀死乌鲁斯博罗特后，达延汗出兵征伐亦卜剌、满都赉时首次发生的战斗。而且，《蒙古源流》记载这次战斗结束后，把都儿·纽列该还唱道：

本来无事，左翼万户却来侵犯，
是非曲直，自有苍天明断，
秃儿根哈屯[河]已经赏给[他们]筋斗，
伟大的金光已经让[他们]四下溃散。

《蒙古源流》还记载这次战斗结束后，达延汗回军驻营之时，亦卜剌、满都赉二人又率领三万人前来追袭。火筛密遣两个人去给达延汗报告消息。达延汗得到消息后慌乱移营。亦卜剌、满都赉尾追不止，在噶海·额列孙（地名）追上了克失旦、谦只兀两个鄂托克，攻杀了一番便回师而去。

分析《万历武功录》《蒙古黄金史纲》《蒙古源流》的记载可以确定，在1509年，在呼和浩特大黑河一带确实发生过达延汗与

冬季流经大青山的大黑河

蒙郭勒津部的战争。《万历武功录》记载这年达延汗与火筛仇杀是准确的，《蒙古黄金史纲》把这次战争的时间提前了，而《蒙古源流》则是把1509年的战争和1510年的两次战争作为一次战争记载了，从把都儿·纽列该唱的"本来无事，左翼万户却来侵犯，是非曲直，自有苍天明断"可以看出，这时还没有发生杀死乌鲁斯博罗特的事情，不然把都儿·纽列该是不会唱出那样的歌词的。《蒙古源流》还记载，这首歌词火筛让给达延汗送信的两人向达延汗禀奏过。从《蒙古黄金史纲》和《蒙古源流》的记载也可以看出，这是一次达延汗主动从克鲁伦河到达呼和浩特兼并蒙郭勒津部、永谢布和鄂尔多斯部的战争。从战争的过程也可以分析出：这时的呼和浩特地区仍

由蒙郭勒津部驻牧，但是蒙郭勒津部的军事力量已经衰弱，不能单独与达延汗抗争了，在亦卜剌和满都赉的帮助下，火筛暂时赶走了达延汗，但在和达延汗的战争中，为了不使达延汗的部队受到大的损失，火筛私下向达延汗报告了情报。这次战争最后的结局，是达延汗取得了一定的胜利后，蒙郭勒津、永谢布、鄂尔多斯部派人求和，以达延汗派人管理三部作为条件而平息的。

在《阿勒坦汗传》中，也明确记载着："其后两大国不睦失和之际，达延汗遣子阿巴海（即乌鲁斯博罗特）任右翼三万户济农。"这也印证了1509年达延汗和蒙郭勒津、永谢布、鄂尔多斯部发生战争的真实性和战争最后的结果。

据《蒙古源流》记载，达延汗派儿子

鄂尔多斯丘陵地貌

管理蒙郭勒津、永谢布、鄂尔多斯部，是由鄂尔多斯派出有达尔罕称号的哈儿哈坛人伯出忽儿、永谢布派出有麦力艮称号的不里牙惕人只尔忽阿台、蒙郭勒津派出茂明安人朵豁兰阿哈勒呼（阿哈勒呼为知院之意）三位大臣带领三十个侍从前往达延汗处，请求达延汗派子嗣管理三部的，经达延汗、满都海哈屯和众人一至赞同而派出的。实质上，这应是三部战败后由三部三位大臣所组成的一个求和使团，以迎请一位达延汗的儿子作为三部的首领，换取了达延汗的退兵。

然而，就在乌鲁斯博罗特到达河套地区，准备第二天就在成吉思汗八白室前举行即济农位仪式时，永谢布的亦卜剌太师

成吉思汗陵

和鄂尔多斯的满都赉知院二人反悔变卦，决定杀掉乌鲁斯博罗特。他们挑唆永谢布失保嗔部的一个名叫孛勒术木儿的人说："明天，人们聚集起来准备叩拜圣主的时候，你就说阿巴海（指乌鲁斯博罗特）骑的马是你的，去跟他争论，一争吵起来我们就进攻。"结果，乌鲁斯博罗特被杀死。《蒙古源流》《蒙古黄金史纲》《阿勒坦汗传》均记载，此时达延汗第三子巴尔斯博罗特正住在其同母异父的姐姐也失格家里，也就是火筛的家中。这应是议和后巴尔斯博罗特和其兄乌鲁斯博罗特一起到了河套地区。《蒙古源流》记载火筛没有参加亦卜剌和满都赉的谋杀乌鲁斯博罗特的行动，但奇怪的是作为蒙郭勒津之主的火筛连乌鲁斯博罗特即济农位的仪式也没有参加。在巴尔斯博罗特要去参加他哥哥的即位仪式时，火筛说了一句意味深长的话："这个年月是什么[可以]靠得住的年月吗？"并让巴尔斯博罗特骑上骏马，让鄂尔多斯人帖木尔跟随。亦卜剌和满都赉杀了乌鲁斯博罗特后，火筛和也失格公主商议，认为巴尔斯博罗特再住在他们这里会有危险，于是决定把巴尔斯博罗特送回达延汗那里，并选派鄂尔多斯六个部落的六人，蒙郭勒津部的一人护送巴尔斯博罗特夫妇和年仅4岁的衮必里克回达延汗处，把阿勒坦汗寄放在蒙郭勒津人失你该·袄儿六、也别该阿噶（阿噶为大臣妻子的称呼）家里。从巴尔斯博罗特参加乌鲁斯博罗特即位活动时火筛让鄂尔多斯人帖木尔跟随，到护送巴尔斯博罗特回达延汗处，火筛和也失格公主选鄂尔多斯六个部落的六人护送分析，

巴尔斯博罗特当时是作为鄂尔多斯部首领随同乌鲁斯博罗特来到河套地区。不然，身为蒙郭勒津部首领的火筛在当时也不可能选派其他部落的人去护送巴尔斯博罗特。这应该是巴尔斯博罗特刚刚成为鄂尔多斯部首领，满都赉也还掌握着鄂尔多斯部很大权力时发生的事情。从巴尔斯博罗特这时成为鄂尔多斯部首领分析，亦卜剌的永谢布首领这时也被作为济农的乌鲁斯博罗特兼任了。1509年，达延汗进攻蒙郭勒津、永谢布、鄂尔多斯三部，最终的结果就是永谢布、鄂尔多斯部领主都换成了他的儿子。作为满都鲁汗和满都海哈屯所生的也失格的塔布囊火筛还被留有首领职务，但是三部的总首领已成为了达延汗的儿子。从权力安排上，形成了达延汗对这三部的绝对统一领导。《蒙古源流》记载蒙郭勒津的军队参加了反叛并被打败，没有提到火筛参加反叛和其最后结局。《蒙古黄金史纲》记载此事为乌鲁斯博罗特到鄂尔多斯是审理亦卜剌之弟盗窃和杀人案，与乌鲁斯博罗特同行的伙伴旧日曾欠下畏兀儿沁人一匹马的债务。为了讨债，这个畏兀儿沁人与乌鲁斯博罗特发生口角，并厮打起来。乌鲁斯博罗特一怒之下砍死了那个人，激怒了亦卜剌和满都赉，两人杀死了乌鲁斯博罗特。事情发生后，火筛参加了反叛，蒙郭勒津、永谢布、鄂尔多斯的反叛被平息后，火筛又归附了达延汗。《阿勒坦汗传》记载此事是：

> 达延汗遣子阿巴海任右翼三万户济农，
> 阿巴海、巴巴海（其随从）拜毕白室居于其地时，

> 畏兀特之伊巴赉太师、满都赉二人叛而杀之。

《阿勒坦汗传》的记载和《蒙古源流》基本相似。《阿勒坦汗传》没有提到在八白室祭拜时发生争执，而是说在祭拜后乌鲁斯博罗特居于其地时被亦卜剌和满都赉反叛杀害。《阿勒坦汗传》记载火筛在这次的反叛时说：

> 此时蒙郭勒津之浩绥诺延，
> 尽离争斗于土默特之仇人，
> 前来与达延汗父子会合。

这表明，火筛本人没有参加这次的反叛活动，而是投入了达延汗的阵营。

这次的叛乱之后，蒙汉籍史料中都再没有出现过有关火筛的记载。

（五）蒙郭勒津部的重新组成

据《蒙古源流》记载，战败的蒙郭勒津、永谢布、鄂尔多斯部人一半跟随亦卜剌和满都赉逃跑了，一半归降了达延汗。当然，这应该是指战争中幸存下来的人。《蒙古源流》和《蒙古黄金史纲》还记载了这次战争结束后，哈撒儿的后裔科尔沁的鄂尔多固海王提出要瓜分残余的蒙郭勒津、永谢布、鄂尔多斯的建议，达延汗没有听从这一建议。但是从科尔沁早期只有科尔沁、劳斯庆、明安诸部，到达延汗时期又领有了新明安、乌拉特、塔塔勒沁、布塔沁、阿拉塔沁、客列亦惕、纠特、格衮克什克、主亦惕（乌鲁特）、萨阿赤惕（客列分支）、土亦别滚和1483年还归达延汗指挥的郭尔罗斯部的情况看，科尔沁还是从达延汗属部和蒙郭勒津、永谢布、鄂尔多斯部中分走了不少部属。茂明安过去为卫拉特所属

千户，后来一部分归于蒙郭勒津，达延汗时还有人担任知院，可见该部在蒙郭勒津部中人数不少，然而到阿勒坦汗时仅成为僧格属下的小部。这说明科尔沁部后来增加的这些部族人口，应有不少是这次和达延汗征伐驻牧河套三部胜利结束后得到的酬劳。另外，日后博迪汗第三子也领有一部分被称为额尔克彻古特人的汪古人，现在居住在乌珠穆沁草原和鄂尔多斯境内的厄尔扈特人就是他领有的额尔克彻古特人，居住于鄂尔多斯的额尔克彻古特人是在林丹汗去世后各部东返归降清朝时留在此地的。从此，信仰景教的原蒙郭勒津人在蒙郭勒津部成为少数。蒙元时期和公主们陪嫁进入汪古部的蒙古人、战乱时期进入汪古部的蒙古人成为蒙郭勒津部的主体。这中间，也不排除达延汗为加强对蒙郭勒津部的控制，又派一部分其他蒙古部族进入蒙郭勒津部。还有就是永谢布的主体部落畏兀儿沁部不少部众被分给蒙郭勒津、鄂尔多斯部，永谢布未受损失的大部喀喇沁、阿速特部被迁居于宣化边外驻牧，永谢布其他残部仍居于河套地区使用永谢布部名，直到1547年察哈尔部东迁后，居于河套内的永谢布残部又和迁居于宣化边外的其他永谢布部落共同居于同一地域。

达延汗诸子析产分封时，被残破瓜分后势力都不大的蒙郭勒津、鄂尔多斯残部都归于了巴尔斯博罗特。大青山前后的蒙郭勒津部原牧地都归于察哈尔部。在《成吉思汗祭奠》中，记载成吉思汗受过禅封的溜圆白骏神马曾经在布尔洞阿贵布尔陶亥地方的草原上撒野过几百年。这块地方

原归察哈尔，是蒙古地区优良丰美的最佳牧场之一，后归于土默特。在《金册》中的《大乌其克》中，曾有"牧放溜圆白骏吉祥的八块地方（八块地方指察哈尔八部），从前察哈尔万户"的字句，这说明，察哈尔部的牧地曾经和鄂尔多斯的牧地相连。在时间上，应是1510年达延汗打败驻牧河套三个部落后到1547年察哈尔部东迁。鄂尔多斯的老人们也传说：最初察哈尔和鄂尔多斯的牧地是直接连在一起的。这也证明，1510年后，蒙郭勒津部大青山前后、黄河以西的牧地都归于了察哈尔部，蒙郭勒津部只留有河套内的牧地。1519年巴尔斯博罗特去世后，他领有的这些部落由其六子析分。在衮必里克和阿勒坦汗两次进兵青海后，亦卜剌和满都赉带到青海的鄂尔多斯、永谢布部落人口重新归于衮必里克弟兄，阿勒坦汗的蒙郭勒津部内也新增了撒勒术特部，衮必里克和阿勒坦汗兄弟开始强盛。1546年四月，阿勒坦汗进入原属蒙郭勒津部的丰州滩西部部分地区驻牧，并种谷、黍、蜀、秫、穈子五六顷。1547年秋冬，蒙郭勒津各部全部迁出了河套地区，重新驻牧于汪古部旧地。

（六）蒙古文史籍中对土默特部来源的记述

在《蒙古黄史》中，记载有对北元蒙古六万户的赞词，赞词的内容包含着各个万户的来源和历史职责，土默特万户的赞词是：

为羁马之系木，

为狙击之俘虏，

为躡踪之食物，

为阿勒泰汗山。

十二通路之守护，

为山巅之敖包，

为平原之丰碑，

乃十二土默特是也。

在《成吉思汗祭奠》的"伊克乌其克"（大祭词）中也有对土默特的赞词，内容是：

保存了阿尔泰山之北十二条通路，

成为鹏鸟之翼，

成为系马之桩，

成为长蛇阵之后卫，

成为（回击）来犯之敌的偏师。

入有所得，

出有所携，

高山之敖包，

大海之丰碑，

压后之殿军，

十二土默特属国就是他呀！

《蒙古黄史》成书于17世纪中叶，《成吉思汗祭奠》中的"大祭词"内容终结于北元蒙古六万户形成。可见，这些赞词都形成于六万户形成之后。从表面看，这些赞词表明，早期的土默特部曾负有"守卫阿尔泰山十二通路"的职责。阿尔泰山位于新疆维吾尔自治区和蒙古国西部，西北延伸至俄罗斯境内，呈西北—东南走向，绵延2000余千米。阿尔泰山南早在元朝还没有建立时就成为窝阔台汗国和察合台汗国的领地，北元时期仍由察合台的后裔领有，而阿尔泰山北在元朝时为元朝领地，元朝灭亡后成为卫拉特人的领地。作为东蒙古的土默特部应该是没有机会去驻守阿尔泰山之北的通路的。而且，长达2000余

千米的阿尔泰山间的通路也远不止十二条，守卫的这十二条通路应是对应描述土默特的十二个部落。从守卫职责和"入有所得，出有所携"的描述看，守卫阿尔泰山十二通路应是形容词描述，因为从1547年后，从山西偏关黄河东到河北张家口青边口以北以西和河北丰宁、平泉一带，北元蒙古与明朝接壤的边境都是土默特部的驻牧地。《蒙古黄史》和《成吉思汗祭奠》中的阿尔泰山，应是指山西偏关到北京东的平泉长城沿线的山脉。而"入有所得，出有所携"则是指土默特部对明朝的抢掳。

北元时期明蒙边境上遗留的驻兵城堡

三、阿勒坦汗的幼年、哈屯、子女和成为蒙郭勒津首领、汗号、去世

阿勒坦汗是明代蒙古右翼大汗和土默特万户的首领，是当时蒙古社会著名的政治家、军事家。阿勒坦汗为成吉思汗第十七代孙，在明代汉籍史料中被译称为俺答、谙达、安滩（应为晋北、河北方言去掉或弱化阿勒坦中间音形成的称呼）、俺答阿不害（阿不害一词来源于突厥语，为

土默特左旗籍画家妥木斯画的阿勒坦汗像

皇子之意）等；在蒙文史料中被称为索多汗、土谢图彻辰汗、博格多汗（意为圣汗）、格根汗（意为"光明""明智"，亦称活佛为"格根"）、诺们汗（意为"法王"），在清代的史籍中多称为格根汗。

（一）阿勒坦汗的幼年

1508 年 1 月 22 日（明正德二年十二月二十日），阿勒坦汗和他的双胞胎姐姐诞生。他们的父亲为巴尔斯博罗特，号赛音阿拉克，是著名的蒙古中兴祖达延汗（巴图孟克）与满都海哈屯所生第三子。他们的母亲为博坦哈屯。出生的阿勒坦汗为巴尔斯博罗特的次子。按照当时的蒙古风俗，出生后的第三天，父母为他们洗澡，用羔皮包裹，大摆"米喇兀"喜宴，椎牛置酒，请亲戚友邻会饮，过往路人均坦然入席。喜宴酒酣之际，欢乐的众人认为应以宝物为这对婴儿取名，于是将先出世的姐姐命名为孟根（蒙语银之意），后出生的弟弟取名为阿勒坦（蒙语金之意）。

阿勒坦汗像

欣喜的父母对阿勒坦汗祝福道："汝其永享平安，执理朝政。"希望他长大后能执掌大权，消弭蒙古地区的长期战祸，使人们安享太平。这一祝福代表着父母对儿子的期望，也代表了当时蒙古大众梦寐以求的和平愿望。

阿勒坦汗的父亲巴尔斯博罗特在达延汗去世后曾短暂继承汗位，领有败亡后又被瓜分的鄂尔多斯部和蒙郭勒津部，于1519 年 29 岁时去世。巴尔斯博罗特除娶有博坦哈屯外，还至少另娶有两位哈屯，生有七子，其中，长大成人六人。长子衮必里克后成为蒙古济农，领有鄂尔多斯部；三子拉布克台吉领有土默特乌审部；四子巴雅思哈勒最早为蒙古右翼都古隆，后成为右翼和喀喇沁部的昆都仑汗；五子那林台吉（又称为巴彦达喇）领有喀喇沁部内的察罕塔塔尔部；六子博迪达喇（明史籍称为我托汉卜只剌）领有喀喇沁部内的永谢布、阿速特部；七子塔喇海台吉（明史

籍称为那竹台吉）幼亡无后。

1509年（明正德四年），达延汗派次子乌鲁斯博罗特到河套地区，管理当时驻牧河套地区的蒙古永谢布、鄂尔多斯、蒙郭勒津部。但是，当乌鲁斯博罗特在祭奠成吉思汗的白室时，永谢布太师畏兀儿沁人亦卜剌（又译写为伊巴赉）和鄂尔多斯部领主满都赉阿哈勒呼率兵前来，寻衅杀死了乌鲁斯博罗特，挑起了对达延汗的叛乱。当时，巴尔斯博罗特正带着夫人博坦哈屯、长子衮必里克、次子阿勒坦寄居于驻牧河套的蒙郭勒津部领主火筛塔布囊（又译写为科赛）家中。火筛塔布囊的哈屯是满都鲁汗与满都海哈屯所生的也失格公主，也失格公主与巴尔斯博罗特为异父同母姐弟。据《蒙古源流》记载，事变发生

巴尔斯博罗特

后，火筛塔布囊和也失格公主商量说："这孩子（巴尔斯博罗特）我们养不了了，还是送他回他父亲那里去吧。"随后，委托

呼和浩特大召前的阿勒坦汗像

鄂尔多斯的帖木尔等六人、蒙郭勒津的必里克图将巴尔斯博罗特和他的夫人、长子衮必里克护送到达延汗处，而把3岁的阿勒坦寄养于蒙郭勒津人失你该·袄儿六、也别该阿噶家里。《阿勒坦汗传》记载是把阿勒坦汗寄养于星凯乌尔鲁克（乌尔鲁克为官职名）、额伯凯乌由罕（乌由罕为官员妻子的尊称）的家中。不久星凯乌尔鲁克、额伯凯乌由罕听到传闻，说亦卜剌太师欲加害幼小的阿勒坦，遂决定把他送回他祖父达延汗那里。额伯凯乌由罕与同部落的希尔玛鲁特乌尔鲁克和随从带着咿呀学语的阿勒坦昼伏夜行，阿勒坦平常时由拾柴的女仆悉心照料，行走时由扮作寡妇的人带在身边，终于摆脱了追踪迫害，于1510年平安地见到了祖父达延汗。

达延汗得到乌鲁斯博罗特被杀的噩耗后，在见到阿勒坦的当年就进兵征伐亦卜剌和满都赉阿哈勒呼。出兵时，蒙郭勒津的火筛塔布囊领兵前来与达延汗会合，于当年在呼和浩特大青山打败了亦卜剌和满都赉阿哈勒呼，并占据了河套地区，将其交给阿勒坦的父亲巴尔斯博罗特管理。

1970年出土于蒙古国的桦树皮文书中的《阿勒坦汗赞歌》，诗中描绘了阿勒坦汗修建寺庙和呼和浩特，在平原上种植农田，远征卫拉特部，从明朝掳掠财物，使自己的人民过上太平富裕生活的业绩，反映出阿勒坦汗在漠北喀尔喀地区的影响

1517年（蒙古历红牛年，明正德十二年），阿勒坦汗11岁时，达延汗去世，享年44岁。达延汗7岁成为蒙古大汗，共在位37年。达延汗去世后，其九子析产分封，部民、领土分为九部。根据蒙古文史籍记载，在达延汗去世后，巴尔斯博罗特曾经继承汗位，但在位时间极短，不久就去世了。《阿勒坦汗传》记载说："其后赛音阿拉克（巴尔斯博罗特的称号）三十岁时即汗位，但未及执理政事，即为天命所夺，无奈于兔年升天之情如此这般。"《恒河之流》中也有他"在位一月而殁"的记载。巴尔斯博罗特去世的"兔年"是1519年（蒙古历黄兔年，明正德十四年）。此时，阿勒坦年仅13岁，衮必里克14岁。

（二）阿勒坦成为蒙郭勒津部首领

巴尔斯博罗特去世前后，依照蒙古草原上古老的传统，将其管理的河套地区部民、牧地给六子进行了分封，阿勒坦分到了最早属于科赛塔布囊的蒙郭勒津部大部分。

据衮必里克的后代萨囊彻辰所著的《蒙

古源流》记载，这次析产分封的情况是："长子衮必里克·墨尔根济农，丙寅年生，驻领鄂尔多斯万户之地；阿勒坦合罕，丁卯年生，驻领十二土默特的大部分；拉布克台吉，乙巳年生，驻领土默（万户）的兀甚；巴雅思哈勒，庚午年生，驻领永谢布（万户）的七鄂托克哈剌嗔；巴颜达喇，壬申年生，驻领察罕儿（万户）的察罕塔塔尔；博迪达喇，甲戌年生，小时候他曾经开玩笑地唱过：'愿那出、失喇二人相残！愿我驻领阿速、永谢布二部。'后来果如其言，乌巴伞吉的儿子那出、失喇兄弟相残，因此 [众人] 议论说是应了 [歌中的话]，而让博迪达喇驻领了阿速、永谢布。塔喇海天折。"《蒙古源流》成书于 1662 年，书中的错误现已证实有很多，从其他史籍的记载和以后的发展情况看，这个记载是不准确的。因为当时原属于永谢布的喀喇沁、阿速特已在达延汗去世前被分到宣化以北驻牧，而巴尔斯博罗特去世时，乌巴伞吉本人最多也就刚刚结婚，儿子不可能进行分封并互相残杀。而那出和失喇都是达延汗和满都海哈屯所生末子阿尔博罗特的儿子，并不是乌巴伞吉的儿子。《蒙古源流》所记的分封应是若干年后重新形成的情况。但不管当时分封的具体情况是什么，作为巴尔斯博罗特年龄较大的长子衮必里克和次子阿勒坦开始掌握了过去属于其父亲的部民。巴尔斯博罗特去世时的分封也应是其六子日后所领部民的基础。所以从这时起，衮必里克掌管鄂尔多斯、阿勒坦掌管蒙郭勒津应该是对的。

（三）阿勒坦汗的哈屯与子女

根据阿勒坦汗长子僧格 1582 年继承汗位时 62 岁，阿勒坦汗 1582 年 1 月 13 日去世时 75 岁计算，僧格与阿勒坦汗相差 13 岁。这说明阿勒坦汗在 12 岁即已成婚。

汉籍史料中最早提到阿勒坦汗哈屯的，是瞿九思的《万历武功录·俺答列传上》的记载："其二十五年春……是年四月，俺答阿不孩及兀慎娘子见砖塔城，用牛二犋耕城，约五六顷，所种皆谷、黍、蜀、秫、糜子，又治窑一座。"这个兀慎娘子，是蒙古乌审部人，原为阿勒坦汗的父亲巴尔斯博罗特的第三哈屯，1519 年巴尔斯博罗特去世后，按照蒙古转房婚的习俗，又嫁给了阿勒坦汗，《蒙古源流》中称她为"莫伦夫人"，明朝史籍称她为"伊克哈屯"。按照其原有辈分和身份，嫁给阿勒坦汗后，她成了大哈屯，并生了阿勒坦汗第三子铁背台吉。因铁背台吉早逝，铁背台吉的独

阿勒坦汗像

子把汉那吉从三岁时就由她抚养。1570年，把汉那吉因家事降明后，这位"莫伦夫人"亲自和阿勒坦汗率兵入明，史籍中有其用柴棒击打阿勒坦汗的记载。在把汉那吉降明时，明朝一些边臣将领曾有在阿勒坦汗去世后，把把汉那吉派回土默特和僧格抗衡的建议。由此可见，这位大哈屯在土默特的影响和权势很大，受到广大部民和阿勒坦汗的尊重。而且把汉那吉所娶的大成妣吉，也和莫伦哈屯一样出自乌审部。在《万历武功录·俺答列传下》等书中把大成妣吉称为阿勒坦汗"婿歹慎"女。这样，大成妣吉和把汉那吉应是姑舅结亲。

阿勒坦汗的第二位哈屯即为僧格的母亲，她是阿勒坦汗父亲在世时为他娶的发妻。她为阿勒坦汗生有五个儿子，在汉文史籍中有不少资料提到她，但是有的称她为"大娘子""大哈屯"，有的称她为"矮克哈屯"，意为小哈屯。称她为"大哈屯"应和她是阿勒坦汗娶的第一位哈屯，又是僧格的母亲有关，称她为"矮克哈屯"的人应是知道她实际地位的人。

阿勒坦汗的第三位哈屯就是日后著名的乌彦楚。1567年，已59岁的阿勒坦汗与卫拉特克尔古特部早在1560年就献给他为哈屯的乌彦楚结婚。这时乌彦楚18岁，因她是阿勒坦汗所娶的第三位哈屯，明朝的汉籍将其称为三娘子。1571年，土默特部与明朝通贡互市后，由乌彦楚主管互市。阿勒坦汗去世后，她又按照蒙古转房婚的习俗先后再嫁阿勒坦汗的儿子、孙子和玄孙，因而被很多明朝史料记载。一些明朝著名文人、画家为其作诗、作画。

阿勒坦汗的这三位哈屯，为阿勒坦汗生有九子。其中被明朝史籍称为伊克哈屯的大哈屯莫伦为阿勒坦汗生有第三子铁背

美岱召壁画上的伊克哈屯

乌彦楚画像

台吉，为土默特部撒勒术特部的领主，被明史籍称为矮克哈屯的二哈屯为阿勒坦汗生有长子僧格、次子宝音（明史籍称为不彦）、四子兵都（明史籍称为兵兔）、五子依勒登（明史籍称为野力邓）、六子和里克（明史籍称为哥力格）。长子僧格领有土默特畏兀儿沁部的一部分及乌鲁特、茂明安、弘吉剌、布格勒斯部，阿勒坦汗去世后继任蒙古右翼和土默特土谢图彻辰汗；次子宝音台吉为土默特巴岳特部领主；四子兵都台吉，领有土默特畏兀儿沁部另一部分，后成为土默特部驻青海首领；五子依勒登台吉，领有土默特巴林部；六子和里克台吉，领有土默特达拉特部。被明史籍称为三娘子的乌彦楚哈屯为阿勒坦汗生有三子，长子为阿勒坦汗第七子博达希利，先领有土默特卫拉特部，后又领有一部分蒙郭勒津部众；次子为阿勒坦汗第八子衮楚克（明史籍称为"沙赤星"），三子为阿勒坦汗第九子倚儿将逊（《阿萨喇克其史》把他称为"嘉木措台吉"），两人与博达希利分别领有蒙郭勒津东哨大部。

阿勒坦汗的女儿们在蒙汉史籍中不见人数记载，但从其嫁女和早期部落中称为塔布囊者可估计出大概。见于记载的有嫁给卫拉特克尔古特部乌彦楚兄弟三人，分别为1560年阿勒坦汗首次征伐卫拉特时，接受乌彦楚母亲吉格肯阿噶将年仅10岁的乌彦楚献为哈屯后，将自己的女儿嫁给了吉格肯阿噶之子库鲁格齐；1568年，阿勒坦汗偕乌彦楚一同征伐卫拉特，又将自己的两个女儿满珠锡里、松布尔嫁给吉格肯阿噶之子布合库台、额凯丞相，进一步巩

固了和卫拉特克尔古特部的关系。1543年，朵颜兀良哈归附察哈尔、土默特、喀喇沁部后，阿勒坦汗又把一个女儿嫁给归属于他的兀良哈首领，者勒篾第十世孙，驻牧于讨军兔境内（今河北省平泉县西部）的猛古岱的三子诺木图卫征，也就是清初东土默特左旗扎萨克善巴的父亲，善巴为阿勒坦汗外孙。据清朝《内阁蒙古堂档》所收1687年喀尔喀翁牛特的额尔克木公呈给康熙皇帝的奏折记载，1543年，达延汗的第十一子格呼森扎曾前往土默特部拜见阿勒坦汗，领养了阿勒坦汗当时九岁的女儿赛音卓拉。赛音卓拉后来嫁给了阿巴嘎哈纳尔部始祖诺密土默克图汗。上述五女各类史籍都没有记载她们的母亲，但可以肯定都是伊克哈屯和矮克哈屯两位哈屯所生。

1570年，把汉那吉降明后，赵全等人被送给明朝。在赵全等人的供词中，阿勒坦汗的土默特部中有10位领有部民的塔布囊，分别是：打儿汉、火屯、莽兀十、准折汉、歹成、青山哑拜、宰散、我的户、真武窟儿、把都儿。这10位被称为塔布囊的人中，领有部落7个，有6人是两人领有一个部落。根据此时阿勒坦汗已有三子去世的情况，这些塔布囊中两人领有一部的应是已去世的塔布囊的儿子们继承其父亲的称号。这10位塔布囊应有4位为阿勒坦汗女婿，6位为其去世的3位女婿的后裔，是阿勒坦汗当时已婚并驻牧土默特地区的7个女儿的情况。

在曾任宣化、大同、山西总督兼兵部尚书、太子太保郑洛的《抚夷纪略》中，有1580年正月阿勒坦汗的一个女儿要出嫁，

阿勒坦汗向郑洛讨要大量陪嫁的记载。这说明，在1580年阿勒坦汗仍有女儿出嫁。从阿勒坦汗和乌彦楚1567年结婚，1568年博达希利出生看，这位出嫁的女儿仍是前两位哈屯所生的女儿。这也表明，被明史籍记为伊克哈屯和矮克哈屯的两位哈屯，除生有7子外，还最少生有13个女儿。在王崇古的《确议封贡事宜疏》中，也提到了封授阿勒坦汗女婿们官职的事宜。《确议封贡事宜疏》记载说："其俺答帐下哈台吉、打儿汉诸女婿他不浪十余枝，俱听老酋统调，各须授以千户。"这也证明，阿勒坦汗最少有十几个女儿，她们所嫁的塔布囊都单独领有部众。在赵全1570年被送到明朝的供述中，也供述了阿勒坦汗诸婿们领有部众的情况。如打儿汉塔布囊领有3000兵丁，火屯塔布囊领有1000兵丁，大成（《万历武功录》记写为歹成）塔布囊领有1500兵丁，其他塔布囊领有300~500兵丁不等。但在1571年明朝对土默特、喀喇沁首领们的首次封授中，并没有对塔布囊们进行封授。

乌彦楚哈屯除生有博达希利、衮楚克、倚儿将逊外，没有看到生有女儿的记载。

据《抚夷纪略》记载，被称为矮克哈屯的僧格母亲先于阿勒坦汗于1581年二月去世。1582年，僧格继任土默特汗位后，曾在十二月向明朝要求赏赐伊克哈屯莫伦和乌彦楚，并与乌彦楚结婚。伊克哈屯莫伦约于1583年把汉那吉去世前去世。1585年阴历十二月二十九日，僧格去世。1586年春，僧格的长子那木岱继任土默特汗位，十月与乌彦楚合婚。1587年三月，乌彦楚被明朝封为忠顺夫人。1607年，那木岱去世，那木岱长孙博硕克图汗继任土默特汗位。1611年五月十一日，乌彦楚和阿勒坦汗第五代孙博硕克图汗合婚。1612年六月二十六日，乌彦楚哈屯去世。

（四）阿勒坦汗的汗号

在蒙古文史籍中，阿勒坦汗一般被称为"阿勒坦汗""格根汗"。阿勒坦有汗号之称为1538年。据《阿勒坦汗传》记载，1538年，阿勒坦汗与其兄衮必里克随博迪汗征伐漠北兀良哈胜利后，蒙古各部聚集于成吉思汗八白室前，给原称为"阿拉克"汗的博迪汗上尊号为"库登"汗，并以衮必里克征伐兀良哈的功劳任衮必里克为蒙古的济农（副汗），上尊号为"墨尔根济农"，同时为奖励阿勒坦在征伐中的功劳，赐阿勒坦"索多"汗称号。"索多"意为英明的意思，在一些蒙文史籍中也译写为"矢韬""锡多""矢图"等，这应是作为衮必里克济农助手的汗号。这次集会，把征服的兀良哈部分给了各部。1541年，阿勒坦汗又单独出征残余的兀良哈并取得了胜利。1542年，衮必里克济农去世，阿勒坦汗又单独出征青海博喇海部落，在青海合鲁勒哈雅击败降服博喇海部落，彻底消灭了进入青海的蒙古仇敌。为了表彰阿勒坦汗的功劳，博迪汗在成吉思汗八白室前赐阿勒坦汗为"土谢图彻辰汗"（意为可依靠的聪睿之汗）。《阿勒坦汗传》这样记叙这次赐封：

六大国聚集于圣主之白室前，

阿勒坦汗语于博迪汗曰：

"赖天佑我使歹心的博喇海太师于额真

前向您叩降！"

此时六万户盛赞福圣阿勒坦汗。

平定仇敌使为自己的阿勒巴图，

使分离已久之众跪倒于额真前，

博迪汗等为报答勇敢真诚的阿勒坦汗，

于额真前当六万户之面赐号曰土谢图彻

辰汗。

阿勒坦汗这次被赐封为"土谢图彻辰汗"，成为蒙古当时除博迪汗外的另一个大汗，但是这个汗号是博迪汗赐封的，是在博迪汗之下的汗。这时的蒙古，称汗的只有博迪库登汗与阿勒坦土谢图彻辰汗。这次赐封也应是北元达延汗后代们所领有的蒙古部落分为左右两翼和六万户的时间。这次对阿勒坦汗的赐封和集会结束后，蒙古各部都加快了扩张，并最终在1547年形成了左右两翼的格局。这次的赐封汗号也奠定了阿勒坦汗在蒙古内部的地位。这个汗号也成为阿勒坦汗去世后僧格、那木岱、博硕克图所继承的汗号。此外《阿勒坦汗传》中还把阿勒坦汗尊称为"博格多汗"（圣汗），阿勒坦汗和三世达赖喇嘛索南嘉措会面后，又被称为"诺门汗"（法王汗）、"格根汗"（光明、普照的汗）。

（五）阿勒坦汗的逝世

1579年十一月，阿勒坦汗从青海回到土默特。这次远赴青海，历时近两年。由于长途跋涉，加之年事已高，回到家乡后，阿勒坦汗的身体每况愈下。

1580年，阿勒坦汗发烧昏迷，大病一场，险些死去。土默特部一些首领也由此认为藏传佛教无益，应该毁弃。经过与阿

勒坦汗一同来到土默特的满珠锡里呼图克图的救治，阿勒坦汗身体康复，他申斥了提出毁弃藏传佛教、不解经教的首领们，重申了严修经教之政。

1581年冬，阿勒坦汗又一次大病，并于十二月十九日（1582年1月13日）病逝。《阿勒坦汗传》这样叙述了阿勒坦汗的去世：

天地时象俱变，

天上光辉日月为罗护所执，

非天龙鸣时龙声作响，

大地以六种之态颠簸震荡。

出现不曾见的扫帚星，

风雨不调（大地）干旱，

灾害发生星辰陨落，

各种凶兆梦中多见。

举国大众心神不安之间，

白蛇年十二月十九虎日鸡时于哈

敦河之中心上，

君主可汗享年七十五岁，

以妙佛之坐式而升天。

根据《阿勒坦汗传》记载，阿勒坦汗于黄河之中心上去世的情况，可以确定其去世地点就是在呼和浩特城内。阿勒坦汗的去世对于蒙古右翼、明朝和进入蒙古的格鲁派都是一个重大的损失，因此在这些地方引起强烈震动。满珠锡里呼图克图亲自为之超度，"哞诵广大显密诸经为之祝福，使八十四千经典之声远闻（四方），以无私四坛之水沐浴度化（遗体），（将其）接引至净土上天。无智愚昧之众百姓，继续悲痛哀号卧倒不起。"为了劝解悲痛欲

大召西侧安放阿勒坦汗舍利塔的青色宫殿

绝的人们，满珠锡里再次向人们宣讲了"众生无常皆有死"的教义，希望他们遵守阿勒坦汗的教诲，继续执理他所建立的大政，以此报答阿勒坦汗的恩泽。在满珠锡里的指导下，僧格、乌彦楚等按照佛教仪式举行了四十九天的"功德"法会，由众多喇嘛唪诵了华严经、涅槃经、宝积经、般若经四大部经。蒙古左右翼的诸领主闻讯后，也先后带着大量供品前来祭奠和助葬，在四十九天内的逢七日时不断祭祀、叩拜、祈祷、祝福。得到阿勒坦汗去世的消息后，明朝也派僧人与官员送来七坛之供和大量贵重珍宝财物祭奠，并临时多加了一年的抚赏。1582 年八月，由明朝派来的汉族阴阳先生和满珠锡里呼图克图占卜为阿勒坦汗择地土葬，葬地选在大青山前，并建立了宫殿。安葬阿勒坦汗结束后，土默特部又派达尔罕萨岱巴格什带着金银曼陀罗、财物和多种礼品前往西藏，向三世达赖喇嘛索南嘉措通告阿勒坦汗去世的消息，并请他为阿勒坦汗之灵祈福。随后，僧格和乌彦楚又派敖齐赉古英、敖尔呼台岱青等人携带赞仪（见面礼）、布施到当时三世达赖喇嘛正在举行活动的青海塔尔寺请三世达赖喇嘛到土默特为阿勒坦汗做法事。

1585 年，三世达赖喇嘛索南嘉措来到呼和浩特。1587 年三月二十六日，三世达赖喇嘛举行火葬仪式，将阿勒坦汗和伊克哈屯（没有看到火葬矮克哈屯的记载，按常理也应与阿勒坦汗一起火葬）重新火葬。阿勒坦汗的骨灰被装入由尼泊尔工匠所造的舍利塔中，在今呼和浩特大召西建起庄严的青色宫殿（现称为乃春庙），将舍利塔安放到其中供奉。按照三世达赖喇嘛的说法，阿勒坦汗去世后，转生于弥勒佛身旁。

阿勒坦汗舍利塔

四、十二土默特部落及其领主

土默特名称及十二土默特部落的形成，应在阿勒坦汗晚年。根据 1541 年成书的《九边考》记载，蒙郭勒津原有八营，在 1541 年前已合为六营，分别是："多罗土闷、畏兀儿、兀慎、叭要、兀鲁、土吉喇。"由阿勒坦汗亲领的蒙郭勒津部没有列入。这说明，到 1541 年阿勒坦汗管领的部落分为七部。在 1547 年土默特部进驻丰州滩时，阿勒坦汗六子也各领部落分地驻牧。

这六子所领的六部加阿勒坦汗一部为七部，加阿勒坦汗叔伯侄子达雅皇台吉的多罗土默部及阿勒坦汗三弟拉布克台吉领有的乌审部共九部，也还没有形成十二个部落。在1568年西征卫拉特时，阿勒坦汗将卫拉特封给了刚刚出生的博达希利。但是随着撤兵东回土默特，博达希利能够隶属的卫拉特也仅有1559年征伐卫拉特时带回的卫拉特中明安部人。这时也仅为十个部落，十二土默特部的形成，应是在阿勒坦汗和乌彦楚所生三个儿子全部出生后形成。

土默特召河草原上的骆驼，骆驼为北元时期重要的运输工具

在北元蒙古历史时期，有着把部落数和部落名称连在一起称呼的习惯，除土默特外，如五内喀尔喀、七外喀尔喀，其中五内喀尔喀之称是领有内喀尔喀的达延汗第六子纳勒楚博罗特早逝后，其子虎喇哈赤继承其部众，虎喇哈赤去世后，其五子析产形成内喀尔喀五部；七外喀尔喀部为达延汗第十一子格呼森扎在1549年左右去世后，其七子析产形成外喀尔喀七部。同样，鄂尔多斯部在衮必里克去世后，也是由九子析产形成九部。作为同一时期的阿勒坦汗，在分封土地和部属时也一定是以其儿子作为分封对象进行分封。

根据阿勒坦汗最小的儿子倚儿将逊约出生于1576年，1577年十二月阿勒坦汗西赴青海及今武川县阿勒坦汗第三子铁背台吉后代居住地土默公村周围有数量不少的十二敖包推定，十二土默特的形成，应在1576年倚儿将逊出生后或1577年初。因为蒙古地区敖包数量为十二个的，也仅为呼和浩特土默特地区才有，其他蒙古各部的敖包数均为一、三、五、十三等单数。这十二个敖包也应代表着当时形成的土默特部所属十二个部落。在1579年冬阿勒坦汗从青海回到土默特后，1580年初新的夏都城已经建成，土默公一带变成了伊克哈屯的夏营地。土默公一带存在的十二敖包，应是在1577年形成。

成书于1725年的蒙文史籍《恒河之流》在记载了"左翼三大土默"之后，接着记载说："十二土默鄂尔多斯、多罗土默、畏兀儿沁、巴林土默、乌审土默、巴岳特土默、乌拉特土默、弘吉剌土默、依德土默、撒勒术特土默、伊克土默、吉尔肯土默，永谢布和纳速特、喀喇沁他们是右翼大土默……"这段记载，十二土默鄂尔多斯肯定有误，因为衮必里克去世后鄂尔多斯分为九部，入清后因有的没有后代，有的分地和属民太少，形成六旗，后增加为七旗，七旗扎萨克为衮必里克六子的后代。在鄂尔多斯之后所记的十一个土默应为对土默特所属部落的记载。这段记载，相比于明朝汉籍对早期蒙郭勒津部的记载多出了巴林、伊克、依德、撒勒术特、吉尔肯五个部落，其中乌拉特为乌鲁特之误，阿勒坦汗第六子和里克台吉领有的达拉特部没有被记载在内，由僧格一人领有的乌鲁特部和弘吉剌部被作为两个部记载，大汗本部蒙郭勒津部没有记载。在1570年，阿勒坦汗所部中已有巴林部和撒勒术特部，唯独没有的就是伊克、依德、吉尔肯部。这也说明，伊克、依德、吉尔肯三部的出现都应在1570年后。这三部应是阿勒坦汗与乌彦楚所生三个儿子全部出生以后才有的。因为这三个部名"伊克"（意为大）、"依德"（意为吃）、"吉尔肯"（意为哭闹、吵闹），应是1577年时阿勒坦汗与乌彦楚所生三个儿子分封时根据年龄情况形成的称呼。其中的"伊克"部应是封给老大博达希利的部落，1577年时博达希利为10岁，以乌彦楚所生的老大被称为"伊克"；"依德"部应是封给当时还在吃奶的老二衮楚克的部落；"吉尔肯"则是分给当时出生不久还在哭闹、吵闹的老三倚儿将逊的部落。因为这时的阿勒坦汗手中，已没有其他名称的部落，所以这时能分封的只有大汗本部蒙郭勒津部。从这三部独特的部名称呼也可以看出，阿勒坦汗是从其本部蒙郭勒津部分出了部众作为他和乌彦楚所生三子的部落。在那木岱去世后，博达希利、衮楚克、倚儿将逊三人唯一的后代苏都那木拥有了土默特的主要武装力量和互市市口也证明了这一点。因为在衮楚克和倚儿将逊都没有后代的情况下，苏都那木作为这两位叔父的血缘继承人，应由他继承这两位叔父的部落和牧地。

在阿勒坦汗去世以后的明朝史籍中，也记载那木岱汗之孙博硕克图汗继位后由于没有实力，丧失了对喀喇沁、鄂尔多斯的管辖权，所领仅为山西、大同边外三支十二部。这三支中一支为隶属于土默特部的达延汗第四子阿尔苏博罗特后裔领有的多罗土默部，另一支为土默特部所属的阿勒坦汗三弟拉布克台吉后裔领有的乌审部，再一支就是大汗亲统和阿勒坦汗九子领有的十部。这三支十二部各部情况如下。

（一）多罗土默部

多罗土默为七万户之意，是达延汗去世后由其第四子阿尔苏博罗特领有的部落。明史籍称阿尔苏博罗特为"我折黄台吉"。阿尔苏博罗特在1538年前就已去世，部落由其子布吉格尔台吉和五乎囊台吉领有。布吉格尔有五子，五乎囊有二子，其领有的七部为其木德、包路处大、白仞、来哈德、杭木顿、白如大、林日如大。在1579年阿勒坦汗离开青海时，布吉格尔第四子火落赤和1559年就来到青海的五乎囊台吉的后裔留在了青海。阿勒坦汗第四子兵都台吉去世后，火落赤成为青海土默特部实际上的首领。1571年蒙明议和时，布吉格尔长子达雅皇台吉被明朝授为指挥同知。1587年，达雅皇台吉在青海抢番时中流矢去世。其长子威静阿拜袭授指挥同知一职。据《万历武功录》记载的赵全等人供述，1570年时多罗土默部有作战士兵一万人，部落人口应在四五万人。

（二）乌审部

乌审部在汉文史籍中被称为"兀慎"，土默特部的乌审部为阿勒坦汗三弟拉布克台吉属部。拉布克台吉在明朝史籍中被称为"兀慎打儿汗剌不台吉"。乌审部来源说法有四个，一说是由蒙古语乌拉西（捕

土默特部召河草原上的蒙古马

捉禽兽的网套）一词源生而成，意为用网套的人；二说是由古乌孙族后裔形成的部落；三说是来源于迭尔列斤蒙古许慎部落；四是为来源于蔑儿乞部落的兀洼思部。拉布克领有的乌审部落应为从鄂尔多斯乌审部分出的部落。据《万历武功录》记载的赵全等人的供述，1570 年时该部有能作战士兵一千多人，部落人口应在五千人左右。拉布克台吉早逝，有一子，明史籍中称为"兀慎阿害兔台吉"，也早逝，生有一子，明史籍称为"兀慎歹成打儿汗打儿麻台吉"，在 1571 年明蒙议和时先被授为正千户，后又被授为指挥同知，生有九子。

（三）僧格部

通过蒙汉文史籍中僧格的儿子们领有的部落可以看出，僧格领有的部落有畏兀儿沁、乌鲁特、弘吉剌、茂明安、布格勒斯，还领有驻牧于今丰宁一带有一千一百多兵

丁、约五千人的兀良哈人。1570 年，僧格领有的作战士兵为七千人，他把部众分给了十四个儿子，自己只留有五六百人的兵丁，他所属的部落总人口应有近三万人。僧格的畏兀儿沁部和茂明安部由其长子那木岱领有，其中畏兀儿沁部为从阿勒坦汗早期分到的畏兀儿沁部分出。僧格领有的乌鲁特部和达延汗第八子格呼博罗特领有的乌鲁特部为同一部落。僧格所领的弘吉剌部和达延汗第六子纳勒楚博罗特领有的弘吉剌部原为同一部落。

（四）巴岳特部

在汉文史籍中，巴岳特部被记称为"摆腰"部，为阿勒坦汗所属早期六部之一。蒙古部落中的巴岳特部另两大部由达延汗第六子纳勒楚博罗特和第十一子格呼森扎领有，现居住于内蒙古呼伦贝尔市和蒙古国温都尔汗和乔巴山一带。阿勒坦汗所属

的巴岳特部由其次子宝音台吉领有。宝音台吉在明史籍中被称为"不彦"台吉，在1570年时有作战士兵二千人，部众在一万人左右。另外，宝音台吉在今承德市西南双滦区一带还领有五百朵颜兀良哈兵丁，部落人口在二千人左右。宝音台吉在1570年前已去世，有一子，明史籍称为"摆腰把都儿台吉"，1571年明蒙和议时被授为指挥同知。摆腰把都儿台吉生有六子。

（五）撒勒术特部

撒勒术特人就是明史籍称为"撒里畏兀儿人""红帽番"的人。《阿勒坦汗传》称其为"锡赉兀尔"人，为"黄色的畏兀儿人"之意。《甘州府志》记载说："黄番者古靺鞨族，皆元之支庶也。"在一些明朝史籍中，也把这些人称为"红帽番"，说他们"语言、衣着类虏（和蒙古人一样）"。这些被称为"撒里畏兀儿""红帽番"的人，为元朝时进入青海的蒙古人，曾长期居住于新疆维吾尔自治区东南部和青海省西北部毗连地区。明朝建立后，这些人和一些藏族人，后来的土族人降附明朝。1375年（明洪武八年），明朝设阿瑞、安定二卫安置这些降人，1375年后又设曲先卫，1397年设罕东卫安置这些人，并沿袭了故元体制，承认各卫旧有蒙古贵族的政治特权，作为统治者。这四卫中，安定、阿瑞二卫以撒里畏兀儿人为主。这些撒里畏兀儿人，在长期与维吾尔先民相邻居住时，由于通婚有了一些维吾尔人的外貌特征，所以被明史籍称为"撒里畏兀儿""红帽番"，被当作了类似维吾尔人的蒙古人。1510年后，亦卜剌进入青海残破四卫，撒里畏兀儿人

一部分归附亦卜剌，一部分四处逃散。据《阿勒坦汗传》记载，1532年阿勒坦汗第一次进兵青海时，降服了以浩兰温台为首的一群离散之民。他们应就是首批被带回土默特地区的撒里畏兀儿人，成为阿勒坦汗部属。留居于青海的撒里畏兀儿人除后来仍有来到土默特的外，在清朝时与被称为哈喇（黑）畏兀儿人的回纥血统人组成为裕固族。带回土默特地区的这些撒里畏兀儿人，最终成为阿勒坦汗和大哈屯莫伦夫人所生铁背台吉的属民。铁背台吉在王鸣鹤的《登坛必究》中被记为阿勒坦汗第六子，名叫倘忽台吉，应为唐古特的译音，铁背为图伯特的译音，图伯特为当时对藏族人的称呼，这也应是他们来自青海，有着一些藏族生活特征而得到的称呼。成为铁背台吉的属民后，他们由"锡赉兀尔"被称为"撒勒术特"人，"锡赉"和"撒勒"都是黄色的不同译写，"术特"是复数形式。铁背台吉领有的部落人数，明史籍记载为三千人，应为有作战士兵三千人，部落人数应在一万二千人左右。铁背台吉早逝，其子把汉那吉由其祖母莫伦夫人和阿勒坦汗带大，1570年因家事投明而促成蒙明和议，并被明朝封为指挥使。从明朝回来后，除领有撒勒术特部外，把汉那吉还领有土默特西部的板升汉人。在土默特部中，当时唯有他和一位塔布囊有着"大成"的称号，在阿勒坦汗诸子中地位仅次于僧格。伊克哈屯去世后，蒙郭勒津部西哨也归于把汉那吉。把汉那吉死于1583年，生有二子，其后代为清朝呼和浩特土默特的土默公一系。根据明史籍记载，在1591年那木岱从

青海返回时，把汉那吉之妻大成妣吉仍在青海派人招领并和火落赤争夺"红帽番"。可见到1591年，其部落人口还在增加。

土默特部召河草原上的羊群

（六）畏兀儿沁部

畏兀儿沁又译称为威武慎、畏兀特、卫郭特、委兀儿慎等，意为"类似畏兀儿人"。畏兀儿沁部族源自于哈密北山的野乜克力部。大约在15世纪以后，蒙古人就把野乜克力人看成是畏兀儿化的蒙古人。北元时期永谢布部落形成时，畏兀儿沁部为永谢布主支部落，信仰伊斯兰教。1510年，亦卜剌杀死达延汗次子乌鲁斯博罗特西逃青海后，没有跟他走的畏兀儿沁部众一部分被分给驻牧于河套的鄂尔多斯、蒙郭勒津部，一部分成为达延汗第七子阿尔博罗特的部属，称为"大畏兀儿沁"。阿勒坦汗到青海四次征伐亦卜剌时，也应带回了一定数量的畏兀儿沁人。阿勒坦汗所属的畏兀儿沁人分给了长子僧格、四子兵都台吉和一些塔布囊。其中兵都台吉领有五百名作战士兵，部众应在二千人左右。在明史籍中，兵都台吉被称为"兵兔台吉""宾秃台吉""哑阿不亥"等。1559年，兵都台吉所属的大部分畏兀儿沁人迁到青海驻牧，亦卜剌带到青海的残余畏兀儿沁人也都归于兵都。1577年，阿勒坦汗分封与乌

彦楚所生诸子牧地部众时，兵都台吉大青山后的畏兀儿沁部牧地归于那木岱。

1591年那木岱从青海返回时，应带回了不少原属兵都台吉的畏兀儿沁人。1603年，那木岱长孙博硕克图在护送四世达赖云丹嘉措进藏后，留在青海成为青海土默特畏兀儿沁部首领。博硕克图继承汗位后，青海畏兀儿沁部大部回归大青山北畏兀儿沁牧地。兵都台吉有三子，在1570年蒙明和议时，兵都台吉被授为指挥同知。兵都台吉于1587年去世，其长子袭授指挥同知。

昔日的畏兀儿沁部草原（今达茂草原）

（七）巴林部

巴林部为蒙古古老部落，分为巴阿邻、蔑年巴阿邻、古惕巴阿邻、速客纳惕四支。达延汗去世后，该部由其第三子巴尔斯博罗特和第六子纳勒楚博罗特领有。巴尔斯博罗特所属的巴林部后成为阿勒坦汗的属部，由阿勒坦汗第五子依勒登台吉领有，在明朝史籍中，依勒登台吉被称为"野力邓"，因领有巴林部也被明史籍称为"把林台吉"。依勒登台吉有七个儿子，其中六个随兵都台吉在青海驻牧。1571年，蒙明和议封授官职时，依勒登台吉被授为指挥同知。依勒登台吉于1577年去世，其留在土默特的第五子着力图台吉袭授为指挥同知。

（八）达拉特部

达拉特部在明汉籍史料中被称为"打郎""打喇"。蒙古达拉特部另一支部落隶属于鄂尔多斯部，土默特部所属的达拉特部由阿勒坦汗第六子和里克台吉领有。和里克台吉在明史籍中被称为"哥力各台吉"。据1570年赵全等人的供述，达拉特部有五百兵丁，部众应在二千人左右。1571年，蒙明议和封授官职时，和里克台吉已经去世。他有一子，明朝汉籍资料称其为"打剌阿拜台吉"，被封授为指挥金事。打剌阿拜有四子，到1590年时，其部落兵丁仍不足一千人。

（九）伊克部

伊克为蒙语"大"的意思，为1577年左右阿勒坦汗分封与乌彦楚所生三子时从蒙郭勒津部东哨分出形成的部落。部落领主为阿勒坦汗与乌彦楚所生长子博达希利，所以将其部落称为"伊克"。1577年时，博达希利年仅10岁，1571年蒙明和议时，年仅4虚岁的博达希利就被授为指挥同知。1580年，博达希利13岁时加升为骠骑将军，1586年19岁时又被授为龙虎将军，1591年24岁时升为都督金事，1597年30虚岁时去世。博达希利生有二子，一子早逝，另一子即为其与大成妣吉所生的苏都那木皇台吉（又称为温布皇台吉，明史籍称为"素囊"）。博达希利和其两个兄弟去世后，三人领有的部落都由苏都那木领有。苏都那木生有三子，苏都那木去世后三人应分别成为蒙郭勒津分出的伊克、依德、吉尔肯部的首领。林丹汗攻占呼和浩特时，苏都那木台吉的二子出降，一子逃亡。林丹汗去世各部归降后金时，苏都那木台吉的儿子们又归降后金，回到呼和浩特，后再不见史籍记载，应为在1635年底被后金迁往了锡勒图库伦喇嘛旗。伊克部除蒙郭勒津部人外，还应包括阿勒坦汗时期归附的卫拉特部人。

（十）依德部

依德为蒙古语"吃"的意思，为1577年左右阿勒坦汗分封和乌彦楚所生三子时从蒙郭勒津部东哨分出形成的部落。部落领主为阿勒坦汗与乌彦楚所生次子衮楚克台吉。分封时，衮楚克年龄在二三岁吃奶时，所以将其部落称为依德部，意为"还在吃奶"。衮楚克在1576年出生不久时被明朝封授为副千户，明史籍称他"哑不能言"，1583年八九岁时即被明朝封授为明威将军，1595年约二十岁出头时病故，无后。

（十一）吉尔肯部

吉尔肯为蒙语"哭闹、吵闹"的意思，是1577年左右阿勒坦汗分封他与乌彦楚所生三子时从蒙郭勒津部东哨分出形成的部落。部落领主为阿勒坦汗与乌彦楚所生第三子倚儿将逊台吉。因分封时倚儿将逊出生不久，还在哭闹时期，所以将从蒙郭勒津部东哨分给他的部落称为"吉尔肯"部。1581年，倚儿将逊被明朝封授为百户，后又被封授为武略将军。1588年，倚儿将逊十二三岁时病故，无后。

（十二）阿勒坦汗直属部落

阿勒坦汗的直属部落为蒙郭勒津部，在1570年时有能作战士兵二万人，部落人口应在八万人左右。阿勒坦汗亲领能作战士兵七千人，直属部落人口近三万人。在

1572 年底或 1573 年初时，蒙郭勒津部分为左右翼，也称为东西哨，西哨由伊克哈屯领有，东哨由阿勒坦汗和乌彦楚领有，并在土默特极东和极西边境派驻亲统部落加强对边境的控制。伊克哈屯去世后，西哨归于把汉那吉，东哨在给乌彦楚所生三子分出伊克、依德、吉尔肯三部后，所剩部众成为大汗本部，但人口不是太多，以至日后伊克、依德、吉尔肯三部都成为苏都那木台吉所属部众以后，土默特的第四任土谢图彻辰汗博硕克图在和苏都那木的抗衡中已经没有优势了。

五、土默特各部的驻牧地

土默特各部的驻牧地，在 1547 年阿勒坦汗进驻丰州滩时就已基本形成。1577 年，阿勒坦汗为他和乌彦楚所生三子析分蒙郭勒津部东哨时，为保持今后汗权实力和同部族居住，仅把兵都台吉的畏兀儿沁牧地分给了其长孙那木岱领有的畏兀儿沁部，其他各部仍在原牧地驻牧。

在蒙文史籍中，没有看到土默特各部驻牧地域情况。在明史籍《九边考》《万历武功录》《武备志》《三云筹俎考》《宣大山西三镇图说》《北虏风俗·北虏世系》中，分别记有一些土默特各部驻牧地的情况，可从中分析考证出当时土默特各部的驻牧地。

（一）多罗土默部驻地

多罗土默部为达延汗第四子阿尔苏博罗特及其后裔的部落，在《北虏世系》中，记载我折黄台吉（阿尔苏博罗特）子不只克儿（布吉格尔）驻地为："多罗土默在

山西偏关边外六七百里住牧。"在布吉格尔长子达雅皇台吉长子威静阿拜台吉条下又记载说："在大同边外丰州西没纳河住牧，离边七百余里。"然而，在丰州西并没有没纳河，而是在西北有木纳山，这应是《北虏风俗》误将山记成河了。木纳山就是阴山西段今包头市昆都仑河西一直向西延伸进入乌拉特前旗的乌拉山。《万历武功录》在记载赵全等人的供述时，说多罗土默部："居黄河西北，乡神木。"这和《北虏世系》所记一致，都是指今内蒙古巴彦淖尔市一带。除明代汉籍记载外，俄国人佩特林于 1618 年奉命出使中国，在他回国后为沙皇所写的报告中也提到了一些土默特部驻地的情况，内中也提到了多罗土默的驻地，有关土默特部驻地的内容为："由齐青诺颜的兀鲁思到塔拉土默特兀鲁思，骑马要走四天，台库塔屯王公居住在此。由台库塔屯的兀鲁思走三天，便来到裕尔楚青兀鲁思，这是博硕克蒂汗的领地。由博硕克蒂汗的兀鲁思向前走两天，来到一处黄蒙古人的兀鲁思，称为穆勒果青，当地有一位王妃玛勒齐哈敦，其儿子名叫阿尔楚塔图。在未抵达这块蒙古领土前两天路程的地方，需穿过一个山间峡谷——真使人

乌拉山

北元时期土默特多罗土默部境内的乌加河

毛骨悚然！一出那个峡谷，便进入蒙古地方，在峡谷出口处有两座砖石建的蒙古城镇名叫板升。"在出使报告的原件中，"塔拉土默特"为"图兰土默特"，"裕尔楚青"为"裕固尔青"，"穆勒果青"为"穆果勒青"，"博硕克蒂汗"为"博硕克图汗"，"阿尔楚塔图"为"温春台吉"。文中的"图兰土默特"就是多罗土默；"裕固尔青"即畏兀儿沁；"穆果勒青"即"蒙郭勒津"；"博硕克图汗"就是当时的土默特彻辰汗，那木岱的长孙博硕克图汗；"玛勒齐哈敦"即大成妣吉；"温春台吉"为大成妣吉与把汉那吉所生长子冷克木的长子。佩特林是从西伯利亚托木斯克城出发的。他首先抵达喀尔喀扎萨克图汗部，又途经赛音诺颜汗部进入多罗土默部的驻地，又东行从畏兀儿沁驻地向南越过大青山进入土默特平原蒙郭勒津部的驻地。他的行进路线自西向东往南经过了土默特多罗土默部、畏兀儿沁部，进入蒙郭勒津部境内。这也说明，土默特部西北为多罗土默部，往东与之相连的是畏兀儿沁部，从大青山出来，就成为蒙郭勒津部的驻地了。

综合明史籍记载和佩特林的出使报告，

土默特多罗土默部驻地主要为今巴彦淖尔市地区。

北元时期土默特多罗土默部驻牧地的草原，今巴彦淖尔市乌拉特草原

（二）乌审部驻地

乌审部为阿勒坦汗三弟拉布克台吉及其后裔领有的部落，明朝史籍称为"兀慎"。《北虏世系》在记载拉布克台吉之子兀慎阿害兔驻地时说："在大同镇边堡正北克儿一带住牧，离边约一百七八十里。大同守口堡互市。"镇边堡即今山西大同市东部阳高县城西20公里处的镇边堡村，为明大同镇所辖"内五堡"之一，是明代大同镇重要关堡。镇边堡正北克儿一带，离边一百七八十里，为今乌兰察布市察哈尔右翼前旗、商都县西南及兴和县西北端一带。《宣大山西三镇图说》有关兀慎部驻地记载为："边外（指阳和，今阳高县）二十余里鹅沟（今丰镇市浑源窑乡鹅沟）等处，兀慎台吉男朝台吉、酋首屹力哥倘不浪等驻地。"在平远堡（今大同天镇县新平镇平远堡村）图说下记载有："小白海子，兀慎台吉酋首哈赖倘不浪等驻牧。"在桦门堡（今大同天镇县）图说下记载有："边外兀慎朝台吉等守口夷人在发放牌插沟。"《三云筹俎考》的记载和《宣大山西三镇图说》相同。综合上述记载，乌审部的驻

牧地应为乌兰察布市察哈尔右翼前旗东部、后旗地区，兴和县西部、商都县西南部、丰镇市东部。

（三）僧格部驻地

僧格作为阿勒坦汗长子，日后的汗位继承人，领有的部落人口为诸子中最多。他领有的部落为畏兀儿沁、乌鲁特、弘吉剌、茂明安、布格勒斯、朵颜兀良哈等，其领有的牧地也在诸子中最大。

从1547年阿勒坦汗率部进驻丰州滩后，僧格部就驻牧于土默特部的最东面。这从僧格与其驻牧于土默特东的四叔巴雅思哈勒多次在一起活动也能看出。僧格具体的驻牧地，在《北虏风俗·北虏世系》中记载他未继承汗位前的驻牧地为："宣府边外旧兴和所小白海马肺山一带住牧，离边三百里。"记载他诸子驻地的情况是：次子那木尔台吉（即五路台吉）和第三子青把都补儿哈图在大同天城（今天镇）边外正北五克儿菊儿克一带驻牧，离边五百余里；第四子哈木把都台吉在山西偏关西北边外擦哈把剌哈素驻牧，离边一百六十七里；第五子松木尔台吉在宣府下西路（指柴沟堡、洗马林、渡口堡、西阳河堡、李信屯堡）正北边外擦哈揉儿驻

小白海边的草原，北元时期僧格部驻牧地

牧，离边二百余里；第六子波尔哈都台吉、第七子打赖台吉在宣府膳房堡迤北马肺山一带驻牧，离边二百余里；第八子台石台吉驻地没有标明；第九子噶尔图等兀良哈妻子们所生六子在宣镇龙门所边外驻牧。僧格诸子们的驻地，都是僧格把原属于他的牧地分封给诸子后的情况。在《北虏世系》中还记有僧格长子那木岱的次子乌巴万达尔罕台吉（明史籍称为毛明暗台吉、五十万打力台吉）在大同新平（在今天镇县）边外驻牧。那木岱七子中，只有长子晃兔台吉和那木岱在兵都台吉的畏兀儿沁旧地驻牧。在大同新平边外驻牧的还有那木岱的第三子明安台台（明史籍称为明暗台吉）、第四子土麦台吉、第五子耳章速台吉、第六子我尔谷道台吉、第七子格尔猛克台吉。在《三云筹俎考·大同丰州滩顺义王系派部落》中，与《北虏世系》记载略有不同的为把僧格第四子哈木把都台吉的驻牧地山西偏关西北边外"擦哈把剌哈素"记为在"黄河塞"驻牧。在《宣大山西三镇图说》中，把黄河塞记为在守口堡边外，在《三云筹俎考》中也在守口堡条下有"把林台吉在黄河一带趁草"的记载，那么这个黄河和黄河塞应为守口堡外的今兴和县后河。这应该是《北虏世系》的记载有误，是把兴和县的黄河（后河）当成了偏关西北黄河出现的误记。

在《宣大山西三镇图说》中，把膳房堡边外记为僧格和威兀慎姃吉等部落驻牧地，把新开口（指守口堡）边外记为僧格第三子青把都补儿哈图和那木岱次子乌巴万达尔罕的驻牧地，把新河口堡、洗马林

秋季的漫瀚山山区

堡边外记为那木岱第三子明安台吉驻牧地，把柴沟堡边外记为那木岱第二子乌巴万达尔罕驻牧地，天城边外记为敖卜燕（即敖巴彦楚格库尔，五路台吉长子）驻牧地，新平堡边外记为五路台吉、松木尔台吉驻牧地，平远堡边外记为五路台吉下石宝成妣吉、察汉儿妣吉等部落驻牧地，堡平堡边外记为五路台吉驻牧地，羊房堡边外记为僧格驻牧地。青边口外段木嘴、三道川、回回墓、马头山诸处，皆三娘子部落驻牧。从阳和东就一直为僧格及诸子驻牧的地方突然改为由三娘子部落驻牧，而且，在青边口以东的边堡外驻牧的已是喀喇沁部的青台吉了。这也说明，张家口东的青边口一带为土默特部的最东边，这里配有大汗直属的部落以加强对各部的控制。在《北虏世系》中，也把巴雅思哈勒的驻牧地记

兴和县后河

为在张家口东北，青边口为土默特东界应是没错的。综合上述记载，僧格驻牧地最东处为今张家口市宣化县大仓盖乡羊房堡村以西，最西处为今阳高县守口堡以北地区，大约为今锡林郭勒盟镶黄旗南部、正镶白旗南部、太仆寺旗西部，今乌兰察布市兴和县东部、商都县西部大部地区和东部全境、化德县全境，河北张家口尚义县全境、康保县全境、张北县全境、沽源县部分地区。僧格本人驻地应在张北县北部到商都县察汗淖尔一带。此外，僧格还领有驻牧于今丰宁一带的朵颜兀良哈人。

河北丰宁县山区，北元时期僧格所属兀良哈部驻牧地

（四）巴岳特部驻地

巴岳特部在明史籍中被称为"摆腰"，为阿勒坦汗次子宝音台吉领有的部落。《北虏风俗·北虏世系》《三云筹俎考·大同丰州滩顺义王系派部落》都记载其部在"大同阳和边外西北一克菊力革住牧，离边三百余里，阳和守口堡互市"。《宣大山西三镇图说》中的大同巡道辖北东路总图说条下记载："边外与永邵卜巢穴相对，而东则摆腰、兀慎，西则酋妇（指乌彦楚）东哨打儿汉等住牧。"阳和边外西北三百

余里为今内蒙古乌兰察布市察哈尔右翼后旗和商都县西部，一克菊力革为蒙语"大心"的意思，指山的形状，今已不好考证。《宣大山西三镇图说》中的"大同巡道辖北东路"指的是今大同北新荣区堡子湾一带的得胜、镇羌、弘赐、镇川、镇边、镇河、镇房、拒墙八堡。其中最东的为今山西阳高县长城乡的镇边堡。边外就是今乌兰察布丰镇市最东的浑源窑乡。按照《宣大山西三镇图说》的记载，大同北新荣区以西的地区为土默特大汗的驻牧地，以东为巴岳特和乌审部的驻牧地。按照这样划分，那么也就是今丰镇市只有最东边的一些地区为巴岳特和乌审部的驻牧地。但是从阳高城边外驻牧的为乌审部看，巴岳特部没有靠近边境的牧地，而是驻牧地在乌审部的西北面。在清朝《皇朝通志·氏族略·蒙古八旗姓》中，把巴岳特部故地称为阿巴嘎、巴岳特、西拉木兰。在一些有关的著述文章中，还把巴岳特标注为在山西天镇、阳高边外，西拉木兰为今赤峰市境内的西拉木伦河，明末时为内喀尔喀部驻地，阿巴嘎、巴岳特应为土默特巴岳特部驻地。综合上述记载，巴岳特部的驻地大致为今锡林郭勒盟的阿巴嘎旗南部，苏尼特左右旗南部，

阿巴嘎草原，北元时期土默特巴岳特部驻牧地

镶黄旗、正镶白旗北部，正蓝旗西北部地区。

巴岳特部为土默特部大部，1570年时有部落兵丁二千人，全部人口应在一万人左右。此外，巴岳特部还领有今河北承德市西南双滦区一带的五百户朵颜兀良哈人。

承德双滦区双塔山，北元时期土默特巴岳特部兀良哈部驻牧地

（五）撒勒术特部驻地

撒勒术特部为阿勒坦汗第三子铁背台吉领有的部落。铁背台吉早逝，其独子把汉那吉由伊克哈屯抚养长大后统领部落。《北虏风俗·北虏世系》《三云筹俎考·大同丰州滩顺义王系派部落》都记载把汉那吉"在山西偏关边外西北哈郎兀住牧，离边三百余里"。"哈郎兀"应是蒙古语"哈剌乌素"或"哈剌乌拉"不完全的译音。哈剌乌素为黑水之意，哈剌乌拉为黑山之意。偏关边外西北三百里左右，为今包头一带。包头郊区沙尔沁镇沙尔沁村、阿都赖村、阿善沟门等村北的大青山就称为"黑山"。沙尔沁镇东几公里的公积板升村北就有把汉那吉及其后代们居住过的遗址，公积板升就是由"公爷"（把汉那吉后代在清朝时被封为镇国公）板升演变而来。黑水就是现在流经包头市西的昆都仑河旧

固阳县山区，北元时期土默特撒勒术特部驻地

称。昆都仑河在历史上先后被称为"石门水""黑水"。在阿勒坦汗时代，黄河河道还在今包头市市区内，从靠近萨拉齐的地方向东南流走。当时的包头市黄河以北地区到大青山下，也是板升的集中居住耕种区。从赵全等人在1554年出塞到铁背台吉部下为兵和蒙明议和后阿勒坦汗让把汉那吉掌管板升看，早期建立的板升应有不少是在铁背台吉牧地内。从沙尔沁镇东把汉那吉及其后裔驻于公积板升一带分析，把汉那吉领有的撒勒术特部牧地，应为今包头市昆都仑河东包头市区和郊区清朝黄河故道以北地区及今固阳县大部地区。1575年阿勒坦汗汗廷东迁呼和浩特后，今武川西部地区和达茂旗召河、石宝等地区

固阳县的农田

也归于西哨，伊克哈屯去世后都成为撒勒术特部的领地。除领有撒勒术特部和继承伊克哈屯的蒙郭勒津西哨以外，把汉那吉还管有西哨内的板升汉人。

（六）畏兀儿沁部驻地

畏兀儿沁部在明史籍中被称为"威武慎""委兀儿趁"等。土默特部的畏兀儿沁部分为两支，一支由阿勒坦汗第四子兵都台吉领有；另一支由僧格领有，后分给其长子那木岱领有。在《北虏风俗·北虏世系》和《三云筹俎考·大同丰州滩顺义王系派部落》中，兵都台吉领有的部落被记称为威武慎，在陕西河州西海驻牧，在

达茂旗希拉穆仁河

甘肃扁都口互市。阿勒坦汗长孙那木岱及其长子晃兔台吉被记为在胡地委兀儿趁一带驻牧，离边七百余里，牧地位于山西偏关外。那木岱驻牧的"胡地委兀儿趁"原属于兵都台吉。1559年，兵都台吉带领其所属的畏兀儿沁部驻牧青海。但根据1571年蒙明互市后经常有畏兀儿沁人随同阿勒坦汗赴明边互市的记载，这一带一是兵都台吉还留有部属，二是阿勒坦汗的塔布囊们也有人领有一些畏兀儿沁人在此驻牧。1576年后，因兵都台吉离开这里年久，

这里又被分给那木岱同其长子晃兔台吉领有的畏兀儿沁人驻牧。根据俄国人佩特林1618年的出使报告，多罗土默部以东即为畏兀儿沁的牧地，即今达茂旗境内。在《万历武功录》的1554年条下，提到明军曾俘虏一个叫"铁莽提桴鼓"的土默特部小头目，在他的供述中，阿勒坦汗四子兵都台吉被称为"哑阿不害"。达茂旗境内的艾不盖河就应源于兵都台吉的阿不害之称。

北元时期土默特畏兀儿沁部牧地内的艾不盖河谷

（七）巴林部驻地

巴林部又被称为巴阿林部，为阿勒坦汗第五子依勒登台吉领有。根据《万历武功录》所记赵全等人的供述，阿勒坦汗"以（部众）一千属把里台吉、兵兔台吉。去右卫六百余里"。文中的把里台吉即为依勒登台吉，在明朝史籍中记称他为"野力邓"，因他为巴林部部主，又称他为把林台吉。1570年，他部下的兵丁为五百人，部落人口在两千人左右。从把依勒登台吉和兵都台吉部合在一起记述和共同距右卫六百余里的情况分析，他们二人的驻牧地应该是连在一起的。《北虏风俗·北虏世系》和《三云筹俎考·大同丰州滩顺义王系派部落》均记载依勒登台吉的驻地"在大同

阳和正北山后歹颜那失机住牧，离边五百里。阳和守口互市"。这个位置在今苏尼特右旗南部和锡林郭勒盟的镶黄旗西部一带。在民国十年（1921年）刊印的《绥乘》一书中的《绥远区域全图》中，把今四子王旗境内的主要河流希拉穆仁河北段标为锡喇木伦河，把从今达茂旗希拉穆仁流入的锡喇木伦河南段标注为"巴塔林界（应为郭）勒河"，在今天的地图上，把这一段标注为"塔布河"，"塔布"是蒙语"五"的意思，"塔布河"的原称为"塔布汗河"。这应是源自于阿勒坦汗第五子依勒登台吉或依勒登第五子着力图台吉的名称，依勒登台吉领有的巴林部又被称为"巴阿林"部，"巴塔林"与"巴阿林"指的是同一部名，是在汉语翻译中出现的不同译写。"塔布汗河"则是根据依勒登台吉为阿勒坦汗第五子而被称为"五汗"的河；或是根据在此地继承他汗位的第五子着力图台吉排行第五而得来的称号，因为依勒登台吉的七子中，只有第五子着力图台吉和他一起驻牧，其余六子均随其四叔兵都台吉在青海驻牧。依勒登台吉去世后，他的指挥同知一职也由着力图台吉袭授。依勒登台吉的驻牧地应为今乌兰察布市四子王旗大部和察哈尔右翼中旗北部地区。

初春的塔布河

四子王旗草原王府寺庙，北元时期巴林部驻地

辉腾锡勒草原，北元时期土默特达拉特部驻牧地

（八）达拉特部驻地

达拉特部为阿勒坦汗第六子和里克台吉所领的部落，明史籍称他为"哥力各"。在1570年赵全等人的供述中，达拉特部有兵丁五百人，部落总人数应在二千多人。《北虏风俗·北虏世系》记载他的驻牧地为："在大同得胜堡边外垛兰我肯山后驻牧，离边三百里，得胜堡互市。"垛兰我肯山为蒙语"七女山"的意思，今已无考；离大同得胜堡北三百里的地方，为今乌兰察布市察哈尔右翼中旗及察哈尔右翼后旗西部地区。《三云筹俎考·大同丰州滩顺义王系派部落》在和里克台吉条下的记载和《北虏风俗·北虏世系》相同，但在和里克台吉诸子的名下又记述说："以上诸酋部夷不满千数，俱随素囊东哨住牧杀胡堡塞外。"这也说明，达拉特部的驻地应该南接于大汗统领的蒙郭勒津部，在今和林县杀虎口和大同新荣区得胜堡北。那么，今乌兰察布市的卓资县东北部、察哈尔右翼后旗西南部、察哈尔右翼中旗南部大部分地区就应为达拉特部的驻牧地。

（九）蒙郭勒津部驻地

蒙郭勒津部驻牧地包括今呼和浩特市全境，包头市的土默特右旗大部，乌兰察布市的凉城县全境，卓资县西南境，丰镇市中西部地区。

1572年，呼和浩特开始建设后，阿勒坦汗就把蒙郭勒津部分为左右翼，也就是东西哨，伊克哈屯领有右翼、阿勒坦汗和乌彦楚领有左翼。《明史纪事本末·俺答封贡》（白话精评）记载："俺答老时娶两妾，抛妻弃子，黄台吉怀恨在心。两妾各生一子，俺答给他们一万骑兵自卫。"《明史纪事本末》所记载的"两妾各生一子"，一个为生有铁背台吉的伊克哈屯，但她并不是妾，应是记载人根据僧格是长子，就把她记为了妾，另一个妾则指当时已生有博达希利的乌彦楚。明代文学家、史学家王世贞的《北虏始末志》也记载："俺答老矣，娶二妾，弃其妻，黄台吉怨之。妾各子一人，予万骑自备。"从王世贞于隆庆二年（1568年）讼父冤，得平反，被荐以副使莅大名，迁浙江右参政、山西按察使，又历广西右布政使，入为太仆寺卿。万历二年（1574年），以右都御使巡抚郧阳的经历分析，他的《北虏始末志》应写于他任山西按察使时期，从他任山西按察使后又任广西右布政使，

1574年以右都御使巡抚的情况推断，他任山西按察使的时间应在1573年前半年。这也说明，阿勒坦汗划分左右翼的时间应在1572年底或1573年初。

阿勒坦汗与乌彦楚所生的三子全部出生后的1577年，阿勒坦汗又从他和乌彦楚所领的蒙郭勒津部东哨划出伊克、依德、吉尔肯三部分给三子。从此，蒙郭勒津部左翼又分为大汗本部和伊克、依德、吉尔肯四部。

（十）博达希利伊克部驻地

据《北虏风俗·北虏世系》的记载，博达希利"在山西边外丰州山后可儿兔驻牧"，所记时间在1594年前。《三云筹俎考》记载博达希利驻牧地为："在大同杀胡边外丰州滩山后一带住牧，山西水泉、大同得胜二处互市。三娘子所生，兵马地土极为富强。"根据《北虏世系》和《三云筹俎考》的记载，博达希利的驻牧地应在今武川县西乌兰不浪镇东武川全境，乌兰察布市察哈尔右翼中旗西部、卓资县西北地区。

武川境内的油菜田，北元时期蒙郭勒津伊克部驻牧地

（十一）衮楚克依德部驻地

衮楚克的驻牧地，仅见于刊印于1603年时任宣大山西总督杨时宁编纂的《宣大山西三镇图说》一书。《宣大山西三镇图说》编纂内容为1602年前三镇及边外蒙古诸部

情况。衮楚克台吉早在1595年八月就已去世，《宣大山西三镇图说》记载《三西岢岚道辖西路总图说》中的草垛山堡、黄龙池堡边外为衮楚克驻牧。草垛山堡、黄龙池堡均为今呼和浩特市清水河县境南长城边堡。那么，今呼和浩特清水河县全境及和林格尔县南部地区，就应是衮楚克的驻牧地。衮楚克去世后，其牧地应由其同母兄博达希利占有。博达希利去世后，牧地归于苏都那木台吉。乌彦楚去世后，位于清水河境南的水泉营红门隘市口也归于苏都那木台吉。

呼和浩特清水河老牛湾，老牛湾以北地区为北元时期蒙郭勒津依德部驻牧地

（十二）倚儿将逊吉尔肯部驻地

倚儿将逊约生于1575—1576年，1588年四月就已去世，年龄最大为13岁，因此参与活动较少，在汉籍史料中没有见到他的活动及驻牧地情况。但是可以从日后苏都那木占有大同新荣区北的土默特另一大市口得胜堡市口推断出，位于今漫瀚山东的今乌兰察布市凉城县大部分地区和丰镇市西部为倚儿将逊驻牧地。倚儿将逊去世后，牧地由同母兄博达希利继承。博达希利去世后，牧地归于苏都那木台吉。随之，得胜堡口市场也由苏都那木台吉占有。

（十三）蒙郭勒津部右翼驻地

在 1572 年阿勒坦汗开始建设呼和浩特不久，就把他亲统的蒙郭勒津部划分为左右翼。根据把汉那吉早期就占有公积板升一带及美岱召汗廷城位置分析，蒙郭勒津部右翼占据的地域远远不及左翼。蒙郭勒津部右翼地域应为土默特右旗清朝时黄河故道以北地区及今托克托县全境，土默特左旗今台阁牧镇西部地区和武川县西乌兰不浪镇以西地区。

内蒙古乌兰察布市凉城县岱海，北元时期蒙郭勒津吉尔肯部驻牧地

（十四）大汗本部牧地

阿勒坦汗在开始建设呼和浩特时，美岱召汗廷城一带就成为伊克哈屯右翼的领地，在从呼和浩特北、东、南蒙郭勒津部左翼驻牧地划出伊克、依德、吉尔肯三部后，阿勒坦汗大汗本部牧地应只剩今呼和浩特市市四区，今土默特左旗台阁牧镇以南以东地区，今和林格尔县北部。1612 年，乌彦楚去世后，呼和浩特和大汗本部不少驻牧地也被苏都那木台吉占有，大汗直属部落驻牧地已变得很小，部众也不是太多，以至土默特的大汗博硕克图在和领有伊克、依德、吉尔肯部的苏都那木台吉的相争中，根本没有上风可占。

恰台吉驻牧的托克托城遗址

六、阿勒坦汗早期的汗廷城——美岱召

嘉靖二十五年（1546 年），阿勒坦汗率部分部众进驻丰州滩西部黄河北一带，把大青山宝丰山下明朝初年遗留的卫所古城堡重新修建作为汗廷驻地，这就是今天的美岱召。1547 年秋，察哈尔部东迁，阿勒坦汗所属各部从河套地区迁到丰州滩及元朝汪古部所有驻牧地驻牧。美岱召汗廷城成为蒙古右翼和土默特部的政治、经济、军事中心，也是日后蒙古佛教的发祥地。

（一）美岱召的位置与建筑

美岱召古城堡内曾有过明太祖朱元璋洪武三年（1370 年）的碑碣，今碑铭无存，碑首仍在，证明这里为明初的城堡。1546 年，阿勒坦汗进驻丰州滩时，这里除了有保存较好的城墙外，城内应已经没有任何建筑。

美岱召

从地理上看，这里有着很好的居住条件，一是背靠宝丰山，能阻挡冬季寒冷的西北风；二是水资源丰富，这里尽管背靠大青山，但地下水深仅有8米，从东面大青山流出的美岱河水流丰富，能够满足数量相当大的人畜饮水，而且山沟直通大青山后，发生重大变故时，可顺着险峻的沟壑直接进入蒙古高原，是经过精心选择的易守难攻的战略要地。进驻这里的阿勒坦汗，应是从利用明初留有的旧城和充沛的水资源而选择此地作为他的汗廷。嘉靖三十年（1551年），白莲教会首领丘富等白莲教徒投奔土默特，丘富和其弟丘全等在这座城内为阿勒坦汗建起了三层楼的壮丽宫室。嘉靖三十三年（1554年），山西云川卫左卫四峰山余丁赵全、浑源州王廷辅、山阴县的李自馨与赵全兄弟及其子女等共二十多名白莲教徒从今左云县宁虏堡帅家口逃出边

外，投靠阿勒坦汗第三子铁背台吉。赵全与在嘉靖三十年（1551年）来到土默特的丘富同为山西白莲教首领。在丘富的引见下，赵全很快得到了阿勒坦汗的重用，并在美岱召城西筑土堡定居。嘉靖三十六年（1557年），阿勒坦汗修筑了旧汗廷城的角楼和门楼，使这座旧城有了一定规模。嘉靖四十四年（1565年），阿勒坦汗对城内的建筑进行了改扩建。据《万历武功录》记载，嘉靖四十四年（1565年），"全与李自馨、张彦文、刘天麒僭称俺答为皇帝，驱我汉人修大板升城，创起长朝殿九重。期五月既望日上梁，梵梢赞呼万岁，如汉天子礼。会天怒，大风从西南起，梁折，击主谋宋良儿等八人"。嘉靖四十五年（1566年），"其三月，全与自馨、彦文、天麒等，遣汉人采大木十围以上，复起朝殿及寝殿，凡七重，东南建仓房凡三重，城上起滴水

美岱召

楼五重，会画工绘龙凤五彩，艳甚。已，于土堡中起大宅凡一所，大厅凡三重，门二。于是题大门曰石青开化府，二门曰威震华夷。已，建东蟾宫、西凤阁凡二重，滴水土楼凡三座。亦题其楼曰沧海蛟腾，其绘龙凤亦如之"。至此，汗廷城内主要建筑全部建成。美岱召城堡城墙为先用土夯筑，外壁用石头镶砌，墙身高5.3米，底宽4米，顶宽约2米，西墙长188米多，东墙长180米，北墙长176.5米，南墙长164米，周长708.5米，四角筑有外伸约11米的"马面"墩台，墩台上建有角楼，城门南开，门道上部筑有城楼，为两层楼悬山顶式建筑。城墙上有青砖砌筑的外檐墙，也就是"垛口"，垛口又称"女儿墙"。现在的美岱召城内留有的明代建筑有长朝殿、朝殿、西凤阁、东蟾宫、乃琼庙、八角庙、滴水土楼、仓房，已被拆除的阿勒坦汗时期建筑有石青开化府、寝殿。一些建筑尽管遭到改造，但从现有的资料和建筑仍能分析辨别出其最早的情况。

1. 土默特汗国朝殿——现美岱召大雄宝殿

大雄宝殿就是今美岱召经堂后的佛殿，原为土默特部的朝殿。在明蒙议和时，巡抚大同的方逢时，把这个朝殿称为"九楹之殿"。他在记述1570年明蒙议和的《云中处降录》中写道："全（赵全）为俺答建九楹之殿。"这句话说明，阿勒坦汗的汗廷城中建有九楹之殿。"九"为数字中最大的单数，"楹"是指屋前部的柱子，九楹之殿借指皇帝的宫殿。这也证明了赵全等人尊阿勒坦汗为帝，并按皇帝身份为

美岱召经堂后的三重檐大殿就是昔日土默特汗国的朝殿

阿勒坦汗建造宫殿的事实。今为大雄宝殿的朝殿是美岱召城内规模最大的殿堂，位于城中心线的前端。大殿为三重檐，面阔23.1米，高17.5米，内部高大空旷，是当年阿勒坦汗会集首领、大臣商讨处理事务的重地。现前面的门阁和经堂为朝殿改为佛殿后，另外设计建筑而成。门阁面阔仅有三间，为两层小楼；经堂面阔七间，和大雄宝殿面阔一样。经堂和门阁外面，匠心独运设计了一道藏式白墙将前后所建的三个建筑巧妙地结合在了一起。白墙上端，又设计了一条褐红色藏式建筑"边玛墙"，"边玛"是藏语，即怪柳。美岱召的"边玛墙"未使用柳条，而是用砖砌筑，染成褐红色。边玛墙与白墙之间，有一条古梵文"六字真言"的砖雕线，每砖两字，每六字一个单元。梵文笔画以褐红色涂染，其上下皆用青砖拼嵌成藏式风格的纹饰。这条连绵不断的砖雕，像缀了一条红色丝绦，既美观又庄严。因是利用原有朝殿，新建门阁、经堂改造成佛殿，美岱召的佛殿建筑也为蒙古地区所仅有。

2. 阿勒坦汗处理军政大事的长朝殿——琉璃殿

长朝殿今称为琉璃殿，位于美岱召城中轴北端，朝殿北的位置上。该殿台基东西 26.2 米，南北 31.6 米。建筑东西宽 18.03 米，南北长 14.6 米，高 12.5 米，为歇山式三层楼阁。殿堂面阔三间，与《万历武功录》记载的嘉靖四十四年（1565 年）赵全等为阿勒坦汗"创起长朝殿九重"相符合。长朝殿一楼、二楼各有大围廊柱 20 根，显得堂皇而气派。殿顶与各层出檐均敷碧绿色琉璃瓦，殿顶前部的绿瓦间，均匀分布着三块金黄色图案，中间稍大的为菱形，两边较小的为圆形。正脊中央，竖有黄绿相配的宝顶。正脊前面是莲花牡丹浮雕，后面是飞天童子戏兽浮雕。远远望去，白墙红柱，碧瓦金背，彤门花窗，很有王家气派，和后金在沈阳故宫所建的凤凰楼几乎一样。从外形上，凤凰楼还要小于美岱召琉璃殿，只是凤凰楼建在四米的高台上，而美岱召的琉璃殿台基仅为一米多，沈阳故宫的凤凰楼是当年后金皇帝皇太极策划军政大事、读书和宴筵之所，美岱召的琉璃殿也应是当时阿勒坦汗见客、处理策划军政大事、读书和宴筵的地方，所以称为长朝殿。

琉璃殿一楼正面双扇开门，门两旁的白墙上是雕花的窗户。二楼南面正中有门，通向外面回廊，回廊设有护卫木栏杆。门两侧装有六扇窗户，为花瓣形菱花图案，极为精致。开启窗户或开门进入楼台，即可欣赏城内的风景。三楼无廊柱，无门，与二楼有木梯连接，有 12 扇窗户，每间 4 扇，

窗棂全部雕做成满天星菱花图案。但窗户都是做死的，无法开启。应该是阿勒坦汗存放文书档案的地方。

阿勒坦汗的起居殿——长朝殿

1575 年，呼和浩特建成，阿勒坦汗东迁呼和浩特，琉璃殿成为伊克哈屯生活起居的地方，一直到伊克哈屯去世。后来，这里被人们讹传为辽萧太后的梳妆楼。

3. 阿勒坦汗所建"东蟾宫"——今西万佛殿

西万佛殿位于琉璃殿西，原是一座回廊歇山式单层建筑，筑在台基上，青瓦、绿琉璃砖镶边，有围廊柱 20 根，占地面积几乎与琉璃殿一样。殿内正中又有 4 根柱，前 2 根柱平面接近方形，称"八菱柱"，红底上绘金色蟠龙。

西万佛殿从建筑上看，庄重大方，应

阿勒坦汗时期的"蟾宫"，后成为红教宁玛派供奉本尊神的万佛殿

是《万历武功录》中所建的东蟾宫。东是汉民族的上位，蟾指太子，东蟾宫就是皇家建筑中继承皇位的太子住的地方。因蒙古人是以西为上位，所以将"蟾宫"建到整体建筑的中轴以西。

1985年西万佛殿维修时，改变了原回廊建筑形式，只保留了前廊。西万佛殿成为前出廊悬山布瓦顶建筑，面阔、进深均三间。

4. 阿勒坦汗所建的"西凤阁"——今太后庙

太后庙位于大雄宝殿东北，应是《万历武功录》记载中的"西凤阁"。因根据蒙古人的习惯蟾宫建在了西面，那么凤阁也就自然建到了东面。

今称为太后庙的凤阁是一座二层歇山式重檐的建筑，筑有台基，殿高9.5米，平面呈方形，每边10米，面阔、进深均为三间。四面有20根大红围廊柱，正脊中央竖有宝顶。门向南开，无窗。

据知情人回忆：殿内正中原有檀香木塔，塔高3米，塔身镶有宝石玛瑙，塔座置于平地之上，无地宫。塔底座呈方形，

伊克哈屯早期居住的凤阁，后成为存放伊克哈屯骨灰塔的地方

塔分上中下三层，并放置三个大小相同的木匣，上面罩黄布，最上面的木匣中，放有镶珍珠的黄红色女士帽子，有六七绺发辫，其中有四绺是粗的。另有桃木梳两个，牛角梳两个，三角形镀银铜盒一个及红珊瑚项链、耳坠等。中间木匣内有绣袖口女士衣服两三件，用黄缎子包的骨灰一包。下层有大中小相套的女式靴七双。此外，还有蒙古刀两把。檀香木塔在"文革"中被毁，如今在殿内展出的有发辫、梳子、项链、耳坠、镀银铜盒、骨灰及蒙古刀，其他文物散失。阿勒坦汗汗廷东迁呼和浩特后，旧汗廷城归于伊克哈屯居住，同时也是阿勒坦汗过冬的地方。1583年，伊克哈屯去世后，与阿勒坦汗合葬。1587年农历三月二十六日，阿勒坦汗遗体被取出火化。伊克哈屯遗体也一起火化。在《蒙古源流》中，专门有火化伊克哈屯的记载。阿勒坦汗被火化后，骨灰按照三世达赖喇嘛的旨意被装入骨灰塔，安放于呼和浩特大召西面所建的"青色宫殿"中。伊克哈屯的骨灰则安放在了她最早居住的这座凤阁中，并将前面窗户全部封闭。现在的建筑正面，可以从门的两侧和里面的墙壁清楚看到封闭的痕迹。

5. 阿勒坦汗汗廷的凉亭——今八角庙

八角庙俗称"老君庙"，该建筑没有见于《万历武功录》的记载，建成时间应在其他建筑之后。凉亭位于西万佛殿东，平面呈八角形，每面阔2.8米，直径7米，墙八面，攒尖顶，青砖重檐，有围廊柱，故称八角庙。从古建筑学角度和位于琉璃殿西侧观察，八角庙原应是城内的凉亭。

但是，在青海仰华寺的寺庙建筑中，护法庙被称为"护法亭"，应也是亭式建筑，八角庙也有可能为专门的护法建筑，八角建筑寓意"八面护法"，和亭内壁画上的八位护法菩萨相合。

明朝时宁玛派护法庙八角庙

6. 阿勒坦汗时所建的东南仓房

据《万历武功录》记载，1566年城内朝殿建成后，在东南还建了"仓房凡三间"。这就是后来被称为召伙房的美岱召文物管理办公院中间的一堂两房。

7. 阿勒坦汗时期所建的滴水土楼

在《万历武功录》中，还记载城内建有"滴水土楼凡三座"。这就是位于城内东北的今达赖庙。达赖庙房屋均为硬山式建筑，面阔20.6米，进深6.6米，中间三间是二层小楼，上下各有明柱两根。两旁耳房为平房，各二间。滴水土楼因三世达

美岱召达赖庙

赖喇嘛在美岱召火化阿勒坦汗和做法事期间居住，被称为"达赖庙"。

8. 已经消失的阿勒坦汗时代建筑

根据《万历武功录》记载，美岱召汗廷城内还建有寝殿、石青开化府。根据当事人回忆，寝殿建在琉璃殿后，清朝时因美岱召城内大部分建筑已改为佛殿，寝殿成为把汉那吉后裔们居住的地方。因把汉那吉的后裔剌麻扎布在1756年（乾隆二十一年）被清朝封为镇国公，所以这里被称为公爷府，也称为楼房院。公爷府正房为硬山式两层楼建筑，东西各有数间平房。门窗精工装修，庭院开阔整洁，自成一院，院门可以出入轿车。寝殿在"文化大革命"中被拆除。

石青开化府是《万历武功录》记载的赵全等人为阿勒坦汗所建的"大宅凡一所"，大门题字为"石青开化府"的院落。《万历武功录》所描述的"大宅凡一所"为："大厅凡三重，门二。""石青开化府"应该是一处独立的院落，有高大的大厅三间和较高的大门及东、西、南厢房的高大院落。从大门上所题的"石青开化府"和二门所题的"威震华夷"分析，这应该是阿勒坦汗的大臣们处理土默特日常事务的地方，其位置应该在城门北与朝殿（今经堂后的大雄宝殿）的适中处。1606年，朝殿被改为佛殿，石青开化府也在明末清初建筑经堂、门阁时被拆除。

（二）汗廷城的信息遗存——《把汉那吉家族礼佛图》

《把汉那吉家族礼佛图》也被一些研究人员称为《阿勒坦汗家族礼佛图》《蒙

古贵族礼佛图》，绘制于美岱召大雄宝殿西壁下方。画面长 16.5 米，高 1.9 米。整幅壁画描绘大小人物 62 人，其中主要人物 9 人，配景人物 53 人。

《把汉那吉家族礼佛图》中间用须弥座相隔，分为南北两个部分，须弥座中是一个金刚杵形篆书的"寿"字图案，周边环绕五只蝙蝠，取"五蝠捧寿"之意，间饰吉祥云纹，边饰缠枝蔓纹。

1. 伊克哈屯祝寿图

此画为位于须弥座北的壁画，绘有人物 19 人，主要人物 4 人。中心位置是一位老年妇女像，画面高 1.7 米，为整组壁画中表现最突出、最大、最为尊贵的人物，是壁画的核心人物。老妇人面容红润，弯眉细目，朱唇小口，面目慈善，头戴红顶皮檐笠子帽，外着黄色皮领对襟大袍，内穿橘黄色紧袖长袍，圭形发袋垂于胸前，脚穿白底皂靴，耳坠大环，颈挂红色珊瑚念珠，左手托着本巴瓶，拇指挂一串乌木佛珠，右手托着被称为"绰尔布"的喇嘛教圣物摩尼宝珠，结跏趺坐于铺有红色坐垫的木几上，一副雍容华贵之态。木几前放摩尼宝珠，左右各有一红袍束带喇嘛侧身敬立，一人执壶，一人托碗，作恭谨侍奉状。这就是从 1546 年进入土默特，在美岱召汗廷城居住了 37 年的阿勒坦汗的大哈屯莫伦。

这幅壁画中的其他人物，都是围绕着老妇人布置的。左侧一位主要人物是一个蓄络腮胡子的中年男子，画面高 1 米，头戴大檐帽，帽顶嵌红宝石，穿浅蓝色皮领长袍，手持数珠和摩尼宝珠，侧身跌坐在山峦上的坐垫上，恭敬地面向老妇人。根据伊克哈屯只生有一子铁背台吉，铁背台吉生有把汉那吉一子并由伊克哈屯养大的情况，这应该就是由伊克哈屯从小养大的把汉那吉。

在伊克哈屯身后左上和把汉那吉右上的是一位身穿红色鱼鳞铠甲、头戴高缨武士盔、脚蹬大红武士靴，将帅打扮的人。他腰系红色丝带，颈围黄色英雄巾，左手执红缨长枪，右手执弓箭，端坐于虎皮交椅之上，画像的背景为黄、绿、白、红四色八面牙旗。牙旗和身后有背光，此像神态安详威武，双目炯炯有神，双唇紧闭，颔下一缕山羊小胡。这应该是阿勒坦汗与

伊克哈屯祝寿图

伊克哈屯所生的铁背台吉，他作为家族的保护神出现在壁画上。

壁画的右上方与把汉那吉对应的是一位艳装少妇，她身穿灰色半袖长袍，置着红色比甲，围着披肩，一手托摩尼宝珠，一手拿佛珠，面向老妇人，这应是把汉那吉的妻子大成妣吉。

把汉那吉壁画的下方，并列4个男人，穿着考究，双手合十，跪拜侧向老妇人施礼。从画面上所处的位置及着装来分析，他们应为伊克哈屯的女婿或部落首领。在伊克哈屯左上方，是由4个红衣喇嘛组成的乐队，其中两人在吹法号，而另两位一个歪头凝神击曲柄鼓，一个击钹。他们一边演奏着佛乐，一边注视着中心位置上的伊克哈屯。在大成妣吉的下方，有4个正在演奏胡琴、唢、筝、笛的少女，她们亦面对老妇人。大成妣吉与4个奏乐少女成为一组，与左面把汉那吉及其亲属和臣属组成的一组相对称。

从壁画中的把汉那吉坐于山峰的坐垫上看，这应是1583年四月把汉那吉狩猎坠马去世前和大成妣吉为伊克哈屯筹办的祝寿活动。

2. 大成妣吉礼佛图

此画为须弥座南的壁画，共绘有人物43个，其中主要人物5个，画面内容以身着红装的大成妣吉和一位红衣红帽喇嘛为核心安排布置。画面上的大成妣吉高1.3米，画面高度仅次于须弥座北的伊克哈屯。但在年龄上，大成妣吉比须弥座北的壁画上大了很多。她头戴红缨彩色席帽，穿浅蓝色半袖长袍，罩大红比甲，黄色披肩，耳坠大环，颈挂连环项链，嵌松石方形项坠。她左手上托绰尔布，趺坐在坐垫上，表情温和庄重，似在向红衣红帽喇嘛施礼询问，侧身等待红衣红帽喇嘛的回答。红衣喇嘛头戴红色荷叶形笠子帽，穿红黄僧衣和大红袈裟，右手托火焰钵，左手托摩尼珠，须发卷曲，大眼炯炯有神，透射出练达与睿智。他侧身趺坐，与大成妣吉相对做宾主相迎状。大成妣吉的身后，绘有佛教八宝图案，分别是宝幢、法轮、宝瓶、双鱼、伞盖、海螺、盘长和莲花。红衣喇嘛左上方是经卷和净瓶，下部左右放置两个高座白色嘎波罗（颅器），器腰装饰着三个骷髅，器内血浆波涛翻滚。这位红衣喇嘛应是1604年来到土默特的藏传佛教蒙古教主宁玛派的迈达里活佛。

从壁画所描绘的内容、场景可以确定，

大成妣吉礼佛图

这幅壁画所描绘的是大成妣吉向迈达里活佛请教佛学知识的场景。两人身边的八宝与经卷等物，应是为突出这个环境所绘。

礼佛图从人物布局上看，可分为南北两组。南组描绘大小人物26人，核心是大成妣吉，所有人物皆侧向或面向迈达里活佛，作恭敬迎佛姿态，虔诚向佛。北组壁画共有17人，核心人物是迈达里活佛，人物多面向大成妣吉，有两个配景人物除外。一个是迈达里前双手托经者，作敬奉态，与迈达里相对；一个跽坐面向迈达里，画面为后背。整个壁画画面背景男女人物多呈贵族穿戴，或趺坐、或跽坐、或托钵、或擎碗。还有的口衔长杆烟袋，在左下角还有一人怀抱黑色箭囊，内盛放弓矢，一人趺坐，双手擎黑鹰。在大成妣吉左下方，还有两名女子，一个弹筝，一个弹琵琶。南组壁画除大成妣吉外，另有主要人物2人，次要人物2人。大成妣吉身后的身穿黄色圆领长袍的英俊少年，头戴黄色珠顶浑脱帽（元明时期蒙古人所戴的一种可以随意折叠的帽子），手中所持器物、坐姿与大成妣吉完全相同，画面高0.85米，小于并稍后于最南端青年男子坐像，推测这个少年应该是把汉那吉与大成妣吉长子冷克木台吉的儿子孟克台吉。从冷克木台吉1584年就去世推测，孟克台吉这时的年龄应在25岁左右。在孟克台吉的左边靠后，又有略小于孟克台吉的两个少年，上边的那位身穿红衣、头戴黄色浑脱帽，手中所持器物、坐姿和孟克台吉一样，下边的身穿浅黄色长袍，头戴席帽，肩围红披肩，趺坐，双手怀前抱钵。这应该是孟克台吉的两个

儿子葛尔丹台吉和阿玉希台吉。

最南端的青年男子画面高1.1米。他头戴席帽，穿圆领赭色长袍，外罩红边青色裲裆衫，右手持碗。此人应该是在1606年还在世的把汉那吉和大成妣吉所生的次子不速布台吉。

位于壁画北侧迈达里活佛身后的女子，画面高0.8米，带红边黑顶荷叶型帽，内穿褐色紧袖长袍，外罩半袖浅黄色袍，腰束带，大眼有神，头发卷曲，右手托火焰钵，左手擎法号，应为宁玛派的迈达里活佛的妻子。整组壁画尽管经过了三次重新绘制，被加入了不少清朝衣着特点，但仍保存了很多阿勒坦汗时期的东西，如壁画中人物发型特征鲜明，男子发型有独辫后垂型、髡发（剃去头顶发，保留四周及鬓角部分，梳至脑后扎着），女子发型有两辫垂肩式和数辫散披式（类似维吾尔族姑娘发型）。帽子、衣服着色艳丽，样式丰富多彩，在今天已不能看到，是阿勒坦汗时期重要的史料。

（三）汗廷东迁与旧汗廷城成为佛寺

明隆庆六年（1572年），阿勒坦汗开始建设新的汗廷城——呼和浩特。在这年年底或1573年初，阿勒坦汗亲统的蒙郭勒津部分为东西哨，伊克哈屯领有西哨，阿勒坦汗与乌彦楚领有东哨。明万历三年（1575年）十月，新的汗廷城呼和浩特建成。阿勒坦汗与乌彦楚东迁呼和浩特，伊克哈屯留居旧汗廷城。1583年初，伊克哈屯去世，伊克哈屯管领的蒙郭勒津西哨和美岱召旧汗廷城归于把汉那吉。万历十一年（1583年）四月三十日，把汉那吉外出打猎坠马去世，

留下了30岁出头的大成妣吉和冷克木台吉、不速布台吉，旧汗廷城归于大成妣吉。万历十二年（1584年）五月十一日，那木岱楚鲁克与大成妣吉成婚，旧汗廷城归属于那木岱楚鲁克和大成妣吉。这年，把汉那吉和大成妣吉所生的长子冷克木台吉去世。万历十四年（1586年）十月十一日三更，乌彦楚与那木岱楚鲁克成婚。与那木岱楚鲁克成婚二年多的大成妣吉嫁给了阿勒坦汗与乌彦楚所生的博达希利。旧汗廷城归于博达希利和大成妣吉。约在1587年，博达希利和大成妣吉的儿子苏都那木皇台吉出生。1597年，年仅30虚岁的博达希利去世，遗子仅10岁左右。1603年，西藏帕木竹巴政权、全藏政教顶饰内邬栋大贡玛在土默特部把四世达赖喇嘛云丹嘉措护送到西藏后，根据蒙古大汗部落察哈尔部信奉藏传佛教宁玛派的情况，派年仅12岁的宁玛派活佛迈达里随同护送四世达赖进藏的土默特队伍到土默特任蒙古教主。1606年，土默特部为妥善安置这位蒙古教主，在大成妣吉的主持下将旧汗廷城的朝殿改为了藏传佛教宁玛派的佛殿。在此之前，美岱召汗廷城阿勒坦汗的佛殿应为城东的东万佛殿。

万历三十四年（1606年）九月初三上午十一时，藏传佛教蒙古教主迈达里活佛主持了为旧汗廷城朝殿改为佛殿所供奉的弥勒佛银像的开光法会。《蒙古源流》记载："岁次丙午，年仅十五岁时，阿勒坦合罕之孙岱青额哲之妻，持斋积福之托克堆·达赖夫人，为诸色珍宝塑成之弥勒佛像开光，请去圣（喇嘛），由密汇坛城之方散花之际，大众见天降花雨，而有缘者得睹般若博罗密等照临浸化之景矣。"迈达里活佛的开光仪式，隆重而充满神奇色彩。旧汗廷城改为佛寺后，身为蒙古教主的藏传佛教宁玛派迈达里活佛也移住于旧汗廷城。由于主殿供奉弥勒佛像，蒙语称弥勒佛为迈达里和迈达里活佛在此坐床，这座旧汗廷城也按照蒙古人对弥勒佛的称呼，将城改称为"迈达里召"，也译写为"美岱尔召""麦大力召"。从此，旧汗廷城成为藏传佛教蒙古教主驻锡地。

（四）美岱召城留存的泰和门维修信息

1606年，大成妣吉不仅塑造了弥勒佛银像，而且还重新修建了旧汗廷城门——泰和门的城楼，也就是今天仍然可以看到的城门城楼原形。在泰和门城门上方，镶嵌有大成妣吉修建泰和门城楼的记事石匾。

石匾为长方形，长69.5厘米，宽52厘米，四周饰以螺旋形花卉图案。石匾的主体文字是汉字，共直书十行，在匾额的上端为藏文横书小字一行，汉译为：唵啊吽！圣识一切索南嘉措！唵嘛呢叭咪吽！

汉文铭文共113个字，内容为：

元后敕封顺义王俺答呵嫡孙钦升龙虎将军天成台吉妻七庆大义好五兰妣吉誓愿虔诚敬赖三宝选择吉地宝丰山起盖灵觉寺泰和门

美岱召泰和门

不满一月功成圆备神力助佑非人所为也

　　皇图巩固　　帝道咸宁

　　万民乐业　　四海澄清

　　大明金国丙午年戊戌月己巳日庚午时建

木作温伸石匠郭江

　　整个石匾布局结构严谨，笔势飞动，

美岱召城门石匾

颇有赵孟頫笔意。这个石匾上珍贵的文字
是这座古城仅有的存留下来的证物。它记
载了大成妣吉重新修建泰和门的情况，记
载了旧汗廷城改为佛寺后和美岱召共同出
现的一个汉语寺名"灵觉寺"，也涉及了
一些未见于史籍的阿勒坦汗时代重大历史
情况，引起了近几十年来研究者们的争议。
这些争议一是"嫡孙钦升龙虎将军天成台
吉妻七庆大义好五兰妣吉"中的"龙虎将军"
指谁；二是"天成台吉"是刻误还是指谁；
三是铭文的落款"大明金国"是译刻有误
还是土默特部有过这一国名称呼。

　　按照伊克哈屯掌管西哨，伊克哈屯去
世后，旧汗廷城由大成妣吉修建泰和门城
楼，塑造迈达里银佛像，证明美岱召城在
伊克哈屯去世后就由把汉那吉和大成妣吉
继承管理。但是，由于"嫡孙钦升龙虎将
军天成台吉妻七庆大义好五兰妣吉"存在
着与事实不符的情况，这就造成了人们对

所提人物的猜测。根据史料记载：把汉那
吉在蒙明议和前，因家庭纠纷携妻大成妣
吉降明，被明朝授予指挥使，阿勒坦汗以
10名板升首领换回把汉那吉。蒙明议和明
朝封授官职时，在当时土默特、喀喇沁受
封授人员中，把汉那吉官职排名仅次于阿
勒坦汗、僧格和巴雅思哈勒，位列第四。
1576年，把汉那吉又被授为昭勇将军，到
1583年因射猎坠马而死，未见到被授予龙
虎将军的记载。因此，这个"龙虎将军"
被推测为与被明朝授予过龙虎将军称号的
其他人有关。在1606年前，土默特共有六
人被明朝封授为龙虎将军，这六位有过龙
虎将军称号的人：一是阿勒坦汗长子僧格，
他于1571年与明朝议和后不久被授予龙虎
将军；二是于1584年和大成妣吉成婚的那
木岱，他于1583年被授予龙虎将军，在和
大成妣吉成婚期间的明朝官职正是龙虎将
军；三是那木岱长子晃兔台吉，他于1587
年那木岱成为顺义王时袭授龙虎将军；四
是那木岱之弟那木尔台吉，他于1592年被
明朝授为龙虎将军；五是阿勒坦汗与乌彦
楚所生的博达希利，他于1586年和大成妣
吉成婚，1587年被明朝授为龙虎将军；六
是大成妣吉与博达希利所生的苏都那木，
他于1597年博达希利死后袭授龙虎将军。
在证实大成妣吉1606年是旧汗廷城主人的
情况下，这六位龙虎将军中，除那木岱和
博达希利之外，其他人明显都可以排除，
因为他们都和被铭文称为妻的大成妣吉无
关。而大成妣吉继把汉那吉之后，先后成
为过那木岱和博达希利的妻子，但博达希
利是阿勒坦汗之子，而不是孙，这样博达

希利也应被排除在外。所以这六位龙虎将军中最有可能是铭文中的龙虎将军的是那木岱，但在铭文"龙虎将军"后又有"天成台吉"的称号，所以必须在弄清楚这个"天成台吉"所指后，才能最终认定"妻七庆大义好五兰妣吉"前这个人是指谁。

在明代蒙汉籍史料中，"台吉"是蒙古博尔济吉特氏贵族后代男子的统一称呼。"天成台吉"这个称呼在明代蒙汉文资料中没有见到，那么"天成台吉"这一称呼就只有两种可能：一个是把"大"在蒙译汉时译成了"天"；二是单从汉语"天成台吉"理解，"天成台吉"就是天生台吉的意思。但是，台吉是只有出生于成吉思汗家族的男子才能有的称号，并没有因功封授或其他授予这一称号，所有被称为台吉的都是天生，如果只为了表述其为"天生的台吉"也就没有意义。"天成台吉"只能是蒙译汉时把"大"误译成"天"，或是翻译时指大为天的译写。这就从"天成台吉"被误译，确定这个"天成台吉"实际是指大成台吉把汉那吉。有"大成台吉"称号的人在明代蒙古各部中都只有一两人，地位显赫。如阿勒坦汗六弟博迪达喇长子永谢布首领也被称为大成台吉。在土默特部中被称为"大成台吉"的也仅有把汉那吉一个人。否定其为那木岱的理由：一是1606年的那木岱已是土默特的彻辰汗；二是那木岱和乌彦楚成婚时，大成妣吉也和乌彦楚所生的博达希利结婚，那木岱已经成为大成妣吉父一辈的人，大成妣吉这时如果再写与其成婚时那木岱的旧称也没法面对把汉那吉及博达希利的子嗣；三是那木岱在未继

承汗位前的称呼是"那木岱彻辰皇台吉"，这是汗位继承人所独有的称呼。如果这个人是那木岱，那就一定会被写为比大成台吉更为显赫的"彻辰皇台吉"。在确定"天成台吉"是"大成台吉"的误译后，那么"龙虎将军"又怎么解释呢？在把汉那吉在世和去世后，都没有看到明朝对其加封龙虎将军的记载。实际情况应该：一是有意抬高，将昭勇将军写为龙虎将军；二是蒙古人因明朝所封昭勇将军和龙虎将军同是将军，取其更有气势的龙虎将军。接下来就是"七庆大义好五兰妣吉"的称号含义，"七庆大义好"是大成妣吉的本名五兰（现多译写为乌兰）的名字前，冠以赞美词和敬语时，使用了蒙汉混合词。在名字前冠以赞美词和敬语是蒙古贵族普遍使用的一种语言形式，以示对对方的尊敬和评价。大成妣吉名字前的敬语和赞美词"七庆"这一词，在1612年时也在使用。万历四十年（1612年）十月，时任明宣大总督涂宗浚的《请嗣封爵以顺夷情疏》就有："据七庆把汉比妓番文称，我系先年同夫把汉那吉投降中国首款之人……""七庆"应是现在经常译写的"斯琴"，是蒙语聪明、智慧的意思。"大义好"应是明"大义"和"好"两个意思。恢复成蒙古语原来的意思就是"聪明智慧明大义的好五兰妣吉"。有些学者将"大义好"解释为"太后"，这一是与语句本身对大成妣吉的称呼有巨大的矛盾，二是与史不符。因为在对蒙古贵族妻子的称谓中，哈屯和妣吉的区别很大，"哈屯"为对大汗妻子的称呼，是来自突厥语皇后的意思，而且，太后是指帝王的母亲，

与"皇后"和"哈屯"也不是一个意思，只有皇子当上皇帝后，其母亲"皇后"才能称为太后。而"妣吉"是突厥语对王子的妻子的称呼，从大成妣吉三嫁只称妣吉也能看出。如果她当时有"太后"的称谓，那么对她的称谓就应该是"七庆五兰大义好"，而不应再在其名字"五兰"后加"妣吉"这个和"太后"之称相差很大的称呼，即称太后就不用"妣吉"这个称呼了。在当时的历史情况下，蒙古社会也只有汗的儿子继位后，其母亲才能被称为汉语的"太后"。如鄂尔多斯部的博硕克图继承济农位后，他的母亲就称为"台合勒"（太后的汉语借词）。尽管大成妣吉和那木岱有过婚姻，但那是在那木岱被土默特称为"皇台吉"和明朝封授为"龙虎将军"时期。而且那木岱在1606年的哈屯就是大成妣吉的婆婆乌彦楚。所以，大成妣吉在当时是不可能被称为"太后"的。依照大成妣吉已和当时的土默特彻辰汗继承人那木岱结婚，又再嫁给比自己小十七八岁的博达希利，平息土默特内部矛盾，委屈自己，称她为"聪明智慧的、深明大义的好五兰妣吉"也应是当之无愧的。

还有就是城门石匾的落款"大明金国"，也使个别人认为：阿勒坦汗的土默特部就叫金国，而且是"大明金国"。在1943年日伪时期编纂的《萨拉齐县志》卷三的《胜迹》中，记载美岱召中另有石碑记载美岱召建于"金之三十六年"。在《土默特史料》第十六集刘岱的《我所记忆的美岱召》一文中，也提到他在日伪时期编的《萨拉齐县政概览》上看到过美岱召"建于大明金

国丙午年"和"大明金国三十六年"的记载。这说明，阿勒坦汗时期的美岱召由城改寺不仅城门上有石匾记载，而且城内还有石碑记载。在日伪时期编纂的《萨拉齐县志》和《萨拉齐县政概览》中提到的"金之三十六年"和"大明金国三十六年""大明金国丙午年"，都指的是1606年。1606年为明朝干支次序的丙午年，从明蒙议和阿勒坦汗被封为"顺义王"的1571年算起，到1606年正好是三十六年。但是大明金国这一称呼在明代的史籍上没有看到。载有阿勒坦汗及土默特部重大事件的诗歌体蒙文历史文献《阿勒坦汗传》中，也没有阿勒坦汗建立金国和国名为金国的记载。在其他的蒙文文献中也没有见到土默特万户被称为金国的记载。作为一个国家的国名，既不见于其他国家记载，也不见于本国的记载，那么就是有问题的。也有的学者认为，"大明"一词来自于阿勒坦汗的尊号"格根汗"，格根的意思是"光明""大明"，所以"大明金国"也表示"格根阿勒坦汗之国"。但是，上述的"大明金国"同样没有史籍记载。

联系石匾镌刻的全文中几处和明朝关联的用词，可以看出其落款的所指：一是"敕"是指明朝朝廷；二是"钦"是指明朝皇帝升龙虎将军。这两个用语是臣属的，其落款的"大明"指的就是明朝，"金国"是以阿勒坦汗之名"阿勒坦"的汉译称为国名。但是在明朝和明代蒙古文史籍的记载中是没有这个国家的，而且在记事止于1607年的《阿勒坦汗传》中，提到阿勒坦汗汗国的名称都为"土默特"。那么问题

就出在石匾的翻译者了。

明代蒙古土默特官方使用"大明"一词和明朝给的顺义王印，都是在给明朝进贡表文时使用，表文最终的作者为明朝边臣身边的文人们。在《阿勒坦汗传》和其他明代蒙古文史籍中，称明朝为"汉国""囊家特国""汉地""南朝"。但是随着蒙古地区寺庙的建设，汉族工匠进入蒙古地区施工，在寺庙建筑中开始留有了明朝的纪年。如和明朝没有发生过任何关系的外喀尔喀蒙古，在1586年所建的第一所藏传佛教寺庙——额尔德尼召留有的汉文题记中，纪年就为明朝的纪年，汉文题记全文为："大明万历十四年岁次丙午夏甲午日五月十五起盖佛庙木匠作头常进忠等八名。"而蒙文题记中没有明朝纪年，蒙文题记翻译为"戌年，乌齐赉汗之寺的圣贤安顿喇嘛所写文书由秦匠于五月十五日立……"在呼和浩特大召寺，有1620年由苏都那木台吉所赠的一对铁狮子，铁狮子上的汉文铭文落款上写有"天启三年……"也是明朝的年号。所以美岱召城门石匾上落款大明的称谓，一是大成妣吉根据"奉明朝正朔"用汉文记述而加上去的；二是这和额尔德尼召一样是工匠们和汉文书丹者自己写的。美岱召城门上的石匾和美岱召石碑上出现的"金国"应是翻译者无法把"土默特"（汉语意为"万户、部落、国家很多"）翻译成国名，而改用了以阿勒坦汗名字来代替的做法。还有就是"金"字是纯粹的汉语，在当时的土默特，绝大部分的土默特人并不知道它是什么意思。而且，世界上也不会有任何一个国家用非本民族语言命名自己的国家。阿勒坦汗同样也不会用一个绝大部分部民都不知道是什么意思的汉字来称呼他的国家。

（五）改为佛寺的旧汗廷城和把汉那吉的后代

1606年，旧汗廷城被改为佛寺后，新起了汉名为灵觉寺，但因寺内主供迈达里佛和藏传佛教蒙古教主迈达里活佛在这里坐床，被人们习惯称为迈达里召，现在译写为美岱召。从美岱召东大青山里流出的沟水也被人们称为美岱召河。随着朝殿被改为佛殿，佛殿前的石青开化府也被拆除，改建成经堂、门阁，和佛殿连为一体。长朝殿被改为三世佛殿。给迈达里活佛建的藏式二层起居小楼建成后，迈达里活佛最早在美岱召居住的阿勒坦汗时的"蟾宫"也被改为宁玛派供奉本尊神的"万佛殿"，被人们称为"西万佛殿"。1613年，大成妣吉被明朝封为忠义夫人。据俄国使臣佩特林于1618年奉命出使中国途经土默特万户时记载，凡经过该地前往中国的人，都须领取由大成妣吉盖印的证件，才能通过关卡进入中国。这也说明，她当时掌握了很大的权力。1632年，后金征伐蒙古末代大汗林丹汗进入土默特时，把阿勒坦汗所建的呼和浩特宫殿建筑及土默特的房子全部烧毁。迈达里活佛和蒙郭勒津部一起被迁往今辽宁阜新地区，并建迈达里召。没多久，建寺的地方又被后金划给唐古特喀尔喀旗借牧，迈达里召也归属唐古特喀尔喀旗。因清朝独尊格鲁派黄教，昔日的蒙古教主迈达里只成了一寺的活佛。民国时，唐古特喀尔喀旗划归库伦旗，迈达里召也成为库伦旗的属寺。今库伦旗的迈达里召从建寺起，一直承认今包头市土默特右旗的美岱召为其母寺。由于后金对佛寺的保护政策，美岱召旧汗廷城在1632年后金烧毁土默特建筑时幸免于难。进入清朝，汉语寺名"灵觉寺"又被更名为"寿灵寺"，但人们在习惯上至今仍称其为美岱尔召。在这座旧汗廷城的历史上，在阿勒坦汗汗廷东迁呼和浩特后的重大事件主要有：一是僧格彻辰汗在这里去世，三世达赖喇嘛在这里为僧格彻辰汗做法事；二是三世达赖喇嘛在这里火化阿勒坦汗、伊克哈屯的骨殖；三是1606年迈达里活佛在这里主持为迈达里银佛开光并坐床驻锡；四是1696年十二月二十六日，清朝的康熙皇帝在平定噶尔丹叛乱时，驾临迈达里召观光。到乾隆初年，这里已经形成村落。乾隆十四年（1749年），城外的美岱召村建起了龙王庙。嘉庆十三年（1808年），美岱召外已建有财神庙等十余个汉佛教寺庙，汉族村民租种美岱召的庙地已到西城墙下。清朝时的美岱召，在清朝崇奉扶持黄教格鲁派的国策下，由红教宁玛派改宗为黄教格鲁派，并进一步扩大与发展，因原八角庙为宁玛派护法庙，将迈达里活佛的起居处改为格鲁派护法的乃琼庙。经堂到泰和门中间新建了四大天王殿，在乃琼庙西新建了接待东迁到今库伦旗的迈达里转世活佛的佛爷府；大雄宝殿后与琉璃殿之间建起了东西配殿和白马天神殿。因城内众多建筑都改为寺庙，只留有琉璃殿后的寝宫由把汉那吉后代居住。

民国初年，地理学家张相文莅临美岱召，他在《塞北纪游》中描述说："召中喇嘛三十余人，垣内为圃，针叶松亭亭独立，青葱可爱，柳色半黄，桃杏含苞。"这说明，他来的时候正值春天。城内树木葱郁，环境优雅。在绿树的映衬下，宏伟的建筑愈加显得壮丽庄严。进入民国后，美岱召逐渐衰败。藏书家傅增湘在他的《藏园游记》中写道："今者残垣败瓦，遍地荒芜，别院有蒙僧数辈守之，日食且不能自给，亦坐视其颓敝而已。"

美岱召明代古井

据《三云筹俎考》记载，把汉那吉的儿子为冷克木（家谱记为温吉弎）台吉，冷克木台吉的儿子为孟克（家谱记为诺尔布）台吉。据《土默特辅国公贡格巴勒家谱》记载，诺尔布后为葛尔丹和阿玉希，从此，把汉那吉的后裔分为两支。葛尔丹台吉后为丹津台吉，阿玉希后为根都拉希。清乾隆二十年（1755年），新疆伊犁达瓦齐反叛，清廷征调土默特千名兵丁前往征讨，丹津长子剌麻扎布因献军马300匹之功，被授予一等台吉，命乾清宫行走。这虽是个虚衔，但可以在乾清宫入值办事，按规定时间觐见皇帝，十分荣耀。

乾隆二十一年（1756年），新疆卫拉

特蒙古达什达瓦部向阿勒泰一带迁徙，剌麻扎布奉命随承恩公明瑞赴巴里坤督察。在那里，他结识了外蒙古喀尔喀扎萨克图汗部的和托辉特郡王青衮扎布，并将自己的女儿嫁给青衮扎布为妻。不久，青衮扎布叛清，剌麻扎布随乌里雅苏台将军成衮扎布率兵征剿。青衮扎布兵败后欲逃往俄罗斯，剌麻扎布追击。二人见面后，剌麻扎布表示只叙翁婿之情，乘其不备，将青衮扎布擒获。于是，剌麻扎布以平叛之功，被清廷封为辅国公，并把大青山后的原牧地及属民，编为四个苏木，另立为一旗，任命剌麻扎布为旗扎萨克。

封爵后的剌麻扎布得意忘形，整日泡在酒店戏楼中，不遵守朝廷法度，连按月朝见皇帝的事都置之脑后了。特别是在一次朝见时，剌麻扎布竟向乾隆皇帝大夸其富，说助军马300匹不过是一个很小的数字，朝廷以后要多少就给多少，并说祖遗的喜鹊子花马快捷如龙，踏遍长城内外无阻挡，引起乾隆的反感。不久，乾隆皇帝降下谕旨，责其"不思感激朕恩，奉公守法，乃日耽逸乐，恣意妄为"，以怠惰罪削去其"扎萨克"职位，停止其"乾清宫行走"的资格，保留了"辅国公"的爵位和原四个苏木的牧地，剌麻扎布成为闲散王公。乾隆三十一年（1766年），剌麻扎布去世，剌麻扎布之子索那木旺吉勒于当年袭辅国公位，清廷昭赏"世袭罔替"。光绪二十七年（1901年），索那木旺吉勒后裔色楞鲁勒精扎布袭第六代辅国公爵位，民国元年（1912年）晋升为镇国公。1940年后，色楞鲁勒精扎布从美岱召城堡回到

武川土默公的公爷府居住，美岱召居所由喇嘛代替照料。1947年，色楞鲁勒精扎布去世，镇国公爵位宣告结束。

七、1575年建成的新汗廷城——呼和浩特

隆庆五年（1571年）五月，阿勒坦汗在今内蒙古乌兰察布市所属的丰镇市南、山西省大同市北的长城边镇得胜堡外接受了明朝所封的顺义王称号，与明朝开始通贡互市。从此，北元蒙古右翼与明朝进入了和平时期。

战争一旦结束，边境上很快呈现出一派和平繁荣景象。时任明朝大学士兼吏部尚书、力主通贡互市的高拱，在他的《伏戎纪事》中，记述了"封贡"几个月后长城内外的情况："数月之间，三陲晏然，曾无一尘之扰，边氓释戈而荷锄，边城熄烽而安枕，此自古希觏之事，而今有之。"明蒙通贡互市后，双方结束了延续二百余年的战争。土默特部众通过互市，以马匹、牛羊、皮毛交换明朝汉人的粮食、布匹和各种生活生产用品，解决了日常生活中食物单一和缺乏衣用等困难，人民生活水平得到提高。同时，明朝的封王更提高了阿勒坦汗在蒙古的地位。在与明朝和睦相处，人畜兴旺的社会条件下，阿勒坦汗开始建设新的汗廷城。据《阿勒坦汗传》记载：

名圣阿勒坦汗于公水猴年，
又倡导仿照失陷之大都修建呼和浩特，
商定统领十二土默特大众，

以无比精工修筑（此城）。

于哈鲁兀纳山阳哈敦木伦河中心上，
地瑞全备的吉祥之地，
巧修拥有八座奇美楼阁的城市，
及玉宇宫殿之情如此这般。

公水猴年为1572年，从文中的叙述可知，城市是仿照元大都建造的，哈鲁兀纳山为大青山，哈敦木伦河为黄河。新建的呼和浩特城，城北和城西不远处为扎达盖河，城南十几里处为从大青山哈拉沁沟流出的小黑河。扎达盖河为大青山沟水形成的河流，沟水为发源于大青山的山泉，在从大青山出沟时入沙变成伏流，然后从水草丰茂的呼和浩特城北三个大泉眼和一些小泉眼中涌出汇聚成河流，经城西北进入大青山流山洪形成的河槽。这三个大泉眼一个位于今公主府东，一个位于公主府西，还有一个位于姑子板申村（今呼和浩特市巴彦塔拉饭店一带）。由于河水为多个水泉组成，蒙语称之为"扎达盖"，意为"乱水泉子"。扎达盖河从城西流向城南的东二道河，汇入小黑河，小黑河又西南流在土默特左旗小浑津村北和大黑河交汇后，从今托克托县河口镇流入黄河。新建的呼和浩特城就位于扎达盖河与小黑河的交叉中，这也应是《阿勒坦汗传》记载呼和浩特在"哈敦木伦河中心上"的原因。新建的呼和浩特城距蒙郭勒津部的互市市场山西水泉营和大同得胜堡路程基本相等，交通比较便利。经过四年的建造，万历三年（1575年），呼和浩特建成，因这是阿勒坦汗汗廷所在的城，被蒙古人尊称为"呼和浩特"。

"呼和浩特"汉译为"青色的城"，青色是蒙古人崇尚的颜色，蒙古人也自称为"青色的蒙古"。"呼和浩特"的蒙语本意是"尊贵的城"，等同于汉族对"皇城"的称谓。新建的呼和浩特城城周二里，城墙在清初仍被利用，城周比美岱召旧汗廷城长300米，有南北二门，比旧汗廷城多开一个北门。《阿勒坦汗传》以"无比精工修筑"，城内有"八座奇美楼阁""玉宇宫殿"来描述新建的呼和浩特，可见其华丽盛大在旧汗廷城之上。在万历八年（1580年）的《顺义王俺答贡马图》中，画有一座具有很多建筑、规模宏丽的大城，这座城应该就是当时的呼和浩特。

从呼和浩特城周只有二里和城内有八座"奇美楼阁"分析，新建的呼和浩特也还是一座仅有大汗起居和处理政务宫殿的皇城式建筑，并不是一座集官署、市场、宫殿、民居于一体的城市。呼和浩特建成后，阿勒坦汗向明朝请求赐名。《明实录》记载说："（万历三年十月）丙子，顺义王俺答遣……使乞佛像、经文、蟒段等物；所盖城寺，乞赐城名。镇臣以闻。部复谓俺答恪守盟约，禁戢部落，迄今五载，劳

明代呼和浩特城西北的扎达盖河

委可嘉，所请勿拒也。上然之。赐城名'归化'；佛经佛像，许该镇量写铸给与。仍加赏俺答银三十两，大红纻丝蟒衣一袭，彩段八表里。"早于《明实录》的《万历武功录》也记载了此事："（万历三年）其十月，又市得胜。是月俺答请城名。上以贡市积功劳，会五年，法当上赏。于是赐金币，名其城曰'归化'。"谈迁在明末写的《国榷》一书中也记载了此事，原文如下："（万历三年十月）丙子，俺答乞佛像蟒段。且城市成，求赐名。赐城名曰'归化'，量给佛像。"这都说明了呼和浩特建成于万历三年，即1575年。

这次所建的还有佛殿，应为今席力图召内的古佛殿。从此，呼和浩特有了"归化城"这个名字。进入清朝，呼和浩特被更多地称为"归化城"。

呼和浩特建成后，阿勒坦汗曾想把呼和浩特作为蒙汉贸易中心。万历四年（1576年），时任山西、大同巡抚的郑洛在《抚夷纪略》中记载说："十二月，俺答差夷使赍顺义书云：顺义王俺答顿首顿首郑老大人。我为款贡大事筑城，意在久远，圣上赐我城名，给我字匾。须是每春秋二季军民出边，在我城内交易，给我粮食。望乞早行题请。"但是，阿勒坦汗这个建议被郑洛以"买卖原有市口，是两家交界，甚便。若说往你新城，不但路途窎（音吊，距离之意）远，军民不肯轻出，且华夷自有定限，朝廷设有大法，此不敢从"而拒绝。但是新建的呼和浩特还是成为明代蒙古右翼的政治、经济、文化中心，而且左翼的喀尔喀（今蒙古国）也经常通过呼和浩特，

把其牲畜和畜产品以土默特部之名和明朝贸易，呼和浩特也成为其往来贸易的中心。

万历九年（1581年）春二月，阿勒坦汗在建成大召寺后，又准备在呼和浩特修建方圆二十里的外城，并向已经升任兵部左侍郎，总督宣、大、山西军务的郑洛请求帮助，希望明朝能出人夫5000、车500辆、匠人300及颜料、铜铁、粮食给予帮助。郑洛以数千人出塞怕惹事，须奏朝廷，铜铁犯禁不能给而婉拒。此事也记于郑洛的《抚夷纪略》。时任明朝首辅的张居正在《张文忠公全集》中，还记有郑洛和时任大同巡抚贾春宇在向张居正汇报阿勒坦汗要求助人夫、车辆、物资后，张居正对此事的态度。张居正在给贾春宇的信中说："……顺义筑城，是自敝之道。其所求人夫、车辆，固绝不可许；若物料，量助之以慰其心可也。"在给郑洛的信中，也同样要求只资助一些物料。这也说明，阿勒坦汗这次扩建外城，明朝的边臣们将此事上奏到了明廷，但没有得到内阁首辅张居正等人的同意。由于没有得到明朝的援助和1582年初阿勒坦汗的去世，阿勒坦汗的呼和浩特扩建外城计划未能实现。

万历九年十二月十九日（1582年1月13日），阿勒坦汗病逝。1587年农历三月二十六日，阿勒坦汗已经土葬的骨殖被起出，由三世达赖喇嘛主持进行了火化。那木岱汗和乌彦楚根据三世达赖喇嘛的安排，在大召西十几米处建起了安放阿勒坦汗骨灰塔的青色宫殿。约在1590—1597年间，阿勒坦汗与乌彦楚所生的博达希利在席力图召古佛殿东一百多米处建起了一座主供

2015 年夏季的呼和浩特

三世佛的寺庙，约在 1603—1607 年由其子苏都那木台吉扩建为主供白衣多罗菩萨的小召。1632 年四月，清太宗皇太极率后金和归附的蒙古各部五六万人到呼和浩特征伐蒙古末代大汗林丹汗，林丹汗下令驱呼和浩特有两头牛以上的家庭和其过黄河进入鄂尔多斯地区躲避。皇太极到达呼和浩特后，下令保护寺庙、烧绝板升，建成并使用了近六十年的呼和浩特城内建筑都被烧毁。仅存城外的大召、小召和席力图召古佛殿三座佛寺。进入清朝后，呼和浩特又被修复改造利用。

呼和浩特建成时所建的席力图召古佛殿

八、阿勒坦汗早期的夏营地与 1580 年建成的夏都城

阿勒坦汗进驻大青山前的丰州滩后，由于丰州滩地处平川，夏季气候炎热，蚊虫较多，在不出征打仗的时候，阿勒坦汗也和元朝历代皇帝一样，在天气逐渐转热时，前往较为凉爽的地方避暑。汗廷在美岱召城时和搬迁到呼和浩特后，因地理原因也分别有两个夏营地。

（一）阿勒坦汗驻美岱召汗廷城时的夏营地——武川县土默公村

1546 年春，阿勒坦汗就渡过黄河，驻牧于丰州滩西部。据《万历武功录·俺答列传上》记载："是年四月，俺答阿不孩及兀慎娘子见砖塔城，用牛二犋耕城，约五六顷，所种皆谷、黍、蜀、秫、糜子，又治窑一座。"由此可见，阿勒坦汗进驻丰州滩后，首先是建城，但确切地说，是在明初遗留的卫所旧址上修城居住，为了修筑破旧的建筑，还修建了一座砖窑，并

在周围种植了五六百亩的农田。从这年起的春、秋、冬三季，阿勒坦汗就应较为固定地居住在大青山前的今美岱召城内。由于丰州滩夏季气候炎热，阿勒坦汗选择了大青山后的丘陵草原地带避暑，地点为今美岱召后大青山北武川县西乌兰不浪镇土默公村一带。土默公村从美岱召东几百米的美岱河沟向北，出大青山进入丘陵地带不远就到。土默公是阿勒坦汗第三子铁背台吉的后代在清朝被封为土默特辅国公后形成的称呼，以前泛指大青山及以北所有属于其家族的土地，后来专指其后代居住的地方。土默公村一带为丘陵地带，地势起伏平缓，海拔 1650~2000 米。尽管海拔较高还是丘陵地带，但在 1965 年以前，这里的水井水面距离地面仅为五六尺深。土默公村村南 500 米处，就是今武川县最大的内流河——塔布河。

塔布河发源于固阳县西南沟村，经土默公村南向东北蜿蜒流淌，出武川县后进入达茂旗，又流入四子王旗。塔布河在一些河流段也被称为希拉穆仁河、西拉木伦河。1995 年前，土默公村前的塔布河还春夏秋冬四季水流不断。河两侧平坦的草原有二三里，草滩上的马蔺草、黄芪草、尖草、寸草等长势茂盛。人们称之为硬草，牲畜吃上这种草膘肥体壮，体质结实有劲。肉质也好，经本地人几十年来养畜试验证明，这里的牲畜卖到别处后，三两个月便膘减体瘦，从别处买来的牲畜三两个月后便膘肥体壮起来。土默公村后的山称为卧龙山，前面的山称为凤凰山。土默公村周围几十里大大小小的山坡上到处都是敖包。据说，

有十二个敖包连在一起的敖包十二个，有个别的则是将十三个敖包改成十二个敖包。零零星星的敖包，谁也不知道有多少。土默公村周围几十里内，夏季气温最高的三伏天也早晚稍冷，居民全天一般穿着也都是长袖，年龄略大一些的人还要穿秋衣秋裤，更很少见到蚊子。可见，明朝时，夏季的土默公地区水草肥美，凉爽宜人，是得天独厚的避暑胜地。

土默公村放牧的牛群

土默公村周围放牧的羊群

在明朝的史籍中，也记载有土默特部和阿勒坦汗每年夏季避暑的情况。方孔炤的《全边略记》在记载嘉靖三十九年（1560年）大同总兵刘汉袭击丰州滩时说："比俺答引众西掠且二年，留部虏千余人于丰州，守其老幼，虏不耐暑，每夏辄徙帐大

青山口外避之。"徐日久的《五边典则》记载："（嘉靖四十年，1561 年）俺答、黄台吉二酋夏月会驻青山之后，其谋甚深。"瞿九思的《万历武功录·俺答列传下》中有很多相关记载："是时（隆庆五年，1571 年）五月将尽，塞外蚊虫渐生，虏多移壁大青山。""其七月（隆庆六年，1572 年）……是时，俺答以暑急蚊盛，久避青山，作佛事。""其元年（指万历元年，1573 年）夏，俺答入贡，复欲避暑，竣秋至互市。""其六月（万历五年，1577 年），俺答至得胜市，以避蚊虻，复还。"诸葛元声的《两朝平攘录》有"俺答春秋冬驻牧丰州滩昭君墓，入夏避暑青山"的记载。这说明在阿勒坦汗进驻丰州滩后，在没有战事的情况下，每年夏天都要避暑。从土默公周边有十二座十二个敖包组成的敖包和大大小小独立的敖包群看，在土默公一带避暑的不仅仅是阿勒坦汗及其亲领部下，各部的领主也经常在这里避暑。明朝时的土默特地区，春节前后气候比现在要寒冷得多，绝大部分地区春节前后冰雪覆盖，

土默公一带已被破坏的北元时期敖包

人马行走不便，亲族之间相互见面困难。在凉爽的土默公一带避暑，一是躲避了塞外炎热的夏天，二是亲族间共聚一起增进往来、沟通感情、共享人伦之乐，三是在避暑的同时也协商完成了土默特军政大事。

1577 年十二月，阿勒坦汗率部启程，前往青海。1579 年十一月，阿勒坦汗回到土默特。1580 年阴历四月，新的避暑夏都城基本建成，土默公的夏营地归属于领有西哨的伊克哈屯。伊克哈屯和把汉那吉去世后，土默公的夏营地又先后归属于那木岱和大成妣吉。大成妣吉和博达希利成婚后，又归属于大成妣吉和博达希利。1597 年，博达希利去世后，土默公夏营地归于大成妣吉与把汉那吉次子不速布台吉、长子冷克木台吉的独子孟克台吉。不速布台吉去世后，土默公夏营地归于孟克台吉及其后裔。土默特归附清朝后，大青山前把汉那吉驻地归于土默特右翼。土

土默公村周围的十二敖包

默公夏营地周边土地仍归把汉那吉后裔所有，清朝末年，仍占有武川西北全境，后不断卖出，大部分土地已只能收很少的租金了。1949年中华人民共和国成立后，把汉那吉的后代们除留有口粮地外，其他土地全部归公。"文化大革命"中，土默公的镇国公府被拆除。

敖伦苏木残留的城墙

（二）阿勒坦汗1580年建成的夏都城——今达茂旗敖伦苏木古城

阿勒坦汗搬迁到呼和浩特后，由于地理上远离了土默公夏营地，加之与明朝通贡互市经济实力增强，在迁到呼和浩特的第二年或第三年，也就是1576年或最晚1577年春，就开始新建避暑的都城。新建的夏都城为今内蒙古包头市达茂旗"敖伦苏木"古城遗址。敖伦苏木又称姥弄苏木、阿伦苏木、鄂伦苏木，系蒙古语"许多庙宇"的意思。这是因当地牧民对历史文化了解较少，根据这里有很多塔基和庙宇基础，并发现过许多泥塑佛像和蒙藏文经卷碎片，估计这个地方过去是建有许多庙宇的地方，称其为敖伦苏木。

这座新建的夏都城，和美岱召汗廷城大青山后的夏营地一样，有着地理和气候上的优势。敖伦苏木位于达茂旗旗政府所在地百灵庙镇东北35公里处的艾不盖河北岸的冲积平原，从呼和浩特北的多条山沟内出大青山就可到达。艾不盖河古称为黑水。阿勒坦汗驻牧丰州滩后，这里成为阿勒坦汗第四子兵都台吉的驻牧地。黑水河也被人们以兵都台吉的"阿不害"称号代替，称为"阿不害河"，后译称为"艾不盖河"。艾不盖河两岸的草场每年春季早早返青，夏季这里水草丰美、气候凉爽、环境优美，同样是理想的避暑胜地。1927年6月，由中国和瑞典科学家组成的"西北科学考察团"在这里考察时，考察团成员、考古学家黄文弼和助手在古城的建筑废墟中和城外分别找到了一块石碑，这两块石碑的一块为碑首刻有"王傅德风堂碑记"的石碑。该石碑的发现，使史学界的一大悬案——汪古部首领的世居之地赵王城得到了确认。另一块石碑为古蒙文石碑，内容主要是赞

呼和浩特北夏季的大青山

水流已减少不少的敖伦苏木城南的艾不盖河

扬阿勒坦汗修建寺庙、弘扬佛教的功德，被称为"阿勒坦汗碑"。古城内较多的宫殿遗址、佛塔遗址和庙宇遗址，及遗址内发现的蒙藏文经卷残片，也使这里被确认为是阿勒坦汗在元代赵王城废墟上，进行了较大规模修建的土默特部夏都城遗址。

敖伦苏木古城呈长方形，坐北向南，方向偏东 40 度。古城北墙长 960 米，西墙长 580 米，南墙长 950 米，东墙长 560 米。城的四面都有城门，并有瓮城，城四角有角台，周长 6 里，比呼和浩特城大两倍。

阿勒坦汗在修建夏都城时，应是沿用了赵王城的城基和城墙。因为在古城城周只有一道城基和城墙，现在西面的城墙残高约 3 米，其他三面的城墙，仅剩余断断续续的残壁。

在《阿勒坦汗传》中没有关于此城的记载。但在明代的汉籍中，却能隐约看到修建该城的记载。据《万历武功录·俺答列传下》记载："其五年（万历五年，1577 年）四月……先是，上幸赐西海寺名曰仰华寺，而俺答、丙兔亦复得修城青山，以故俺答益求索亡厌。"这里所传达的信息是：1577 年，明万历皇帝为土默特在青海新建成的寺庙赐名为仰华寺，并同意阿勒坦汗和兵都再次修城于青山，答应了资助阿勒坦汗修城，阿勒坦汗也不断向明朝索要修城物资，而这时的兵都台吉早在 1559 年就到了青海一直未归。文中的"而俺答、丙兔亦复得修城青山"，应该是瞿九思在了解资料时有误，实际情况是阿勒

敖伦苏木城周的草原

坦汗在属于兵都台吉的畏兀儿沁部驻地上修城，文中也明确点明，这次是"修城"。1577年冬，阿勒坦汗前往青海和三世达赖喇嘛会面。临行前，阿勒坦汗在给时任山西、大同巡抚的郑洛去信安排他去青海后的事宜时，也提到了此事。郑洛在他的《抚夷纪略·虏王西牧申明约法》中这样记载："我起身后，该进贡开市日期，我留下好人，定不误。有各头目、妣吉、哑不害（为皇女之意）等赏赐，照旧规行，我留下修城盖寺的人所用颜料诸物，望乞讨与。"1579年阴历十一月，阿勒坦汗从青海回到土默特。1580年农历四月，这座从1577年就开始修建的夏都城历时三年多建成。阿勒坦汗为了感谢明朝，派使臣送信给曾调出，又于1579年底升任兵部左侍郎总督宣、大、山西在阳和办公的郑洛，邀请郑洛到新建的夏都城，并请郑洛派阴阳先生选择吉日进城。郑洛在《抚夷纪略·答虏王请出边阅城》中也记载了此事："四月（万历八年，1580年），王使使来书称，城已修完，是老大人之力，烦差一好阴阳来与我择吉进城，我具筵宴请老大人光临。余答以城完后王好进城住，阴阳我选好者去。王请我是王敬，但我朝廷大臣总督地方，无出边

理。王如实敬我，我新任，尔亲来阳和见我，我有筵席花段犒赏你。"在这年的初夏，阿勒坦汗应根据郑洛派的阴阳先生择的吉日进城居住，并在这里避暑。

在这里避暑时，阿勒坦汗开始在城内重新进行大规模佛寺建设。在郑洛的《抚夷纪略·答虏王西回谢恩及求乞》中，也有土默特部在阿勒坦汗从青海回来后建寺的记载："庚辰（万历八年，1580年）正月，虏王西牧回……西僧甚多，常吃茶，望将照甘州竹篦茶每年准卖一二千题请。今请来的小佛带僧甚多，外讨人情马一千，还盖三座寺，讨与匠人。"文中提到的"盖三座寺"，一座为1580年在呼和浩特城南所建大召寺，内塑纯银所铸释迦牟尼佛像；一座应为1580年由汉佛寺改为藏传佛寺的呼和浩特赛罕区榆林镇苏木沁村的华严寺，华严寺因是改建寺院，工程量不算太大；再有就是在这座夏都城内的寺庙建设。阿勒坦汗1577年底到1579年近两年的青海之行，也应增长了更多的藏传佛教寺庙建筑知识。这座避暑的夏都城遗址被称为"敖伦苏木"，可见古城遗址内庙宇遗址之多，在现在的古城内有17处遗址和99处高台和土包，城内东北部与东侧大部为佛教

城内的佛塔遗址　　　　　　　城内的石臼、残瓦

城内残留的琉璃瓦

建筑遗址。古城内，街道宽阔，布局整齐，院落分明，佛教建筑占很大比例，城内的好多遗址在清初时仍保存完好。在清代达尔罕旗修建百灵庙和达尔罕王府时，为获取建筑材料，使古城遗址破坏严重。现在的古城内残存的文化遗物仍非常丰富，地表散落有大量的建筑物构件，还有大型生产工具石碾、石磨和很多的石臼等，至今仍放在原地。地表上到处可见陶瓷残片，建筑遗址旁都还留有残砖碎瓦，有不少建筑遗址旁有琉璃瓦碎片，颜色有白琉璃、黄琉璃、绿琉璃三种。出东城门约500米，有当年炼铁和烧制砖瓦的作坊遗址。古城内这些突兀在瓦砾堆中的一座座遗址平台、土墩，满城的砖瓦及俯拾即是的琉璃告诉我们，当年阿勒坦汗在元代赵王城遗址上所建的这座避暑夏都城：佛塔挺秀凌空，耸峙如林，寺庙、宫殿、官署、亭台金碧

辉煌，是当时蒙古草原上规模宏大、建筑华丽、城寺结合为一体的宏伟建筑。从阿勒坦汗1580年四五月进城居住并续建佛寺推测，这座避暑夏都城完工于1579年冬，部分佛教建筑应该完工于1580年末。

1582年1月13日，阿勒坦汗去世。这座城市先由僧格和乌彦楚使用。僧格1585年底去世后，这里成为那木岱和乌彦楚的崇佛避暑之地。那木岱于1607年去世后，呼和浩特被苏都那木占有，这里就成为博硕克图的汗廷。在僧格、那木岱和博硕克图汗时期，这座城市的建设也得到了进一步的完善。

1627年十月，林丹汗为躲避后金的威胁，率十万大军西侵喀喇沁和土默特，土默特部博硕克图汗和喀喇沁部在威宁海子（今内蒙古察右前旗黄旗海）一带与林丹

城内的建筑遗址

曾在城内的阿勒坦汗碑

汗展开会战。博硕克图汗和喀喇沁部溃败，博硕克图汗退守于这座夏都城。1628年九月，林丹汗集结队伍翻越大青山，在城南艾不盖河流域和土默特、永谢布、阿速特、大畏兀儿沁部联军展开激战，联军失败，四散奔逃。这座由阿勒坦汗历时三年多建成，其子、孙、玄孙三代使用了48年的宏伟城市也不再属于他们。

敖伦苏木土默特部夏都城最后被损毁，损毁的时间，一个可能是在这次战斗结束后由林丹汗损毁。但从林丹汗没有损毁呼和浩特来看，他损毁的可能较小，那么这座夏都城就应该是在1632年五六月间和呼和浩特一样，被皇太极放火烧毁了。

九、土默特部的东西哨

东西哨也就是蒙古军事编制上的左右翼，以南北为方位，东面的称为左翼、西面的称为右翼。在明代史籍中，有不少关于土默特东西哨的记载。在蒙文史籍《阿勒坦汗传》和《阿萨喇克其史》中，则有蒙郭勒津部分为内外的记载，内外也是对左右翼的一种称呼，在现在的呼和浩特乡村仍有这种称呼，左边称为里手，也就是内的意思，右边称为外手，指外面的意思。

在呼和浩特东被俗称为白塔的万部华严经塔的四层中，有一处为"北虏夷人西哨口（字迹不清）崔脑害二月十九日到此"的题记。在阿勒坦汗时期，土默特与明朝的很多来往书信都有"虏""北虏""夷人"的自称，这个含有贬义的"虏""夷"被土默特部人使用，应该是土默特人还不了

解这些称呼的含义。题记中的"北虏夷人西哨"也说明，在当时的土默特内部也把左翼、右翼称为东哨和西哨。那么，这个东西哨之分指的是蒙郭勒津部分为东西哨还是土默特部分为东西哨呢？在《阿勒坦汗传》中，仅看到蒙郭勒津部有内外之分，没看到土默特部有内外之分。在明朝史籍《万历武功录》《武备志》《三云筹俎考》《奇女子传》中，都记有土默特部有东西哨之分，但记载各不相同。

据《万历武功录·摆腰把都儿、兀慎打儿汉列传》记载："其明年，贡市成，授我指挥佥事秩。居岁余，黄台吉与诸部不相能，复立守口市，以抚摆腰、兀慎、扯力克、五路、把林诸酋。时，黄台吉所部曰东哨，大成所部曰西哨，此其两大枝也。"文中的"其明年，贡市成"指的是1571年蒙明通贡互市。在这一年，土默特部的东哨大致为今乌兰察布市所属的兴和县东部到张家口北僧格彻辰汗管领的全境。西哨大致为今包头市郊区全部，西到昆都仑河及以北的固阳县全境地区。这应该是土默特部早期进入丰州滩时划分的东西哨。

在茅元仪的《武备志》中，记载土默特由东西哨和六支部落十二哨组成。这六支部落一支为扯力克等并素囊台吉，一支为设剌克炭台吉（指未继汗位前的博硕克图汗），一支为兀慎打儿汉台吉，一支为摆腰把都儿台吉，一支为青把都、白洪大台吉，一支为永谢布大成台吉等。《武备志》中的土默特东西哨记载为：东哨为阿勒坦汗诸子后裔，西哨为阿勒坦汗三弟乌审部拉布克台吉后裔、阿勒坦汗五弟那林台吉

后裔、阿勒坦汗六弟博迪达喇后裔。《武备志》中没有记载青把都、白洪大属于东哨或西哨，也没有记载土默特十二哨所属部落情况。《武备志》记载的六支部落中，青把都、白洪大一支，永谢布大成台吉一支不属于土默特，摆腰把都儿台吉为阿勒坦汗次子宝音台吉的儿子，系阿勒坦汗一支，不是单独一支，所以记载的六支有错，不准确。《武备志》记载的土默特西哨部落也均在土默特部东边，所以其记载的东西哨也是错误的，但是可以反映出土默特当时确实分为东西哨。

在曾任明朝右副都御史、巡抚大同的王士琦的《三云筹俎考》中，也记载有土默特东西哨的情况。《三云筹俎考》记事止于1613年，所记土默特东西哨为1614年前的情况。其记载的东哨部落为：

顺义王、忠顺夫人并部落

不他失礼台吉（万历二十五年［1597年］十月病故）

沙赤星台吉（万历二十三年［1595年］八月病故）

倚儿将逊台吉（万历十六年［1588年］四月病故）。以上三酋俱系三娘子男

素囊台吉（系不他失礼男）

多罗土蛮下招力兔台吉（布吉格尔三子着力图台吉，着力图台吉这时已去世，这里应指的是其子）、歹言黄台吉（布吉格尔长子达雅皇台吉，1587年在青海中流矢去世，这里应指的是他的儿子）、麦力艮台吉（布吉格尔次子，这时还在世，但得病脚软不能行动，有九子）。

委兀儿慎下卜吉素偙不浪、宾兔台吉、

长四偙不浪、阿拜台吉（万历十八年［1590年］故）、威静打儿汉偙不浪。

西哨部落为：

大成台吉（即把汉那吉，万历十一年（［1583年］四月病故）

大成比妓（系把汉妻，即近封忠义夫人）

冷克木台吉（大成比妓男，故）

猛克台吉（大成比妓孙并部落）

恰台吉（万历十九年［1591年］病故）

本酋（指恰台吉）妻大娘子并部落

满兀舍汉偙不浪

大成哑害偙不浪

《三云筹俎考》的记载中，把位于土默特东北部的僧格彻辰汗诸子部落、乌审部拉布克台吉后裔、巴岳特部宝音台吉后裔、巴林部依勒登台吉后裔列在了东西哨之外，而把位于土默特西北的多罗土默和北部的畏兀儿沁两部列为东哨。

在明吴震元的《奇女子传·三娘子》中，有土默特东西哨之争的记载，也可以看到一些土默特东西哨的情况。其记载如下：

"其（指乌彦楚）所统俺答遗部号东哨者，因与把汉那吉争板升，家丁仇隙，构兵不已。台吉（指僧格彻辰汗）稍厌苦之，移于长子扯力克之西哨牧住，爵王者三载，旋殒丧焉。那吉业与三娘子势渐不能下，那吉死而扯力克纳其妻大成比妓，复统其所遗部，且并有恰台吉之夷众，自别为西哨。"《奇女子传》作者吴震元生平不详，为《奇女子传》作序的陈继儒生于1558年，死于1639年。吴震元应与他为同时代人，记述也应有一定根据。根据吴震元的《奇女子传·三娘子》记载，土默特东哨应为阿勒

坦汗东迁呼和浩特后所领部落，土默特西哨则为驻牧于美岱召周围部落。

在《万历武功录·三娘子列传》记载的大板升之战中，也有不同于其在《摆腰把都儿、兀慎打儿汉列传》中东西哨的记载。其记载如下："而大成台吉娘子率众援板升，不使东哨得卤略。于是，诸讲和者怒，以为吾等不过为两家好耳，娘子（指乌彦楚）既不从我，我岂能从娘子哉？于是，佐板升，治行李，尽闼匿他哨中。自是之后，恰台吉亦夺东哨夷人舍剌太恰马四百匹。"《万历武功录·三娘子列传》中，尽管没有写清西哨部落，但是从大成妣吉和恰台吉联合对付乌彦楚的东哨部落可以看出，西哨就是原属伊克哈屯的部落。

在《阿勒坦汗传》中，有阿勒坦汗去世后，三世达赖喇嘛到土默特时"都古楞汗、钟根哈敦二人发出命令，派多伦土默特之达云鸿台吉前往迎接，派内蒙郭勒津之阿齐赉固什、达赖古英等……"的记叙。在《阿萨喇克其史》中有"铁蛇年（1581年），可汗（指阿巴岱汗）28岁时，一伙商人来自特古尔格齐巴噶巴图尔之外蒙郭勒津土默特"的记载。这也证明在1581年前，蒙郭勒津内部就分为内外，也就是东西哨或左右翼。

根据诸书记载分析，1571年时，土默特东哨为阿勒坦汗长子僧格部，西哨为阿勒坦汗三子铁背台吉独子把汉那吉部。1572年呼和浩特开始建设后，直属于阿勒坦汗的蒙郭勒津部于1572年底或1573年春分为东西哨，也就是内外或左右翼。也就在同时，为了加强对土默特疆域的管理，阿勒坦汗取消了原来的东西哨，而在土默特最东的边境和最西的边境派直属于他的蒙郭勒津部人驻守。在万历二十九年（1601年）任宣大山西总督杨时宁的《宣大山西三镇图说》中，明确记载了土默特最东端青边口堡外"段木嘴、三道川、回回墓、马头山诸处，皆三娘子部落驻牧"的情况，在土默特最西端的《山西岢岚道辖河保路图说》中，有"本路逼近黄河，乃北虏、套虏交侵之地，最为冲险。边外榆林滩、泉子沟、大灰口等处，酋首长盖、剪哑气、买的、赤铁兔等部落驻牧地也"的记载。文中的"酋首长盖、剪哑气、买的、赤铁兔等部落驻牧地"区别于河西袄儿都司庄秃赖驻牧地，应为黄河东土默特部首领。这些首领的所属没有注明，但是在大成妣吉经常活动所属的几个首领名字中，没有这几个人的名字，他们应是阿勒坦汗时派往土默特最西端的部落。在今内蒙古包头市的蒙古族中，有蒙古姓氏为札哈沁氏的人，相传他们的祖先就是把守土默特西部的人。这也说明土默特的东西哨曾经历了从僧格的东哨和把汉那吉的西哨，到蒙郭勒津部分为东西哨并在土默特东西极边派驻直属部落加强对各部管理，并取消原有东西哨的历程。也正是因为在1572年底或1573年初的这次东西哨改变，才使《三云筹俎考》《武备志》出现了记载上的错误。

在王世贞的《北虏始末志》中，有"俺答老矣，娶二妾，弃其妻，黄台吉怨之。妾各子一人，予万骑自备"的记载，这也应是阿勒坦汗1572年开始建设呼和浩特后，把蒙郭勒津部分为东西哨的情况。

在《万历武功录·扯力克传》中，有"先是，板升之众及俺答所遗诸苍头尽属大成，大成兵马雄诸部"的记载。在《万历武功录·三娘子传》中，有"其九月，三娘子见大成比妓拥俺答所遗诸部落及板升甚雄，谋欲为不他失礼室之，而阴以为利"的记载。在明朝史籍中，记载把汉那吉在降附明朝时有众三千人，也就是作战士兵三千人，在阿勒坦汗诸子中，其所领部众仅少于僧格。从明朝回来后，阿勒坦汗又把西部板升交给他管理，但并没有他管理阿勒坦汗其他部落的记载。《万历武功录》中的《扯力克传》《三娘子传》中提到的俺答所遗"诸苍头""诸部落"，应都是阿勒坦汗汗廷东迁呼和浩特时分给伊克哈屯领属的部落。这些部落包括恰台吉及阿勒坦汗与伊克哈屯所生女儿们的塔布囊部落。文中的"诸苍头"也包含着对西哨一些组成人员的说明，"苍头"在汉语中是指私家所属的奴隶，是仆隶的通称。《万历武功录》提到的"诸苍头"应是指阿勒坦汗在对外战争中收抚的部落。在《阿勒坦汗传》中，也有1589年那木岱彻辰汗和乌彦楚"统领真诚菩萨阿勒坦汗所降离散之民和土默特之精兵迅速前往，平安抵达库库诺尔于虎年"的记载。文中的"所降离散之民"就是《万历武功录》中的"诸苍头"，可见"诸苍头"指的是阿勒坦汗征服和收降的部众，具体应为编入蒙郭勒津本部的漠北兀良哈人，青海带回的巴尔虎部人、蒙古尔人、藏族人，卫拉特中明安部人。

根据上述记载及1632年后金强迫土默特部东迁后左右翼的划分，1572年后，阿勒坦汗的东哨应为由蒙郭勒津部人组成，西哨则由少量蒙郭勒津部人和归降的漠北兀良哈人、青海蒙古尔人、藏族人、亦卜刺永谢布巴尔虎部人、卫拉特中明安部人组成。

十、土默特部的兀良哈部落

土默特部中的兀良哈分为两部分，一部分为最早在蒙古肯特山大禁地为成吉思汗守护陵墓的兀良哈人，即森林兀良哈人，他们在阿勒坦汗的六次征伐中成为土默特蒙郭勒津部西哨的一部分。另一部分则为土默特部中较为独立的兀良哈部落，他们在成吉思汗时代成为其大将四狗之一者勒篾的属民，也即草原兀良哈人，他们出自蒙古的迭尔列斤氏族。者勒篾的封地在额客朵颜温都尔地方。明朝时，由他的后裔们所领的兀良哈人形成朵颜卫兀良哈。这些兀良哈人于1543年左右归附蒙古左右翼并被瓜分，分给土默特部的兀良哈人被分为三部分，分别驻牧于明朝时河北境内的讨军兔境界（今河北省平泉县西部）、青城境界（今内蒙古宁城县甸子乡黑城一带）、可里屈劳境界（今河北省隆化县城以西一带）、毛哈气水鸣急音境界（今河北省丰宁满族自治县南部和西南部）、哈刺塔拉境界（今河北省承德市西南的双滦区附近），分属于阿勒坦汗和其长子僧格、次子宝音。蒙文史籍将这些兀良哈人称为"山阳六千乌济业特人"或"岭南蒙古""山阳万户"。

（一）土默特部兀良哈部落的情况

明朝初年，为了保障北方边境安全，

明朝在归降的蒙古地区和明蒙边境设立羁縻卫所。这类卫所以蒙古降附明朝的首领为都督、都指挥使、指挥使、千户、百户等官职，让他们自己管理自己内部事务，定期向明朝朝贡。明洪武二十年（1387年），这些居住于大兴安岭南不愿屈从西蒙古卫拉特所立新汗的兀良哈人投附明朝。明朝在东北设置了泰宁、福余、朵颜三卫，封授来降的首领，令其依旧驻牧于本土，一从本俗。其中，泰宁卫在元泰州（今吉林省洮南一带），朵颜卫在额客朵颜温都尔（在今内蒙古扎赉特旗北）、搠儿河（今绰尔河）一带，福余卫在湖裕尔河流域（今齐齐哈尔一带）。明朝要求他们"各领其所部，以安畜牧"，做明朝的属夷。然而三卫建立不久就又叛归北元。明成祖朱棣在即位前的"靖难之役"中，曾从兀良哈三卫借来三千骑兵充实靖难军。"靖难之役"中，这三千骑兵立下汗马功劳。朱棣上台后，为酬谢兀良哈，徙大宁都司于保定，徙宁王朱权于南昌，答应"尽割大宁界（音必，给予之意）三卫，以偿前劳"。然而，朱棣的允诺并未兑现。其后，兀良哈三卫联合当时蒙古封建主阿鲁台经常联兵南下侵扰明朝。面对蒙古的崛起，明成祖采取了扶植卫拉特，打击蒙古的策略，并于永乐八年（1410年）亲征漠北，阿鲁台战败，被迫向明朝求和，兀良哈三部亦恢复了同明朝的臣属关系。永乐十七年（1419年），恢复元气的阿鲁台又多次兴兵进袭大宁、开平、兴和等明朝边镇，兀良哈也积极与之配合，频频侵犯辽东等地。永乐二十年（1422年），明成祖朱棣再次北征阿鲁台，

回师时征讨兀良哈，与兀良哈激战于屈裂儿河一带。兀良哈寡不敌众，明军"追奔三千里荡其巢而还"。兀良哈三卫经过这次打击，损失惨重，元气大伤。第二年，阿鲁台被卫拉特击败后，三卫又重新归附明朝。如果说明洪武朝时三卫之人是不愿屈从卫拉特所立新汗而降明，那么永乐初复降明，则是经济生活上的需求所致。明成祖在诏谕兀良哈的敕谕中曾许愿，其"来朝者悉授以官，俾仍居本地，岁时贡献，经商市易一从所便"。这从阿勒坦汗早期就积极求贡可以看出，经商市易这个许愿对于长期受战乱和经济困扰的蒙古人具有多么大的吸引力。兀良哈三卫与明朝长期的通贡互市关系从此确立。三卫每年两贡，每卫各百人到北京朝贡贸易。此外，永乐三年（1405年）在广宁、开原设立定期马市，还有民市，可以用马匹、毛皮及土特产品与明朝交易。有明一代，三卫虽多受北元约束，但是始终保持了与明朝的通贡关系。为保证其经济利益，三卫很少主动侵犯明朝边境，在某种程度上也制止了迤北蒙古对明朝的侵扰。直到嘉靖中期三卫被蒙古各部吞并之前，明朝的蓟、辽边境都保持了相对的和平与稳定。

明朝对兀良哈三卫的实际控制仅限于通贡互市，三卫首领的任命和袭替，一般都是根据他们本部的意愿由明朝给予认可和封授。有些人因传报"夷情"、送还被掳人口等得到明朝封授或提升职务，在进贡贸易方面得到实惠，但也并不能改变他们在三卫内部的地位。明朝为了边境的和平与安全，还通过与三卫经常的交往和奖

励三卫报告"虏情"的方法了解北方蒙古的内部情况，特别是军事动向，以防北元的突然袭击。明朝规定，在报告紧急虏情时，允许三卫之人至贡关以外的关口报告情况，并给予一定赏赐。当然三卫之人提供的情报有时只是为了索取一些犒赏，不一定准确。从明朝边臣的奏议和《明实录》的记载看，明朝有关"北虏"的情报很大部分是来自兀良哈三卫的报告，这也是为什么明朝称三卫为"不能绝、亦不可绝"的耳目和藩篱的原因。明朝人认为，夷虏"贡则不抢，抢则不贡"，三卫不贡则有导虏犯边的危险。正统十四年（1449 年）之后，三卫常挟北元之势要挟索赏，而明朝尤其是守边将领往往"俯从其请"，尽可能满足他们的要求，维持贡市关系，以保证边境的安全。明人常说，三卫"名曰孝顺，实图赏赍"，实质上的三卫与明朝的隶属关系也主要是通贡贸易的关系。明正统初年，即 15 世纪 30 年代后期，明朝边防松弛，御警薄弱，三卫的蒙古人从西拉木伦河全面向南推进，直到辽河流域。明景泰五年（1454 年）六月，泰宁卫向明朝请求驻牧大宁废城，明朝只准其在距明边二百里外驻牧。七月，朵颜卫首领朵罗干也遣使奏请："卫拉特也先人马往来边境，恐被侵扰、欲将家小移于近边二百里外居住。"亦获准。从此，泰宁、朵颜二卫获得了在明蓟辽边外居住的合法权利，福余卫的驻地在泰宁、朵颜二卫的东北面。到 15 世纪中期，他们来到长城边外驻牧。据《明史》记载，当时兀良哈三卫南移后牧地分布情况是："自大宁前抵喜峰口，近宣府，曰朵颜；自锦

（州）、义（州）历广宁（卫）至辽河，曰泰宁；自黄泥洼逾沈阳、铁岭至开元，曰福余。"从此，西拉木伦河和辽河以南，东起开原、西近宣府的长城边外就都属于兀良哈地区了。

（二）朵颜卫兀良哈人归属土默特部

关于朵颜卫兀良哈部众归附土默特的时间，《阿勒坦汗传》把时间记载为青龙年（甲辰 1544 年）之前，应即 1543 年（嘉靖二十二年）。《阿勒坦汗传》这样记述了这次归附：

久为外敌的乌济业特兀鲁斯，

以其恩克丞相为首之诸诺延，

（慕名）举族携带尊乌格仑哈敦之宫室来降，

山阳万户自行降为阿勒巴图之情由如是这般。

额尔德尼菩萨土谢图彻辰汗，

将恩克丞相赐与其弟昆都仑汗，

将其（恩克）弟兄分别占为己有，

将其收为阿勒巴图之情由如此这般。

文中的乌济业特就是指朵颜卫兀良哈，恩克即为汉文史籍中的影克，是早期朵颜卫兀良哈首领花当的曾孙，阿勒坦汗时期的朵颜卫首领，"尊乌格仑哈敦"是指成吉思汗母亲，亦译"诃额仑""月伦"，携带的"尊乌格仑哈敦之宫室"也就是供奉诃额仑骨灰的宫帐。发生于 1543 年的这次对朵颜卫兀良哈的瓜分，并不只是阿勒坦汗和其弟昆都仑汗瓜分，而是蒙古左右翼大体上平分了朵颜卫，右翼略强。朵颜卫兀良哈的这次来降，源于泰宁卫兀良哈

阿勒坦汗与土默特

当时已被内喀尔喀部吞并，福余卫兀良哈已被科尔沁吞并，同时，内喀尔喀部和科尔沁部还以他们的名义占有了他们与明朝互市的市口，两卫首领所领只剩下一些残余部众。朵颜卫兀良哈首领为了他们不被这二部吞并，继续保有部众和首领地位，选择了向蒙古大汗所在的左翼和强大的右翼主动归附。对朵颜卫被瓜分的情况，明郭造卿的《卢龙塞略》、戚继光的《蓟镇边防》、米万春的《蓟门考》、王鸣鹤的《登坛必究》等都有记载，尤以《卢龙塞略》为详。郭造卿曾在蓟镇为时任都督的戚继光修志，撰有《燕山古史》《蓟略》二书，叶向高依此修成《永平志》，后来郭造卿的儿子郭应宠以《永平志》为底本，与《燕山古史》《蓟略》相参校，节缩为《卢龙塞略》，刊印于万历三十八年（1610 年）。该书写作时又参考了兀良哈三卫贡关所在蓟镇官署有关档案资料，故所记嘉靖中期以后的事情比较可靠。据《卢龙塞略》卷十五《贡酋考》记载，朵颜卫承袭都督职务的花当嫡系长子革儿孛罗三子子孙及其部落附属"西虏"，即阿勒坦汗兄弟子侄；其庶生十子及其子孙部落俱附"东虏"，即博迪汗兄弟子侄。其中，朵颜卫首领影克（革儿孛罗长孙，革兰台长子）弟兄 4 人部落 2700 人，影克叔脱力之子兀可儿等 10 人部落 1590 人，附属阿勒坦汗四弟昆都仑汗；影克弟猛可部落 200 人，影克叔革孛来之子把图孛罗部落 500 人，附属阿勒坦汗五弟那林台吉；猛古歹弟抹可赤部落 300 人，附属阿勒坦汗六弟博迪达喇。在这

明代土默特兀良哈部与明朝边界上的敌楼

明代土默特兀良哈人驻牧的山区，今河北丰宁地区山区

次瓜分中，阿勒坦汗和其两个当时已成年的儿子僧格和宝音台吉也都分到了兀良哈部落人口。其中，阿勒坦汗分到了驻牧于讨军兔境界（今河北省平泉县西部）猛可弟猛古歹部众700人，驻牧于青城境界（今内蒙古宁城县甸子乡黑城一带）猛可弟幹抹秃部众400人；僧格分到了驻牧于可里屈劳境界（今河北隆化县以西一带）影克叔革孛来长子伯颜帖忽思部众450人，驻牧于毛哈气水鸣急音境界（今河北丰宁满族自治县南部和西南部一带）一带影克叔板卜子伯颜打来部众500人；宝音台吉分到了驻牧于哈刺塔拉境界（今河北省承德市西南的双滦区附近）影克叔革孛来三子伯思哈儿部众500人。同时，僧格还分到驻牧于可里屈劳福余卫首领影克百余人，驻牧

于小兴州泰宁卫首领只儿挨30多人。右翼总计分到部落23支，7840余人，全部靠近明朝边境；左翼分到部落19支，6880余人，其中阿勒坦汗父子三人分得2780人。这里的人数是指丁数（兵数）。

（三）归属土默特的兀良哈人情况

归属于土默特部的居住于可里屈劳境、毛哈气水鸣急音境、哈刺塔拉境、讨军兔境和青城境的兀良哈首领们，在归附土默特部后，都保有了部众和领地，成为附属土默特的部落。按照蒙古传统方式，他们也和其他附属各部一样，其首领与本主通婚，进一步加强和巩固双方的关系。首先是阿勒坦汗将女儿嫁给了附属于他驻牧讨军兔境（今河北省平泉县西）首领猛古歹的儿子诺木图卫征。猛古歹是成吉思汗"四狗"之一者勒篾的第十世孙，为花当长孙革兰台第三子。随后，僧格也将自己的女儿许配给了其驻牧于可里屈劳境属部伯颜帖忽思次子炒蛮。僧格本人从兀良哈部中

明代土默特兀良哈部与明朝边界上的古北口，1550年的"庚戌之变"时蒙古右翼的军队即从此处进入明朝

娶了三位妣吉，分别是附属于僧格驻牧于毛哈气水鸣急音境板卜之女、伯颜打来之妹被称为小妣吉的苏不亥，驻牧于可里屈劳境首领伯颜帖忽思之女大妣吉，附属于僧格四叔昆都仑汗在土果根界（今辽宁省凌源市南部）驻牧的董忽力之女宝兔妣吉。僧格和这三位妣吉生有六个儿子，分别是噶尔图、朝克图、土勒噶图、道罗木图、巴颜、明安台吉。僧格和这三位兀良哈妣吉居住的毛哈气水鸣急音境，又称为满套儿，也被明朝史籍称为"兀爱营"，这应是"兀良哈爱马克"的简称。阿勒坦汗次子宝音台吉与其所属驻牧于哈剌塔拉境界的兀良哈人在史籍上没有见到联姻的记载。

归属于土默特的这些兀良哈人，虽然分属于阿勒坦汗和僧格、宝音台吉，缴纳贡赋，但仍独自驻牧，主要首领与土默特领主互结姻亲，彼此十分融洽。这种婚姻的一个重要特点是，凡出嫁的兀良哈部女子，均没有随其丈夫驻牧，而是一如从前，住在娘家驻地，但与其兄弟父母"各分部人马"。因她们已经是黄金家族的成员，地位提高，其父兄反为其所摄。嫁给僧格的伯颜帖忽思之女被称为大妣吉，在《万历武功录》上有其列传，和昆都仑汗所娶兀良哈猛可真被称为塞上两虎狼，并和僧格的小妣吉苏不亥、昆都仑汗所娶猛可真及长昂、董忽力、炒蛮并称为"六凶"。兀良哈部众归附蒙古各部后，蒙古各部也借助兀良哈与明朝有着定期互市关系，解决一些生活用品，但是由于历史形成的交易规模和土默特部距所属兀良哈驻地较远，能解决的生活用品也很有限。在每一次互

市时，土默特部所属的兀良哈部落交易的牲畜有10％来自于土默特本部，使兀良哈部既成为土默特部解决部分生活用品的地方，也成为土默特部从东部进攻明朝的前哨、耳目和向导。嘉靖二十九年（1550年），阿勒坦汗围攻北京的"庚戌之变"，就是经过属于土默特的兀良哈驻地，在兀良哈人引导下进行的。明朝居首辅八年的叶向高在其所著的《四夷考·朵颜三卫考》中这样记载了兀良哈三卫："卫制：首泰宁、次福余、而朵颜末。今朵颜盛，故以为首，称曰朵颜三卫云。三卫皆勾虏，而朵颜为甚。大抵夷性喜偷剽，善反覆。虏众至则逢之为导，而贪中国赐予燕抚厚，亦时时以虏信告，我得预防。故迫之则殴使为虏，信之则堕其计，善驭之则用为间。虽藩篱失，而耳目犹在，不能绝，亦不可绝也。"这也应是明朝明知兀良哈和蒙古各部有关系，但又不愿逼其太厉害，使其明确投降蒙古，使京师的北方完全暴露在战争的第一线，留有这个表面和明朝和好的部落在边防线上，也减轻了蒙明双方直接的军事压力。

（四）归属土默特的兀良哈人最后结局

1627年十月，蒙古末代大汗林丹汗因惧怕兴起的后金直接攻击吞并，举部西迁。为了保护自己的领土，土默特与喀喇沁于七月就合兵于威宁海子（今黄旗海），防备林丹汗攻击。十月癸丑，土默特第四任大汗博硕克图汗在得胜堡参加贡市，己未（二十六日），察哈尔攻击博硕克图汗和喀喇沁部，两部溃败。十一月，察哈尔进入土默特境，攻占呼和浩特，守城的苏都那木台吉的三个儿子中习令台吉、色令台

吉和合把气喇嘛投降，一子出逃。1628 年九月，察哈尔部越过大青山进攻艾不盖河北岸的土默特夏都，土默特部再次联合永谢布、阿速特等部防御察哈尔部。结果，土默特联军再次战败，残败的部众分别向北、西、东溃逃。在取得对喀喇沁、土默特的胜利后，林丹汗又不断向东攻击隶属于土默特和喀喇沁的兀良哈部落。在此情况下，土默特的兀良哈部众不得不四处躲避，受到很大损失。1629 年，土默特的兀良哈部众在僧格与兀良哈夫人生的噶尔图之子鄂木布楚琥尔、阿勒坦汗之女与诺木图卫征所生子善巴和另一首领赓格尔的率领下，归附了后金。1630 年，三部按皇太极的旨谕，率领各自的部众东迁，善巴、赓格尔所领的土默特兀良哈人落脚于今阜新地区，鄂木布楚琥尔所领的土默特兀良

哈人落脚于阜新西的今北票、朝阳地区。阿勒坦汗次子宝音台吉后裔领有的兀良哈人情况不详。

1635 年，按皇太极之命，诏编善巴、赓格尔、鄂木布楚琥尔的部众为佐领，设扎萨克。善巴、赓格尔、鄂木布楚琥尔被授为扎萨克，善巴、赓格尔所部为土默特左翼，鄂木布楚琥尔所领的兀良哈部为土默特右翼。1637 年，后金将善巴、赓格尔、鄂木布楚琥尔所领的土默特兀良哈人正式编立为左右两旗，同时，将 1632 年征伐林丹汗从呼和浩特带回的土默特各部人口分别编入两旗。善巴在 1637 年时就被清廷封为达尔罕镇国公，并授世袭罔替，后赓格尔获罪，善巴领有了他的部众。土默特左翼旗自 1637 年到 1949 年的 313 年中，善巴的后裔继任多罗贝勒和扎萨克，共沿袭

冬季草原上准备骑骆驼出行的人们

十四代。顺治五年（1648年），清政府封鄂木布楚琥尔子固穆为镇国公；康熙二年（1663年），晋升固穆为固山贝子，世袭罔替，共沿袭十四代。

清代，为区别东西土默特起见，将仍居于呼和浩特地区的土默特称为"归化城土默特"，将喜峰口外的东部土默特称为"喜峰口土默特"。

北元时期土默特各部本土驻牧示意图

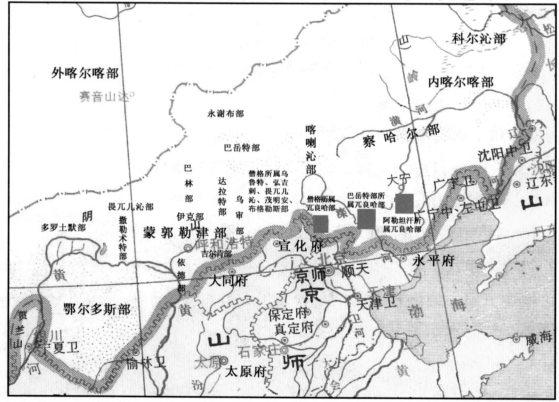

阿勒坦汗与土默特
重要的军事活动

一、六征漠北兀良哈

兀良哈，蒙古古部落名，又译写为乌梁罕、兀良孩、无量汉等，清朝时译写为乌亮海、乌梁海。兀良哈人分为"森林兀良哈人"和"草原兀良哈人"，阿勒坦汗六次征伐的漠北兀良哈人为森林兀良哈人。森林兀良哈人早期为居于森林中以狩猎为生的民众，在明代汉籍资料中，他们被根据体能特征称为"黄毛""黄毛达子"。在拉施特的《史集》中，说他们的部落和分支不是原来的蒙古人，也就是说他们最早为其他民族，后来融合成为了蒙古人。

在成吉思汗时代，这些森林兀良哈人归属于一个名叫兀达赤的右翼千户长。成吉思汗去世后，兀达赤和他的森林兀良哈千户一起被指定世代守卫不儿罕合勒敦（今蒙古国乌兰巴托市东肯特山）成吉思汗的葬地禁区，不参加战争。拉施特在《史集》中，记载这些森林兀良哈人时说："他们的衣服是用兽皮制的；他们没有牛羊，他们饲养山牛、山绵羊和类似山绵羊的哲兰（羚羊的一种）以代替牛羊；他们把它们捕捉来（加以驯养），挤乳、食用。……在迁徙时，他们用山牛驮载，而且从不走出森林。在他们停留之处，他们用白桦和其他树皮筑成敞棚和茅屋。"

兀达赤守护的不儿罕合勒敦禁区，《元

冬季的草原

史》称为起辇谷，是成吉思汗及幼子拖雷和元朝历代蒙古皇帝的葬地。随着时间推移和部落人口的增加，他们的驻牧地也从肯特山向西、向南不断扩大。北元时期，蒙古中兴英主达延汗统一蒙古时，这些兀良哈人曾归附于达延汗，但很快就又脱离。阿勒坦汗所征伐的就是这部分兀良哈人。

明代汉籍中有不少关于嘉靖中前期漠北兀良哈人的记载。魏焕的《九边考》记载说："今访小王子居沙漠之地，其北属有黄毛达子，南有吉囊阿尔秃斯居套。"郑晓的《皇明北虏考》记载："北有兀良哈，营一，故小王子北部也。"曾在宣化、山西任职的苏志皋著的《译语》对兀良哈的记载最为详细。据他记载："北曰兀良哈，甚骁勇，负瀚海而居，虏中呼为黄毛[原注：亦呼花当（朵颜卫首领）为黄毛]，予尝见一降者，黄鬓鬈鬃，发如植竿。其睛亦正黄，轻锐矫健，莫与伦比。西北一部落亦曰兀良哈，性质并同，但戴红帽为号。兵合不满数万，好畜马驼，小王子辈利其所有，累岁侵夺，战死者过半，余则引与俱归。"这里的小王子是指博迪汗，上述记载说明：这些兀良哈人居住在大漠之北和西北，黄发黄睛，相貌与漠南蒙古人相异；他们虽然"好畜马驼"，有畜牧业，但"轻锐矫健，莫与伦比"，似狩猎者的特征。在《成吉思汗祭奠》中，也有这些被征服的兀良哈人作为六万户的祭词，祭词如下："宽大的山尖，顶住了肋条，高大的沙丘，顶住了胸膛，在严寒之地征战的岁月，在大渴之际啃冰的时光，用黄羊野驴，作为食粮，把旱獭沙鼠，权当全羊，挖出了水

井，成为匪寇之卡，保存了后库，守卫了金仓，希拉巴图的兀良海万户，请把这礼赞分享！"祭词反映了他们大漠狩猎者的特征，暗示了他们曾守护陵寝的任务，和作为希拉（黄）巴图，黄肤色和属民的特征和地位。

明朝时期的漠南蒙古各部，为了取得各自不能生产的生活必需品，经常进入长城以南掠夺财物粮食和生活必需品，而同样严重缺乏生活必需品的兀良哈人也就在这时趁蒙古骑兵南下之机，偷袭他们的后方老营，劫掠财物和妇幼人口。在明王鸣鹤的《登坛必究》中记载这一情况说："别种黄毛者，凶悍不能别死生，众少于二部（指博迪汗、吉囊和阿勒坦汗左右翼），虏或时深入，黄毛辄从后掠徼，取子女玉帛，虏苦之……"蒙古各部为了解除兀良哈这个后顾之忧，对兀良哈进行了征伐。

日本人笔下的兀良哈人

达延汗后裔征伐兀良哈的军事行动先后有六次，历时 20 多年，最早的四次是阿勒坦汗配合博迪汗以及阿勒坦汗之兄鄂尔多斯首领衮必里克进行的，后来的两次由阿勒坦汗单独完成。在《阿勒坦汗传》中，对这六次征伐兀良哈的情形有详细的记述，其中第一次征伐兀良哈的记述为：

猴年（明嘉靖三年，1524 年）兀良罕之图类诺延、格勒巴拉特丞相，

进兵袭杀伯速特之乌林泰围攻库里叶兀鲁斯，

阿勒坦汗闻讯后领图古凯诺延、博迪乌尔鲁克之兵，

前往攻打并追击兀良罕。

至巴勒吉之地大有掳获后，

即欣然平安返回家园。

嘉靖三年（1524 年），阿勒坦汗刚刚十八岁。这次参加征伐兀良哈，是所有史料中他参加战争的最早记载，应该也是他跻身于政治舞台的首次活动。这次征伐兀良哈的原因，是兀良哈部的图类诺延、格勒巴拉特丞相率领军队侵扰喀尔喀万户的伯速特部，杀死了伯速特部的乌林泰，为保卫伯速特部落。阿勒坦汗和土默特部的图古凯诺延跟随博迪汗的大军前往攻打并追击兀良哈，在巴勒吉（今蒙古国克鲁伦河与斡难河一带）击败兀良哈军队凯旋。

第二次征伐兀良哈为嘉靖十年（1531 年），阿勒坦汗与其兄衮必里克二人率领军队征伐兀良哈部。《阿勒坦汗传》记载的这次征伐为：

之后不久集结大众于白兔年，

墨尔根济农、阿勒坦汗二人又征兀良罕。

当其驻于布尔哈图罕山，

至而将其击溃加以掳掠之时，

兀良罕之图类诺延、格勒巴拉特丞相引兵来战，

经搏战斩杀得兀良罕溃而逃散。

迅即平定兀良罕万户于卓尔噶勒，

使其降伏于昔日白室之前者，

乃从不忧伤气馁之意志坚定者，

国主宝墨尔根济农与阿勒坦汗。

是役中图类诺延、格勒巴拉特丞相侥幸逃窜。

布尔哈图罕山意为有佛陀之山。蒙古地区有此名的山很多，今巴彦淖尔市乌拉特中后旗所在地西南有地名叫布尔汗图，地处阴山西段，紧邻河套。如果布尔哈图罕山即为此地，那么说明是兀良哈再度潜入漠南蒙古抢掠，衮必里克和阿勒坦汗闻讯后，率军前来清剿，在这里击溃了他们。这支被击溃的兀良哈并非主力，兀良哈的图类诺延、格勒巴拉特丞相二人又引兵来

蒙古军队的盔帽

战，被打败。在追击兀良哈到达蒙古国境内的卓尔噶勒（在今蒙古国中央省西南部）时，有很多兀良哈人投降。胜利之后，衮必里克和阿勒坦汗立成吉思汗白室，对祖先进行祭奠，庆祝胜利。这次战役后，图类诺延和格勒巴拉特丞相逃往杭盖山以北。

第三次征伐兀良哈是蒙古历黑蛇年，明嘉靖十二年（1533年），征伐的蒙古部队仍由衮必里克和阿勒坦汗率领。他们率兵越过杭盖山，攻击迁居在这里的兀良哈部落，掳获了众多人畜和财物而归。这次征伐兀良哈规模应该不是很大，战斗在当年就结束，部队返回了原驻地。《阿勒坦汗传》对这次的记述也较为简单，内容为：

墨尔根济农、阿勒坦汗二人于黑蛇年，
越杭盖罕山往攻兀良罕，
掳获之多不可思议，
欢然平安凯旋于本蛇年。

第四次征伐兀良哈是蒙古历的黄狗年、明嘉靖十七年（1538年），征伐的原因是兀良哈部抢掠了博迪汗的属众和财物。《阿勒坦汗传》记载第四次征伐兀良哈的情况为：

卑鄙兀良罕之图类诺延、格勒巴拉特丞相二人，
逼近分掠博迪汗之属众家园而去时，
忠诚的六万户聚会于额真之前，
商定于黄狗年往征兀良罕。

右翼三万户携带额真的白室，
宝墨尔根济农、阿勒坦汗二人驻扎杭盖山阳，
（博迪汗）偕母后率左翼万户驻扎杭盖山阴，
尊大国于狗年驻牧彼地秣马厉兵。

六万户大众起兵进攻时，
兀良罕万户为其威势所慑服，
图类诺延、格勒巴拉特丞相、额勒都奈三诺延勉强投降。
六万户诺延因（彼等）作恶多端，

商定分别逮捕惩治降者，
饱掠兀良罕万户为己有，
将可做妻者作为妻，
分拨无数人众于各户为奴之情如此这般。

赖上天之恩准赐予，
迅速平定好战之敌，
大国之众咸皆欢喜，
平安回师归自彼地。

其后六万户聚集索多汗之白室前，
叩拜布喇干呼图克于黑树旁，
在额真前举大国尚号博迪汗曰库登汗，
谓卓越墨尔根哈喇已成为国尊尚号曰墨尔根济农。

谓其使仇敌衰败不堪，
对待兄长和睦亲善，
已经成为大国之尊，
（博迪汗）赐索多号于阿勒坦汗。

使仇敌衰败之后，
诸诺延向圣主请命，
并互赠名号结好联欢，

一再增进友谊后始散。

第四次征伐兀良哈，《阿勒坦汗传》叙述得十分详尽。首先，是兀良哈南下劫掠博迪汗所属部众，挑起衅端。然后，博迪汗在成吉思汗"八白室"前召集各部，决定出征兀良哈。衮必里克和阿勒坦汗率驻牧于河套的部众带着成吉思汗的"八白室"，从今鄂尔多斯出发在杭盖山前扎营休整，准备攻打兀良哈。博迪汗和其母察噶青安桑太后统率部众扎营于杭盖山后，准备对兀良哈进行军事打击。发起进攻后不久，面对蒙古强大的征伐部队，兀良哈部做出了投降的决定。除一部分人逃窜外，图类诺延、格勒巴拉特、额勒都奈三个诺延纷纷放下弓箭，举手投降。随后，兀良哈部落被"商定分别逮捕惩戒降者，将可做妻者作为妻，分拨无数人众于各户为奴"。这意味着，兀良哈部很多首领和强壮的战士被分别处死，他们还年轻的妻子被分给征服者为妻，部众被参战的各部首领瓜分。从日后各部拥有的兀良哈部落看，外喀尔喀部分到的兀良哈人最多，并占有了他们的驻牧地。苏志皋的《译语》记载此事说："蒙古一部落最朴野，无书契，无文饰，近亦狡诈甚矣。闻小王子（指博迪汗）集把都儿台吉、纳林台吉、成台吉、血喇台吉、莽晦、俺探、已宁诸酋兵，抢西北兀良哈，杀伤殆尽。乃以结亲给其余，至则悉分于各部，啖以酒肉，醉饱后皆掩杀之。此其一事也。"《蒙古源流》也记载了此事，但是由于《蒙古源流》错记达延汗和阿勒坦汗父亲的年龄，将这次战争记为了达延汗所领导的战争，记载的这场战争和结局

为："由是，因乌梁罕之格根丞相；托噶台·哈喇·呼拉特等为首之乌梁罕万户叛走，达延合罕率察哈尔、喀勒喀二部征讨，并遣使告知其子巴尔斯博罗特济农，则率右翼三万而来助战，即与乌梁罕万户相接，由左翼万户出喀勒喀扎鲁特之巴哈孙达尔汗塔布囊，察哈尔扎固特之赛音·彻格哲之子讷克贝·昆都伦哈什哈二人；右翼（三）万内出鄂尔多斯哈尔哈坦之拜音绰固尔·达尔罕，土默特杭锦之阿勒楚赉·阿忽勒乎二人，命此四人率前部接战，破乌梁罕之行军大阵，收取其余众，并入五部之中，俾入其万户之名矣。"《万历武功录·俺答列传上》中的记载为："其十七年十月，复渡河而东，逐水草至。于是与小王子约，连兵寇黄毛达子兀良罕……十八年正月，果至大沙窝，小王子乃与诸虏别去。"这

蒙古军队的盔帽

说明，这场战争开始于嘉靖十七年（1538年）十月，结束于年末。各部在博迪汗驻地过完春节后，返回原牧地。

这场战争胜利后，蒙古内部于1539年重新进行了封赏。《阿勒坦汗传》有战争结束后"平安回师归自彼地。其后六万户聚集索多汗之白室前，叩拜布喇干呼图克于黑树旁"的记载，这应是战争结束后第二年在成吉思汗八白室举行的查干苏鲁克大祭时进行的活动。叙述中的"布喇干呼图克"，据《成吉思汗祭奠》记载："放于成吉思汗灵柩东西两侧的、蓬松地扎在一起的貂皮和五色绢绸，叫作'布喇干呼图克'。""布喇干"意为"貂"，"呼图克"意为"神圣""尊贵""幸福""吉庆"等。"布喇干呼图克"平时放置于成吉思汗灵柩两侧，每年农历三月二十一日举行查干苏鲁克大祭时，则悬挂在安放灵柩的毡包梁上，进行祭祀。在这次农历三月二十一日的查干苏鲁克祭祀活动上，蒙古大汗博迪汗被上尊号"库登汗"，衮必里克被上尊号"墨尔根济农"，墨尔根为神箭手、聪颖之意，把这个尊号冠于济农之前，应是表彰衮必里克在战斗中的出色指挥。在这次的封赏中，阿勒坦汗也被封为"索多汗"，"索多"意为优胜、卓越，应是对他多谋善战的褒奖，这应是一个低于其兄衮必里克墨尔根济农的称号。从此，阿勒坦汗也被称为"汗"。

嘉靖二十年（1541年），阿勒坦汗单独对残余兀良哈进行了征伐。《阿勒坦汗传》叙述说：

从不忧郁意志坚强的阿勒坦汗，

白牛年又出征残余的兀良罕，

收服翁古察为首的一群百姓，

平安回归斡尔朵宫帐。

这次出征兀良哈时间应为1541年的八月底或九月初，因为这年七月正是阿勒坦汗派石天爵到明朝求贡的时间。在求贡不成，明朝又悬赏阿勒坦汗首级的情况下，阿勒坦汗和衮必里克还在当月分别进兵明朝进行了报复。征伐兀良哈的这次战争以收服翁古察为首的一群百姓而结束。从八月底或九月初出兵情况看，这次征伐应是在第二年春返回。

阿勒坦汗第六次征伐兀良哈为1544年，这时的阿勒坦汗已是蒙古右翼的土谢图彻辰汗，这次的征伐仍由他单独完成。《阿勒坦汗传》记叙这次征伐说：

青龙年土谢图彻辰汗远征兀良罕，

至而降服兀良罕之莽乞尔丞相、莽海锡格津、波尔合布克等，

使莽海锡格津敬奉守护额真之白室，

于青马年平安凯旋返回家园。

《阿勒坦汗传》记叙的青马年有误，蒙古历的青龙年之后为青蛇年，青蛇年之后为红马年，这次凯旋的时间应是青蛇年底或红马年初，因为在红马年（1546年）春，阿勒坦汗就在丰州滩种地了。从几次征伐兀良哈都是在秋季的情况看，这次的征伐出发时间也应是在1544年的秋天，征伐历时一年多。经过这两次的征伐，原兀良哈驻牧地的兀良哈人已全部归附，尚未归附的部分兀良哈被称为"残余兀良哈"，迁居别处。从1541年阿勒坦汗第一次单独征伐兀良哈的情况看，这时墨尔根济农身

体已经不好，没有一起出征。此次远征降服了兀良哈的莽乞尔丞相、莽海锡格津、波尔合布克等，并让原应是守护成吉思汗肯特山葬地的莽海锡格津继续守护成吉思汗的"八白室"。此后，阿勒坦汗时期漠南地区的北部和西北部再未见兀良哈活动的记载。未被征服的少数兀良哈人逃向遥远的西北部，融入了清代文献中的唐努乌梁海和阿尔泰乌梁海，历次征伐带回土默特的漠北兀良哈人成为蒙郭勒津部西哨的组成人员。

二、三征西北卫拉特

在阿勒坦汗一生的征战中，还曾三次征伐西北地区的卫拉特，并二度降服卫拉特辉特部中的克尔古特部，两次收降了卫拉特土尔扈特部的不少部众。阿勒坦汗的这三次用兵卫拉特，有力地维护了蒙古右翼西北部的安全，对促使卫拉特继续向西北迁移，有着直接而密切的关系。

卫拉特部在13世纪以前，居住于色楞格河下游、叶尼塞河上游和贝加尔湖附近的广大森林地区，以斡亦剌、外剌、外剌台、斡亦剌惕等不同译名见于蒙元时期的史籍。关于斡亦剌惕人，拉施特主编的《史集》记载说："他们的外貌和语言与蒙古人类似。"据《元朝秘史》记载："兔儿年，成吉思汗命拙赤率领右翼军出征森林部落，由不合担任向导。斡亦剌惕部的忽都合别乞先于土默斡亦剌惕部落前来投降，引导拙赤进入土默斡亦剌惕的失黑失惕地方。拙赤招降了斡亦剌惕、不里牙惕、秃

巴思等部落，到达土默乞儿吉思部落。乞儿吉思诸部的那颜也迪·亦纳勒、阿勒迪额儿、斡列别克的斤来降，带着海青、白马、黑貂前来拜见拙赤。拙赤又招降了失必儿、客思的音、巴亦惕、秃合思、田列克、脱额列思、塔思、巴只吉惕等森林部落，带着乞儿吉思人的万户长、千户长及森林部落的那颜们，让他们带着白海青、白马、黑貂，前来觐见成吉思汗。"成吉思汗因斡亦剌惕部的忽都合别乞率先迎降，并引导土默斡亦剌惕部落来降，将自己的女儿扯扯亦干嫁给了忽都合别乞的儿子亦纳勒赤，又把拙赤的女儿豁雷罕嫁给亦纳勒赤的兄长脱劣勒赤。在成吉思汗建立千户制度时，这些森林部落被重新组合为四个千户，由忽都合别乞为他们的首领，成为蒙古民族共同体的成员。后来，斡亦剌惕又被异译为瓦剌、卫拉特等。当元帝国崩溃之后，他们乘黄金家族衰弱之机，崛起于西北。为了控制整个蒙古地区，他们对元宗室采取了斩尽杀绝的办法，乃至"杀元裔几尽"。从卫拉特首领猛哥贴木儿、马哈木，到脱欢、也先，经过百余年的激烈争战，卫拉特统一了东西两部蒙古。但在1454年（景泰五年），自称"大元天圣大可汗"的也先死后，东西蒙古的暂时统一即告结束，成吉思汗黄金家族所在的东蒙古势力复起，并屡次兴兵向卫拉特洗雪前仇。在明清的蒙古史籍中，卫拉特也被称为西蒙古、都尔本。据《蒙古源流》和《明实录》记载，成吉思汗的后代、蒙古大汗马可古儿吉思于1455年进攻居于西北地区的卫拉特阿剌知院，大有俘获而还；蒙古

中兴可汗达延汗在妻子满都海彻辰夫人的辅佐下，于1480年大胜卫拉特，并向卫拉特颁布种种禁令。从此，卫拉特人退向更遥远的西北方。但是，卫拉特人仍保持着强大的力量，威胁着东蒙古，所以到16世纪中叶，阿勒坦汗继续向卫拉特用兵，一是征服对方，二是抢掠财物和部众。阿勒坦汗征伐的卫拉特克尔古特部即为成吉思汗时代归附蒙古的乞儿吉思人。乞儿吉思人为今吉尔吉斯斯坦的主体民族，在我国新疆居住的乞儿吉思人被称为柯尔克孜人。阿勒坦汗征伐的卫拉特克尔古特部即为成吉思汗时代归附蒙古，蒙古化的柯尔克孜人。克尔古特又译称为克呼古特、奇拉古特等。

元朝时的铁箭头

《阿勒坦汗传》中记载了阿勒坦汗两次征伐卫拉特的事迹，第一次的记述是：

（阿勒坦汗）后又出征卫喇特国进军扎拉满罕山，
　　遣使往言诸先圣之故事时，
　　中明安之乌齐赉太师来降于巴彦哈喇地方，
　　举国大众欢然于彼地驻扎牧养。

旋派学识渊博的威正宰桑为使，
向白帽沙汗讲说昔日传说故事，
以及长辈察合台以来互为族亲之由时，
（沙汗）无限欢喜赠给阿尔古玛克马和宝石以为贡赋。

统领大军未回又从彼地进发，
越库凯罕山袭击厄鲁特、巴阿图特，
携带沉重大量的掳获物来自乌兰哈达时，
厄鲁特、巴阿图特之博图海太师、翁惠丞相二人追赶而至。

来而交战进退往返，
对射之箭或单或双，
卫喇特之占师见慈圣格根汗身体发光后，
这般互相议论交谈而还：

"其密集而行令人害怕，
其战马疾驰蹄溅火花，
其后有圆星斑马相跟，
生者不复有太平与安宁。"

驻牧于扎拉满军山之时，
天命圣明汗又念及昔日故事，
向吉格肯阿噶、扎拉满图类二人，
派去扎雅齐达里扎、波勒格扎雅齐二使臣。

（使臣）曰"我主圣明乌哈噶图阿勒坦汗，遣吾等来陈欲援昔日之制结为亲家之情"时，
（吉格肯阿噶）派克尔古特之脱顺乌尔

鲁克、脱格喇尔阿哈拉呼二人为使还报，

将自己女儿献为中宫结为亲家之情如此
这般。

> 将其女儿赐予其子库鲁格齐太师，
>
> 以与长久分离之国结好相安，
>
> 赏赐使臣使之欢然而归后，
>
> 极其平安喜悦地返回家园。

这一次阿勒坦汗出征卫拉特的时间大约是在1559年秋或1560年初。出征到达的扎拉满罕山在今新疆哈密东北数百里处，即《新疆图志》所说的雅尔玛罕山。据《新疆图志》记载："又（天山）东北曰雅尔玛罕山。西域图志：雅尔玛罕鄂拉在塔勒纳沁鄂拉西一百五十里，图克里克之南，西北距镇府城（今巴里坤）三百里。"此山又称为伊吾北山或折罗漫山，据《读史方舆纪要》记载："（天山）在（哈密）卫北百二十里。志云：哈密北有大山……亦谓之伊吾北山……亦谓之折罗漫山。"库凯罕山在今蒙古国西部流入吉尔吉斯河的坤桂河地区。由此可以大体指出阿勒坦汗的进军路线是：从青海地区出发，经由哈密，然后北上越过阿尔泰山到达坤桂河，直捣卫拉特的根据地。

元代蒙古军队使用的大刀、匕首

为了避免在与卫拉特部的战争时受到哈密地区察合台后裔的攻击，解除后顾之忧，阿勒坦汗在到达哈密一带时，派威正宰桑为使，笼络"白帽沙汗"。白帽沙汗指当时哈密的统治者速檀沙（速檀是君长之意，是穆斯林统治者常用的称号），他是成吉思汗次子察合台的后裔。明初，东察合台汗国崩溃，分裂为"国"和"地面"者多至七八十部，但各王室仍为伊斯兰（即所谓白帽）化的察合台后裔所把持。吐鲁番自15世纪中叶，国势渐强，侵掠火州、柳城，后来吞并了哈密。1545年，其统治者满速儿死后，长子沙嗣为速檀，他与其弟马黑麻久生怨隙，分踞哈密，作为成吉思汗幼子拖雷后裔的阿勒坦汗向成吉思汗次子察合台后裔的速檀沙讲述昔日的故事，借此联络感情，自然大获成功，不仅得到阿尔古玛克马（西域名马）及宝石的馈赠，而且使速檀沙成为阿勒坦汗进攻卫拉特的可靠后盾。

投降阿勒坦汗的中明安和阿勒坦汗全力进攻的厄鲁特、巴阿图特，均为卫拉特所属大部落名称。这次战役中，阿勒坦汗收降了卫拉特中明安一部分部众，掳掠了厄鲁特、巴阿图特部大量财物，取得了很大的胜利，同时，还和卫拉特的克尔古特部结为姻亲，把自己的女儿嫁给了吉格肯阿噶的儿子库鲁格齐，接受了吉格肯阿噶年仅十、十一虚岁的女儿乌彦楚为中宫夫人。《蒙古源流》记载这次征伐卫拉特时说："自是，阿勒坦合罕，岁次壬子（1552年），年四十七岁时，行兵四卫喇特，于控奎·扎巴罕之地，杀奈曼明安辉特之官长玛尼明

阿图，收其妻只格肯·阿噶，其二子托海、库库带及其属众，席卷四卫喇特，使归治下。"《阿勒坦汗传》中没有提到和奈曼明安辉特交战并杀死奈曼明安辉特首领玛尼明阿图这件事，其原因应是吉格肯阿噶向阿勒坦汗所献之女儿就是后来成为阿勒坦汗第三哈屯的乌彦楚，而玛尼明阿图就是乌彦楚的父亲。

清代蒙古士兵使用的锁子甲、枪

阿勒坦汗第二次征伐卫拉特为1568年。《阿勒坦汗传》这样记述了阿勒坦汗第二次征伐卫拉特的情况：

> 黄龙年阿勒坦汗远征卫喇特百姓，
> 偕真诚聪慧的乌讷楚钟根哈敦同行，
> 于名为赛罕之地设阿兀鲁克以居哈敦，
> 直趋阿勒泰罕山抵达奥达陶图木。

此时克尔古特国之吉格肯阿噶等诺延驻于彼地，
格根汗率军进驻彼等中间，
经交谈提及前此结为亲家之人时，
吉格肯阿噶等爽然率其诸子属众归附君可汗。

喜悦阿勒坦汗之孙那木岱彻辰诺延、满乞尔巴图尔台吉二人，
与巴布尔、巴唐海二人相见，
随即召巴唐海诺延进入（汗帐），
并使其叩见祖父阿勒坦汗。

远征后未归驻扎名为巴合之地时，
生而高贵的乌讷楚钟根哈敦生一子，
于是温柔可汗为首普国大众喜设玛里雅兀特之宴，
名其子曰博达锡里使之领有卫喇特百姓。

归自彼地后赐封卫喇特国之吉格肯阿噶等诺延，
依遵圣祖成吉思汗授乞都哈别乞为太师之例，
赐其长子奥巴岱以太师名号，
对其兄弟则按下嫁豁雷罕、彻彻根二人之例。

天生菩萨阿勒坦汗将亲女满珠锡里、松布尔二公主，
赐予布合库台、额凯丞相二人使之为婿，
遵圣成吉思汗使伊纳勒齐、图鲁勒齐二人为婿之例，
审慎赐女收养（彼等）使为阿勒巴图之

情如此这般。

黄龙年为1568年（隆庆二年），"乌讷楚钟根哈敦"即著名的阿勒坦汗第三夫人乌彦楚，乌彦楚是她的本名，钟根源自汉语"中宫"。这次的远征没有记载战争发生，应该理解为是一次探亲。在八九年前，吉格肯阿噶把女儿乌彦楚献给阿勒坦汗时，乌彦楚才十、十一岁，这时的乌彦楚十九岁，并怀有身孕，应该是刚到出嫁年龄就和阿勒坦汗成婚，八年未见娘家人的乌彦楚，凭着美貌聪慧又年轻，自然受到了阿勒坦汗的宠爱。这次远征，首先是乌彦楚因怀孕行走不便，驻扎于"赛罕之地"，随后是阿勒坦汗到达吉格肯阿噶的驻地，双方叙亲，吉格肯阿噶再次归顺。接着是那木岱等与上次结为亲家时的阿勒坦汗女儿所生的巴布尔、巴唐海相见，然后是阿勒坦汗见其外孙。随后，乌彦楚与阿勒坦汗的儿子博达希利出生。为了庆贺老年得子，阿勒坦汗依照蒙古风俗大摆玛里雅兀特之宴。玛里雅兀特又译米喇兀，是蒙古人为庆贺生育子女而专门摆设的喜宴。年轻美貌的乌彦楚使年过花甲的阿勒坦汗老又得子，让阿勒坦汗十分高兴，所以立即将征服的卫拉特部众赐给襁褓中的博达希利，使他一出生便成为尊贵的领主。

为了更有力地笼络卫拉特部众，阿勒坦汗封吉格肯阿噶的长子奥巴岱为太师，同时把自己的两个女儿满珠锡里、松布尔，仿照成吉思汗、拙赤把女儿扯扯亦干、豁雷罕嫁给卫拉特首领忽都合别乞儿子的先例，嫁给了吉格肯阿噶的儿子布合库台、额凯丞相，并通过这样的联姻，使卫拉特

人成为阿勒坦汗的阿勒巴图。阿勒巴图意为提供贡赋者，也就是说，从此卫拉特部的克尔古特人成为阿勒坦汗的属民，必须向阿勒坦汗交纳贡赋。

阿勒坦汗第三次征伐卫拉特为1577年十二月，这次征伐的目的一是为鄂尔多斯部复仇，同时，还有一个重要的事情就是到青海和西藏佛教格鲁派的首领索南嘉措会面。为鄂尔多斯部复仇的原因，是1560年和1568年阿勒坦汗两次用兵卫拉特后，鄂尔多斯部也曾两次发动对卫拉特的远征。第一次远征是在1562年，其时为阿勒坦汗第一次征伐卫拉特两年之后，而且行军距离更远。出征的统帅是时年23岁的阿勒坦汗的侄孙、著名的鄂尔多斯贵族库图克台切尽皇台吉。这次对卫拉特的征伐，战胜了卫拉特土尔扈特部，击杀该部首领喀喇博罗特，并将俘获的卫拉特土尔扈特部和

蒙古武士头盔

锡木必斯部人一半安置于原地，一半带回鄂尔多斯。第二次远征是在1574年，这是一次失败的远征。据《蒙古源流》记载，当时库图克台切尽皇台吉出征中亚托克马克胜利后返回，听说鄂尔多斯纳延达赖济农的长子布延巴图尔皇台吉（明朝人译为

把都儿黄台吉）正在征讨卫拉特，便把辎重放在巴里坤（在今新疆哈密西北），也去攻打卫拉特。布延巴图尔皇台吉在杭爱山地区收服了以额色勒贝侍卫为首的卫拉特主要部落之一辉特部，库图克台切尽皇台吉在巴里坤附近收服了以喀木苏、都里图二人为首的另一主要部落巴阿图特。库图克台切尽皇台吉的儿子鄂勒哲伊勒都齐向北追击，在绝粮而食名叫巴尔吉勒的可食石块的情况下，收服了又一卫拉特的主要部落杜尔伯特。这时，布延巴图尔皇台吉被胜利冲昏了头脑，以为辉特人已经完全降服，根本不听库图克台切尽皇台吉要提防额色勒贝侍卫的警告，在他斥责额色勒贝侍卫擅自取肉而食之后，额色勒贝侍卫在一天夜里突然带兵而来，将布延巴图尔皇台吉杀死。

布延巴图尔皇台吉是纳延达赖济农的继承人，纳延达赖死于1572年，布延巴图尔皇台吉于1573年被额色勒贝侍卫杀死，因此没有来得及继承济农之位。他的死讯也传到了明朝人那里，《北虏世系》明确记载，把都儿黄台吉（指布延巴图尔皇台吉）"为西瓦剌所杀"。《全边略记》则记载说："……河套酋略瓦剌，戮其长，死者千数，诸酋皆惭愧。"在布延巴图尔皇台吉被杀后，鄂尔多斯部退到嘉峪关外休整，并请阿勒坦汗出兵报仇。《万历武功录》记载说："先是，河套诸酋略瓦剌，杀其酋长数人，兵马死折者已千数，以故诸酋皆惭愧。休舍加（嘉）峪关，欲报怨，乃约俺答。俺答以春秋七十，老耄，难于乘马，第诈许之，实不欲往也。已，乃迫切尽黄台吉，请征

永邵卜、袄儿都司、哈剌慎及宣大诸酋长，并乞西宁开茶市。于是躬赴水泉市，市毕，始携数十万众，决策往矣。"《万历武功录》的这段记载说明，在库图克台切尽皇台吉向阿勒坦汗请求出兵卫拉特复仇时，阿勒坦汗由于年龄大，已不想再出兵卫拉特了。但是，由于已经答应库图克台切尽彻辰皇台吉征伐卫拉特，不去则会言之无信，失去威信。1577年十二月，阿勒坦汗率右翼土默特、鄂尔多斯、喀喇沁各部沿贺兰山西行征伐卫拉特，并赴青海与索南嘉措会面。结果，阿勒坦汗的军队打了败仗。《明史·西番诸卫传》记载阿勒坦汗这次西征卫拉特说："自丙兔居青海，有切尽台吉者，河套酋能从子、俺答从孙也，从之而西，屡掠番人不得志，邀俺答往助。俺答雅欲侵瓦剌，乃假迎活佛名，拥众西行……俺答既抵瓦剌，战败而还，乃移书甘肃守官，乞假道赴乌斯藏，守臣不能拒，遂越甘肃而南，会诸酋于海上。"关于这次阿勒坦汗征伐卫拉特失败的原因，《万历武功录》记载说："俺答西掠瓦剌，声言迎佛寄帑于兑，留旗箭为信。尚书王崇古奏上方略，使兑（指吴兑）谕俺答绕贺兰山后行，勿道甘肃；又阴泄其谋于瓦剌。俺答兵遂挫。"这说明，阿勒坦汗这次征伐卫拉特打了败仗，是由于时任明朝兵部尚书的王崇古事先将阿勒坦汗出兵目的、经过路线及将要攻击卫拉特的军事情报，事先都告诉了卫拉特，卫拉特做好了迎战的准备。在征伐卫拉特受挫后，阿勒坦汗率右翼各部经甘肃进入青海，准备与索南嘉措会面。

在和索南嘉措会面后，阿勒坦汗大

会诸部，准备再次出兵进攻卫拉特，以报 1577 年十二月进攻卫拉特受挫之仇。索南嘉措听到这个消息后，劝说阿勒坦汗不要进行仇杀，使阿勒坦汗放弃了攻打卫拉特的想法。《甘肃通志稿》记载，俺答汗"道侵瓦剌，为所败，归次青海建仰华寺以居琐南（嘉措），大会诸部，谋报瓦剌，琐南止之，且戒以勿好杀"。

《阿勒坦汗传》没有记载这次征伐卫拉特的情况，但是，有阿勒坦汗在和索南嘉措会见后，派宝迪苏色特希、敖齐赉古彦为首赴白帽（哈密地区察合台后裔建立的国家）、卫拉特，命隆古英、岱青乌尔鲁克、古英台吉等官员使臣先行前往刺探的记载。《阿勒坦汗传》没有记载派出这些人的原因，派出的这些人在到达卫拉特中明安边境时，遇到了以满德勒巴图尔为首的离散之民，并将他们收降，在从此地前往白帽城途中时，与一群白帽百姓交战获胜，并俘获了一个名叫塔尔毕斯巴图尔的人。在到达哈密后，哈密的阿訇等人向土默特使臣许诺输纳贡赋，并和前来会谈的土默特官员认为亲族。白帽的阿卜都乞喇木汗（察合台后裔）也极为尊重认为其兄的阿勒坦汗的使臣，高兴地交纳各种贡物以修和好，并给予金刚宝石、阿尔古玛克马、托木察克马和乞赤尔驼，派使臣到青海给阿勒坦汗把贡物送上。最后，这些被从青海派出的使臣官员没有去卫拉特，都返回了青海，阿勒坦汗只派了一个叫达尔罕乌尔鲁克的人前往卫拉特，然后便没有了下文。从《阿勒坦汗传》描述的派宝迪苏色特希、敖齐赉古彦为首赴白帽、卫

拉特，并派隆古英等官员使臣前往刺探看，这应该是阿勒坦汗准备攻打白帽和卫拉特，派出攻打白帽的军队在途经卫拉特中明安（土尔扈特部）边境时，遇到了中明安部的满德勒巴图尔为首的一群离散之民，将他们收降，在和白帽国接触后，白帽国立刻送上贡物叙述亲情，和阿勒坦汗修好。而没有去攻打卫拉特则应是这时由于三世达赖喇嘛索南嘉措劝说阿勒坦汗不要仇杀，阿勒坦汗听从三世达赖喇嘛索南嘉措的劝告，撤回了派出攻打卫拉特的军队。派往卫拉特的达尔罕乌尔鲁克很可能是为了寻找乌彦楚的母家克尔古特部的驻牧地。

蒙古军队使用的铁刀铁矛

16 世纪的卫拉特部，在被达延汗征伐而西迁后，又被土默特部和鄂尔多斯部四次征伐，力量受到一定的削弱，进一步向西北迁移。土默特和鄂尔多斯部对卫拉特的征伐，也都是掠夺财物和部众的战争。在征伐战争中，阿勒坦汗和克尔古特部两次采取了联姻政策，但因土默特部和克尔古特部相距太远，这种以联姻为基础的隶属关系很快就因相互不易联系而结束。

1587 年，外喀尔喀阿巴岱汗组织喀尔喀万户出征卫拉特，在库布克尔地方打败卫拉特，派他的儿子锡布固泰台吉（又称

乌力吉图皇台吉）管辖卫拉特四部。1588年阿巴岱汗去世后，卫拉特人乘机反戈，杀死了锡布固泰台吉。因怕喀尔喀部报复，卫拉特部转移到康努岭以北驻牧，卫拉特人遗留的牧地全部归于喀尔喀。

喀尔喀万户阿巴岱汗的继承人喀尔喀右翼的赉瑚尔汗，为了报卫拉特杀害锡布固泰台吉之仇，率部进攻卫拉特。双方旗鼓相当，不分胜负，后以"议和"结束战争。到1628年蒙古右翼各部败亡，达延汗后裔们领有的蒙古部落再没和卫拉特发生战争。

三、阿勒坦汗与明朝的战争

阿勒坦汗早期的蒙古社会，由于长年战乱和蒙古畜牧经济相对脆弱，手工业也不够发达，蒙古各部日常生活中所需的生产生活物资难以自给，需要得到中原地区的生产生活用品才能保证正常的生产和生活。北元时期，获取中原生产生活用品的方式不外两种，一是军事入侵掠夺，二是和平互市。明蒙历史上，因互市时断时续，蒙古所需的生产生活物资经常严重缺乏，掠夺粮食、财物、生活用品也成为蒙古和明朝战争的主要原因。阿勒坦汗与明朝的战争也主要是抢掠战争；因求贡求市不成，使臣被杀而发生的报复性战争；为促成互市而发生的"以战促和"战争。在阿勒坦汗与明朝主要发生战争的1526年到1570年的40多年间，明朝主要为明嘉靖朱厚熜为皇帝时期。朱厚熜在继位早期曾整顿朝纲、减轻赋役、对外抗击倭寇，但不久后就崇信道教，痴迷于炼丹，长期不理朝政，

曾23年不上朝，使贪赃枉法的首辅严嵩乱政20年，使有能力的官员不能为国出力，甚至惨遭屠戮，又在宫内兴建大量宫殿庙宇，加重百姓的负担，使得国家财政危机愈益深重。在此情况下，各边镇将帅贪赃枉法、吃空饷、杀降冒功、以败报胜的事大量发生，以至各镇兵马实数仅为名额的百分之五六十。在战争中，尽管配备了大量火器，但由于机动性不如蒙古军队，大部分将帅贪生怕死，面对的又是为了解决日常生活用品、食物，为生存而战的队伍，所以在战争中常常处于被动。同时，随着掳掠、避祸、谋生汉族人进入土默特，一些有才智的汉族人得到阿勒坦汗的任用，成为土默特对明朝战争的重要参与者。正是由于大量汉族人的参与，土默特及蒙古右翼对明朝军事进攻的盲目性大为减少，进军线路增多，攻城能力增强，在与明朝的战争中占据了明显的优势。

（一）对明朝的掠夺战争

当1368年蒙古贵族被迫放弃中原而返回北方草原之后，由于失去农业支援和战乱，蒙古经济上立即陷入困难境地。返回蒙古草原上的蒙古人，手工业也极不发达，

明朝长城的最东端——老龙头长城

除生产与畜牧业有关的鞍辔绳具外，只能生产一些简单的器具用物。而日常生活所需的锅釜炊具、布帛绸缎和粮食都必须取自内地，一有灾荒瘟疫，人畜死亡，生存更加艰难，同时由于人口的增殖，更加大了对内地生活必需品的需求。在不能通过正常贸易解决这些生活必需品时，战争掠夺，就成为获取这些物品的唯一途径。从1526年起，阿勒坦汗共与明朝进行了30多次以掠夺生活必需品为目的的战争。

1526年四月，20岁的阿勒坦汗和21岁的衮必里克率两万骑兵进犯山西井坪（今朔州市平鲁区井坪镇），被明大同中路参将李瑾用大炮轰击退去。

1527年二月，阿勒坦汗率军在宣府中路与明军作战，杀其西路参将王军；八月，在宣府大白杨堡与明军作战，全歼明军。

1529年，阿勒坦汗和衮必里克随博迪汗率七万人由井坪抢掠朔州，从偏关退出。同年，阿勒坦汗随其兄衮必里克出河套抢掠榆林、宁夏一带。

1530年五月，阿勒坦汗率五万余骑自宁夏赤木口一带溃墙入边；六月，入宣府境，飞尘数十里，所向披靡。

明朝长城的最西端——嘉峪关

1533年十月，明大同戍卒兵变，杀总兵官李瑾，阿勒坦汗随衮必里克支援，并收取边将求和贿赂而回。

1534年二月，阿勒坦汗自大同分兵南下略朔州、应县诸郡。七月，阿勒坦汗随衮必里克从榆林入边，大掠安定、会宁、金县。

1536年，阿勒坦汗随其兄衮必里克围攻宁夏镇城（今银川），打败出城迎战之明军，抢掠周边。十一月，阿勒坦汗遣军略山西，进逼静乐县。

山海关

1537年，阿勒坦汗随衮必里克围攻平虏城（今山西朔州市平鲁区凤凰古城），阿勒坦汗在此次战争中负伤，沿途抢掠而回。

1539年，阿勒坦汗与其兄衮必里克、博迪汗等，多次侵犯明朝边境；九月，率三万骑，先后在阳和、天城、紫荆关、马邑、井坪、山阴等处与明军激战。明边吏惊呼"边愈益圮，而虏患益滋"。

1540年正月十八日，阿勒坦汗随衮必里克进犯大同，以五百骑埋伏大庙湾，派四十多人抢掠，大同参将张世忠、守备林椿追击，陷入埋伏，指挥周岐等29人被杀。

大同守军与阿勒坦汗和衮必里克约定，蒙古军不抢掠大同一带人畜，大同军不阻拦蒙古军。这年秋天，阿勒坦汗的部队越过大同抵雁门关，过宁武入岢岚、兴县、交城、汾阳、文水等处，入边抢掠两月，掠杀人畜万计而回。

延绥长城上的镇北台

1543年春，阿勒坦汗屡入塞。八月，阿勒坦汗犯延绥。

1544年冬十月，阿勒坦汗兵攻膳房堡，又于万全破长城而入，由顺圣川至蔚州，犯屠浮峪，直抵完县，明京师戒严。

1545年，阿勒坦汗与其兄衮必里克之子纳延达赖率数万人进犯大同，在鹁鸽峪歼明原任参将张风、指挥刘钦、千户李瓒等二十多人，明朝招募的力举千斤武生王邦直也在此战中战死。

1546年六月，阿勒坦汗犯宣府，千户汪洪战死。七月，阿勒坦汗犯延安、泾阳。九月，阿勒坦汗犯宁夏。十月，阿勒坦汗犯清平堡，游击高极战死。

1555年，宣府、大同饥荒，阿勒坦汗兵分三路，进犯宣府、大同、山西等处，从山西阳方口进入的部队，在朔州被宣化、大同、山西总督许论阻挡击退。大同西路参将丁碧领数百军遇蒙古军队于马家窑，

头颅中箭而死。阿勒坦汗又兵分两路进犯太原、蔚州。

1556年六月，阿勒坦汗率三万骑兵进攻宣府黄王梁等处，明朝游击将军张弦率兵千余迎战。全军仅有16人逃脱，中军官陈徭、千总翟策及士卒全部战死。十月，阿勒坦汗率兵驻大同边外，分兵进攻红门隘、老营堡诸处。

1557年二月十四日，受到阿勒坦汗重用不久的赵全与李自馨引领经他们训练增加了攻城能力的阿勒坦汗五万骑兵，由大同拒胡堡长城进入，将拒胡堡攻开，杀死守备唐天禄并家眷二十二人，官兵五百二十多名，而后又进攻平房、朔州等处城堡，用钩杆攻破村堡多个，杀掳男妇一万多人，衣服、粮食、牲畜无数。赵全和李自馨训练的阿勒坦汗部队攻城作战首次告捷。从此，阿勒坦汗的部队能够进行大的攻城作战。九月，赵全、李自馨、王廷辅引领阿勒坦汗骑兵六万多人，由大同左右卫进入，直抵怀仁、应州、山阴、马邑一带，攻毁城堡及诱吓诈开城堡一百一十多处，杀掳男女八千多人，抢走牲畜一万多头（匹、只），粮无数，烧毁房屋三千五百多间。

山西三关之一的雁门关城门

十二月，阿勒坦汗率三万多骑兵从右卫深入，围明朝参将王浩于山谷中，王浩献盔甲九百五十副，军装、武器二千余件得以脱归。

1558年正月，因上年宣大总督杨顺收纳僧格逃妾桃松寨和奸夫收令哥，僧格索人不得，围攻左右卫诸墩堡，攻毁略尽。阿勒坦汗、僧格、恰台吉从三面围攻右卫，使大同镇道路梗塞，烽火不绝，大同以西墩堡一空。直到四月，杨顺引诱桃松寨、收令哥出逃，又密告僧格追杀二人后，才退兵。九月，阿勒坦汗和蒙古汗廷所部入犯箭捍、黑谷诸路，攻毁墩堡一百二十余座，掠男女七千七百余人。

1560年九月，阿勒坦汗由青海回到土默特，为报复当年六月明大同总兵刘汉焚烧板升，当即由拒门堡等处入边，直捣雁门关、崞县等处，大同副总兵董国忠被杀，破堡百余所，杀一万多人，抢掠牲畜无数，从宁武关返回土默特。

1561年七月，阿勒坦汗犯宣府，副总兵马芳率兵防御，土默特兵退却。九月，阿勒坦汗犯居庸关，参将胡镇率兵防御，土默特兵退却。

1562年九月二十九日，土默特部一万

八达岭长城

山西三关之一的宁武关城钟鼓楼

余骑兵在赵全、李自馨等导引下，由左卫黑龙王墩进入，攻毁左卫、云阳等堡所五十余座，杀抢墩军一千六百余名，牲畜七千八百多头（只）。十一月，土默特部进犯山西神池等处，大掠数日而出。

1563年十月，阿勒坦汗率蒙古右翼各部十万骑兵在赵全、李自馨、刘天麒、王廷辅、张彦文、赵龙导引下，由墙子岭溃墙入边抢掳，深入进攻通州、顺义、平谷、三河等县，杀明将军赵溱、孙膑等，抢掠牛、羊、骡、马、衣、粮食不计其数，明京师戒严。

1564年九月，赵全等引领土默特骑兵五千多人，执拿钩杆入犯朔州地方，攻

山西三关之一的偏头关东城门

围堡寨，杀掳男女二百多人，抢走牲畜二千三百头（只）。十二月，阿勒坦汗率三万骑兵，执拿钩杆，进攻抢掳山西岢岚、兴县等处，把岢岚州西关攻毁，杀掳男女八千多人、牲畜万余，抢走金银首饰衣物无数，明游击梁平、守备祁某战死。

1565年九月，阿勒坦汗在赵全等人引导下，率一万五千骑兵，从朔州西山小北岔口抢掠张蔡庄等七村堡，抢杀男女、牲畜、衣服、粮食无数。

1566年正月，阿勒坦汗在张彦文等导引下，率二万多骑兵，攻太原保德州，攻破堡五十余座，抢杀二千余人，掳畜产五千、金银首饰衣服无数。四月，阿勒坦汗进犯辽东；七月，阿勒坦汗、僧格以吕西川为向导，率三万骑兵攻破深井、滹沱十余堡，杀掳二千余人，骆驼、马、牛、羊三千三百头（只），抢衣服、粮食无数；十月，阿勒坦汗进犯固原，总兵郭江战死；闰十月，攻大同威远等处，杀参将崔世荣以下二百余人。

1567年九月，阿勒坦汗率六万骑兵分

有三关首镇之称的老营城堡

六路进攻井坪、朔州、老营、偏头关，明军遇到者全部战败。阿勒坦汗军遂从山西

草原上的蒙古马

偏头关、老营堡、红门、青阳岢进入，明朝雁门、大同、延绥各路援兵相望不敢上前。于是，阿勒坦汗挥军直捣五寨、三岔、岢岚、临梁诸郡。十一日，阿勒坦汗兵临石州（今离石）城下，要求城内送钱出城，免城破之祸。十三日，阿勒坦汗攻城，飞矢如雨，知州王亮召集城内富民商量集资送贿，遭到反对未成。随后，城被攻破，王亮及城内数万人被杀，财物被抢。随后，阿勒坦汗又大掠孝义、介休、平遥、文水、交城、隰州，杀掳男女数万，抢走粮食、牲畜无数，所过之处萧然一空，死者遍地。阿勒坦汗出边时，由于连日大雨，不少马匹死亡，一些骑兵改为徒步而行，财物过多不能全部带走，遗弃道旁，而明军无一人抵御。返回土默特后，此次导引人张彦文被封为大首领，拨一千人归属张彦文指挥。后明朝以这次阿勒坦汗入侵战争，斩山西总兵申维岳、太原总兵田世威及参将刘宝；山西巡抚王继洛、岢岚兵备副使王学漠革职戍边；太原府同知李春芳、岢岚州知州王下贤降三级；宣、大、山西总督王之诰降二级；大同总兵孙吴落职为事官管事。

1569年九月，阿勒坦汗率土默特骑兵

三万人，在赵全等人引导下，一支二万人由大同左卫进攻怀仁、应州、山阴、大同等处，一支一万人由大同右卫镇川堡进攻大同川、许家庄一带，杀掳男女及大同代王府仪宾（女婿）王廷枢等二千多人、牲畜二千五百多匹（头只），掠夺杂粮一万余石，烧毁明代懿王、简王等坟内房屋，山阴县黄巍子堡等楼台十座。

1570年正月，阿勒坦汗以右翼各部攻

明朝士兵的佩刀、铁枪

大同一带，令僧格攻宣府洗马林一带。四月，阿勒坦汗率兵由镇边口入攻老营，南趋朔州、应县、山阴、怀仁诸处，转略西路水口儿一带。攻平虏城时，明偏将张刚贿以白银，遂移攻威远。

（二）因求贡而起的报复性战争

阿勒坦汗与明朝最早发生的因求贡不成的报复性战争，始于1541年八月。这年七月，阿勒坦汗派石天爵、肯切为使，到大同阳和向明朝要求互市。因明朝久议不决，阿勒坦汗索要石天爵和肯切，巡抚大同史道让石天爵先回，肯切留下等候消息。后明朝决定不允许互市，并扣留肯切，悬赏购斩阿勒坦汗首级。

1541年八月，阿勒坦汗以求贡不允并

扣留使者，率兵报复。因在求贡时，巡抚大同史道留下肯切，让石天爵先回，并赠送布帛，阿勒坦汗把这次的报复目标选定在山西，从明长城白泉、火烧二口进入，长驱南下，破石岭关，直扑太原，转掠平定州、寿阳、盂县，深入至石州，杀掠极惨，很多地方人烟断绝。这次报复战争，明朝被杀掠人口、牲畜十万。提督代州三关副总兵丁暲、游击将军周宇被杀。战后，明廷以战时畏房如虎，争相敛避，萎靡不振，逗留畏避，不行截剿，处理了这次战争涉事将官。宣、大、偏、保总督樊继祖回乡归田、巡抚山西都御史陈述、巡抚大同史道为民，宣府总兵王升、大同总兵白爵罢官。

山西杀虎口

第二次因求贡求市引发的报复战争发生于1542年六月。这年三月，阿勒坦汗送明朝人李山到明边，要求换回肯切，明廷不允。阿勒坦汗又派石天爵领肯切之子满受秃、满客汉到大同镇边堡求贡。大同巡抚龙大有诱捕三人，杀满受秃和满客汉，向明廷以俘获报功。明廷升龙大有为兵部侍郎右副都御史，诏磔（杀而分尸）石天爵与肯切，传首九边。

1542年六月，阿勒坦汗在听到使者被

山西右玉旧城

杀的消息后，气愤不过，不等秋天即率军从左卫双山入塞，过朔州、入马邑、趋雁门、陷沙墩、犯太原、薄平阳，又进攻潞安、大掠沁、汾、襄、长子等处，返回太原，由忻、崞、代州出雁门关；七月，从白草沟旧路返回土默特驻地。这次报复战争，共攻破明朝卫所十处，攻破州县三十八个，杀掠二十多万人，掠夺马、牛、羊二百万，衣服金钱无数。这次的报复战争，明朝唯一出战的参将张世忠和部下张宣、张臣及将士在箭、火药用尽后，全部战死。

第三次因求贡求市引发的报复性战争发生于1546年五月。这年五月，阿勒坦汗派堡儿寨等三人到左卫求贡，结果三人被明朝士卒私下诱骗杀害。嘉靖皇帝还下令宣府、大同"整兵严备，相机出塞剿杀"。阿勒坦汗以明朝无故杀害使者，命僧格率军攻大同，抢掠而去，又攻滴水崖，明大同副总兵董旸、江瀚所率明军全军被歼。

花马池寺庙

第四次因求贡求市引发的报复战争发生于1549年。这年二月十一日，阿勒坦汗率军入宣府滴水崖，以箭射书于明军营中，并将一些被抢掠的人送还。信中说："以前经常抢掠，是因为求贡不得，如果许我贡市，即约束部下不再犯边，否则，入秋以后进攻京师。"

1549年八月，阿勒坦汗率军由桦林至松树墩入边，进攻大同左卫、右卫、威远、平虏等处，攻毁堡寨村庄五十多处，杀官军、百姓二千五百多人。

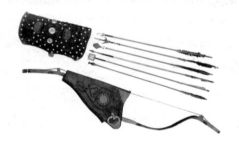

清朝时蒙古人使用的弓箭

1549年九月，阿勒坦汗率三万骑兵由河楞墩入边，在宣府沙岭堡扎营，明宣府总兵赵国忠与阿勒坦汗军相持，明宣府参将赵臣，大同总兵陈风、副总兵林椿，游击焦浑、张腾尾随追击，在鹞儿岭中土默特部队埋伏，赵臣、张腾的部队受到重创。这时正好天气转为大风雪，土默特部的骑兵从万全右卫退回土默特。

第五次因求贡求市引发的报复性战争发生于1551年马市被停之后，时间达三年之久。1552年正月，阿勒坦汗及右翼各部多次扣关，请开马市。明嘉靖帝诏曰："俺答非时扰攘，皆因不设备故尔，今后一意战守，如仍前观望，重惩不贷。"

阿勒坦汗认为明朝不讲信用，便对其施加压力，率部略大同左右卫及威远、高山、怀仁、山阴等处堡寨，明指挥金事王恭战死。

1552年二月，阿勒坦汗复攻大同镇羌、得胜堡诸处。

1552年四月，咸宁侯仇鸾奉命出边，征剿土默特部。阿勒坦汗设伏歼其200余人，仇鸾大败而归。同月，巴雅思哈勒、僧格犯新兴堡，明指挥王相等战死。

1552年九月，阿勒坦汗率三万余骑由弘赐堡入边，略云中及安东17卫、怀仁2县，复以万骑略朔州、马邑、山阴诸处。

1552年十月，宣大总督苏佑、巡抚侯越、总兵吴瑛奉诏袭击阿勒坦汗。阿勒坦汗合兵反击，杀其把总刘钦等7人，士卒死者无数，吴瑛等仓皇逃回长城内。

这年，阿勒坦汗还率右翼各部兵攻击明朝甘肃、宁夏等地，双塔堡一役，俘获甚多。回师时，先头部队已抵达乌兰木伦河（即窑野河），后队尚未离开宁夏长城。

1553年二至三月，阿勒坦汗连续对明朝发动攻击，先攻宣府新开口，杀其参将史略，再攻河口、老营堡诸处，三攻大同边，杀副总兵郭都。

1553年六月，明试百户张彦文向阿勒坦汗卖阵，阿勒坦汗杀大同总兵岳懋以下500余人。

1553年七月，阿勒坦汗与巴雅思哈勒分道由弘赐堡等处入边，下浑源州，东略灵丘、广昌等处。

1553年九月，阿勒坦汗率万余骑由大同平虏入攻神池、利民等堡，大虫岭一役，杀明总兵李涞及其子李松，并杀参将冯恩，游击李桂，守备孔宾、高迁，指挥陈金，中军尹忠，把总俞辉，全歼其所率兵马。同月，阿勒坦汗复攻广昌、灵丘、代县、蔚州等处。

1553年十月，阿勒坦汗联合各部兵压明古北口境，烽火达于明都北京，嘉靖皇帝忧之。

1554年六月，巴雅思哈勒射书宣府城中，请重新开市。明廷令诸镇严兵马以守战，观望疏虞者罪之。

1554年八月，阿勒坦汗指挥右翼10万兵分道略平虏等处，明廷逮捕总督苏佑、巡抚齐宗道入狱。

1554年九月，阿勒坦汗分兵攻略太原一带。是月，御史毛鹏向明廷报告上年七八两月阿勒坦汗攻宣府、大同共毁墩堡

明花马城城门（今盐池县）

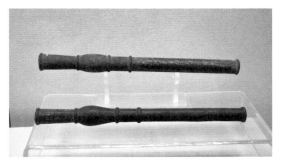

明朝军队使用的火铳

25 座，杀伤 3000 余人。

（三）为促成互市进行的"以战促和"战争

阿勒坦汗的"以战促和"之战主要是发生于 1550 年的进攻大同和北京的战争，其目的是想通过对明朝军事重镇和京城的军事进攻，达到和明朝互市的目的。

1550 年六月，阿勒坦汗率土默特部进攻大同，杀大同总兵张达、副总兵林椿。明朝命锦衣卫逮捕宣大总督侍郎郭宗皋、巡抚大同都御史陈耀到北京治罪。郭宗皋戍边，陈耀杖死。

明朝军队使用的三眼铳

1550 年八月，阿勒坦汗率右翼喀喇沁、鄂尔多斯、土默特大军十万准备再次进攻大同，新任大同总兵仇鸾派亲信时义送大量白银给阿勒坦汗，请阿勒坦汗不攻大同，向东攻别处。八月十六日，阿勒坦汗率军从朵颜兀良哈驻地进入北京北的长城古北口佯攻，另派精锐部队从小道攻破黄榆沟城墙，出现在明朝军队背后，使明军溃不成军，争相丢弃衣甲战马，四处逃窜。入边后，阿勒坦汗的军队抢掠怀柔、顺义。二十二日，大军至北京城外，骑兵游走于六门外，明朝京城震动，急忙召集军队守御。可京城年少体壮的士兵都已被派到边境，京城仅剩四五万士兵，这其中老弱又占一半，另一半服务于总兵、提督、太监家中。

清朝时的火铳，明朝的军队中也大量配备了火铳

嘉靖皇帝震惊，诏令招募百姓中能打仗者，得苍头军（奴仆、家丁）和百姓组成的军队四万人，并传檄文召集各军镇军队到京勤王。几天后，各处勤王军队十几万人聚集北京城外，阿勒坦汗军队四处大肆抢掠村落居民，焚烧房屋，大火几日不灭，而城外赶来勤王的军队，没人敢放箭射击。京郊百姓连同受伤者集聚北京城外，因城门关闭不能入城，痛哭之声传到皇宫，嘉靖下令开城门接纳百姓。阿勒坦汗的军队又侵犯明皇陵，攻掠西山、良乡以西地区，保定震惊。阿勒坦汗兵至东直门，让抓到的为皇帝养马的人送信，要求入贡，信中侮辱话语很多。经协商，明廷以"没有兵临城下胁贡之理，请退出大兵，遣使送蒙古文书，通过边臣奏请，贡市才可以应允"为理由，回复阿勒坦汗。在得到明朝这样的应允后，阿勒坦汗结束了为期八天的围攻北京城，退回土默特。这次事件，史称为"庚戌之变"。

冬季的土默川和大青山

阿勒坦汗时期
土默特的汉族和板升

土默特部中汉族的出现，始于战争中的掳掠。汉族人的到来，使水草丰美、土地肥沃的土默特地区的农业得到迅速发展。随之，居住的板升也一座座在土默特形成。农业生产的发展，使土默特畜牧业经济的单一性、脆弱性得到一定程度的改观，人民生活状况有了明显改善，土默特的实力得到了进一步加强。

阿勒坦汗时期，居住于土默特的汉族来源主要有四种。第一种是土默特在抢掠

春天的土默川

明朝的战争中带回的人口。因为他们是被迫而来，这些人经常会有反抗和逃亡，故而不被信任。第二种是以反明失败而投奔阿勒坦汗的白莲教徒为主，他们是板升的组织者和骨干，颇受阿勒坦汗信任。第三种是招募而来的人员，他们中很多人有一技之长，是板升中的骨干人员。第四种是因剥削、压迫、灾荒和失事避罪逃来的人口。汉族主动出塞来到土默特的时间为嘉靖三十年（1551年）到隆庆四年（1570年）。《明经世文编》记载蒙古地区的汉人说："虏中多半汉人，或因饥馑困饿，或因官司剥削，或因失事避罪，故投彼中。"除战争掳掠没有提到外，汉族进入蒙古的其他原因都提到了。

一、战争中被俘获进入土默特的汉族

在阿勒坦汗早期对明战争中，对于战争地区的人口也采取了草原民族战争的惯例，即壮年男子全部杀掉，妇女、儿童、匠人带回为奴。阿勒坦汗时期在宣化山西任职的苏志皋在其《译语》中记录了当时被掳汉族的遭遇："胡姬多美……善妒（不令其夫近汉女……），受苦（不习弓矢，亦不佩刀。惟缝衣、造酒、揉皮、挤乳、捆驼帐房、收拾行李，至手足胼胝。近汉女代受其苦）。""每举大事必僭祭，率以汉人为牺牲。……至今当祭，则择男子少好者令其裸体，取水灌濯，虽流澌澩泪，涸冻凝滞不废也，既乃缚于原野，虏中矫

健者驰马挥刀，断其头，剖其腹，布肠胃于地，以为敬。""虏逢汉男子，老与壮者则杀之，少者与妇女皆携去为奴婢（牧挚畜，拾粪草），绝不贵重。曩有潜投彼中者，皆散其党为奴，到今悔恨无已。"可见，这些被掳去人口生活艰苦，有时还要被"献祭"杀掉，艰苦和地位低下的生活也造成这些被掳人口在长大后又大量向明朝逃亡。但是这些一心想逃脱苦难的人在逃回长城内时，有时又被明朝守边人员作为"真虏"杀掉请赏。在《译语》中也记录了大量被掳人口在逃回明朝时被杀的情况。《译语》记载说："其又甚者，多与长哨夜不收（侦察兵）杀降以冒升赏（每降者至，必潜白守备等官，官之玩法者则威劫，畏人者则颐指，多谋杀之，然后放炮出兵，巧词以文为功）。予谓遐方异类，殊邻绝党，或畏威慕德，曲膝交臂而来者，斯可谓之投降。今此汉人被掳而去，千辛万苦，思家而来，九死一生，只可谓之归国。加意爱护，使得生入边塞，复见亲戚，理固当然。乃忍心杀戮，无少忌惮。"为了杜绝杀降，明朝在宣府一带号令"举空烟一把则人人皆知降人，故不敢杀，乃敢入也"。然而，这种杀掉被掳回归人口冒功请赏的情况一直到"隆庆和议"之前一直存在。隆庆四年（1570年），新任为山西、宣大总督的王崇古在这年末给朝廷上疏陈述与阿勒坦汗议和时，也说到了被掳人口的悲惨命运和边军杀降的情况。《明经世文编》中记有他的这一奏疏，他在奏疏中说："臣自奉命移镇之初，遵照诏旨，并题准招降事例，一面严禁杀降通虏之弊，一面刊发纸

票，通行三镇将领，各置木牌，遍插沿边通贼要路。示谕被卤民民，及西番、瓦剌、黄毛人等，若等虽有中国外番之不同，皆遭北狄骄虏抢卤；家口被其杀害，财畜被其劫掠，分卖各帐，男子放牧、挑水、打柴，妇女揉皮、挤奶。备极辛苦，常遭不道膘酋狠毒剖打，各怀怨恨。"同时，在这份奏疏上也提到了1570年从土默特地区逃回的被掳人口共有2226名。

1551年，白莲教徒大批进入土默特地区，阿勒坦汗开始在丰州滩大规模开发农业，广建板升，发展一些有限的手工业。在此情况下，抢掠人口也开始发生变化，从最初的只抢掠年轻妇女和年少男女，改变为抢掠身强和有才艺的人。明朝山西蔚州籍（今张家口蔚县）诗人，嘉靖十一年进士尹耕在其《塞语·虏情》中记载："其始掠妇女，遇男子多裼衣纵之，继则婴稚必掠，丁壮必戮，今乃妇女老丑者亦戮，丁壮有艺能者亦掠，是渐知集众也。"大批的精壮劳动力和有才艺的劳动力开始被保存下来。但是，这也仍然不能改变这些被掳人口回归故里、落叶归根的思想，一旦有机会，他们就又走上了逃回长城内的道路。在呼和浩特东郊的辽代白塔上，留有几条这些被掳人口被掳情况和他们本人及亲属逃回明朝的题字，分别摘录如下。

一、"嘉靖三十八年（1559年）张鲁那在北朝丰州我与达儿汉口口［脱落，缺二字］板升口［脱落，缺一字］下木匠张进峰［字不清楚，疑为峰字］山西汾州爱子里人氏蔚州蛋［字不清楚，疑为蛋字］水北村主［应为住字］林［应为临字］行上口［脱落，缺

一字］达儿汉后到北朝多亏你如今众人要登［字不清楚，疑为登字。登在现土默特地区口语中为散、离开的意思］口［脱落，缺一字］不由我说要留下木匠根［应为跟字］通事口口口［脱落，缺三字，应为通事（翻译）的名字］"。这条题记应是两位原籍为山西汾州一带的木匠和一位翻译所留，其中两位木匠在山西蔚州蛋水北村居住。在1559年前，因两人有木匠手艺，另一人懂蒙古语，在阿勒坦汗攻打蔚州时被掳回土默特，从记载有"林［应为临字］行上口［脱落，缺一字］达儿汉后到北朝多亏你如今众人要登口［脱落，缺一字］不由我说要留下"看，这是一次人数众多的被掳者南逃明朝故里的行动。1559年正月，阿勒坦汗率部屯驻宁夏山后，三月就进入青海，这时土默特部留守部众不多、防备不严，这两位木匠和一位懂蒙语做翻译的人准备一起和众多的被掳人口逃回故里，但是，因这几个人在从明朝到达土默特后，在生活方面受到了管领他们的达尔罕极大的照顾，双方有了一定的感情。所以他们在白塔题字向达尔罕表述他们离开的缘由和对达尔罕照顾他们的感激。二、"朱朝大明国嘉靖四十年（1561年）六月初八日记留名姓山西太原府代州崞县儒学增光［应为广字］生员段清字希濂号中山时至嘉靖三十九年（1560年）九月十五日大举达兵攻开堡寨将一家近枝六十五口杀死抢去各散逃生止［应为只字］遗生一家大小五口俯念斯文存留性命路逢房叔二人妹夫一人并向［疑为向字］恩人达耳汉处口［脱落一字］告拿口［脱落一字］在此亦同受难房叔段应期段茂

先妹夫石枚妻陈氏幼男甲午儿官名段守鲁长女双喜儿次女赛喜儿后至四十年（1561年）闰五月二十七日有妹夫石枚带领幼男甲午儿投过南朝去了妻陈氏四月初一日病故五月二十七日□[脱落，缺字]段应期□[脱落，缺字]"。上述题记是山西一位被掳掠的知识分子所题，其所以没有被杀，也是这一阶段阿勒坦汗开始保护被抢掠知识分子和匠人的原因。段清一家遭到杀掠这一年为1560年。这年九月前，阿勒坦汗正从青海返回土默特地区。六月，大同总兵刘汉与副总兵赵岢等趁阿勒坦汗离开土默特将近两年，留守土默特的蒙古人到大青山后避暑时，对土默特的大板升等地进行袭击，并火烧大板升城。九月，阿勒坦汗回到土默特后就立即入边进行报复，举兵直捣雁门关、崞县等处，破堡百余所，由宁武关出边返营。段清一家的遭遇就是这次报复的产物。从题词反映的情况来看，土默特部众攻开堡寨仅段清近支就被抢杀六十五口，这应是段清所在堡寨藉堡顽抗，土默特部众攻开堡寨以后进行了屠杀。段清及其妻子全家五人未被杀害，是土默特部开始执行优待知识分子政策，所以"俯念斯文一脉，存留性命"，使全家五口免于杀害，并被带回土默特，分拨给应和管理木匠张鲁那、张进峰为同一人的达尔罕，受到了达尔罕的照顾，所以在题记中把达尔罕称为恩人。在土默特的32个小板升中，有汉族首领32人，其中称"东打儿汉"的一人，称"打儿汉"的两人，关照段清、张鲁那的达尔罕应为在白塔一带被称为"东打儿汉"的小板升首领。段清在到达土默特驻地时又遇到了其两位本家叔叔和妹夫，达尔罕都给安排在一起生活并给予照顾。可能是由于段清的妹夫没有带出亲属，怀念家乡，在这里身处异乡，没有充分的人身自由，在1560年被掳回土默特后，第二年五月底又选择了逃回故乡。题记作者段清为了延续其"斯文一脉"，让其妹夫石枚把自己的儿子也带回了故乡。就在送走亲人的同一天，段清在白塔上记下了这段经历，揭示了战乱带给普通人民的痛楚。

呼和浩特白塔

二、逃亡、招募而来的汉族

最早见于记载主动进入土默特的汉族，始于嘉靖十二年（1533年）的大同兵变。《明史纪事本末·俺答封贡》记载："初大同之变，诸叛卒多亡出塞，北走俺答诸部。俺答择其黠桀者、多与牛羊帐篷。"这些投降阿勒坦汗的叛卒，阿勒坦汗都做了很好的安排，并让他们化装，去明朝侦察。这时担任汉族首领的是李天章、高怀智二人。徐日久在《五边典则》中记录说："己丑，自虏引退，大同叛卒有随虏北者。虏虐使之，往往复奔。"这些早期进入土默特的大同

蒙明边境的烽火台遗址

兵变叛卒因不能忍受役使，很多人往往又逃回明朝。

　　大规模的汉族人主动进入土默特地区，为嘉靖三十年（1551年）大同白莲教起事失败以后，一大批参与起事的白莲教徒为了躲避明朝对他们的抓捕镇压，进入土默特地区投附阿勒坦汗，为首的是白莲教首领萧芹、丘富、吕明镇、闫仓等人，瞿九思在《万历武功录·俺答列传》中记载了此事。详细的情况是，1550年庚戌之变后，明朝在1551年四、六月时先后在大同镇羌堡、宣化新开口开市，与土默特、喀喇沁部进行互市。在从大同镇羌堡互市回来的路上，阿勒坦汗在地名为"拾字庄窝西沟"的地方，碰到了前来投附的左卫人萧芹等

几百名白莲教徒。萧芹告诉阿勒坦汗，他有神术，能够咒人人死、喝城城倒，还能用车轮、马头大的冰凌打死人。受此诱惑，阿勒坦汗和萧芹的白莲教徒一起到了大同左卫城下，原来萧芹在离开左卫时，已经留下内应，定于五月十三日深夜，打开南关迎接萧芹进入。结果，由于计划败露，城内所有的内应全部被捕，萧芹家属也全部被抓。左卫守军在将情况派人告诉阿勒坦汗义子恰台吉后，阿勒坦汗领兵离开左卫，但萧芹因家属全部被抓一再坚持要去喝城，于是阿勒坦汗派三百名骑兵和萧芹到破虏堡，等萧芹喝倒城墙后进城。结果，萧芹喝城三天三夜，已不能发声说话，城仍然完好。在此情况下，阿勒坦汗也开始后悔不该听萧芹骗人的胡话。在大同派人索要萧芹并送贿赂的情况下，阿勒坦汗以让萧芹到镇羌堡参与互市为名，在镇羌堡将萧芹及其死党十余人，交到大同守军手中。而丘富等其他人都被留在了土默特，从此丘富成了叛逃到土默特的白莲教首领。

　　同为白莲教徒的丘富和萧芹相比，是一个比较务实的人，他不像萧芹那样，以为白莲教神奇的力量真的存在于自己身上，

秋天的土默川

而将自己的命也送掉。丘富在白莲教组织中，被称为"丘老祖"，可见应是白莲教主要领导人物。他告诉阿勒坦汗，他是从其庐山师祖处知道阿勒坦汗要兴盛，所以来投奔帮助，被阿勒坦汗留在其营中居住。丘富有一个弟弟丘全，是木匠，也随丘富一起来到土默特，在丘富的指导下，很快为阿勒坦汗盖起了一座很是壮丽的三层楼房，随后又为阿勒坦汗建造大船一艘，在黄河上运兵运物，并制造农具，种植粮食。《明实录》记载说："大同妖人丘富者，入虏中教为城堡宫室，布满丰州川，名曰板升，以居中国被掳亡命之众。"丘富因此得到了阿勒坦汗的信任和重用，阿勒坦汗封丘富为"一克喇吧"，成为大首领。随后，丘富又为自己盖起房屋，种粮食达到十多顷。丘富在土默特立足后，雁北白莲教首领左卫余丁赵全领雁北地区白莲教首山阴县富安坊村人李自馨，浑源州黎园里人王廷辅、王爵，真定人李巡、刘本等来到土默特，投到阿勒坦汗第三子铁背台吉部下为兵。1561年，明朝老营堡将军李应禄部下刘天麒因李应禄管束严，杀掉李应禄和其同伙与家室一百三十多人到土默特投附阿勒坦汗。汉籍史料记载："刘天麒有臂力，能陷坚。"他到土默特不久就引领土默特部众一万多人从左卫入边，攻破堡寨五十多座。阿勒坦汗把所掳回人口和逃来人口二千多人归属刘天麒管领，使其成为首领，刘天麒将名字改为"刘参将"。这年十一月，大同驻兵试百户张彦文逃入土默特投附阿勒坦汗。阿勒坦汗以张彦文在嘉靖三十二年（1553年）提供情报杀明总兵岳懋等500多人之功，将张彦文任为首领。《赵全谳牍》记载，张彦文为"被掳走回"之人，先被明朝任为通事（翻译），后以功劳转试百户，说明张彦文为早期被掳到土默特的汉人，在土默特学会了蒙语，所以在投回明朝时被任命为通事（翻译），又因功被任为试百户。到土默特后，张彦文改名为"羊勿厂"。在张彦文来土默特投附的同时，时任土默特板升大首领"一克喇吧"的丘富在引领土默特部众进犯榆坡时，中流矢死去。赵全被阿勒坦汗任命为大首领，接替丘富。

赵全在其老家时就与丘富一起传教，根据其在1570年"隆庆和议"被阿勒坦汗送回明朝后审问形成的《赵全谳牍》记载，

土默川上的农田

赵全 1570 年时 54 岁，原为山西行都司云州卫右所百户赵雄的余丁，在山西左卫四峰山村居住，和丘富同为白莲教吕明镇的徒弟。因吕明镇曾给赵全算命，说他有领万兵的福分，所以赵全成为白莲教的积极分子，后发展为雁北地区白莲教首领。嘉靖三十四年（1555 年）正月十九，因同村的梁天禄扬言要向官府告发赵全等白莲教徒，赵全带领其妾、弟、子及王廷辅、李自馨等三十多人逃到土默特，投奔驻牧于今美岱召西的阿勒坦汗三子铁背台吉部下，后经丘富介绍给阿勒坦汗，逐渐为阿勒坦汗信任重用。来土默特这年，赵全 39 岁。从其娶有妾来看，赵全在其故乡的生活水平应该不错；从其身份"余丁"来看，应为明朝军户出身。来到土默特之后，李自馨起蒙古名把汉笔写气，意为"小书手"，看来李自馨有一定的文化水平；王廷辅起名为猛谷王，这应该是蒙古的翻译谐音后加上了他的姓，并不是名字。赵全在被丘富引见给阿勒坦汗时，赵全就以阿勒坦汗"有天分当尊为帝"，和为阿勒坦汗治病，教导土默特部众攻城，受到阿勒坦汗看重并得到重用。在赵全见到阿勒坦汗时，阿勒坦汗两腿病得很厉害，赵全当即表示，他会看病，但就是没药。随后，赵全化装回到山西应州，买回乳香、地黄、良姜等药材，为阿勒坦汗治病，并和李自馨制造钩杆等攻城用具，教导土默特部众攻城，使土默特部众从过去只能攻陷一些小的村寨堡，发展为能够攻陷城池。方逢时在《云中处降录》中记载说："往年，彼（指阿勒坦汗）无他志，惟遣间入边境窥探，积

聚小村瞳掩取之，遇大城堡皆远引，不敢辄近。自全等教以攻取之术，多诱华人为彼工作。利兵坚甲，云梯冲竿，尽其机巧，而沿边无坚城矣。避实攻虚、声西击东，而诸镇疲于奔命矣。"因此，赵全和李自馨受到阿勒坦汗的赏识，两人都被封为首领，并各建土堡一座。赵全的土堡周长五里，应是当时土默特地区规模最大的城堡。在《赵全谳牍》中，记载他住于大板升，位置在阿勒坦汗汗廷西。因此，他所居住的城堡也就是汉文史籍中的大板升城。李自馨的土堡周长二里，特别坚固结实。李自馨在嘉靖三十六年（1557 年）导引阿勒坦汗进犯大同一带时，带人到其家乡山阴县富安坊村，向村堡内人大声叫喊，说他已在板升干下大事业，叫人们一起和他去享受，当即就有三百二十多名男女把衣物用车装载，和李自馨回到土默特，可见其在家乡有一定号召力。根据汉籍资料记载，李自馨领有部众六千多人。此外，湖广黄冈县的书写周元也是板升著名首领。周元在黄冈县担任书写时，因"积年害民"，被发配大同威远充军，后叛投到土默特，并改名为"大笔写气"。可见，原为县一级书写，到土默特后又称为大笔写气的周元有着不低的文化水平。不仅如此，周元还善医术，能为人治病。到土默特不久，周元就有众三千人。从嘉靖三十六年（1557 年）到隆庆四年（1570 年）十一月赵全等人被送回明朝的十四年中，赵全等人共领土默特部众进犯明朝十六七次。《万历武功录·俺答列传》记载说："俺答每欲盗边，先击牛酒，全众计定，乃行。"可见，

赵全已经成为阿勒坦汗进犯明朝时的主要策划人。嘉靖四十二年（1563年），赵全等引导阿勒坦汗由墙子岭进入，抢掠通州、顺义、平谷等县，抢杀牛羊骡马，掠夺粮食不计其数，阿勒坦汗将赵全封为"把都儿哈"（英雄的首领之意），使其管领叛逆、被掳汉人一万余人。1564年，赵全率五千骑深入朔州斩获颇多，并把所俘的广陵王府贾仪宾家室余庆郡君（明皇室王之女）娶为妻。阿勒坦汗将赵全封为仪宾塔布囊。嘉靖四十四年（1565年）、四十五年（1566年），赵全等人又为阿勒坦汗重修了汗廷城。他们本人也都在各自的板升内又新建起了规模大而华丽的宫殿。《明实录》隆庆二年（1568年）八月辛卯条中说："丰州崇山环合，水草甘美，中国叛人丘富（实际已在1561年中箭身亡）、赵全、李自馨等居之，筑城建墩，构宫殿甚宏丽，开良田数千顷，接于东胜川，虏人号曰板升。"

可见，这时土默特地区的农业已具有相当的规模，而赵全、李自馨等人所住的土城板升也相当雄伟华丽。

另一种主动逃亡到土默特的汉人是因为走私物品和生活所迫。在《赵全谳牍》中有两起明朝人因走私物品而逃到土默特的记载。一起为隆庆三年（1569年）二月，陕西西安府的杨一休，因生活艰难投在偏头关当兵，与土默特部人以货换马尾被发现，投奔到土默特，被分到李自馨部下。第二起是阳和卫左所已故百户余丁马四的儿子马西川与榆次人李孟阳出边以货换马尾，后投到赵全部下。因生活所迫是由于嘉靖年间连年的边境战事和蒙古军队破关抢掳，加以天旱绝收，官吏贪污盛行，农民土地被地主强行兼并，庞大的军费开支和各种苛捐杂税，都转嫁到汉族劳动人民身上。统治者对人民的横征暴敛，达到无以复加的程度，使广大汉族人民濒临水深

土默特右旗境内的黄河

火热的绝境。嘉靖四十年（1561年）间，曾任山西左布政使的王宗沐在其《山西灾荒疏》中说："山西列郡俱荒，太原尤甚，三年于兹，百余里不闻鸡声，父子夫妇互易一饱，名曰'人市'。……壮者徙而为盗，老弱转于沟瘠。""人户十去其七，均徭无望从办。"而户部却仍"奏行抚按，转责司府督催"拖欠。这是嘉靖年间山西情况的真实写照。在这样的饥荒下，租税和徭役仍不能免。而在此时，丘富又到边境招募人们出边种田。《山西灾荒疏》又说："近丘富往来诱惑，边民妄传募人耕田不取租税，愚民何知、急不暇择，长边八百里，谁要亡者？彼诱而众，我逃而虚。"在这种情况下，大量靠近边境的汉族人逃入土默特地区，成为板升部众。

鄂尔多斯市准格尔旗与山西河曲县相隔的黄河娘娘滩，被称为九曲黄河第一滩，是黄河水最浅的地方，为北元时明蒙的边境险要

招募而来的汉人始于嘉靖三十四年（1555年）。《万历武功录·俺答列传》中记载说："是时，丘富说俺答收奇伟倜傥士，悬书穹庐外，孝廉诸生幸辱临胡中者，胡中善遇之，与富埒。于是，边民黠知书者，诈称孝廉诸生，诣虏帐，趾相错。俺答令富试之，能者统众骑，不则给瓯脱地，令事锄耨。"这说明，看到招聘榜文的人很多，来的人也很多。经过丘富测试，真正有能力的被任命为首领，统领众人，而一些假冒有才学的人，给其土地让其种地。

三、板升形成对土默特经济社会的影响

这些被掳、逃亡、招募而来到土默特的汉族，不只是简单地增加了土默特部的劳动力，也带来了农耕民族的生活方式和相对先进的生产技术和生产工具，为土默特地区农耕经济的发展提供了前提。根据1570年赵全等人被送交明朝审问形成的《赵全谳牍》记载，到1570年底，由赵全直接管领的大板升有一万人，大部分为白莲教徒，共有头目十二名，分别为冯世周、孟大益、大罗、小罗、杨廷夏、杨廷智、刘豸、张豪杰、张三、瓦四、潘云、陈钺，每人管领七百人。另有小板升三十二个，头目分别为：东打儿汉、火力赤、张榜势、打儿汉、小则火同智、海代首领、俺墨儿器、长腰儿、火里智、丫头计、大笔写器、刀郎、小则磨毒器、打儿汉、刘栋、锁合儿、韩信儿、

呼和浩特托克托县境内的旧城址

阿勒坦汗
与土默特

王铣、玉锁秃、舌兀八儿党、小则红眼子、则徐先儿、李自荣、火力赤老汉、代锁合儿、冯通、小则火里智老汉、五合器、李只害、萧牌子、高洪、马洪。这些小板升头目，每人管领八百到九百人不等。另外，李自馨领有六千人，张彦文领有一千人，周元领有三千人，刘天麒领有二千人，共有大小板升三十七个，近五万人。

这时的土默特，瞿九思在他的《万历武功录·俺答列传下》中这样描述："互相延引，党众至数千，虏割板升地家焉。自是之后，亡命者窟板升，开云田丰州地万顷，连村数百，驱华人耕田输粟，反资虏用。所居为城郭宫室，极壮丽。"板升的主要首领在领兵不少的情况下也都成为了大地主和大牧主，如赵全有众一万，有马五万，牛羊无数，每年收谷两万余斛。李自馨和周元略少于赵全。刘天麒有马牛五千，每年收粮食五千余石。所有这些都是由于阿勒坦汗采取发展农业的政策。

板升形成和农业发展，是土默特部畜牧业经济的重要补充，其作用是巨大的。嘉靖三十年（1551年）的蒙明互市中，土默特部曾提出用牛羊换粮食的要求，并最终由此导致互市破裂。到隆庆五年（1571年）再度互市，土默特就再没有过多提出这种要求，这说明土默特部在正常天气情况下已基本能自己解决所需的粮食了。1571年蒙明和议后，土默特部的农业仍然得到了蓬勃发展。明朝萧大亨先后在这一时期任山西参政、宣府巡抚、宣大山西总督，他写的《北虏风俗·耕猎》中记载说："今观诸夷耕种与我塞下不甚相远。其耕具有牛、有犁；其种子有麦，有谷，有豆，有黍，此等传来已久，非始于近日。惟瓜瓠茄芥葱韭之类，则自款贡以来，种种俱备。"

冬季的黄河

初春的土默川

武川县的农田

冬季土默川上的农田

可见，土默特部与明朝通贡互市以后，农作物耕种种类也逐渐增多了。

四、进入土默特汉族的最终结局

进入土默特的汉族根据以赵全等人口供形成的《赵全谳牍》记载，在1570年底的明蒙议和时达到了近五万人。这近五万人中，有白莲教徒一万人左右，而其他近四万人则是掳来的人口和因剥削、压迫、灾荒和犯罪及招募而来的人口。其中战争掳掠人口占的比例较大，这从历次战争都有掳回人口和明朝记载经常有逃回人口可以证明。因为他们来到土默特，都是强迫和被迫而来，没有充分的人身自由，他们与蒙古封建主之间，存在着一定的人身依附关系。他们在理论和事实上都被认为是属于某个蒙古或板升主人。在1570年明蒙议和时，时任宣大总督的王崇古在上奏封贡议和的《确议封贡事宜疏》中说道："以后但遇归正人口到边，审明别无拐带虏中财物妇女，及被虏年月，原籍乡贯，虏中主家，即与放进。"这些人中很多人有着很深的故土情结和对生死不明亲人的怀念，所以只要一有机会就想回归故土。早在嘉靖二十五年（1546年），陕西三边总督曾铣在他的《复套条议》中就说过："问之被掳之人，岂无思家之心乎，彼曰：'人人皆思归家，但恐达贼追杀而不敢逃也'。""人人皆思归家"是所有被掳掠羁留草原汉人的强烈愿望。而另外一种因为饥荒进入土默特的汉人，只要在生活稳定后，也想回到故里。不只是这些人经常想着家乡，连受到阿勒坦汗重用，领有六千人的李自馨也在嘉靖四十四年（1565年）叩边请降，但遭到明朝的拒绝。曾任大同巡抚的王士琦在《三云筹俎考》中记载说："四十四年（嘉靖），叛人李自馨等叩边请降，不受。自馨叩边率众归降，总督以闻。兵部惧有后患，行

督抚悉心计处，勿即许之。"明朝隆庆皇帝即位后，改变政策，于隆庆二年（1568年）八月，把不敢纳降改为诏悬边外招降赏格。据《两朝平攘录》记载："于是应募者以千计。如白春等五人已各有部落畜产饶富，至是闻风来归。上嘉之，命受附近卫百户，赏银五十两，仍悬赏于边外。"在能够平安回归，又封官赏银的情况下，连赵全这样的板升主要首领也秘密给明朝写信，要求归降。在1570年把汉那吉降明后，阿勒坦汗率兵进入长城内，向明朝索要把汉那吉。在与明朝谈判时，明朝使臣包崇德竟拿出了赵全和李自馨给时任大同巡抚方逢时写的"悔罪思归"密信。可见，不论是被掳的汉族人，还是因失事、灾荒、犯罪而进入土默特的汉族人，在适当时候回归故里，是绝大部分进入土默特的汉族人的想法。

山西山阴县境内的明广武段长城

1570年十一月十九日，随同阿勒坦汗在长城内索要把汉那吉的板升首领赵全、李自馨、张彦文、刘天麒、赵龙、王廷辅、吕西川、马西川、吕小老被捕送明朝，时在土默特的周元听到消息后，在家服毒自杀。这些人中，张彦文、刘天麒为叛逃军人，周元为被流放的县吏，其他人大多为白莲教徒。根据方逢时的《云中处降录》记载："胁从悉令散去。""板升窠穴为之一空。"这说明，跟随赵全等人在长城内军中的不少板升汉人散去，而仍在土默特板升的白莲教徒和逃亡、招募而来的很多汉人由于害怕遭到同样命运而逃散。

1571年初的隆庆和议中，明蒙双方明确提出了对在土默特的汉人回归明朝的处理办法。在双方订立的十三条条款中，有两条中就明确提出了双方以前进入人口和以后再进入人口的处理办法。有关两条条款是："一、投降人口若是封贡以前走来，各不相论。以后若有虏地走入人口是我真夷，连人马送还。若是中国汉人走入，家下有父母兄弟者，每一人给恩养钱分，段四匹，梭布四十匹；如家下无人者，照旧将人口送还。二、中国汉人若来投虏，我们拿住送还，重赏有功夷人。我夷人偷提汉人一名出边者，罚牛马羊一九。"在逃回人口不被明朝处罚还有奖赏的情况下，以各种原因来到土默特的汉人回归达到高潮。据《明神宗实录》记载，明蒙封贡互市的第一年（1571年），就从宣府、大同逃回汉人4787名。在此后两年间，仍有不少人逃回，边境上的将官们也因招徕有功而受到明朝廷的奖励。这种大规模的逃亡，也必然影响到封贡互市的关系，时任宣大总督方逢时和山西、大同巡抚郑洛都开始反对这一政策。到万历五年（1577年），明朝在事实上已经停止执行这一政策。而在土默特的汉族人口这时也已减少，为数不多。在1581年阿勒坦汗决定要将呼和浩特外城扩大为方圆二十里时，所有首领都怕工程大没有人力不能完工，唆使阿勒坦汗向明朝索要人夫5000、匠役300名帮助建城，可见这时的板升劳动力已经很少，否则不会向明朝请求助人夫5000了。

1582年初阿勒坦汗去世后，板升更是人心动荡，又一轮的南逃开始。时任明内

明朝杀胡堡遗址

清朝时山西汉族到土默特地区的西口路

阁首辅的张居正在给时任大同巡抚贾春宇的信中说："板升投降之人，此时断不可纳。"1583年九月，乌彦楚和恰台吉的大板升之战开始，双方死伤累累，"帐房、夷器皆弃置田野中"。战火一直波及到长城附近，致使许多部众无家可归。这场战争先后持续了近十个月，作为主要争夺对象的板升汉人，生活和生存条件进一步恶化，回归明朝成为板升汉人首要的选择。朱国祯在他的《涌幢小品》中谈到这时土默特的情况时说："……扯力克自以兵收比妓（指大成妣吉）为妻……从此与三娘子成隙，而房势益分。板升之众，日受蹂躏，不能自存。丘富、赵全之子入赴于总督郑洛，求以千百人入附，洛以贡市，好言却之。"在万历十四年（1586年）郑洛给明朝廷上疏中，也提到这一时期板升混乱、人心思归的情况。郑洛在疏中说："在边外则有

杀胡堡长城遗址

夷情叵测，统驭无人；板升穷迫，众欲归降。乞要预思规划。以消衅隙。"可见，大板升之战带给板升汉人的战争伤痛是相当巨大的，连丘富、赵全的儿子都要归降。在大规模归降被拒后，小规模的逃亡是不可避免的。在此后的明朝汉籍中，板升汉族更多地被称为"板升余党"。

在板升的汉族中，除了大规模地逃回明朝外，自然死亡、未婚无后也是板升人口减少的一个主要因素。绝大多数的被掳人口来到土默特年龄都不大，在很小的时候即被分到各帐为奴，社会地位较低，因为是为奴也不会有多少财产，这种人的成婚率应该是很低的。再有就是白莲教徒和叛卒，他们由于是主动进入，在人身上应

该有着较大的自由，和土默特蒙古首领的关系保持为隶属关系。但是由于是逃亡而来，即使是有家室的人也不可能都把家室带出来，能够带家室一起出逃的应仅为少数首领们。到1600年，根据当时人均寿命和医疗、生活条件，在1533年20岁左右进入土默特的叛军在六七十年后已鲜有人在世了。在1551年雁北地区白莲教起事后进入土默特的白莲教徒到1600年时也已近五十年，也很少有人在世。这意味着，在没有回到明朝的板升汉人中，已基本没有了在世者，仍留在土默特的应是他们来到土默特生育的第二、第三代人了，人数也应极少了。林丹汗武力西迁时，土默特部

分别在察右前旗的黄旗海和今达茂旗百灵庙镇东南的艾不盖河流域抵抗，均被林丹汗的部队打败。仍在土默特的板升汉族后人也一样同土默特部进行抵抗，除战死外，其余逃亡。战争中，不少土默特蒙古部众纷纷进入长城内躲避。在这种情况下，板升汉族的后代们首选的逃亡之地也应是回到明朝。其最终留在蒙古地区的极少数人，最后融入了呼和浩特、阜新、北票、朝阳、库伦旗的土默特蒙古族中。在今阜新、北票、朝阳、库伦旗的蒙古族姓氏中，还能够清楚地了解到他们的姓氏。

大同城

阿勒坦汗与明朝的通贡互市

阿勒坦汗早期的蒙古社会，是纯粹的游牧、畜牧业经济。由于战乱，蒙古地区的一些基础的手工业也不够发达，加之元朝对中原近一个世纪的统治，蒙古人对中原生产、生活用品形成依赖。因此，蒙古社会贵族、平民的日常生活中都迫切需要得到中原农产品和生产生活用品。蒙古人退回蒙古草原后，与明朝的大小战争不断，但通贡互市也交织其间。获取中原农产品和生产生活用品的方式主要是军事掠夺与和平互市。阿勒坦汗在经历了物资极度匮乏和战争的痛苦之后，认识到只有走和平的"通贡互市"之路才能稳定而大量获取

中原的农工产品，也才能在中原这个广阔的市场上大量销售自己的畜产品，获得最大的利益，而不必像战争掠夺那样，一再付出血与生命的惨重代价。在争取与明朝的互市中，阿勒坦汗历经拒绝和阻挠，仍孜孜以求，甚至"以战求和"。一个偶然的机会，终于结束了明蒙之间二百余年的战争状态，开创了明蒙之间长期和平安定的局面。

一、阿勒坦汗向明朝的求贡

最早明确见于记载的阿勒坦汗要求与

明朝建立贡市，始于明朝嘉靖十三年（1534年）。据《万历武功录》记载："其四月，俺答挟众欲入贡。"这是最早见于明确记载的阿勒坦汗要求和明朝进行贡市。这时的阿勒坦汗为二十八岁，他和其兄衮必里克在前一年大败兀良哈部，又南下入援大同兵变，夺取了大量战利品，势力已开始强盛。此时的阿勒坦汗就比其他领主更有远见地倡导通贡互市，要求入贡，但他当时年轻气盛，对这一问题的认识还不深，态度也较为生硬，故有"挟众欲入贡"的举动。阿勒坦汗第二次向明朝提出通贡为这次求贡七年后的明嘉靖二十年（1541年）。据《全边略记》记载，这一年秋，阿勒坦汗派石天爵和肯切至大同阳和要求通贡。《全边略记》记载说："果许贡，当令边民垦田塞中，夷众牧马塞外，饮血不犯。否则徙帐北，而纵精骑南掠云。"阿勒坦汗这次求贡，由大同巡抚史道转奏朝廷。但是在兵部的商讨中，认为这是"诈而贡，不可信"，拒绝了阿勒坦汗的要求，除释放石天爵传话外，扣留了肯切，又高价悬赏，有能杀死阿勒坦汗者赏五百金，升三级。嘉靖二十一年（1542年）闰五月，阿勒坦汗再次派石天爵领肯切的两个儿子满受秃、满客汉持令箭二支、牌一面为信，至大同再次提出和平通贡互市的要求。结果，明方置阿勒坦汗的诚意于不顾，明大同巡抚龙大有为邀功请赏，诱捕石天爵，擒杀满受秃和满客汉。明朝廷又下令"磔天爵及肯切于市，传首九边枭市"，并给龙大有升官。阿勒坦汗的第三次要求和明朝通贡以使臣全部被杀而告终。嘉靖二十五年

（1546年）五月，阿勒坦汗仍不放弃和明朝通贡互市的想法，向明朝第四次提出了他的通贡互市要求。据《全边略记》记载，这次，阿勒坦汗派堡儿寨等三人至大同左卫传递蒙文书信，并告诉明朝边臣，阿勒坦汗已准备白骆驼、白牛、白马各九头，金银锅各一口，要求入贡。这种进九白大贡，是蒙古人最隆重的礼节，但结果是三位使臣又被大同总兵的巡边家丁董宝等诱杀冒功。连时任宣大总督的翁万达在给朝廷的上疏中也痛斥这两次诱杀使臣的做法，他在上疏中说："迩来石天爵之讲也，所当善应。始既漫答，终复诱斫，大失夷心，横挑巨衅，臣窃恨之。乃今卑词叩塞，察形收胜，讵容脱误。而宝等贱卒，玩法贪功，臣心刺谬。"这年七月，阿勒坦汗又派使臣至长城边塞第五次请求入贡，又被明朝拒绝了。这年秋天，阿勒坦汗以要与明朝入贡为理由，禁止所部和鄂尔多斯部进明朝抢掠，并派李天爵为使持蒙文文书到长城边塞第六次求贡，结果又被拒绝。

明嘉靖二十六年（1547年）二月，阿勒坦汗向明朝求贡经多次挫折而不改初衷，他会集博迪大汗和侄子鄂尔多斯部首领纳延达赖济农、兄弟昆都仑汗巴雅思哈勒，希望各部不要入犯明朝，以争取蒙古和明朝通贡互市。在说服大家后，阿勒坦汗派李天爵为使，第七次向明朝提出通贡互市。《明神宗实录》所载这次提出通贡互市的具体情况是："俺答会集保只王子、吉囊台吉、把都台吉四大头目商议求贡。若准，彼进黑头白马一匹，白骆驼七只，骟马三千匹；求朝廷白段一匹与大神挂袍、麒

麟蟒段等件各头目穿用。边内种田、边外牧马。夷汉不相害，东起辽东、西至甘凉俱不入犯。今于中国约，若达子入边墙作贼，中国执以付彼，彼尽夺其人所畜马以偿中国；不服则杀之。若汉人出草地作贼，彼执以付中国治罪；不服亦杀之。永远为好，递年一、二次贡。若太师每许代奏，即传谕部落，禁其生事云。"这同样是一份请宣大边臣们上奏明廷的要求通贡文书，并提出了切实可行的合理建议。然而这时的明朝廷内，正是明总督三边侍郎曾铣、首辅大学士夏言建议收复河套地区之时，根本听不进通贡互市的要求，使这一次有蒙古大汗博迪汗参加的全体蒙古部落求贡失败。在这次由明宣大总督翁万达、巡抚詹荣、总兵周尚文代进的奏疏中，还提到"虏自冬春来，游骑信使款求不下数十余次，词颇恭顺"。可见，这是一次准备充分，态度十分诚恳的求贡。这一年也是博迪汗的察哈尔部东迁的时候，阿勒坦汗为了求贡成功，没有参加这次向东扩张的军事行动，并把这次博迪汗向东扩张的消息告诉了明朝。阿勒坦汗的第七次求贡又以失败结束。

明嘉靖二十七年（1548年）三月，阿勒坦汗再次派使者到明朝边塞进行第八次求贡。明史籍记载的这次求贡是："总督宣大翁万达上言：'俺答复投夷书求贡。帝命拒之'。"阿勒坦汗的第八次求贡又以失败结束。

第九次求贡为嘉靖二十八年（1549年）四月。据《明神宗实录》记载，阿勒坦汗率兵至宣府，为避免使者被扣杀，军士束书于矢端，射入城内。阿勒坦汗为表明诚

蒙古汗国时蒙古人使用的锅、锅架

意，还归还了以前所掠人丁。鉴于明朝多次蛮横拒绝，阿勒坦汗在书中警告明朝，如不答应入贡，"秋且复入，过关抢京辅"，但是明朝依然拒绝了他的请求，第九次求贡失败。

二、1551年不情愿开放的马市

为了报复明朝一次次地拒绝入贡互市，给明朝施加压力，打开互市的大门，嘉靖二十九年（1550年）八月，阿勒坦汗率兵十万包围北京八天，纵兵掳掠城郊，给明朝以沉重打击，并获得了大量资财牲畜，在得到明朝开市的承诺后撤军，这就是史称的"庚戌之变"。阿勒坦汗回到土默特后，于第二年（嘉靖三十年，1551年）春，派其义子恰台吉率十多骑至塞上，投书于宣

大总督苏佑，要求入贡并开放马市，并"钻刀为誓"，赠马两匹，留虎刺记四人为人质。没几天，阿勒坦汗又把明朝叛卒朱锦、李宝送给明朝，以示诚恳。宣大总督苏佑把阿勒坦汗要求入贡开市的理由和本人意见上奏明廷。在《全边略记》中记载有苏佑上奏的主要内容，内容为："虏甚嗜中国货，卤掠则归部落，求贡则归酋长故也。小王子者（指时任大汗打来孙），俺答之侄也。俺答耻为之下，兹求归顺，将假中国官爵，与其侄争雄。臣等多方译审，参伍虏情，有难真拒者。彼以贡为名，其词顺；我因其乞而许之，其体尊。先允开市以济目前，如果保塞来王，然后议其通贡。"苏佑在陈述了阿勒坦汗提出求贡的原因后，也表明了自己同意开市的意见，并提出了先开市，然后看阿勒坦汗对待明朝的态度再商议通贡。开市是单纯的贸易形式，通贡则成为有政治表现形式的贸易方式，朝廷要给对方封官，对方要给朝廷进贡，而反过来朝廷还要付给对方大量的回赐。明廷把这件早已承诺过的事情，又堂而皇之地下到兵部，让兵部召集大臣商议。在一直送贿赂给阿勒坦汗的咸宁侯仇鸾等人主持下，明廷同意了向阿勒坦汗开放马市，并定为一年两次。开放马市的通过也并非很顺利，廷议中一些大臣强烈反对。这些大臣认为："堂堂天朝之尊，而下与犬马为此交易，有损国之重威。"反对最为强烈的当属时任兵部车驾司员外郎（兵部下置机构领导，位在尚书、侍郎下）的杨继盛。他在给明世宗上疏中坚决反对开市，提出了开市十不可和谬（错误）五。十不可分别是："一、

虏辱我如是，而我与议和，忘天下大仇；二、屡命北征，而一旦更议，失天下之大信；三、堂堂天朝与犬羊市，冠履同器，损国家大威；四、豪杰感愤，誓死决战，和则灰其效用之志；五、将士偷安，弛守惰气，懈天下以修武；六、以后私通者，勾引牵连，法所不禁，开边方交通之径矣；七、国威日玩，人思效尤，将来腹心渐起不靖；八、去岁虏犹疑畏，今窥我虚实矣，长其轻中国心；九、或马外别求，悉堕，我以羁，彼以弄，或交而违约，或者而撞关，或驾言别寇，或以疲索价，狡矣；十、各边援例，定不可罢，财马两难相继。"谬说五为："一、或谓外开马市，阴修武备。夫果欲修武，何藉于和？二、或谓方今缺马，利于互市。夫和果可必，安事战马？况虏亦安肯以良马市也？三、或谓暂许马市，渐将通贡，以为永利。不知市马我偿得少偿其价，贡则徒手取空利矣，岂古之所谓咸宾者耶？四、或谓虏即和，我当不失信。不知丑类日众，安能尽厌其欲？且小信亦安肯守之，甘于冻馁也？五、或谓征讨祸惨，互市费微。不知损威养寇，祸甚于战。坏天下大事必此言矣。"在明朝已于1550年八月阿勒坦

宣化城城门

汗兵临城下时已有承诺的情况下，开市已是必然，朝臣廷议本来就已是程序，这位不识时务的兵部员外郎随即被明世宗以阻挠边务，杖打后贬为狄道典史。明朝派已任为兵部侍郎的史道负责大同和宣府的马市。

1551年四月二十五日，明朝开马市于大同镇羌堡，马市位于镇羌堡北100米，紧邻得胜堡口。阿勒坦汗率众至镇羌堡互市。《万历武功录·俺答列传》中记载："先期，俺答果至，既见黄帷香案，叩头跪起，常自称皇上皇上不容口，'我曩时欺心侵犯，负汉德，自今改心易虑，愿为陛下保北塞。谓答不信，天刑所不赦。'已，俺答送奉九马，曰：'俺答敢献皇帝陛下。马必以九，我夷中以九数为至敬也。'已，俺答诚诸酋毋饮酒失事，毋予驽马，马必身腰长大，毛齿相应，然后入。于是，俺答及脱脱巡徼关市下，诸酋肃然。既四日，市马凡二千七百八十余匹，以我缯帛已竭而罢。"从这段记载可以看出，阿勒坦汗对这次的马市多么看重，除口称皇上叩拜外，还愿意为明朝保北塞。尽管只是马市，而阿勒坦汗却以蒙古人最敬的九数向明朝进马，并严禁部下饮酒，以免酒醉闹事，而且连卖出的马都要求是身高体长口轻的好马。这次马市共进行了四天，以明方准备的货物卖尽而结束。六月二十三日，宣府新开口堡马市开市，共易马二千多匹。但是由于只能以马换取布帛，富有者有多余的马，贫穷者只有牛羊，阿勒坦汗又提出以牛羊易菽粟（泛指粮食），因为只有这样才能满足更多贫苦牧民的生活要求，

明镇羌堡遗址

巩固和平贸易关系。明廷主持贡市的兵部侍郎史道也很清楚这一点，认为可以同意，并报请明廷批准。《明世宗实录》记载他在给朝廷的上疏中说："马匹牛羊彼之有也，菽粟布帛我之有也，各以所有余贸所不足，使虏大小贫富皆沾我之有，而我边镇之人亦无不受其利焉。"然而这样正确的主张却被一些原本就不同意开市的官员反对。他们借口"虏欲无厌，既易段布，复请菽粟，恐将有难从之请"。大学士严嵩也转而反对开市，嘉靖皇帝更是早就耻于城下之盟，出于专制君主的妄自尊大和对蒙古的歧视，以史道"不思处置边备，乃为渎奏"为由，将其召回，以"虏变诈，要求不可准"，严令罢各边马市，复言开市者斩。

镇羌堡旁的饮马河

宣化城鼓楼

嘉靖三十一年（1552年）二月，阿勒坦汗派丫头智到大同要求开市，结果被宣大总督苏佑擒获上奏朝廷，嘉靖诏枭丫头智于大同。从此，蒙明双方又进入战争阶段。

三、长城下的私自贸易

在阿勒坦汗不断向明朝要求互市的同时，明朝的将卒、商人、百姓和土默特部众展开了私下贸易，巨大的利润和对生产生活必需品的需求使双方这种贸易经常固定进行。这种隐蔽的贸易就存在于作为军事封锁线的长城下。

由于明方贪图利益，土默特蒙古人需要解决生产生活上的必需品，在长城边上，由明朝将官、士卒、投机商人、沿边普通百姓和土默特人组成的私下交易就此开始。在嘉靖年间任过山西按察使、左布政使的苏志皋著的《译语》中有这样的记载："边方夙弊不可胜言。其甚者墩军多与零贼交易，以斧得裘，铁得羊肘，钿耳坠得马尾，火石（出虞台岭，岭下有火葛，以铁击石，火出，承之以燥叶即燃）得羔皮（墩军利其所有，或畏其攻墩，反传递消息。入

则佯为不知，去后方举炮火）。"约嘉靖二十四年（1545年）以后，宣大总督翁万达在《饬边防以恢戎务疏》中说："访得各边墩军中间，多有擅离信地，及交通虏贼，易卖布匹、针线、铁锅等物，遂致稔熟，透漏消息。虏贼往往乘机而入，抢至内境，方才举放枪炮，甚属误事。已经查访一二，治以军法。"

嘉靖二十九年（1550年）八月，时任大同总兵的仇鸾在给明廷的上疏中说："各边虏患，唯宣大为急。盖由贼巢俱在大边之内，我之墩军、夜不收往往出入虏中与之交易，久遂结为腹心。虏酋俺答、脱脱、辛爱、兀慎四大贼营，至将我大边墩台割据分营，虏代墩军瞭望，军代达虏牧马。故内地虚实，虏无不知者。"

隆庆三年（1569年）成书的霍冀著的《九边图说·大同镇图说》记载："该镇之兵豢养岁久，骄悍日滋，稍不适意，辄相诟噪，甚至交通无忌，与虏为市者。不能御暴而反以为暴，将焉用之？"

隆庆四年（1570年）调任宣大山西总督的王崇古，对墩兵与蒙古右翼的走私贸易叙述得更为详细。他在《禁通虏酌边哨以惩夙玩疏》中说："臣履任一月，历查大边墩哨，每墩十二名，二边每墩七八名，俱月食粮二石；三边内地接烽、每墩三五名，月食一石四斗五升。因地里之远近，为入粮之多寡，良以大边远驻虏巢，时被攻杀，故优其粮赏，厚其优恤，恩至渥也。访得大边哨军，每二人贴一，全不坐哨，专事交通，时以粮银私买货物，深入分定虏帐，交结酋妇，辗转图利。间的虏情，匿不实报；

凡我兵动定，预为虏传。各路参守等官，选哨即不择人，稽查又无严法，听其往来传泄，反为虏用。是每墩以二十四石之粮，养十二人之奸细，将焉用之。"在《明世宗实录》嘉靖二十一年中（1542年），有"阳和卫前所百户李锦及总旗杨泽私与夷人贸易""得旨枭示锦首"的记载；在《万历武功录·俺答列传》中，有"虏代军瞭望，军代虏牧马，而故大帅周尚文又私使其部与虏市"的记载，这是明朝将卒共同和土默特蒙古人交易，双方有了良好关系的记录。以上资料透露了许多令人吃惊的历史现象，那就是明朝嘉靖、隆庆时期，宣府、大同、山西一带沿线的墩兵，一直在从事明蒙之间的走私贸易活动，屡禁不止。到隆庆初，一些地方三分之一的墩军轮番擅离职守，专门从事贸易活动，规模愈来愈大。除明朝将官、士卒和蒙古右翼走私贸易外，投机商人、沿边百姓和军卒也分别或共同和蒙古右翼走私贸易。据《万历武功录》记载，隆庆三年（1569年）二月，"西安人杨一林以阑与虏私易马尾，事觉，亡入虏"；隆庆四年（1570年）"其二月，阳和军马西川、榆次人李孟阳私易马尾，久之竟与老营堡李义、韩龙冈、李兴、孙大臣约，亡入虏"。这分别是商人单独和军卒与商人共同和土默特蒙古人交易的记载，后来都叛逃到了土默特。可见，明廷虽以法律严禁私市，却禁之不绝。双方军民私相交易，也有了较好的关系。这种长城下的私市，也在一定程度上解决了一些土默特蒙古人的日常生活所需。

四、把汉那吉投明促成的蒙明和议

隆庆四年（1570年）九月十八日，阿勒坦汗的孙子把汉那吉投降明朝。这一事件的圆满解决，促成了最终的明蒙和议，史称为"隆庆封贡"。

把汉那吉是阿勒坦汗第三子铁背台吉的独生子，自幼丧父丧母由祖母伊克哈屯抚养成人。把汉那吉聪慧机警，也受到了阿勒坦汗的喜爱。1570年，把汉那吉18岁，已结婚6年，并娶有一妻一妾。关于降明的原因，《阿勒坦汗传》中记述为："其后由于上天之命，汉蒙两国平等议和佳时来临，谓其缘由始自岱青讷寨，于铁福公马年八月降入尼兀察城（指平虏城）。"《阿勒坦汗传》没有叙述把汉那吉降明的原因。在把汉那吉降明后，时任明朝大学士兼吏部尚书的高拱和时任大同巡抚的方逢时等人都写有这一事件的文章，其中高拱的文章为《伏戎纪事》，方逢时所写的文章为《云中处降录》，时任山西按察副使的刘应箕写的文章为《款塞始末》，与方逢时关系密切的刘绍恤写的文章是《云中降虏传》。瞿九思的《万历武功录》、谷应泰编撰的《明史纪事本末》、方孔炤的《全边略记》等众多记载明朝边塞事情的汉文史籍大都有对这一事件的记载。据各书所记，把汉那吉投明的原因均为阿勒坦汗以外孙女许聘鄂尔多斯，阿勒坦汗见其漂亮，自己娶之。鄂尔多斯怒，欲攻之。阿勒坦汗惭惧，夺把汉那吉所聘兔扯金之女与之，把汉那

吉怒而降明。方逢时的《云中处降录》和一些书中还把这个外孙女写成是乌彦楚。关于把汉那吉降明的日期，《阿勒坦汗传》只记为藏历八月，《云中处降录》记为九月十三日在平虏（今山西朔州市平鲁区）之败胡堡（今败虎堡村）乞降，《伏戎纪事》记为九月十九日。在把汉那吉投降明朝时，阿勒坦汗因当年土默特地区大旱受灾，于九月四日出兵西掠吐鲁番，闻报后忙率兵东返，约诸部南下，想以武力夺回孙子。

随把汉那吉一同降明的还有他的两位妃吉及乳母和其夫阿力哥等十余人。把汉那吉在平虏卫败胡堡降明后，又被送到大同。大同巡抚方逢时在接纳他们后，报宣大总督王崇古。两人计议，认为这是"奇货可居"，可以作为人质挟制阿勒坦汗。方逢时和王崇古共同上疏明朝廷，提出解决此事的"三策"。在《全边略记》中记载的这三策主要是："一、把汉脱身来归，非拥众内附者比，宜给宅授官，厚赐衣食，禁绝交通，多方试之，以察其志。使俺答勒兵临境，则当谕以恩信，许其生还，因与为市，令生缚板升诸逆，归我士马，然后善遣之。二、如其恃顽强索，固守随机，示以必杀，制其死命，其气易阻，必不敢大肆，吾计可行。三、其或弃把汉不顾，吾厚以结之。其部继降者辄收牧，令把汉统领，略如汉置属国居乌桓之制。俟俺答既死，则令把汉还本土，收其余众，与黄台吉构，我以师助之，或两利俱存，而内收其力，边人因得休。"这时的明朝，迷信道教、刚愎自用、反复无常的嘉靖已经死去，1567年隆庆继位以来，朝内形势发

明败胡堡残存的城墙

生了转变。新入内阁的辅臣高拱、张居正推行改革，整顿吏治、清除积弊，朝廷空气为之一新。对于拒绝阿勒坦汗要求通贡互市的做法，也做了反省。他们以为，拒绝阿勒坦汗要求互市而导致蒙古连年入犯，边境之民颇受其苦，军费剧增，国库空虚，上下窘迫，完全是失策。同时也加强边防，调抗倭名将戚继光任蓟州总兵，倚重宣大总督王崇古、大同巡抚方逢时等。王崇古和方逢时的奏书到达朝廷后，朝内一时议论纷纷，各抒己见。高拱和张居正力排众议，同意了王崇古和方逢时的建议，明廷诏封把汉那吉为指挥使，阿力哥为正千户，并给予优厚待遇，妥为安置，观望阿勒坦汗的行动。

1570年十月五日，救孙心切的阿勒坦汗兵分三路进攻山西、大同、宣府边境。阿勒坦汗亲自领兵一万驻扎于距把汉那吉降明的平虏城六十里的地方，派僧格领一万骑兵进逼阳和，派永谢布部五千骑兵抵达威远（今山西右玉县西南威远镇），形成东西掎角之势，威逼明朝。

为了达到给明廷上书时的建议目的，王崇古和方逢时派使者金国前往阿勒坦汗

平虏城城门

军营送信，被阿勒坦汗杀掉。随后，又派使者侯金到阿勒坦汗军营送信，又被阿勒坦汗杀掉。第三位去阿勒坦汗军营的，叫鲍崇德，是明军的蒙语翻译。在前两位使者被杀后，鲍崇德主动请求作为使者到阿勒坦汗军营，其原因是过去鲍崇德曾在土默特部待过，与土默特部众熟识。鲍崇德到阿勒坦汗军营后，果然受到了阿勒坦汗的接见。在交谈中，鲍崇德告诉阿勒坦汗，明朝对把汉那吉很好，如果动武强夺，则会让明方改变主意把把汉那吉杀掉，同时提出了以赵全等48人来交换把汉那吉。阿勒坦汗颇感犹豫，提出了以牲畜赎把汉那吉的要求。鲍崇德说："中国牛羊满山遍野，金币珠玉堆积，根本用不着牛羊马。只能

平虏城（今山西平鲁凤凰城）内的千佛寺

以赵全等人交换。"为了证实把汉那吉在明朝的情况，阿勒坦汗派出火力赤、十六两名使者随鲍崇德去见王崇古、方逢时。王、方故意让使者登上高阁，安排把汉那吉穿着华丽的衣服从阁楼下面走过。使者回报后，阿勒坦汗惦念孙子的一颗心才稳定下来。为了表示和谈诚意，阿勒坦汗又退兵30里驻营。进攻山西右玉威远的永谢布在听到和谈的消息后也原地驻营，观看情况进展。然而，离阿勒坦汗部队较远的僧格并没有得到任何消息，进入长城后，攻堡陷寨，杀五百多人，掠马牛羊二千多头（只）、粮一万二千多担，焚烧房屋五百多间，并将明朝宗族代王坟墓地上的殿堂烧毁，于十月十二日夜到达阳和城东后，四处烧杀。守城的大同巡抚方逢时看到形势危急，拿出把汉那吉带来的令箭，招募懂蒙语的龚喜、土忽智二人，给以重赏，让他们到僧格军营，告诉僧格，明朝正和其父阿勒坦汗和谈，让他尽快退出长城内。看到令箭的僧格高兴地流泪，他告诉来使，这并不是把汉那吉的令箭，而是其弟铁背台吉的令箭，现由把汉那吉使用。他来就是奉阿勒坦汗之令救把汉那吉，既然把汉那吉无事，阿勒坦汗又要和谈，那他就尊父令退去。为了核实情况，僧格派部下脑木舍、哑都善随龚喜、土忽智进城见方逢时。方逢时向二人再次说明情况，并招待二人。得到准确消息的僧格一面派人持令箭到阿勒坦汗大营请令，一面开始退军。在退军中，有宣府明军拦截，被僧格打败。《阿勒坦汗传》中专门叙述了僧格的这次军事行动。

噶鲁迪（金翅鸟，传说以龙为食）般力大的都古隆僧格诺延发兵，

深而入之将大明汗宗祠红房付诸丙丁。

囊家特国大小官员为之震恐，
派名为巴彦达喇之通事好言善语云：
"汝弟（应为侄）安康待我释还封贡互市缔和于汉蒙间，
请自今以后停止焚烧红房，"

哎呀，吾弟（应为侄）岱青讷寨是否平安，
派名为阿都萨之官员偕同汉国使臣前往看望，
当还报安然健在犹如大明皇子一般时，
（都古隆僧格）大喜将火熄灭期待（讷寨回还）。

僧格这次轻易打到阳和城下，并大肆杀掠，反映了当时明朝边备松懈、御守不力、将帅统御无能的情况。这应也是边臣们深知军事实力弱，力主议和的主要原因。僧格的部队退回土默特后，巡按直隶监察御史姚继可曾以"方逢时致款曲房嫁祸，该镇巡将将领等官，有临敌而侥幸苟免者，有惧敌而观望不进者，事迹昭然，通应并究。

威远城残存的城墙

建于明代的阳和城内的云林寺（今山西阳高县云林寺）

乞将平虏参将刘廷玉侯贼退事定之日究问，大同总兵官马芳行令戴罪杀贼，巡抚方逢时亟行罢斥，总督王崇古免究"，上疏明廷弹劾。明廷以"马芳、刘廷玉由兵部议复，王崇古免究，方逢时年力精强，才猷敏练，边方允赖，舆论共推，今指其致款曲于虏营，非有证据之实，嫁祸患于宣镇，亦无知见之人。况虏酋执叛乞降之时，正抚臣临机设策之日，夷情即不可尽泄，秘计亦难以自明，但当要其后效何如耳"，处理此事，让方逢时照旧安心供职，解决好和阿勒坦汗索孙执叛的事情。

为了促使阿勒坦汗下定决心以赵全、李自馨等人换取把汉那吉，方逢时把他在招降塞外板升人口时赵全、李自馨写给他的信增色后让鲍崇德带上去见阿勒坦汗。鲍崇德来到阿勒坦汗的军营，劝告阿勒坦汗说："赵全等人引诱你进兵，是有他们自己打算的。他们想借此将功赎罪，回到明朝去做官，绝不是为你着想。"阿勒坦汗不信，鲍崇德让阿勒坦汗屏退左右，拿出赵全等人写给方逢时的密信。阿勒坦汗见信大惊失色，发觉自己正在被赵全等人

出卖，于是做出了向明朝送交赵全等人的最后决定。

1570年十一月十九日，经过几次和明朝协商，阿勒坦汗最终同意将明朝索要的48人中的赵全、李自馨、王廷辅、张彦文、刘天麒、赵龙、马西川、吕小老、吕西川、周元10人送交明朝。周元在土默特听到这个消息后，自杀身亡，张彦文因出使阳和被就地扣押，其他8人被执送大同左卫。第二天，明朝派军队护送把汉那吉一行和阿勒坦汗夫妻相见。明朝也因此功升王崇古太子少保、兵部尚书兼右副都御史，荫一子为世袭千户；升方逢时为兵部右侍郎兼右佥都御史，荫一子为世袭百户。同时，明廷再次下令接纳板升想要回归明朝的汉人。

把汉那吉回到阿勒坦汗军营后，阿勒坦汗又派打儿汉、哑都善带书去见方逢时，

宣化城墙遗址

云石堡遗址

表示感谢，并请封为外臣，贡方物。方逢时让阿勒坦汗给明廷上表致谢，请封爵朝贡。

隆庆五年（1571年）二月，王崇古将阿勒坦汗的"封贡"要求上奏明朝廷。他针对朝中有不少人对"封贡"有疑虑，担心会松懈战备等，特别指出："朝廷若允俺答封贡，诸边有数年之安，可乘时修备。设敌背盟，吾以数年蓄养之财力，从事战守，愈于终岁奔命，自救不暇者矣。"并提出了切实可行的八条建议：

1. 议锡封号官职，以臣服夷酋。

2. 定贡额，以均赏赉。

3. 议贡期贡道，以便防范。

4. 议立互市，以利华夷。

5. 议抚赏之费，以求可继。

6. 议归降（指板升汉人），以杜启衅。

7. 审经权（指制御羁縻之策），以严边备。

8. 戒狡饰（指防边兵边将贪冒），以训将略。

这八条建议都包括有具体的细则。1571年三月初，明穆宗命朝臣对这八条建议进行审议。经过几次反复议论，朝臣们持赞同意见的只占30%，持反对意见的占70%，王崇古受到了朝臣们的猛烈抨击。这时，高拱和张居正再次出面，力排众议，合力支持王崇古的建议，并举出明成祖封哈密忠顺王和忠义王的事来主张允许封贡，同时也主张加强兵备，以防不测。最后，明穆宗同意了高拱、张居正和王崇古的意见。

1571年三月十八日，明穆宗下诏，封

阿勒坦汗为"顺义王"，封阿勒坦汗之弟巴雅思哈勒和长子僧格为都督同知，其余子侄和部下59人分别为指挥同知、指挥佥事、千户、百户等官，并按官秩分等级给予丰厚赏赐。明穆宗所下圣谕是：

> 朕惟天地以好生为德，自古圣帝明王，代天理物，莫不上体天心，下从民欲，包含一偏覆，视华夷为一家，恒欲其并生并育于宇内也。我太祖高皇帝，膺天眷命，君主万方；成祖文皇帝顺天继统，镇抚九围，薄海内外，无不臣服。迨朕缵承丕绪，于兹五年，钦天宪祖，爱养生灵，胡越一体，并包兼育。顷因尔孙来归，特命边臣护视，给其服食，厚加拊纳，以礼遣还。尔感朕恩，愿称臣内属，岁岁入贡，永为荒服，俘献叛贼，以表悃诚。边臣为奏，恳款再三。朕念北番朝贡，代固有之，在我国家，亦惟常典。尔能慕华内附，请命恭虔，可谓深识天道者矣。朕实嘉悦。特允所请，封尔为顺义王，尔弟尔子，及诸部落头目，俱授以都督等官，俾尔世居本土，逐草射猎，各安生业，同乐太平。朕代天覆帱万国，无分彼此，照临所及，悉我黎元，仁恩惟均，无或尔遗。尔尚仰遵天道，坚守臣节，约束尔众，永笃恭顺，使老者得安，幼者得长，保境息民，世世安乐。朕国家膺万年之天运，尔子孙亦保万年之福泽，岂不永为美利哉。倘尔部众，或背初心，扰我边境，是乃自乖大义，轻弃盟言，天地鬼神，实共鉴临，非尔之福。尔其悉体朕意，尚钦承之。

同时，明廷还定阿勒坦汗等每年向明廷贡马一次，每次不超过500匹，由明廷给予马价，另加赏赐；定互市市场大同在右卫威虏堡（后因无水改为大同得胜堡），宣府在新平、张家口，山西在水泉营。

鉴于以往双方关系中的问题，特别是嘉靖三十年（1551年）马市破裂的教训，阿勒坦汗与明朝边臣还制定了处理双方关系的"规矩条约"十三条，这十三条条约是：

1. 投降人口若是款贡以前走来，各不相论。以后若有房地走入人口是我真夷，连人马送还。若是中国汉人走入，家下有父母兄弟者，每一人给恩养钱分，段四匹，梭布四十匹；如家下无人者，照旧将人口送还。

2. 中国汉人若来投房，我们拿住送还，重赏有功夷人。我夷人偷捉汉人一名出边者，罚牛马羊一九。

3. 夷人杀死人命者，一人罚畜九九八十一，外骆驼一只；中国汉人打死夷人者，依照中国法度偿。

4. 中国汉人出边偷盗夷人马匹牛羊衣物者，拿住送还，依照中国法度处治。

5. 夷人打了无干汉人，罚马一匹。

6. 夷人不从暗门进入，若偷扒边墙拿住，每一人罚牛马羊一九。

7. 夷人夺了汉人衣服等件，罚头畜五匹头只。

8. 夺了镰刀斧子一件，罚羊一只，四五件者罚牛一只。

9. 打了公差人，罚牛马羊一九。

10. 夺了汉人帽子手帕大小等物，一件罚羊一只。

11. 偷了中国马骡驴牛羊者，每匹只罚头畜三九。

12. 筵宴处所夷人偷盗家活等件者，罚羊一只。

13. 讲定拨马。若进贡领钦赏，俱准倒骑马骡；若报开大市并讲紧急事情，本王与黄台吉各准拨马四匹，其余台吉各准马二匹；若是讨赏卖马者，各骑自己马匹。

1571年五月二十一日，明朝在得胜堡（今内蒙古乌兰察布市丰镇南）外九里晾马台搭设长、宽各9米的彩棚，布置彩亭4个，彩旗40面，鼓乐喧天。明朝派遣大同副总兵赵伯勋、游击康纶对土默特、喀喇沁部举行封授仪式，宣读诏书。阿勒坦汗率领蒙古右翼土默特、喀喇沁、鄂尔多斯部众及受封授人员迎诏。阿勒坦汗接受了明朝所封"顺义王"的称号。其他61人接受了明朝封授的都督、指挥、千户、百户官职。

宣读诏书后，明朝对被封授人员进行了赏赐。阿勒坦汗在仪式上对天起誓说："中国人马八十万，北虏夷人四十万，你们都听着，听我传说法度。我虏地新生孩子长成大汉，马驹长成大马，永不犯中国。若有哪家台吉进边做歹者，将他兵马革去，不着他管事。散夷做歹者，将老婆孩子牛羊马匹尽数赏给别夷。"随后，阿勒坦汗又宣布了互市十三条条约。

封授仪式结束后，王崇古派使者告诉阿勒坦汗，应上表感谢明廷。因土默特部没有既懂蒙文又通汉文能写表文的人，阿勒坦汗让鄂尔多斯部其侄库图克台切尽皇台吉给明廷写感谢表文。表文送到王崇古处后，因表文尽管较为恭顺，但内容上有不少佛教用语，并缺少实质内容，王崇古又让宣大文职人员进行了修改，经派去送表文的土默特台吉、巴格希看过后，将表

文封验，送往明廷。这就是著名的《北狄顺义王俺答谢表》。《北狄顺义王俺答谢表》全文如下：

北狄顺义王俺答等臣贡表文：

北狄新封顺义王臣俺答等谨叩头百拜奏谢，大明仁圣皇帝陛下。方今普天率土，天朝皇明为尊，实上天之元子，为华夷之正主，九夷八蛮，各受封贡。臣等生长北番，不知臣礼，先年小王子原通进贡，受天朝赏赐。近岁各部落被奸人诱引，坐失抚赏。臣等生齿日多，衣服缺少。臣侄吉能分驻黄河西套，及河西大小松山，臣弟把都儿分驻察罕根脑，接连朵颜三卫。各边不许开市，衣用全无，毡裘不奈夏热，段布难得，每次因奸人赵全等诱引，入边作歹，虽尝抢掠些须，人马常被杀伤。近年各边常调兵出搞，杀虏家口，赶夺马匹，边外野草尽烧，冬春人畜难过，实臣等犯恶自取，委因赵全等诱引。

近日天助皇明，兵多将广，并爱北狄，致孙那吉南降。蒙万岁天恩，不杀臣孙，收留养赡，准督抚奏请，授那吉指挥使官职。臣弟侄子孙，均感天恩，同心内附，誓不敢再扰各边，自取天诛。各情愿拜受封职，永为藩夷。节次臣差中军打儿汉首领贵持番文，赴督抚各官呈递。先遣犯人张彦文，复拿奸恶赵全等八名，督抚为臣奏请，蒙恩许准，赐臣孙采段表里布匹，放孙生还。及蒙督抚颁给臣父子赏赐，臣同臣孙俱各南望叩谢天恩。且臣北番，不通文理，又无表纸，从实请讨。又蒙督抚教臣约会臣弟把都儿、臣侄吉能并臣男黄台吉，东西会同臣亲族永邵卜、多罗土蛮、兀慎、摆腰、委兀儿慎各部落，同心发誓，不犯各边。方许为臣奏请。臣遵谕，会合各枝头目，各差亲丁，随同督抚通舍，复使打儿汉等入赴督抚衙门，各译审明白，为臣奏请。既蒙圣旨怜悯，敕封臣顺义王，臣弟老把都儿及臣男黄台吉各都督同知，臣孙把汉那吉为指挥使，其余臣子孙侄男各为指挥、千百户，共五十七员。蒙赏赐臣大红金采

蟒衣一袭，采段八表里，臣弟臣男各红段狮子衣一袭，采段四表里，许臣进贡互市。臣等不胜感戴天恩。

臣北番，不通文字，原无表式，臣向督抚衙门求得表式表纸，照臣节次番文情词，写成表文，实出臣各夷诚心，望乞皇帝陛下怜悯。臣老年悔祸，感恩诚心，宥臣以前听奸人扰边之罪。臣等进贡马匹，俯赐准留，薄给赏赐，将臣兄吉囊子孙吉能等，原系臣老枝，臣已约会同心内附，彼亦输心归顺。今臣等各受封官，吉能等未蒙授职，臣等祖宗恐怪臣等，伏望圣恩，将吉能一体赐以官职，许其贡市，容臣等分守漠北、河套，每年进贡，乞敕各边守臣各立市场，听番汉人等每年互相买卖一次，每年春以臣等夷使进关为期，回日罢散，华夷各遂安生，使臣弟侄子孙世世感戴恩德，不敢背叛。如有违犯，必遭天杀。臣无任感恩陈谢之至。谨奉表文，同各枝夷马五百匹，随表具进以闻。计进上用银鞍辔俱全白马一匹。上用马八匹。进贡马五百匹。

隆庆五年五月　日北狄新封顺义王臣俺答

都督同知（从一品）

臣把都儿（巴雅思哈勒，喀喇沁部昆都仑汗，阿勒坦汗四弟）

臣黄台吉（僧格，阿勒坦汗长子）

指挥使（正二品）

臣把汉那吉（阿勒坦汗三子铁背台吉独子）

指挥同知（从三品）

臣宾兔台吉（阿勒坦汗四子兵都）

臣把林台吉（阿勒坦汗五子依勒登）

臣不失他礼（阿勒坦汗七子博达希利）

臣扯力克（阿勒坦汗长孙、僧格长子那木岱）

臣青把都台吉（巴雅思哈勒次子）

臣白洪大（巴雅思哈勒长孙）

臣永邵卜大成台吉（阿勒坦汗六弟博迪达喇长子，汉籍书中也称为恩克跌儿大成台吉）

臣委兀儿慎着力兔台吉（达延汗七子阿尔博罗特第三子不克台吉长子）

臣多罗土蛮把都儿黄台吉（达延汗四子阿尔苏博罗特长子布吉格尔长子达雅皇台吉）

臣哈喇慎着力兔把都儿台吉（达延汗七子阿尔博罗特第四子莫蓝台吉长子）

指挥佥事（正四品）

臣那木尔台吉（僧格次子，又称五路把都尔台吉）

臣把都儿台吉（僧格三子，又称青把都补儿哈图）

臣哈木儿哈不害（僧格四子，又称哈木把都儿台吉）

臣松木儿哈不害（僧格五子，四世达赖之父）

臣波儿哈都台吉（僧格六子）

臣台失哈不害（僧格八子）

臣把都儿台吉（阿勒坦汗次子宝音台吉独子）

臣阿不害（《万历武功录》记为阿勒坦汗六子和里克台吉子，有误。他的身份应与那那台吉身份互有交错，他应为阿勒坦汗叔伯弟，根据授封人员中没有乌巴伞吉后裔的情况，他应为乌巴伞吉的独子）

臣那那台吉（《万历武功录》记为阿勒坦汗叔伯弟，有误。那那台吉为阿勒坦汗六子和里克台吉独子，又称打剌阿拜台吉）

臣哈不慎（巴雅思哈勒三子）

臣满五索台吉（巴雅思哈勒四子，又称矮儿克勿打儿汉台吉）

臣满五大台吉（巴雅思哈勒五子，又称七庆朝库儿台吉）

臣满克寨台吉（达延汗七子阿尔博罗特三子不克台吉三子）

臣旭胡弄台吉（达延汗七子阿尔博罗特三子不克台吉四子）

臣麦力艮台吉（达延汗四子阿尔

苏博罗特长子布吉格尔台吉二子）

臣着力兔台吉（达延汗四子阿尔苏博罗特长子布吉格尔台吉三子）

臣克邓台吉（达延汗四子阿尔苏博罗特长子布吉格尔台吉五子）

臣合罗气把都儿台吉（阿勒坦汗六弟博迪达喇第三子，又称为哑速火落赤把都儿台吉）

正千户（正五品）

臣阿力哥（把汉那吉乳母之夫）

臣打尔汉台吉（阿勒坦汗三弟拉布克台吉独子，又称兀慎歹成打儿汉达儿麻台吉）

臣来赛台吉（巴雅思哈勒二子青把都子）

臣来洪大台吉（巴雅思哈勒二子青把都子）

臣大成台吉（巴雅思哈勒三子哈不慎子）

臣大安台吉（巴雅思哈勒三子哈不慎子）

臣阿拜台吉（巴雅思哈勒三子哈不慎子）

臣薛地哥台吉（巴雅思哈勒四子满五索子）

臣蛮根儿台吉（巴雅思哈勒四子满五索子）

臣不腊杜台吉（巴雅思哈勒四子满五索子）

臣白赖台吉（巴雅思哈勒长孙白洪岱弟）

臣插汗敖不良台吉（巴雅思哈勒长孙白洪岱弟）

臣哈不慎台吉（巴雅思哈勒长孙白洪岱弟，又称我不良正台吉）

臣引克台吉（永谢布大成台吉子）

臣挨四台吉（永谢布大成台吉子）

臣挨着兔台吉（永谢布大成台吉子）

臣挨落台吉（阿勒坦汗六弟博迪达喇三子哑速火落赤把都儿之子）

臣阿不害（《万历武功录》记为着力兔台吉男）

臣委敬阿拜（多罗土默达雅皇台吉长子，又译称为威静阿拜台吉）

副千户（从五品）

臣阿拜台吉（达延汗四子阿尔苏博罗特次子五乎囊台吉次子克臭子）

臣恶不慎台吉（据《万历武功录》记载为大成已故都腊儿子）

臣八耳谷台吉（阿勒坦汗六弟博迪达喇二子也辛跌儿台吉独子，即青海的巴尔虎台吉）

臣唐伍台吉（阿勒坦汗六弟博迪达喇三子哑速火落赤把都儿之子）

臣阿不害（达延汗七子阿尔博罗特三子不克台吉次子小薛台吉次子）

臣吾奴谷把都儿台吉（达延汗七子阿尔博罗特四子莫蓝台吉三子）

臣薛地哥台吉（达延汗七子阿尔博罗特四子莫蓝台吉长孙）

臣银定把都儿台吉（达延汗七子阿尔博罗特四子莫蓝台吉四子）

臣吃慎把都儿台吉（达延汗七子阿尔博罗特四子莫蓝台吉五子）

臣独腊儿台吉（阿勒坦汗五弟那林台吉长子）

臣满根大台吉（达延汗七子阿尔博罗特四子莫蓝台吉长子着力图把都儿二子）

百户（正六品）

臣恰台吉（阿勒坦汗义子）

臣打儿汉（不详）

收到阿勒坦汗的贡表和贡马后，明朝赐酬赏马价银六千七百零五两，另赏赐阿勒坦汗、伊克哈屯、把汉那吉、僧格丰厚的衣物、金币。库图克台切尽皇台吉也因撰写表文被赏彩缎、生绢、金纻丝衣、木棉布，并按指挥对待。

1571 年秋，鄂尔多斯部以阿勒坦汗为其长辈，受阿勒坦汗管束，阿勒坦汗已和明朝通贡互市，而他们还没有通贡互市为由，向明朝提出通贡互市。明廷同意了鄂尔多斯部通贡互市的请求，封授鄂尔多斯首领衮必里克长子纳延达赖为都督同知，库图克台切尽皇台吉等49人为指挥同知、指挥佥事、千户、百户官职。

至此，明朝与蒙古右翼全部实现了通贡互市关系，西起青海、甘肃、陕西，东到辽西地区的蒙古右翼和明朝边境上二百余年的战争结束。

五、蒙明通贡互市的实质内容

通贡互市是中原汉族与边境少数民族经济来往的重要表现形式，不但有其经济意义，而且有其政治内容。中原王朝强盛时，可以借互市控制边境少数民族，安定边境局势并从中获利。中原王朝衰弱时，互市就成为少数民族刺探中原情报的窗口、武装掠夺的掩护、经济讹诈的借口。少数民族与中原王朝友好时，互市是加强民族

马市图，包头画家集体创作

间团结与交流的最好方式。以土默特部为主的蒙古右翼在与明朝通贡互市中，一改历朝历代进贡使团进京朝贡互市的惯例，改为了由边臣代贡，近边开市，普通百姓都能参与的新型互市，互市的物品也变得更加丰富。

（一）封贡和封授爵位

阿勒坦汗从 1534 年向明朝求贡，到 1571 年通贡互市，历经 38 年，土默特、喀喇沁、鄂尔多斯右翼各部与明朝建立的通贡关系，是以各部为了与明朝取得贸易权利，出售自己部落的畜产品换取明朝生产、生活必需品，得到明朝大量赏赐而产生的。所以其进贡和接受封授爵位都是为了互市和得到明朝的赏赐。而明朝和以土默特为代表的蒙古右翼通贡互市和封授爵位则是为了边境的安宁。

对于阿勒坦汗与明朝的隆庆封贡互市，明蒙双方的观点不一样。作为将蒙古逐出中原的明朝廷，在蒙古人建立的元朝被推翻后，成为了胜利者，在处理和蒙古的关系时，也处处以胜利者自居。尽管在明朝中后期，明朝时时被动挨打，损兵折将，大量边民被杀掳、财物被抢夺，并放弃了明初占领的大片土地（如土默特大部分地区、鄂尔多斯地区），但仍时时以天朝自居。封贡的本身是要在接受贡品的同时拿出远高于贡品的金银赏赐对方。而且明蒙二百余年间，明朝边境被蒙古入侵杀掠不断，国家再拿出钱来送给对方，以求平安，无异于服软，这也是阿勒坦汗多次要求入贡被明朝大多数朝臣反对的原因。这种以蒙古方面接受明朝官职称臣的通贡，也使

得明朝君臣有了面子。这种通贡，在表面上并不是明朝软弱屈辱，而是蒙古称臣内属服软。而蒙古方面认为，明朝之所以"封贡互市"，是因为惧怕阿勒坦汗武力的结果。不同的看法反映了各自的民族自尊心。进贡的实质内容就是按照双方协定好数量的贡品贡物按时间送到协定好的地点，送这些贡品时，还必须以臣的礼节上表文。这个表文还要盖上封授的顺义王印，才能有效，这也是顺义王印的唯一用途。这样，明朝就可以堂皇地再给予高于这些物品的赏赐了。这给予的赏赐也就是明朝给予封授官职人员能够得到的实际利益。除此之外，这些被封授官职的人是没有明朝俸禄的。封授的官职只能表示向明朝进贡物品后能得到多少赏赐，在蒙古内部是没用的。如阿勒坦汗的义子恰台吉，在明蒙和议时已领有土默特部众二千人，其管理的事务也要远远超过很多被封为指挥佥事的人，但因为只是义子，在明蒙和议封授官职时只得到了百户的封授，但这并不会影响他在土默特内部的地位。"隆庆封贡"是一次双方满意的和议。蒙古方面的剩余畜产有了市场，贫苦牧民解决了生产生活中的必需用品，贵族们每年都能得到大量奢侈用品，接受了明朝的各种封号，并以此为荣。明朝方面也以远远低于过去防御费用的银两换来了边境和平，同时大量牲畜及畜产品进入明朝也促进了明朝内地的社会经济发展。

（二）互市的市场和交易的物品

1571 年的明蒙和议形成后，明朝开放宣府张家口、新平口，大同威虏堡，山西

水泉营作为市场和土默特部、喀喇沁部互市。因威虏堡周边缺水，又改为在大同北的得胜堡开市，1572年又开大同守口堡市场。1571年秋，明朝同意鄂尔多斯部进贡互市，市场定于延绥红山墩。1575年冬，在土默特部的要求下，明朝又为驻牧青海的土默特部在甘肃洪水扁都口开市，在宁夏清水营为驻牧甘肃大、小松山的鄂尔多斯部开市。至此，明朝对蒙古右翼开设的八个大市场全部形成。其中宣府张家口的互市部落为喀喇沁部及所属的永谢布、阿速特、大畏兀儿沁、打喇明安部，大同新平堡、守口堡、得胜堡、山西水泉营、甘肃扁都口为土默特部互市地点，延绥红山墩、宁夏清水营为鄂尔多斯部互市市场。

为做好明蒙互市，互市之初的明方积极筹备市场，明宣大总督王崇古等"广招商贩，听令贸易。布帛、菽粟、皮革远资江淮、湖广辐辏塞下，因收其税以充犒赏"。土默特部最东的互市市场为新平堡，新平堡在今内蒙古兴和县东南，山西天镇县东北的新平堡镇。马市市场位于长城内新平堡西北九百米左右，西洋河流经马市西北角。马市占地四十多亩，城墙高达六七米，城东开门。明朝时，新平堡驻参将、守备各一员，驻兵1642名。据当地人讲，过去马市旁还有戏台。后来，明朝又在新平堡镇东四五公里的地方设立了一处马市，即马市村西北的马市，其西不远即为西洋河。为区别新平堡西原来的马市，人们把新平堡的马市称为西马市，马市村西北后开的马市称为东马市。新平堡的马市互市部落最初为僧格和他在土默特东驻牧的妻子和

儿子们及土默特巴岳特、乌审部。守口堡的马市位于今内蒙古丰镇市东南，山西阳高县东北的长城内。1570年，明宣府、大同、山西总督由宣化移驻阳高，阳高县成为当时宣府、大同、山西三镇的最高军政长官驻地。守口堡马市位于守口堡北约三百米，马市紧邻山谷口通道。明朝时，守口堡驻守备、把总各一员，兵466名。守口堡马市旁的山沟水源充足，距阳高县城仅5公里左右。守口堡马市开于1572年，现已没有任何遗址。守口堡马市开市后，互市部落为僧格长子那木岱领有的僧格所属畏兀儿沁、茂明安部，土默特巴岳特部、乌审部、巴林部。得胜堡马市位于内蒙古丰镇市南，山西大同新荣区北堡子湾乡。马市位置位于得胜堡北二百多米，东距镇羌堡

延绥红山墩市场遗址

新平堡北门遗址

新平堡西马市遗址

照片东侧为新平堡东马市遗址

红门隘马市遗址

守口堡马市旁的长城

得胜堡南门遗址

互市部落和得胜堡相同。洪水扁都口位于甘肃民乐县东南 28 公里处，为甘肃穿越祁连山进入青海的入口，是明朝设重兵把守的地方。土默特部在青海驻牧的兵都畏兀儿沁部、多罗土默火落赤部和永谢布巴尔虎部在扁都口互市。这些市口的设立也反

约四百米、北距得胜口三百多米。得胜堡东约六百米就是从内蒙古丰镇市流入的饮马河。饮马河常年水流充沛，能够满足互市时的人畜饮水。得胜堡马市市场占地约四十亩，城墙残高约五米，城东开门，筑有两环瓮城。本地人称之为"市成堡"，明朝时镇羌堡驻守备一员，驻兵 1050 名；得胜堡驻参将一员，驻兵 2960 名。得胜堡互市部落为阿勒坦汗亲统的蒙郭勒津部和土默特的多罗土默部、畏兀儿沁部、达拉特部，把汉那吉的撒勒术特部及板升汉族人口。山西水泉营马市位于内蒙古清水河县暖泉乡南，山西偏关县东北水泉营乡长城外的红门隘处。在所有开市的市场中，唯有水泉营马市建于长城外，马市占地也在四十亩左右，本地人称之为"马房圪洞"。明朝时水泉营堡驻守备一员，兵 1004 名，

得胜堡马市遗址

水泉营堡南门遗址

映出明朝廷设置马市的矛盾，一方面是政治和贸易的需要，必须设立市场；另一方面是如临大敌，戒备森严，唯恐发生意外。各市口在官市结束后由商人和蒙古人进行私市。交易的范围，在官市上，蒙古方面主要出售马匹；在民市上，范围就广得多，蒙古方面有马牛羊骡驴，及马尾、羊皮、毡、皮袄等，明朝方面的商人用绸缎、布绢、棉花、针线索、改机、梳篦、米盐、糖果、梭布、水獭皮、羊皮盒等与蒙古人易货。富者可用马匹换缎帛，穷人则以牛羊、毡、裘换布匹针线。1571年五月开市时，明朝规定马市上等马价银12两，中等马价银10两，下等马价银8两。为了做好首次互市，王崇古动用官府库银组织进货，

并要求保证质量。首次交易，土默特部在大同得胜堡马市官市共卖马1370匹，共收回银10545两，私市卖马骡驴牛羊6000头（只），收抚赏费（税银）981两；新平堡僧格部、巴岳特部、乌审部官市卖马726匹，收银4253两，私市卖马骡牛羊3000头（只），收抚赏费银561两。在山西水泉营官市共卖马2941匹，得银24400两，私市卖马骡牛羊4000头（只），收抚赏费1500两。三市官市共卖马5037匹，私市共卖马骡牛羊13000头（只）。1572年，因春季牲畜体质较弱，又缺少饲草，明朝买回去难以喂养，开市时间从五月改为八月，并又新增守口堡市场。这一年，土默特部在新平、守口、得胜、水泉四个市场仅官市就卖马8242匹，收马价银65696两，收私市抚赏费5350两。1573年，王崇古和贩马商人协商，将土默特部马市上等马价银由12两压低为8两以下，中等马价由10两降为8两以下，下等马价由8两降为6两。由此，明朝商人每买一匹马运回内地，可获利润12~16两银子。由于马价降低，土默特部在市场上卖的马匹也开始大打折扣，并出现有意损坏马匹现象。尽管如此，由于互市的广泛开展，明朝内地民间对蒙古牲畜的大量需求，强烈地刺激了土默特的畜牧业生产。土默特部向市场提供的马匹、牛、羊、驴、骡等畜产品不断增加。1574年，土默特和明朝贸易的四个市场卖马从1573年的11493匹上升到12670匹。宣府张家口喀喇沁各部卖马则从1573年的7810匹增到了14500匹。这中间，一是土默特部和喀喇沁各部畜牧业发展，二是这时已出

现了代替没有入贡的察哈尔部和外喀尔喀部卖马的情况。因畜牧业的发展较为缓慢，喀喇沁各部卖马一年多出一倍，可以说明有不少是来自察哈尔部的。市场上逐年增长的马匹也给明朝带来了很大的麻烦，由于不能一下把买回的马匹运转处理，喂养、放牧等方面的问题开始出现。从1575年开始，明朝将官市马匹的交易量定在20000匹以内。为了鼓励商人到市场交易，明朝边臣们甚至先出马价给商人，让他们运货到市场。蒙古各部也为了出售更多的牲畜，往往借各地开市时间的先后，连续奔赴几个市场去互市。但是，这种定期而且次数有限的官市和民市仍然满足不了民间日益

张家口市场外的长城

增长的需求。

1577年，明朝又在土默特和明朝沿边长城增开助马堡、施家口堡、杀胡口堡、云石堡、迎恩堡、乃河堡、白阳林堡、灰沟营堡为小市。1577年农历十一月初一，从大同得胜堡起开月市，十二月助马堡，1578年正月施家口堡、二月杀胡口堡、三月云石堡、四月迎恩堡、五月乃河堡、六月白阳林堡、七月水泉营堡、八月灰沟营堡，完后仍从得胜堡开市，周而复始。这种月市，

云石堡小市遗址

也称为小市，便于民间交换换季用品和时鲜货物。

贸易的方式无论是官市还是民市，均允许用货币或实物交换。为此，每次开市之前，明朝官方必须准备购买的银两及易货的货物。为了确保互市的顺利进行，对输出的货物需经官府检查后屯集到指定地点定价，如大同得胜堡集市的货物先屯集右卫，新平堡的货物先屯集天城，进行定价后方与蒙古人交易。交易不仅从1573年官市压价，民市也极不平等。明朝人以一梭布换一只羊，一件布衣换一件皮衣，利润都达到了一倍以上，而且货物质量也得不到保证。在那木岱时期，明朝公开承认货物确实不堪，但是，蒙古人质朴的性格

元代的六耳铁锅

阿勒坦汗与土默特

和对生活用品的急需掩盖了这种不平等交易。

（三）市场上严禁销售的物品

明蒙尽管已经和议，双方开市贸易。但是，明朝为了制约蒙古，在开市之初，就把锅、铁、农具、兵器、硝、硫黄作为禁止交易的物品，以防这些物品到蒙古后转制为武器。明朝时的蒙古各部，由于连年战乱和游牧生活的不稳定性，除一些简单的手工业外，没有任何出产，铁器的来源主要是掠夺和时断时续的贡市。进入阿勒坦汗时代，铁器来源主要依靠掠夺和与明朝私下交易。

在确定明蒙通贡互市关系开市前，王崇古曾为阿勒坦汗向明廷申请四件事，其中一项就是要求出售铁锅。在卖不卖给蒙古铁锅的问题上，明朝上下曾展开激烈争议。王崇古认为，铁锅是蒙古人的炊具，过去在进犯掠夺时，蒙古人以得到铁锅而高兴，现在卖给他们衣服而不卖给做饭用的锅，他们怎么吃饭。而朝中更多的大臣则担心卖给蒙古铁锅，蒙古人会再制成兵器，所以不同意卖铁锅给蒙古。在朝议中，有的大臣提出可以卖给广锅或洛锅，因广锅10斤只能炼铁5斤，洛锅生粗每10斤只能炼铁3斤，都不足以制成兵器，可以卖给，并以坏易新，但仍被否决。又有的大臣提出可以将砂锅卖给蒙古，但有的大臣提出蒙古用铁柱和石块为灶，铁钗和木勺为做饭用具，砂锅经不起碰撞，被否决。因此市场上卖锅一事被搁浅。1572年，因锅成为禁品不能买卖，土默特部众抱怨，不再想和明朝和好者达到一半。为此，阿勒坦汗再次向明朝要求在互市市场上卖锅，

明朝最终同意了以破锅换新锅。万历二年（1574年）五月，僧格也向明朝申请铁锅及铁钉，被明朝拒绝。十一月，阿勒坦汗向明朝进表文、贡马，坚决要求交易铁锅、农具。王崇古再上《酌许虏王请乞四事疏》，向明廷说明情况，疏中说："照得虏众需锅煮食，虏众不习炒炼，辽蓟以广锅充赏，虏中非用铁打造，臣去岁二次疏详议矣。此非臣之私言也，凡曾经边任，生长边方者，皆知之，询之降人，皆称虏众锅漏则补塞充者。破裂即随地抛弃，原不知炒炼充用。今虏众经年无从得锅，间有临帐借锅而煮食，或以马易锅。"方逢时也写信给张居正说："诸夷火食已非一世，彼来人云：往年抢掠所得铁器，岁以数千计，今三四年破损锈烂，日就消耗，不可负得，

元代的三足铁锅

分子嫁女，有一锅而各分其半者。此情颇真，亦可悯也。我之不与，恐其为害尔。"最终，明廷允许"广锅充市"，并且限额每年五百口内，并规定了相当高的价格，对出售农具的要求，仍不予同意。此后，各种各样的铁制品成为明蒙私下的交易品。此外，龙蟒衣物也是严禁交易的物品。

阿勒坦汗和土默特部对茶叶的需求，始于信奉藏传佛教以后。茶从唐代随着佛教进入西藏，成为寺院僧人的饮料和事佛用品。蒙古人信奉藏传佛教后，茶作为事佛用品，成为必需品，饮茶也随之从藏区传入蒙古，并率先为贵族和喇嘛们接受，逐渐向平民推广。因害怕蒙古以茶控制藏人，茶在互市中也成为禁品。1577年八月，阿勒坦汗准备动身前往青海与索南嘉措会面，向明朝提出允许在青海开茶市。在廷议中，巡茶御史李时成认为："俺答今求茶市，意不在茶，在得番人耳。夫洮西一带，抵嘉峪、金城，绵亘数千里，番族星罗。西寇之不敢长驱而南，以番为之蔽也。顾番人须茶最急，一日无茶则病且死，是番人之命悬于中国，俾世受约束，藩我西土。脱以茶市假之，俺答逐利，而专意于番。番求生，而制命于俺答，彼此合一，其遗患可胜道哉。"为此，他上奏说："俺答垂涎茶市甚，禁勿予便。"1578年九月，边吏请以虏王茶数百篚以供佛。1580年正月，刚刚从青海回来的阿勒坦汗就给新任的宣大总督郑洛去信，以"西僧甚多，常吃茶，望将照甘州竹篚茶每年准卖一二千题请"。但是，明朝只同意经常送给，不同意在市场上买卖。明朝时期，蒙古右翼

与明朝的互市中，茶叶也始终是禁品。

六、通贡互市对明蒙社会的影响

阿勒坦汗和明朝通贡互市的实现，完全消除了漠南蒙古右翼与明朝之间的战争，边境上很快呈现出一派和平繁荣的景象。在安定的环境下，明朝北方的农业、人口得到了恢复，蒙古地区的畜牧业、农业、手工业也迅速发展。

（一）明蒙通贡互市对明朝的影响

明蒙的和议，很快就出现了较好的社会效果。《明史·王崇古传》记载："边境休息，东起延、永，西抵嘉峪七镇，数千里军民乐业，不用兵革，岁省费什七（即每年节省军费百分之七十）。"明焦竑的《通贡传》记载通贡后的情况说："大抵因贡为市，中国以段布皮物市易虏马，虏亦利汉财物，交易不绝，诚所谓贸迁有无，胡越一家。故东西延袤五千里无烽火警，行人不持弓矢，近疆水陆屯田悉垦治如内地，墩台哨望之卒以渐撤去，所省粮饷岁不下数十万石。"1574年，明朝诏丁忧母丧在家的方逢时接替王崇古任宣大总督。身为总督和诗人的方逢时在他的文集《大隐楼集》中留下了不少记载通贡互市后的诗文，其中《塞上谣》生动地描述了通贡互市后长城沿边军民欢欣鼓舞的情绪："人言塞上苦，侬言塞上乐。胡马不闻嘶，狼烟净如濯，时雨既降沙草肥，丁男释甲操锄犁。夫耕妇饁朝复暮，荜门鸡犬皆相依。天王有道边人喜，稽桑来朝复来市。愿言岁岁常如此，万寿无疆祝天子。""……塞上

千山如列戟，烽头处处狼烟息。万里沙场雪不飞，单于台上霜月白。奚官羊马牧临边，斥堠无烦炮火传。墩上健儿日高卧，时向番儿索酒钱。"方逢时的《大隐楼集·辕门记谈四》中还记载了当时明蒙毗邻地区的情况："烽火不惊，三军晏眠，边国之民，室家相保，农狎之野，商贾夜行。"在他的《大隐楼集·与兵科蔡龙阳论贡市夷马书》中还记载了互市以来边塞发生的情况："三四年来，三镇之积，几积五百万，而司农未发者不在其内。边民妇子得相保守，迟之十年，生聚不知其何如，此其为利不亦大乎？而岁捐十五万金以应酬之，即绰有余裕，所以捐小利而省大费，小民所得不与焉。"《明神宗实录》也记载有与蒙古开市八年时的情况，记载说："款贡以来，八年于兹，朝廷无北顾之忧，戎马无南牧之儆，边氓无杀戮之惨，师旅无调遣之劳，钱粮无浩贵之费。两镇边恒屹有成绩，官民城堡，次第兴建。客饷日积于仓庾，禾稼岁登于田野，凡比孰非款贡之利哉！"到明万历十五年（1587年），因通贡互市使明朝产生了"北虏款市已十六年，取既款后十五年与未款时十五年较之，通计二镇所省几一千一百二十八万有零。又城堡赖以修，边地赖以垦，盐法疏通，蓄积称富，而生齿亦号富庶，款市之利不既彰彰哉"的情况。从《明神宗实录》这两段记载可见，通贡互市不仅节省了大量军费开支，而且为了应对和蒙古可能发生的变故，长城和城堡都得到了重新修缮，边境地区的百姓避免了被抢掠的灾难，减少了因军事而增加的赋税。过去荒芜的土地重新开始耕种，

人口也大量增加。

明蒙通贡互市成为明朝北部边疆社会变化的主要契机。明蒙边境局势由战争为主导转向以和平贸易为主导。互市贸易蓬勃开展，长城不再是阻隔明蒙双方关系的界限，而成为经济交流的重要场所和汇聚线。更重要的是，边境安宁了，巨额军费开支减少了，同时也拉动了内地经济发展。所以，尽管很多的明臣认为与蒙古的通贡互市有损国威，但是在军费大量节省、边境平安、边民安居乐业的情况下，也不再坚决反对。方逢时《大隐楼集·与宣府巡抚吴环洲论处马市书》中，用这样几句话概括明蒙通贡互市的存在："贡市原系国家不得已之举，卫边境而救民命，贤于十万师远矣。"这也应该是明朝君臣对通贡互市共同的想法。

（二）明蒙通贡互市对土默特部和右翼蒙古的影响

明蒙互市是阿勒坦汗追求38年的愿望。通贡互市的实现，解决和改善了蒙古地区缺少生产生活用品的困境，还因销售牲畜和畜产品发展了牧业经济，使当时居住于东到辽西、西达嘉峪关的右翼蒙古各部落不再因生产生活用品而流血。

在经汉族知识分子修改的《北狄顺义王俺答谢表》中，描述土默特部当时的情况是："衣用全无，毡裘不奈夏热，段布难得。"生活中还存在着"铁锅破坏、百计补漏之、临近借锅、以皮贮水煮肉为食、一斗粟如珍珠"的情况。解决日常生活用品，没有通贡互市前，右翼蒙古各部除和明朝走私贸易及通过所属朵颜兀良哈解决

一部分生活用品外，主要靠抢掠来解决。而抢掠往往也意味着部众的伤亡。游牧民族以食肉为生，但是连年的灾疫和战争，使他们不得不转求于以粮食为补充，尤其在春天不能捕猎野物时，贫苦牧民只好以牛羊马尾等在长城边口偷易粮食糊口，无畜者驮盐担柴甚至解脱皮衣相易。王崇古在《酌许虏王请乞四事疏》中描述土默特蒙古人时说："其瘦饿之形，穷困之态，边人共怜之。"而且"各部富者十二而贫者十八"，所以在战争中出现了《万历武功录》记载的"捐生抢掠而无忌"，《明经世文编·纪边事三》记载的"饥贼势穷，背死借一，其孰能御？"但是连年犯边，所解决的问题也极为有限，也正是食品、织物及金属制品的需要，推动蒙古人从掠夺转向与明朝建立贸易关系。这就是阿勒坦汗求贡的根本原因所在。

明蒙和议通贡互市，使以土默特为中心的蒙古右翼地区人畜兴旺，人民生活水平得到很大提高。《阿勒坦汗传》在描述明蒙和议后写道：

其后汉蒙之和平大局稳定，

普大国休兵息民乐业安生，

使大元国大享其乐，

和平大局稳定之情如此这般。

明蒙之间在通贡互市后，蒙古方面也发生过一些小的犯边，但都得到很好解决，没有影响到大的局面，使明蒙之间在东起辽西、西达嘉峪关的边境线上出现了六十多年的和平局面，消除了明蒙边境二百多年的战乱，使过去饱受战争痛苦的边境人民休养生息，过上安定的生活。

七、通贡互市的历史遗存

（一）晾马台石碑碑文及题诗

明隆庆五年（1571 年）农历五月二十一日，阿勒坦汗在大同得胜堡口外晾马台接受明朝"顺义王"封号。明万历五年（1577 年），明朝在晾马台立碑纪念，石碑共两块，碑高九尺四寸、宽五尺二寸，两侧有耳，中有孔，蛟龙额，高三尺，篆"晾马台铭"四字。宣大总督方逢时撰文。巡抚郑洛篆额并书丹。碑于万历五年夏十三日立。碑文分别为《晾马台碑铭并序》《北虏款贡碑记》，方逢时、郑洛二人题诗四首。碑文如下：

晾马台碑铭并序

皇明十有二叶，今上皇帝，以冲圣之资，嗣承丕显基绪，端拱渊默，简任元辅，一德允孚，旁求俊彦，布列中外，一时文武之臣，靡不殚心协力，仰赞隆盛，冀底勋绩。其在边鄙，惟时北虏匪茹，屡为封域患。先帝肇位，厥孙把汉慕义来降，臣逢时、崇古督抚云中、书策上请，用示羁縻，为边人纾祸。先帝明睿，不以为诛，下大廷集议，二三元辅，秉德协心，左右先帝，弼成大计。虏既执叛献俘，乃许贡、许市，锡之封爵。虏酋俺答大喜过望，爰率诸部，稽首受约束，恭顺忠敬，久而弥笃。既三祀，岁癸酉秋，皇上以臣首事之人，起复草土之中，继司管钥。臣恪遵庙谟，图功攸终。赖皇上圣德昭格，天心眷佑，虏志益虔、风尘不飏，年谷屡登，文恬武嬉，九镇咸谧，又四年于兹，猗欤休哉！

乃六月丁卯，当虏人入市之期，臣偕抚臣洛，镇臣琥，按察臣应元，郎中臣宝，少卿臣可教，金宪臣应元、臣林乔，自云中出得胜之堡，周历塞外，巡视疆围，绥怀群酋，宣上德意。诸酋欣欣然相告语，循矩度，受训诫如齐民。即乃登息于晾马之台，驰望天山瀚海，渺不知其所极！川原盘郁，云物旷眺，纵猎骑千群，射狐兔以为乐，还睨封域之内，台隍峻整，禾黍盈畴，刁斗无声，马羊切牧，臣等举酒相庆慰。抚臣洛作而言曰："惟是绝徼，古称武威之塞，自秦汉来，几战争矣。其覆败诛戮、沦没惨毒之祸，可胜言哉！恭遇我皇上圣明御宇，德泽汪濊，隐士裔夷，革心效顺；战斗之民，转而趋南亩；烽燧之场，变而殖禾黍，毡裘左衽之族，化而成冠裳饮食之风。虽《书》称咸宾，《诗》咏来王，何以加此？诸臣身际遭逢，僶俛从事，获免诛责，窃享清平之福，幸已幸已！勒燕然，铭天山，皆古人休烈，况今诸虏臣服，攻收不战，远轶汉唐，是可无记，以垂永久？"

臣时承简命，启行有期，追念首事，不能自释，因诵太史公"逸能思初、安能惟始，沐浴膏泽、歌咏勤苦"之言，窃有感焉，遂铭而序之，刻石台之，俾后之出塞者，知其始末云。铭曰：

皇神圣兮御宸极，德广大兮与天一，胡虏臣兮效贡赞，敦忠顺兮顽嚚革，疆域宁兮征战息，边人乐兮保家室，百谷成兮武功饬，四虞周兮汉唐屈，登高台兮勤抚辑，宣鸿猷兮颂明德，垂万年兮永无歝。

北虏款贡碑记

中外天地之大防也。大荒之北，天山瀚海之陬，川谷既阻，风气亦殊，人生其间，言语衣食不与华同；又地常阴肃，故其习勇悍喜杀。古之神圣，继天立极，疆理宇内，使之萃其类、若其性，自生自养，以安全之，如斯而已。稽之简策，羲农而后，殷周之盛，率从咸宾，载之典谟，来享来王，歌之雅颂，岂非天意人事相为符合者哉。秦汉以来，迈德不降，战争乃兴，好大喜功，穷兵黩武，人事不臧，顾曰"天来悔祸"，不亦谬乎。

皇明受命，太祖高皇帝恭行天伐，驱逐遗孽，特赐生全，德至厚已。成祖文皇帝肃将天威，廓清沙漠，不忍殄戮，恩至渥已。二百年来，虽匪茹时逞，无敢越厥志。永乐、宏（弘）治之间，屡奉贡赞，受爵赏，于今为烈。岂非二祖深仁厚泽，潜孚默结、克厌天心尔邪。世宗肃皇帝御极四十五年间，虏酋俺答三乞贡市，国是罔定，终鲜成效，而虏人输款之心，则固未尝一日忘也。

穆宗庄皇帝肇位，内治既修，外攘斯举，五年之秋，俺答之孙把汉那吉，祖孙内讧，慕义来降。盖天将启我太平之机，而锡华、夷之福也。余时巡抚云中，首谋受纳，以承天休而纾（纾）边祸。乃咨督臣王公崇古，询谋佥同，列疏上请。事匪经常，群心惶惑，莫知所适从。先帝曰："督抚臣言，是惟兹丑虏，虽匪我族类，绥而怀之，以为外臣，不亦可乎。"大哉帝谟，其即古先神圣生养安全之意也夫。既下廷议，元辅太岳张公，中元（玄）高公，石麓李公，大洲赵公，协心笃棐，力赞皇猷，黜一二言者，以定国是。臣时等获奉庙算，宣示恩信，虏酋大喜过望，尽执诸逆赵全等若而人，献之阙下，明正典刑，风示宇内。敕还其孙，优加锡予，虏心益喜，请封乞贡，岁互市以为常。自庚午而来，八年于兹矣。遐迹向风，久而益坚，不惟我九镇之民释锋镝，秉耒耜，安田里，夫妇父子相保守，遂生生之乐；文武之臣得以其闲暇缮城隍，砺甲兵，储金谷，以豫"坚冰衣袽"之戒，圣君贤辅，雍容廊庙，敷文布德，以绥万邦，而制六合；即荒裔之夷，亦莫不嘻嘻喁喁，燕息麇聚于穹冰隐土、平沙巨碛之外，饱酥酪而煖毡毳，日趋于衣冠礼法之风，而革其残忍攘夺之习。且其言曰：为中国保守北藩，愿世世无贰。呜呼休哉！夫御戎无上策，六月之师，薄伐之勳，古之人且叹息歌咏之。矧先帝以至仁大略，肇兹鸿烈，克绍二祖，以匹休虞夏殷周之盛。我皇上以天纵英睿，嗣承丕绪，端拱渊默，以照临而煦育之，群贤夹辅、中外一心，永图宏济，则底贡之休且未艾也。于戏！国家德化，于斯为盛；天佑我明，于斯为极，岂非亘古今而一见者哉。时以鄙陋，幸承封疆之乏，得始终其事，克底允绩，既历四载，圣心体念，晋畀戎政，以示优眷。追念今昔，心危志苦，不可无纪，以昭示厥后。乃次第其事而书之，刻之贞珉，后之君子，庶几有所考焉。

晾马台方逢时韵七言排律诗一首

丁丑六月十二日偕郑中丞、郭元戎、贾按察、韩兵宪、贾郎中出塞燕晾马台

得胜城西晾马台，
锦袍珠勒共追陪。

不缘稽颡呼韩至，
安得同心载酒来。
瀚海风清笳鼓静，
天山云卷书图开。
高情欲续《燕然颂》，
只愧当年汉史才。

晾马台郑洛次韵诗三首并序

自俺答款贡以来，九镇安谧，边尘不惊，牛马物牧，年谷屡丰。至万历五年夏六月，大同巡抚郑洛按边至塞上，既登晾马之台，因次方宫保逢时韵，作诗三章，以纪升平盛事云。

一

汉关直北有荒台，
上将登临列骑陪。
壮略久行朔地外，
轻车漫踏口（此处缺一字）山来。
一尊酒尽乾坤大，
万里风清气色开。
犹忆受降凭帝宠，
当年韩范自天才。

二

高天绝塞隐层阴，
酾酒峰头击节吟。
朔漠毡裘方贡马，
汉家橐鞬未销金。
狼烟寂寂龙沙静，
马阵重重虎帐深，
何事三军犹荷锸，
万年桑土杞人心。

仗钺开尊依大荒，
望中寥廓郁苍茫。
酒杯浮出山河色，
兵气销为日月光。
塞草亦知承雨露，
边臣何以报君王？
好赓白雪阳春到，
拟献清朝雅颂腔。

（二）1580 年的阿勒坦汗贡表

在阿勒坦汗在世与明朝通贡互市的十一年中，除首次向明朝进贡的表文被明朝保存传世外，明万历八年（1580 年）的贡马表图卷在 19 世纪末被俄国探险家阿·莫·波滋德涅耶夫在呼和浩特发现，随即将其公之于世。

该图卷共三部分：归化城图、阿勒坦汗贡马图、贡表。其中，贡表主体为汉字，共五百五十八字，书正楷，字迹流畅，旁注蒙古文。字迹均清晰可辨。全文如下：

钦封顺义王臣俺答稽首顿首谨奏为进贡事。隆庆五年，荷蒙大明隆庆仁圣皇帝封臣王位，准臣每年春月，率各子侄孙男部落进贡一次，该马五百匹；河套臣兄吉囊子孙进贡一次，该马二百匹。容令夷众，于各镇随便互市。今万历八年，例该进贡。臣从西番回来，先差夷使，东西催马。去后，谨于本年五月内、将进贡马二百五十匹，又臣自进镀金鞍辔一幅，镀金撒袋一幅、弓一张、箭十五枝，并河西吉囊子孙都督同知卜失兔阿不害等进上马二十匹，俱由大同得胜堡恭进入边。臣侄金吾将军青把都，龙虎将军永邵卜大成台吉等进贡马二百五十匹，由宣府张

家口堡恭进入边。节该总督郑侍郎通行宣府大同山西抚镇诸臣，查明验收代进，仍容臣等各家夷人赴各边口互市。伏思臣蒙隆庆皇上圣恩封王容贡，臣等永无别心。但臣北番委无出产，今各家达子，因见臣蒙皇恩封赏，都来求讨花红布粟用度。又蒙皇上准给穷夷抚赏，月开小市，诸部无不感戴欢悦。臣与各枝头领达子，分守边疆，已经十年，永为遵守，夷众各得安生，贡市久远。仍乞将臣等各部下先以报名军门，连年效劳子孙头目常汉我不良台吉等，照依往年事例，赐授官职赏赉，臣等不胜感戴天恩之至。为此，今将臣子侄孙并河西吉囊子孙进京马五十匹，各夷官职名开坐，谨具表随进以闻。

计开（贡品清单）：臣俺答等进贡马五百匹、内进上马三十匹、镀金鞍辔一幅、镀金撒袋一幅、弓一张、箭十五枝、留边马四百七十匹、河套吉囊子孙都督同知卜失兔等进贡马二百匹、内进上马二十匹、留边马一百八十匹。

万历八年七月二十五日顺义王臣俺答等

从表文内容看，这仍是出自汉族书手的贡表，是循例之作。和 1571 年的贡表相比，增加了鄂尔多斯部，这也说明，自 1571 年秋明朝同意鄂尔多斯部通贡互市以来，鄂尔多斯部的通贡互市也和喀喇沁部一样，都是由阿勒坦汗统一组织进行的。这份贡马表图卷应该是当时呈报明朝时的副本。

阿勒坦汗时代明朝的皇帝和
与土默特有关的重要朝臣边臣

一、阿勒坦汗时代明朝的六位皇帝

明世宗朱厚熜（1507 — 1566 年），年号嘉靖，明朝的第十一位皇帝，终年 60 岁。朱厚熜为明武宗朱厚照的堂弟，朱厚照无子，朱厚熜以藩王于 1521 年入继帝位，从 1521 年到 1566 年在位，执政时间长达 45 年，继位早期整顿朝纲，减轻赋役，对外抗击倭寇，史誉之为"嘉靖新政"。后期，朱厚熜崇信道教，并痴迷于炼丹，致使后来发生"壬寅宫变"（1542 年十月二十一日宫女杨金英为首勒杀朱厚熜案），之后

长期不理朝政，曾 23 年不上朝，使贪赃枉法的首辅严嵩横行乱政 20 年，有能力的官员不能为国出力，甚至惨遭屠戮，另在宫内外兴建大量宫殿庙宇，加重百姓的负担，使得国家财政危机愈益深重。在此期间，阿勒坦汗不断进行抢掠，1550 年的"庚戌之变"就发生在他在位时。

明穆宗朱载垕（1537—1572 年），年号隆庆，是朱厚熜的第三子，1567 年到 1572 年在位仅六年，是明朝的第十二位皇帝，终年 36 岁。朱载垕登基后，国家的内忧外患使他十分关心朝政，政治上实行了革弊施新，亲贤远佞，开放海禁，崇尚节俭。1570 年末，朱载垕与蒙古土默特部、喀喇沁部达成通贡互市，于 1571 年在边境开放市场，蒙明互市贸易，1571 年秋又与

鄂尔多斯部通贡互市，缓解了与蒙古右翼的矛盾，结束了明蒙二百多年的战争，使北方汉蒙人民有了安定的生活环境。同时，朱载垕大修战备，为巩固明朝的边防做了很多努力并取得了显著的防卫效果，但是由于沉迷酒色，服用媚药，贪图享乐，导致早逝。

明神宗朱翊钧（1563—1620 年），年号万历，是朱载垕的第三子，1572 年 10 岁时即位，在位 48 年，是明朝皇帝中在位时

间最长的皇帝，为明朝第十三位皇帝。亲政初期，他勤于政务，在军事上进行了平定哱拜叛乱和杨应龙叛乱，对外帮助朝鲜击败侵朝日军，史称为"万历三大征"。此时明朝资本主义萌芽出现，史称"万历中兴"。后期，朱翊钧 30 年不理朝政，导致全国 50% 官员职位空缺。他在位时，满族在东北迅速崛起，于 1616 年建立金国，不断侵犯明朝，并在萨尔浒之战中击败明军。此后，明朝国势衰微，他沿袭了其父隆庆皇帝对土默特和蒙古右翼的通贡互市

政策。

明光宗朱常洛（1582—1620 年），年号泰昌，是朱翊钧的长子，明朝的第十四位皇帝。他于 1620 年八月二十八日到 1620 年九月二十六日在位 30 天。朱常洛登基后，朱翊钧的妃子郑贵妃送给朱常洛八个美女，他一夜临幸数人，身体每况愈下，登基十天之后，朱常洛就病倒了。服用李可灼进献的红丸之后，即位 30 天的朱常洛暴毙，史称红丸案。红丸案被称为明朝三大案之一，明朝三大案的另两大案梃击案和移宫案也无不与朱常洛紧密联系，使得他传奇色彩颇为浓厚。

朱常洛虽然在位仅一个月，但是仍有所作为。朱常洛登基后下诏停止征收矿税，撤回派往各地的内监，选拔补上受到冤屈的各种废官，发一百万两银救济九边之民，补发辽东前线将士的军饷，受到明朝人的称颂。

明熹宗朱由校（1605—1627年），年号天启，是朱常洛的长子，1620年到1627年在位，为明朝第十五位皇帝。朱由校在位期间，纵容奶娘客氏，重用客氏相好的宦官魏忠贤，任他二人胡作非为，在朝则陷害忠良，在后宫则荼毒妃嫔，使魏忠贤遍树党羽，排斥异己。朱由校酷爱做木工活，

在宫中乐此不疲，有木工皇帝之称。由于魏忠贤肆意妄为，朝廷之中正人君子殆尽，政治黑暗至极，大明江山岌岌可危，朱由校就是将这样一个烂摊子留给了继位的弟弟崇祯。弥留之时，朱由校还不忘叮嘱弟弟崇祯要重用魏忠贤。朱由校在位期间，沿袭了万历时期对土默特及蒙古右翼的通贡互市政策。

明思宗朱由检（1611—1644年），年号崇祯，是明熹宗朱由校的异母弟弟，明朝第十六位皇帝。由于朱由校没有子嗣，朱由检于1627年8月受遗命继承皇位，时年17岁。继位后，朱由检勤于政务，生活节俭，清除阉党，上任三个月就抓住时机，铲除了魏忠贤及其党羽，平反冤狱，重新起用天启年间被罢黜的官员。1628年，从朱由检继位的第二年起，明朝北方大旱，赤地千里，寸草不生。据《汉南续郡志》记载："全陕天赤如血。五年大饥，六年大水，七年秋蝗、大饥，八年九月西乡旱，洛阳水涝，民舍全没。九年旱蝗，十年秋禾仓无，十一年夏飞蝗蔽天……"朱由检继位后，陕西年年饥荒，到崇祯六年，百姓流离失所，死亡过半。河南也因灾"野无青草，十室九空"，人烟稀少。崇祯十四年、十六年、十七年，华北各省又暴发瘟疫，江南在崇祯十三年遭大水，十四年又旱蝗并灾，十五年持续发生旱灾和流行大疫。崇祯十四年七月，疫疾从河北地区传染至北京，病名"疙瘩病"。崇祯十六年，北京人口死亡近四成，十室九空。饥荒和瘟疫使各地盗匪与流民并起，民变不断爆发。此时，北方后金皇太极又不断骚扰入侵，镇压农民起义和对付满洲人入侵使明朝财政入不敷出，崇祯尽管志向远大，励精图治，事必躬亲，但他既无治国之谋，又不善用人，

在位 17 年间竟然换了 17 个刑部尚书和 50 个内阁大学士，造成国家人才匮乏，使有识的人既不肯也不敢请缨效命。在几次对后金的军事行动上也均遭惨败，削弱了明朝的军事力量，最终无力镇压农民起义。1644 年三月十九日，在李自成农民起义军围攻京城破城时，崇祯在突围失败后在景山歪脖子树上自缢身亡，时年 33 岁。在和土默特等蒙古部落关系上，他沿袭了以往政策，并给予蒙古大汗林丹汗大量银两联合抗击后金，但最终失败。

二、明朝与土默特部有关的重要朝臣

夏言（1482—1548 年），字公瑾，今江西贵溪市人。夏言生性机灵聪明，善于文章，以正直敢言自负，豪迈强直，纵横辩博，受宠升至礼部尚书兼武英殿大学士入参机务，不久又升为首辅，嘉靖二十七年（1548 年）因支持曾铣收复河套（今鄂尔多斯市）被嘉靖处死，隆庆初年给予平反，著有《桂洲诗集》。

高拱（1512—1578 年），字肃卿，今河南新郑人，明朝嘉靖、隆庆时大臣，嘉靖末官至礼部尚书、文渊阁大学士。隆庆初，高拱因与廷臣不和归乡，隆庆三年（1569 年）

又被起用，任大学士兼吏部尚书。高拱在内阁多有建树，但性直而傲，做事专横，与同僚关系不好，在处理把汉那吉降明与土默特通贡互市问题上，他力排众议，主张议和通贡互市，并保护和鼓励因上疏建议蒙明通贡互市遭到非议的王崇古、方逢时，最终促成明蒙和议通贡互市。同时，高拱在南方两广、云贵边事上亦颇多建树，朱载屋以其"殚忠远谋，劳绩可嘉"，进高拱少师兼太子少保、尚书，建极殿大学士。十岁的朱翊钧即位后，高拱被张居正、太监冯保等人诬告，于万历初年又被排挤归家。万历六年（1578 年），高拱去世。万历七年（1579 年），赠复原官。万历三十年（1602 年），朱翊钧诏赠高拱为太师，谥号文襄，荫其子高务观尚宝司司丞。高拱著有《边略》，后人整理有《高文襄公文集》。

张居正（1525—1582 年），字叔大，号太岳，今湖北省荆州市人，是明朝中后期政治家、改革家，万历时期的内阁首辅，辅佐万历皇帝朱翊钧进行了"万历新政"。1570 年，在处理把汉那吉降明和土默特部通贡互市问题上，身为次辅的张居正和高拱力主与阿勒坦汗通贡互市。在高拱被他和冯保诬告去职后，他成为首辅。因朱翊钧当时年幼，一切军政大事均由张居正主持裁决。张居正在任内阁首辅时，实行了一系列改革措施：财政上清丈土地，推行"一

条鞭法"，使明朝财政大量增加；在军事上任用戚继光、李成梁等名将镇守东北，用凌云翼、殷正茂等平定西南叛乱；吏治上实行综核名实，采取"考试法"考核各级官吏，政体为之肃然。张居正也是明代唯一生前被授予太傅太师的大臣，去世后赠上柱国，谥文忠。这时高拱的《病榻遗言》刊刻，催化了万历皇帝对张居正的清算。张居正家被抄没，家属或饿死、或流放，在世时所用的官员有的削职，有的弃市。天启二年（1622年），朱由校为张居正恢复名誉。张居正著有《张太岳集》《书经真解》等书。

杨继盛（1516—1555年），字仲芳，今河北容城县北河照村人，少年时白天放牛，晚间访师问友，深夜秉烛长谈。"庚戌之变"后议开马市时，他任兵部车驾司员外郎，上书反对开马市，被贬为狄道（今甘肃临洮县）典史。杨继盛在任狄道典史期间兴办学校，疏通河道，开发煤矿，深受当地各族人民爱戴。马市停止后，杨继盛被再度起用。嘉靖三十二年（1553年），

杨继盛以《请诛贼臣疏》弹劾严嵩，1555年被处决弃尸于市。死后十二年，在隆庆朝时平反，追谥"忠愍"，建旌忠祠于保定。清朝乾隆皇帝曾为杨继盛画像题诗。

三、明朝与土默特有关的重要边臣

王崇古（1515—1588年），字学甫，号鉴川，是明朝著名的守边将领，今山西

运城市永济人，历仕嘉靖、隆庆、万历三朝，曾在抗击倭寇时立有战功，先后任常镇兵备副使、陕西按察使、河南右布政使、宁夏巡抚、兵部右侍郎兼右佥都御史，陕西、延绥、宁夏、甘肃总督，隆庆四年（1570年）改任山西、宣大总督。把汉那吉降明后，他力主和推动实施接受把汉那吉降明并和阿勒坦汗通贡互市，使蒙明历经二百余年的战争结束，蒙明关系得以改善。这也是王崇古的巨大历史贡献，明朝因功加王崇古太子少保、兵部尚书，后又进为太子太保。明朝同意通贡互市后，王崇古认真实施互市，制定政策保护客商利益，鼓励商民参加互市，争取明朝廷将锅列入互市商品，广泛宣传互市政策。在他的周密筹划和悉心管理下，互市得到正常发展，王崇古被明朝赞为是"身历七镇，功著边陲"的人物。

方 逢 时

（1523—1596年），字行之，今湖北嘉鱼人，历任宜兴知县、户部主事、宁国知府、工部郎中、兵备副使等。隆庆初，擢右佥都御史，巡抚辽宁。1570年把汉那吉降明时，方逢时任大同巡抚。方逢时与王崇古协商后认为把汉那吉降明可以用来交换板升首领，并以通贡互市与阿勒坦汗议和，并实施成功，使边境安宁。和议成功后，以功升兵部侍郎兼右佥都御史。随后，因母亲去世归乡丁忧。万历初，王崇古回京任职后，召回方逢时任宣府、大同、山西总督。方逢时为巩固发展蒙明通贡互市和防边武备做出了很大贡献，史载："方逢时才略明练，处置边事，皆协机宜。"后升为兵部尚书兼右副都御史，加太子少保、太子太保。方逢时去世后，万历皇帝朱翊钧亲书"尽忠"二字赐之。此外，方逢时还是诗人，在边境任职时写有不少边塞诗词，著有《大隐楼集》。

郑洛（1530—1600年），字禹秀，号范溪，今河北徐水县逐城人，祖父郑隆、父亲郑显均为兵部尚书。郑洛博览好学，少事寡母，以孝著名。隆庆年间，郑洛任山西参政，协助总督王崇古促成与阿勒坦汗封贡互市。万历初，任山西、大同巡抚，万历七年（1579年）以兵部左侍郎总督宣府、山西、大同军务，处理与土默特部通贡互市事宜，并在阿勒坦汗、僧格彻辰汗去世后劝说乌彦楚再嫁僧格和那木岱。后又以功加兵部尚书兼右副都御史、太子太保，万历十七年（1589年）被任为戎政尚书。次年，因青海发生洮州冲突，诏兼右都御史，经略陕西、延绥、宁夏、甘肃及宣府、山西、大同七镇军务。在与乌彦楚联系促成那木岱离开青海返回土默特时，又趁机出兵袭击仍驻牧于青海的土默特部，并派兵偷袭焚烧仰华寺，以向明廷请功。之后，朝臣以"侮报功绩，欺骗朝廷"要治其误国之罪，后因兵部尚书石星保奏而免。郑洛因此称病回归故里。万历二十三年（1595年），石星以郑洛"才智多谋，战绩卓著"，奏本复职诏用，因朝臣众说纷纭未成。郑洛著有《抚夷纪略》，记载万历三年至十年（1575—1582年）间郑洛与阿勒坦汗和土默特部往来事宜三十八项。

吴兑（1525—1596年），字君泽，号环洲，今浙江绍兴人，隆庆五年（1571年）任右佥都御史、巡抚宣府，万历二年（1574年）以和蒙古方面贡市的功劳加为兵部侍郎兼右佥都御史，万历五年（1577年）代方逢时任宣府、大同、山西总督。万历九年（1581年），任蓟、辽、保定总督，并兼任应天巡抚，因斩内喀尔喀速把

该功，封太子少保，升为兵部尚书，后因御史魏允贞弹劾其依附高拱、张居正，结交宦官冯保、王继先而去职。在宣府、大同、山西任职时，明蒙互市的市政还没有规范，吴兑同王崇古、方逢时一道为了维护来之不易的和平，殚精竭虑，用心谋划。明蒙互市的小市和月市就是在他主持下发展起来的。吴兑和乌彦楚有较深的私人关系，较好地处理了明朝与土默特部的关系。

1578年，阿勒坦汗到青海和三世达赖会面时，吴兑根据张居正的指示，给三娘子写信让其劝说阿勒坦汗返回土默特。

仇鸾（？—1552年），字伯翔，出身将门，他的祖父仇钺是明正德年间著名的将领，被封为咸宁侯。仇钺死后，由仇鸾继袭咸宁侯的封爵，并被任为甘肃总兵。仇鸾为人粗暴强悍，常常口出狂言，让人误以为他是大将之才。任甘肃总兵时，仇鸾以阻挠军务被总督曾铣弹劾，革职逮问，后因诬陷曾铣而出狱居家，又厚贿严世蕃，投靠严嵩，被充任为大同总兵。1550年，阿勒坦汗进攻大同，仇鸾用重金贿赂使阿勒坦汗东向蓟镇从古北口进攻北京，仇鸾又先期来到北京勤王，得到嘉靖信任，拜为平虏大将军，让他节制诸路人马文官三品以下，武官副总兵以下，不用命者俱许以军法从事，得密奏进，权倾一时。阿勒坦汗包围北京期间，仇鸾又趁乱大肆抢掠，但畏敌如虎，割死人头冒功。土默特兵撤退时，仇鸾又尾随其后，假装追击，在碰到土默特军时军队大乱，溃败仅以身免；土默特军退后，又讳败冒功，官加至太子太保，深受嘉靖宠爱，统领三大营，成立戎政府，总督京军和边兵。仇鸾力主与阿勒坦汗开马市，后与严嵩争宠失和。嘉靖三十一年（1552年）八月，陆炳揭其不轨之事，革职忧惧而死，死后被嘉靖以"叛逆"罪名开棺戮尸。

周尚文（1471—1548年），字彦章，今西安人。16岁时袭指挥同知，因出塞作战有功，升指挥使，先后任宁夏参将、总兵。在1532年鄂尔多斯与土默特进兵青海征讨

亦卜刺经过宁夏时，周尚文不同意巡抚杨志学发兵作战的意见，被弹劾免职，后又被起用为山西副总兵、延绥总兵、大同总兵，因修筑长城、开垦屯田升为左都督，又因把明宗亲充灼联络博迪汗寇边的事情，及时上告朝廷被加封"太保"。1548年，因与土默特部在曹家庄作战升为太子太傅。

周尚文清廉俭朴，善于用兵，热爱士卒，任总兵时期没有大的胜仗，也没有大的败绩。他纵容部众和土默特部私下交易物品，因而他的防区较少受到强硬进攻。明朝之际，以总兵加为三公的仅周尚文一人。

翁万达（1498—1552年），字仁夫，号东涯，今汕头市金平区人，既是明朝将领，也是出色的诗人。1533年，35岁的翁万达出任汉族和少数

民族杂处地区的梧州知府，取得很好的政绩，被誉为"治行第一"。后被任命为广西副使，协助兵部尚书毛伯温、两广总督张经取得征安南（越南）的胜利。在论功时，翁万达居功第一，于嘉靖二十年（1541年）升任为四川按察使，次年转任陕西左、右布政使，一跃又升为右副都御史，巡抚陕西，不久又升为兵部右侍郎兼右佥都御史，总督宣、大、山西军务达六年，1548年又被任命为兵部尚书，主持兵部大事。在翁万达任宣府、大同、山西总督时，正是阿勒

坦汗势力方强的时候，由于翁万达曾长期在少数民族地区任职，对少数民族有较多了解。翁万达先后在铁裹门、鹁鸽岭、阳和、曹家庄与土默特的作战中取得小胜，又修筑大同、宣府间长城八百余里，烽墩三百余座。1549年，翁万达父亡，遂于年底南归奔丧。按照明制，大臣遇丧事，可守丧三年。然而，由于1550年阿勒坦汗围攻北京，嘉靖又急召翁万达返京，并连下两道金牌。由于守丧和背疽发作，翁万达三次派人送疏到北京，陈述理由。因路途遥远，在翁万达前往北京时，严嵩和仇鸾以谗言向嘉靖诋毁翁万达，结果翁万达被降职派往边关，经略紫荆诸关。1552年，翁万达因背疽发作，再次辞职，引起嘉靖反感，遂免其职，接着又以翁万达《谢疏》有讹字为由，将其削职为民。1552年，嘉靖又感到边防重任需要翁万达，于十月三十日颁诏，起复翁万达为兵部尚书。但诏书到达时，翁万达已去世六天。其诗、书等现被整理为《翁万达集》出版，嘉靖褒其为"文足以安邦，武足以戡乱""岭南第一名臣"。翁万达威望还远播异邦，在泰国，他被誉为"英勇大帝"，立庙祭祀多达一百余处。

马芳（1517—1581年），字德馨，今张家口蔚县人，在当时有"勇不过马芳"之说。同时代的诗人尹耕还留下"威名万里马将军，白发丹心天下闻"的诗句。一些曲艺、戏曲作品也将他的故事搬上舞台，如鼓词《乡莲帕》、川剧《鱼鳞阵》、京剧《马芳困城》等。1525年，年仅9岁的马芳被掠到蒙古草原，被迫放马。在崇尚勇士的蒙古，马芳曲木为弓练习骑射，练就了"箭

无虚发"的本领。1537年，马芳逃回大同，在大同总兵周尚文部下当兵，从士兵到下级军官，最后成为宣府总兵。由于马芳跟随阿勒坦汗南征北战，不但深谙阿勒坦汗作战之道，熟知蒙古骑兵的作战特点，而且对土默特部落的活动规律和内部弱点也了如指掌。在成为军官后，马芳招募乡人当士兵，招募当地拳师以及蒙古降兵为教官训练士兵，制定"军战连坐法"，并训练骑兵，发挥明军在火器技术上的优势，为骑兵大规模装配火器，形成了一定的战斗力，在与土默特部作战时取得了一些小胜。1573年，马芳因在战争时冒功、行贿朝中要臣以及与将士私分战利品的旧事被巡抚侍郎吴百鹏揭发，被免去职务，勒令"归家闲住"。1577年，马芳又被复任为宣府总兵，于次年因病退休回乡，其次子马林及孙子四人在清军入关时战死。现山西大同市天镇县新平堡镇保存有马芳宅邸的一个附属宅邸。

曾铣（1509—1548年），字子重，浙江台州黄岩县人，12岁时即能出口成章。曾铣于明嘉靖八年（1529年）中进士，始任福建长乐知县，任满后升为御史。巡按辽东时正赶上辽阳、广宁、抚顺发生兵变，

曾铣暗中筹划布置，平定了这场兵变，明廷升曾铣为大理寺丞，后又迁升右佥都御史，巡抚山东。今山东曲阜孔庙的前厅悬匾"太和元气"即为曾铣字迹。在山东三年后，曾铣受命巡抚山西。在山西时，曾铣修长城、制火器。在浮图谷与阿勒坦汗的作战中，曾铣取得了小胜，被明廷以为功，进兵部侍郎。

嘉靖二十五年（1546年），明朝调曾铣以兵部侍郎总督陕西三边军务。秋八月，阿勒坦汗率三万多骑兵入侵延安府，进攻到三原、泾阳，杀人掠物不计其数。曾铣向朝廷上疏提出收复河套及八条建议。

1547年春，曾铣率兵出塞袭击，败归，没有向明廷上报此事。五月，曾铣又挑选精兵出塞袭击河套，斩杀二十六人，生擒一人，缴获马牛、骆驼九百五十头，兵器八百五十三件。在向明朝廷报捷后，曾铣受到明朝廷的赏赐，并将被曾铣弹劾的甘肃总兵仇鸾夺职入狱。六月，也正是右翼蒙古各部聚于黄旗海迫使察哈尔部东迁时，因驻牧河套地区的蒙古军队几乎全部出套，

曾铣等人误认为驻牧河套蒙古各部是害怕而离开了河套地区。八月，曾铣会同陕西、延绥、宁夏巡抚及三镇总兵商议收复河套地区的方案，并再向明廷上《重论复河套疏》，又呈上《营阵八图》《骑兵迎战图》《行营进攻图》《变阵长驱图》等作战方案，受到嘉靖皇帝的赞许，并让兵部召集大臣讨论。收复河套的计划也得到了时任内阁首辅夏言的支持。然而当时的权臣严嵩对夏言有积怨，也想任首辅，这时正好陕西澄城山崩，嘉靖疑为上天示警，疑虑复套之举。严嵩发动言官上疏收复河套会"轻启边衅"，并勾通仇鸾，让仇鸾诬告曾铣掩败不报，克扣军饷，贿赂首辅夏言。嘉靖二十七年（1548年）正月，夏言被罢免，曾铣入狱。这时正赶上阿勒坦汗踏冰进入河套准备入侵延绥、宁夏，报复上年曾铣的偷袭，声势浩大。巡抚延绥杨守谦将此事上报，严嵩又以阿勒坦汗准备入侵都是曾铣挑起战争所致，激怒嘉靖皇帝。兵部侍郎万镇等人也弹劾曾铣"欺瞒皇帝，贪图立功"之罪。结果，曾铣被处死弃市，妻子儿女被发配。

曾铣在世时，还自己创造了一种犹如现在手榴弹的武器叫"慢炮"。曾铣还是地雷的发明者。史载"曾式地雷"是这样的："穴地丈余、藏火药于中，以石覆四周，更覆以沙，令与地平。伏火绳于下，系发机于地面人不注意处。过者蹴机则火坠药发、石飞坠杀、敌惊为神。"

隆庆元年（1567年），也就是曾铣被弃市后的20年，给事中辛自修、御史王好问上疏为曾铣雪冤。隆庆皇帝诏赠曾铣兵部尚书，谥襄愍，归葬江都。万历中期，又在陕西为曾铣建祠。

翟鹏（1481—1545年），字扶九（又字志南），号联峰，抚宁县人。其父翟昊，性温厚，不善理财，家道贫寒。翟鹏自幼聪颖好学，才思敏捷，其母王氏下决心供他读书，昼夜纺织，为翟鹏筹集纸笔之资。翟鹏府试，其母割发易银为其拼凑路费，为我国著名的"割发易银"故事。翟鹏先后任户部主事、陕西副使、右佥都御史、宁夏巡抚、兵部右侍郎、宣大总督等职。

翟鹏性格耿介刚直、为官清廉，对官场陋习深恶痛绝。嘉靖七年（1528年），翟鹏巡抚宁夏时，边塞防守松弛，朝中无人过问，边官边将任意私占精壮兵卒供自己役使，边塞重地只剩下一些老弱残兵把守。野鸡台一带二十余座墩台孤悬塞外，被长久放弃。翟鹏下令尽数清理被私役的兵丁，恢复了野鸡台一带的守备。此举伤害了一些边官边将的利益，他们对翟鹏怀恨在心。同年，阿勒坦汗大举入侵宁夏一带，边塞粮草不足，边民啼饥号寒，翟鹏据实请求朝廷赈济，明廷不但不允，反将翟鹏停俸。在阿勒坦汗入侵时，总兵官赵瑛不能竭力抵敌，致使百姓涂炭。翟鹏秉公劾奏，

反被赵瑛所讦，翟鹏被撤职。嘉靖二十年（1541年）八月，阿勒坦汗兴师入侵山西内地，兵部荐翟鹏复故官，饬畿辅、山西、河南军务，兼督粮饷。嘉靖二十一年（1542年）三月，宣大总督樊继祖被罢职，翟鹏升为兵部右侍郎、宣大总督。上任后，翟鹏对旧的对敌政策和奖罚制度进行了大胆改革，其中最重要的一项是"杀降邀功者宜罪"。可是他这次复官仅百日，又因向朝廷连乞兵饷被革职。

同年七月，阿勒坦汗又大举入侵山西，杀掠太原。翟鹏又复官，兼督山东、河南军务，巡抚以下均受其节制。这次复官后，翟鹏修边墙390余里，增筑新墩292座，墩堡14座，建营舍1500间，垦田14900余顷，招募新军1500余人，对边塞守备重新进行了部署，并制定了"战中有守、守中有战"的战术。嘉靖二十三年（1544年）三月，因翟鹏退敌有功，被擢为兵部尚书兼都察院右副都御史。嘉靖二十三年十月，阿勒坦汗兵攻膳房堡，又于万全破长城而入，由顺圣川至蔚州，犯屠浮峪，直抵完县，京师戒严，嘉靖大怒。此时，御史杨本深、兵科戴梦桂又乘机动奏翟鹏逗留，致使敌震畿辅，翟鹏被逮捕入狱。

三个月后，翟鹏被判充军罪。当押解翟鹏途经河西务时，被当地百姓所阻，众呼翟尚书冤枉。厂卫听说上告后，又将其解回京师，重下诏狱。嘉靖二十四年（1545年）六月七日辰时，翟鹏卒于狱中。

隆庆二年（1568年），明廷为翟鹏昭雪，追论前功，复官赐祭。翟鹏著有《筹边录》一书及《望联峰山》《联峰海市》等诗篇。

樊继祖（1481—1558年），字孝甫，号双岩，山东郓城人，明代中期著名大臣樊敬曾孙。初任河南临颍知县、山西监察御史。后又任河南副使、江西参政、兵部左佥都御史，嘉靖十六年（1537年）升兵部左侍郎，嘉靖十九年升兵部尚书，嘉靖二十二年改工部尚书兼都察院右副都御史，封太子少保。在朝居官四十余年，后辞官返乡，享年78岁。

明正德十一年（1516年），樊继祖因御寇有功，升为山西道监察御史，迁福建御史。他不畏权势，直言敢谏。正德皇帝朱厚照不务正业，喜好游猎，樊继祖数次上疏或联名上疏劝皇帝罢游。嘉靖十二年（1533年）十月，大同军叛。樊继祖联合城内户部督饷郎中詹荣、都指挥纪振、镇抚王宁等为内应，平息了叛乱。嘉靖十四年（1535年），升为都察院右副都御史。嘉靖十六年（1537年）五月，任兵部左侍郎，提督蓟州、山海关等处军务，成为身负重任的封疆大吏。

嘉靖十九年（1540年）秋，阿勒坦汗遣使请求开市，遭到拒绝。十二月，樊继祖代理兵部尚书。嘉靖二十年（1541年）七月，明廷命樊继祖以兵部尚书出督宣府、大同等处军务，兼理粮饷，并悬赏购阿勒坦汗首级。为了报复明朝，阿勒坦汗大举内犯，攻下石岭关，直扑太原，总兵丁璋、游击周宇战死，樊继祖却违抗圣命，不予支援。嘉靖二十一年（1542年）夏秋间，阿勒坦汗再次入侵山西等地。樊继祖率师抵御，却怯懦避战，不敢迎敌，致使山西内地惨遭涂炭，尸横遍野。樊继祖又

两次谎报大捷，遭到科道官员弹劾。嘉靖二十二年（1543年）三月，樊继祖改任工部尚书兼都察院右副都御史，奉旨前往四川、湖广督采皇宫用木，使数万各类大木如期至京，被特旨加封为太子少保（从一品）。

樊继祖著有《双岩奏疏》《十友传》《山海纪程》《金丹集》等流传于世。

萧大亨（1532—1612年），字夏卿，号岳峰，今山东省新泰市放城镇南夏辉村人。历任山西榆次知县、户部主事、户部陕西司郎中、河南按察司佥事、陕西按察司佥事、山西右参政，1580年任宁夏巡抚，1581年改任宣府巡抚，1584年被加为兵部侍郎，1589年任右都御史，总督宣府、大同、山西三镇。1592年，升任兵部尚书、太子太保，其后任兵、刑两部尚书13年。在任山西榆次知县时，正值榆次连年灾荒，民众饥寒，流离失所，萧大亨张榜招抚流民，呈请发仓赈济，并力除时弊，改革赋税，受到百姓拥戴。1590年，青海发生"洮河之变"，萧大亨力排众议，反对妄开边衅。萧大亨任北部边防要职多年，了解蒙古情况，后据其所掌握的情况著成《北虏风俗》（又作《夷俗记》），于明万历二十二年（1594年）刊行。《北虏风俗》以记述蒙古社会内部情况较详为特色，内分匹配、生育、分家、治奸、治盗、听讼、葬埋、崇佛、待宾、尊师、耕猎、食用、帽衣、敬上、禁忌、牧养、习尚、教战、战阵、贡市二十个题目，记述了当时蒙古社会生产、生活各个层面的情况，条理甚悉，是了解当时蒙古情况的珍贵资料。内中的《北

虏世系》记达延汗后裔世次，表列其子、孙、重孙至七世孙数代首领姓名、驻牧地、存殁情况等，具有很高的史料价值。同时，萧大亨还是明末知名的泰山学者，著有《泰山小史》《酝檀集》。1608年，萧大亨归乡，1612年去世。去世后，明神宗下令为其建墓，六年后建成，其墓的楹联为："来发登朝，勋业永垂于边地；鞠躬尽节，忠勤益励于宦成。"可见，在边塞任职时期是他一生中最大的功绩。

王士琦（1551—1618年），字圭叔，号丰舆，浙江台州临海人，万历十一年（1583年）进士，历官南京工部主事，兵部郎中，福州、重庆知府，河南、山东布政使，右副都御史，大同巡抚等。

王士琦在明万历二十三年（1595年）任重庆知府时，播州宣慰使杨应龙谋反，

王士琦单骑前往招抚成功，升任四川按察副使。万历二十六年，任山东参政，与总兵刘延等出兵抗倭，竭力主战。栗林一战，

倭寇被困十余日，求救于头目平义智。王士琦为防两支倭寇会合，一面以水师戒备于海上，一面亲率陆军夺险地曳桥，斩首数百，乘胜入城。万历四十四年（1616年），升右都御史，巡抚大同。在处理边务上，刚柔相济，威信素著。万历四十六年（1618年），奉调巡抚江南，但因积劳疾深没能上任，卒于山西。

王士琦著有《东征纪略》《封贡纪略》《三云筹俎考》，其中《三云筹俎考》对蒙古史研究有着很高价值。

阿勒坦汗
与土默特

北元时期土默特部驻牧示意图

青海湖

土默特部在青海的活动

　　青海古称"西海"，蒙古语称为"库库诺尔"，意为"青色的海"。阿勒坦汗一生中，对后世有重大影响之一的是在青海的活动。他曾五次率兵到青海，其中四次的直接原因是征伐在那里的蒙古宿敌亦卜剌、满都赉和博喇海等人，一次是会见西藏藏传佛教格鲁派领袖索南嘉措。随着这五次西赴青海，土默特部人也从1559年开始向青海移牧居住。从1559年土默特部驻牧青海到1635年从青海消亡，土默特部共在青海生活、活动了七十七年，在广袤辽阔的青海草原上演了一幕幕鲜活的历史剧。他们和当地的各民族、明朝发生了错综复杂的关系，对当时以至今后的青海地方史、蒙古史、藏族史、中国史都产生了巨大的影响。

一、阿勒坦汗四次出兵青海

　　1510年，达延汗为了加强对驻牧河套地区蒙古的统治，任命其次子乌鲁斯博罗特为蒙古的济农（副汗），前往河套管理驻牧河套的蒙古部落。当时驻牧河套的蒙古太师亦卜剌不仅掌握着永谢布部落，而且还控制着鄂尔多斯部落。他和鄂尔多斯部的首领满都赉阿哈勒呼不满达延汗派次

子乌鲁斯博罗特担任济农管理他们，起衅把乌鲁斯博罗特杀死。于是达延汗亲自领兵征伐，在今呼和浩特大青山将亦卜剌和满都赉击败，并赶出河套地区。亦卜剌是明正德到嘉靖初期蒙古的著名首领，他出身哈密北山的野乜克力部，早年从野乜克力故地进入河套地区，成为蒙古太师。"野乜克力"是哈密北山一带的一个古老部落名，一说为地名。"野乜克力"原称为"乜克力"，他们虽然也不时向明朝朝贡，但不像他的近邻哈密那样和明朝关系密切。在明朝人看来，属化外之邦，所以在汉籍史料的记载中，在"乜克力"前面加一个"野"字来表示对"乜克力"的蔑视。在明代蒙古文史籍中，则称"野乜克力"为"畏兀特""委兀儿慎"，又译为畏兀儿沁、威兀儿慎等，意为类似畏兀儿人的人。在拉施特的《史集》中，把他们称为"篾克邻""别克邻"，因为他们生活于山岭特别多的地区，他们全部擅长攀登崖壁。他们既非蒙古人，也不是畏兀儿人。在成吉思汗时代，他们归附于成吉思汗，并组成为一个千户，成

吉思汗非常喜欢的木哥哈屯，就为该部落首领的女儿。成吉思汗去世后，木哥哈屯又为窝阔台汗所娶，成为窝阔台汗最爱的哈屯。海都建立窝阔台汗国时，他们成为窝阔台汗国的属民。1309年窝阔台汗国灭亡后，他们又成为察合台汗国的属民。因此，该部的首领应为窝阔台的后裔或察合台的后裔，因他们管领乜克力部而长期与该部人通婚，也使他们有了乜克力部人的外表。所以，拖雷后裔的达延汗把他们称为"雅斯屯"（意为同骨、支系），后被传称为"永谢布"。亦卜剌的名字在各种书里有多种不同的译法：道润梯步译校的《蒙古源流》里译为"伊巴哩"，《明实录》《九边考》《皇明北虏考》《北虏始末志》等书译为"亦不剌因""倚巴""亦孛来"，《译语》里译为"尾白儿"，经过清朝人润色后又称为"额不勒"。这些译名，都是源于伊斯兰教的阿拉伯文经名易卜拉欣的不同音译，据此推断亦卜剌信奉的为伊斯兰教。满都赉阿哈勒呼，明朝人因其统辖鄂尔多斯部称其为"阿尔秃斯"。满都赉阿哈勒

青海达坂岭山地牧场

呼的阿哈勒呼是蒙古官职，有为兄、为首之义，用于官称指"首平章""首知院"，后来多被单独使用，后面的平章、知院被省略了。从他为鄂尔多斯首领看，他应该为鄂尔多斯本部落人，也有说他为鄂尔多斯部塔布特人。亦卜剌和满都赉被达延汗赶出河套后，先是在甘肃一带活动。1512年，亦卜剌和满都赉开始西进南下，先后击败了明朝设置于青海湖西北的以蒙古贵族为统治者，以撒里畏兀儿人为主的安定、阿瑞二卫和以察罕蒙古尔、藏族为主的曲先、罕东二卫，收降了四卫不少的部落人口，占据了四卫的牧地和青海湖周围的牧场。

亦卜剌和满都赉占领青海后，先后又有亦思马因太师的儿子达延汗的同母异父兄弟博喇海，蒙古其他部落首领整克、大同等人因蒙古内讧从蒙古草原来到青海，这些人逃亡青海也带来了不少的蒙古人。在这种情况下，为了追回部众、消灭敌人，蒙古本部开始前往青海征伐这些叛离的部众。

据明朝三任三边总制杨一清的《杨一清集》记载，1525年六月，蒙古本部二万多人在讨克剌、八阿不害、吾失阿不害、小十王等人率领下，前往青海征伐这些叛离部落，但成效不大，只有满都赉部下的一部分鄂尔多斯属民跟随征伐的蒙古部众返回鄂尔多斯地区。在这次征伐时，满都赉阿哈勒呼为避其锋芒，率领大部分属民南下渡过黄河，躲入小河套，从此就在汉籍史料记载中消失了。《蒙古源流》记载说："答言合罕一直追到青海，把三万户全部收服。在纳臣·柴达木地方杀死了阿尔秃斯的满都赉阿哈勒呼，从此就称那里为'阿

哈勒呼柴达木'。"此种记载倒是符合了满都赉阿哈勒呼于青海失踪之说，但达延汗本人并没有到过青海。满都赉应是死在了蒙古本部的这次征伐之后。

1532年，24岁的阿勒坦汗和25岁的兄长衮必里克率领军队，从鄂尔多斯出发，渡过黄河，穿越贺兰山进入甘肃，从甘肃经过今民乐县扁都口从鄂博岭进入青海，征伐分裂割据势力亦卜剌、博喇海等。在

鄂博岭南的山地草原

今青海布哈河流域，衮必里克和阿勒坦汗率军向亦卜剌、博喇海发动进攻。开战后，博喇海为保存自己的实力，龟缩不前，亦卜剌的军队被衮必里克和阿勒坦汗的军队击败。亦卜剌被迫投降，将自己的女儿阿木尔扎嫁给衮必里克为第四夫人。在这次

流入青海湖的布哈河

远征中，阿勒坦汗收降了以浩兰温台为首的一群离散之民，这应该是土默特撒勒术特部的第一批部民。

1534 年，衮必里克和阿勒坦汗第二次统领大军经贺兰山和上次旧路，到青海征伐亦卜剌和博喇海，在今青海海北藏族自治州祁连县峨堡镇的古三角城，袭破亦卜剌军营，收复其部落大半。博喇海领部分人逃走，亦卜剌随后死于战后困窘之中，退出历史舞台，博喇海继他成为青海蒙古首领。

1542 年，衮必里克去世，阿勒坦汗独自率军沿着上两次西征的路线远征博喇海，在甘青一带的合鲁勒合雅之林战胜了博喇海的军队，将他们收服。因博喇海属下多为永谢布部落的部民，阿勒坦汗将收降的博喇海部民赐予了他最小的兄弟博迪达喇的长子岱青诺延，也就是永谢布的大成台吉。博喇海被征服，意味着青海蒙古非黄金家族时代的结束。战胜博喇海后，阿勒坦汗又在青海大通河上游阿木尼尼库山的巴彦尼库进攻了锡赉兀尔人，并收降了他们，在他们承诺纳贡后，将他们留在该地。此后，青海的历史便进入了以黄金家族为主体的时代。远征胜利归来后，博迪汗在成吉思汗的八白室前召集各部，授予阿勒坦汗"土谢图彻辰汗"（意为可依靠的聪睿之汗）称号。这个汗号的授予代表着蒙古左右翼的形成和对阿勒坦汗实力的承认，使阿勒坦汗成为名副其实的右翼蒙古首领，但这个汗号是位于蒙古大汗之下的，并没有超越正统大汗的权威。

1559 年，阿勒坦汗第四次进兵青海。

在这次西征途中，阿勒坦汗遇到了土伯特（也译写为图伯特，现在的西藏）的商队，双方发生了冲突。阿勒坦汗将他们俘虏，在发现商队中有一千多人是喇嘛时，阿勒坦汗释放了这一千多名喇嘛。这是 14 世纪中叶以来，蒙古人第一次接触到的西藏佛教僧侣。在青海，阿勒坦汗征服了残余的畏兀儿沁人，使他们全部归顺，并全部给予了他的四子土默特部畏兀儿沁首领兵都台吉，并把兵都台吉与其三个儿子，多罗土默部的首领达雅皇台吉的三弟着力图、长子威静阿拜台吉、堂弟不禄慎和克臬，永谢布大成台吉的侄子巴尔虎等人留在了青海，向归顺了的锡赉兀尔人敛收了贡赋，

青海省祁连山下放牧的羊群

并把他的侄孙，鄂尔多斯部的宾图台吉留到了甘肃境内内蒙古到青海的通道大小松山（今甘肃省天祝藏族自治县境内）。从此，与蒙古右翼相隔明朝宁夏、甘肃镇的青海地区，成了阿勒坦汗的领地。

二、土默特部进入青海的分布和活动

1577 年冬，阿勒坦汗率领土默特部、鄂尔多斯部、喀喇沁部约十万人前往青海和西藏佛教格鲁派领袖索南嘉措会面。

青海门源的油菜田

这时在青海驻牧的为：阿勒坦汗第四子兵都台吉和其三个儿子，第五子依勒登的六个儿子，僧格次子那木尔之子忽洞台吉，阿勒坦汗之婿青山塔布囊，多罗土默

首领达雅皇台吉之子威静阿拜、堂弟克臭台吉、三弟着力图大成长子阿榜台吉（明史籍又称为哑班台吉）、二弟麦力艮台吉第五子把汉喇叭台吉。永谢布部在青海驻牧的有大成台吉侄子巴尔虎部首领巴尔虎台吉，大成台吉女婿瓦剌塔布囊。此外，在嘉峪关外和大小松山驻牧的还有鄂尔多斯的青把都、宾图部，蒙古右翼在青海一带驻牧达到了全盛时代。由此也可以看出，这一时期蒙古右翼人口发展较快，需要更广阔的牧地来满足不断增长的人畜需求。

兵都台吉留在青海后，先在今青海湖南的海南州共和县一带驻牧。为了羁縻统

阿勒坦汗到达青海

领被征服的"番族"和迎请索南嘉措，兵都台吉于1574年担负起了在青海建造寺院的重任。冯时可的《俺答后志》记载，万历二年（1574年）九月，"西海丙兔请建招提于五王城。本兵议谓此地去西宁七百里，去蜀中漳腊四百里。恐虏众依寺为聚，则非止费一日之积劳一夕之卫也。后竟许之"。依照距离西宁和漳腊的位置来判断，五王城应在今黄南藏族自治州界内通往西宁的道路上。因五王城离明边境比较远，当时青海蒙古的实力还比较弱，没有对明朝形成威胁，所以明朝方面在兵都台吉选择此地建寺并没有给予太多的干预，只是让边将提高警惕而已。《明神宗实录》也有兵都在青海建寺的记载，万历四年（1576年）正月乙巳条载："先是，北虏丙兔至五王城修寺，盘桓睥睨，意颇垂涎，而天变适应，上因勒兵部移咨蜀抚罗瑶，俾料理一应练兵，设险防御之策，以图消弭。"这也说明，明廷仅让边将采取措施严加防范，以防止兵都台吉等由此犯边。但由于某种原因，五王城的寺院最终没有建成，而是在青海共和县建起了寺庙，蒙古人称为察卜齐雅勒苏默（苏默为庙之意）。根据《阿勒坦汗传》记载，察卜齐雅勒庙位于当时汉、藏、蒙的交界处，具体位置在今海南州共和县恰不恰镇北7公里的上加拉村，上加拉村的上古城遗址就是察卜齐雅勒庙遗址。察卜齐雅勒庙约在万历三年（1575年）开工兴建，历时近两年，万历四年（1576年）正式建成，并请明朝赐名。明朝为了"化其暴悍，鼓其恭顺"，赐名为"仰华寺"。在建寺中，明朝也资助了大量的

物料。仰华寺为城堡式建筑，东西宽211米，南北长231米，东面开门，残墙高两米多，宽3.5米。城内北部为建筑区，城的西北有残存的高大台基，应为当时的寺庙建筑，也符合蒙古族以西北为上位的习俗，城的东北区应为寺院僧人生活场所，城的南部较为平坦，没有建筑遗址，应为当时驻扎蒙古包、帐篷的地方。1578年阿勒坦汗和索南嘉措在此会面时，索南嘉措又为其取藏语名为"特钦曲科林寺"，意为大乘法轮洲寺。索南嘉措为仰华寺举行了开光典礼，并亲自担任了该寺的第一任堪布，召集传戒法会，剃度了一百零八名土默特人出家。由于游牧生活的分散性，各部落缺少固定的聚集场所，仰华寺也成为当时青海蒙古各部落政治、经济、文化的中心。

1584年前后，兵都台吉开始进驻青海黄河套内的莽剌川。莽剌川位于今青海省贵南县境内，面积约112万亩，水草丰美，是优良的天然牧场。兵都台吉于1587年完全占据莽剌川后，多罗土默的火落赤也率部落移住莽剌川东边的捏工川。兵都台吉和火落赤两部在黄河南的驻牧地连成一片，给明朝河州卫和洮州卫造成很大的压力。1588年兵都台吉去世，1591年明朝派郑洛经略青海时，火落赤和真相台吉被迫暂时

仰华寺遗址

青海共和县草原

撤出黄河套内，向北渡河驻牧于黄河北。在明朝撤兵后不久，两部就又回到原地驻牧。由于那木岱1591年返回土默特故地时，带走了很多原属于兵都台吉的人马，从而使青海兵都台吉的后裔实力遭到了削弱。真相台吉去世后，因缺乏强有力的首领，兵都台吉一系畏兀儿沁部的势力在青海日渐衰弱，逐渐成为多罗土默部火落赤的附庸。

最早进入青海驻牧的多罗土默部首领是多罗土默部首领达雅皇台吉的长子威静阿拜台吉，三弟着力图和其儿子阿榜台吉，堂弟不禄慎台吉、克臭台吉。他们是1559年阿勒坦汗来青海时和兵都台吉一起留在青海的。在阿勒坦汗1578年到青海和索南嘉措会面时，他们一直驻牧在今海南藏族自治州兴海县与共和县南部一带。

1578年三月，索南嘉措在去仰华寺的途中曾路过他们的牧地。阿勒坦汗在青海与索南嘉措会面后，达雅皇台吉的四弟火落赤台吉留在了青海。火落赤在《蒙古黄史》中被称为"库腾豁洛齐"，在《安多政教史》中被称为"科力齐"，郑洛称他"力足以豪举，智足以鼓煽"。真正在青海将多罗土默部势力发展壮大的，就是火落赤台吉。

火落赤驻牧青海后，一开始驻牧于青海湖滨的措卡（今海南藏族自治州境内）一带，承担看守仰华寺的任务。1584年三

世达赖从康区赴土默特参加阿勒坦汗的葬礼时，曾途经他的牧地，受到火落赤的盛大供养。1586年，多罗土默部首领达雅皇台吉率领其他几个兄弟也西入青海。火落赤台吉为了迎接他们的到来，移牧于今青海湖北祁连山南麓一带。明人形容当时的情况是："（祁连）南山及野马川胡骑塞道，烟尘不绝。"1587年六月，达雅皇台吉在抢掠"番族"时中流矢死于黄河脑，其妻率领一部分属民带其骨殖返回土默特多罗土默部故地，他带入青海的余部由时驻牧于盐池川（今茶卡盐池一带）的火落赤统领。其后火落赤势力开始兴盛。1587年，火落赤引众渡过黄河进入捏工川。1590年，"河洮事件"发生，火落赤与真相联兵犯洮州古尔占堡，杀死洮岷副总兵李联芳。火落赤的前锋部队抵达四川松潘境内，攻破阿坝寨，使明廷朝野上下一片恐慌。1592年初，明朝遣将派兵进入莽剌、捏工两川，火落赤为避其锋芒，乘黄河还没有解冻，踏冰向北过河躲避，但部下可卜列、宗塔儿等四百余人因黄河解冻开河被隔在莽剌南山，没有来得及北撤，遭到了明朝将领尤继先、刘永嗣、原进学等部队的袭击，损失惨重。明军撤退后不久，火落赤就又返回黄河套

茶卡盐湖

内居住，并亲自住帐于黄河河脑。1596年，火落赤为巩固其在黄河套内的驻地和势力，联合真相台吉、永谢布驻青海各部落进犯松潘，围攻漳腊堡（今四川松潘县川主寺境内）。明将领张良贤等进行反击，火落赤率部退走。火落赤的这次进犯松潘，在次年明朝兵部左侍郎李桢的奏报中有所反映，奏报说："自北界作儿革迤西至杀鹿塘、毛儿盖地方，其间番族为虏所挟者十有八九。"作儿革即佐格，即今甘南合作地区，毛儿盖则在四川松潘草原。这说明，火落赤的这次用兵到达甘南、川北地区，并且把这一带的番族人口百分之八九十带往青海。1599年，明播州杨应龙反叛，原来镇守四川河州有飞天雷之称的明朝边将刘綎奉旨南下征剿，松潘空虚，火落赤又趁机大掠松潘。彭孙贻的《山中闻见录·刘綎传》记载："綎即入川，火落赤大掠松潘，至城下，松潘人登城问之。火落赤曰：是以飞天雷在河州，吾不敢饮马与河，今若还在焉？"这时的火落赤仍然是明朝河州与洮州的重要威胁。

蒙古人信仰藏传佛教后，修建寺院也成为蒙古各部的时尚。进驻捏工川的火落

青海蒙古族居住区的敖包

赤为了能长久地立足该地，亲和当地藏族群众，扩大自己在青海蒙古各部中的影响，加强与藏传佛教上层的关系，使自己的部落也能有宗教活动场所，便积极筹划修建寺院。早在明万历十五年（1587年），达雅皇台吉与火落赤兄弟二人就向明朝边将投书，要求明朝为其修城修寺，并保证今后永不作歹。这一请求当时遭到了明方的拒绝。两年后，火落赤遣其子朝库尔台吉等三十余骑，采大木十围以上，将百余木料运到构牙卜准备建寺。然而，火落赤还没有来得及动工，担心他在此建寺居住威

火落赤建于尖扎县昂拉乡的阿哇寺

胁河、洮、松潘的明朝就出动边境军，烧毁了这些建筑材料，并由此引发了火落赤报复明朝的"河洮事件"。随着"河洮事件"发生和那木岱东归土默特，明军进兵黄河南河套地区，火落赤北撤，捏工川建寺暂告失败。但火落赤的建寺计划并未就此打住。明军撤退后，他还是在河套内修建了几所寺院，其中有今黄南藏族自治州尖扎县昂拉乡境内的阿哇寺。该寺是为了支持来自四川阿坝的多尔桑喇嘛所修建，后来火落赤把它献给了受三世达赖喇嘛委派来青海的第一世拉莫活佛措尼嘉措，作为该

活佛的驻锡之地。明万历四十三年（1615年），火落赤去世，其儿子们分别占有火落赤在世时的牧地。根据汉文史料记载，火落赤至少有七个儿子或更多，分别为：土骨赤把都儿皇台吉、乞庆台吉、摆言台吉、七庆朝库儿台吉、土庆台吉、唐兀台吉、洛追嘉措等。在藏文史料中，火落赤的这些儿子们分别被赋予藏文名字，长子土骨赤把都儿皇台吉被称为"古如洪台吉弥桑或固鲁洪台吉"、次子乞庆台吉被称为"拉尊穷瓦"，他们都是忠实的格鲁派信徒。其中，火落赤儿子中的洛追嘉措，被认定为一世拉莫活佛的转世。一世拉莫活佛（1578—1609年）因是西藏达孜县拉莫村人，故称为拉莫·措尼嘉措，早年学经于哲蚌寺郭莽扎仓和下密院，后奉三世达赖喇嘛之命到青海地区传教，受到火落赤的大力支持。明神宗曾封他为阿噶白色转世活佛，赐金印。他最后圆寂于今贵德县木干扎仓寺，并转世为火落赤之子，与当时四世达赖转世于阿勒坦汗家族中是同一模式，有着相同的政治背景，都是格鲁派为借助蒙古的武力和财力而在宗教上采取的灵活措施。1621年，火落赤的长子土骨赤把都儿皇台吉与次子乞庆台吉发生内讧。《安多政教史》记载："洪台吉和他的弟弟发生内争，由第巴曲结、曲藏活佛（南嘉班觉尔）两位从中调处，才略转平息。"1630年，两人再次发生内讧。《安多政教史》记载："拉尊等派部队抢劫洪台吉在北路的土默特各部落，第巴曲结及洪台吉弟兄等率部逃往茫拉地方。"这次内讧，使双方实力受到了很大的削弱。

三、青海蒙古中的永谢布部落

永谢布早期为河套内的大部落名称，亦卜剌反叛后，仍残存在该部的一些部落组成为永谢布部落。六万户形成时成为其昔日属部喀喇沁部的属部，由阿勒坦汗的六弟博迪达喇统领。进入青海活动的永谢布部落主要是博迪达喇次子也辛跌儿的儿子巴尔虎台吉、博迪达喇长子恩克跌儿大成台吉的女婿瓦剌塔布囊等，以及巴尔虎和瓦剌塔布囊所领的巴尔虎部和其他部落。

永谢布为蒙古右翼各部中最早进入青海的部落。在《阿勒坦汗传》中，有阿勒坦汗1542年在青海降服博喇海（卜儿孩），将其赐予大成台吉的记载。在郑洛的《经略西陲解散群虏疏》中提到："未款之先，虏王俺答亦曾来牧，遗有'永邵卜'一枝。嗣后西牧，又遗丙兔及火酉等部。"郑洛疏中提到的遗有"永邵卜"一支，应就是阿勒坦汗1542年降服博喇海后，把其残余部众给予了大成台吉，并由大成台吉派人在青海管理，但各书都没有这一时期的首领名字，也没有见到这一时期关于他们活动的记载。

1559年，在阿勒坦汗第四次征伐青海时，把永谢布的巴尔虎台吉及土默特畏兀儿沁部首领兵都台吉，多罗土默部首领达雅皇台吉三弟着力图、长子威静阿拜台吉等一起留在了青海，但随后的时间里巴尔虎在青海的活动还不甚明了，在阿勒坦汗迎请三世达赖喇嘛时，他作为喀喇沁万户的代表前往。阿勒坦汗离开青海后，巴尔

虎台吉和兵都台吉、火落赤一起承担起守护仰华寺的任务。兵都台吉去世后，他的很多属民于1591年被那木岱汗带回土默特，永谢布的实力一时在青海各部中最强。郑洛在《敬陈备御海虏事宜以弭后患疏》中谈及当时的情形说："且东虏既东，而松虏还松山，套虏还河套，所遗于西海者，独火真二酋、把尔户也，虽视之亦卜刺当时一部，尚繁有徒。然东套大虏之势已分散矣，自三酋之势而论之，火酋父子，不满千骑，其桀骜枭雄惟恃刺卜番子，今已招出此番，而火酋直为穷寇耳；真酋兄弟闻所部亦止数千，虽收有河南番子，而渡河北遁，涣散殆尽，真酋亦属游魂耳；所凭藉者，把酋一枝营为三窟也。把尔户者，永邵卜之部落也。永邵卜世牧宣、大绝塞，其族甚大，开市于张家口，惟把尔户流寓青海，年久不归，所领达子、所收番子共有万余，但病废日久，而其用事则瓦剌倘不浪也。……瓦剌倘不浪，则先年入犯，杀李魁者也。"可见，在1591年那木岱汗东归土默特本土后，青海土默特部畏兀儿沁部、多罗土默部应有不少部众也和那木岱东归土默特。从此，依勒登六子不见于在青海活动，达雅皇台吉的兄弟和堂弟们的后裔也不再见于在青海活动，土默特部在青海的势力减弱，永谢布在此时壮大，但这时巴尔虎台吉的身体已经出现了问题，代他而起的是大成台吉的女婿瓦剌塔布囊。杀李魁是指万历十六年（1588年）九月，瓦剌塔布囊率兵入西宁南川掠夺"番族"，杀死乘醉酒大耍威风的副将李魁。万历二十三年（1595年），甘肃巡抚田乐围击

初居昌宁湖，后移牧甘州甘浚山的鄂尔多斯部青把都部，几乎使青把都部丧尽全部，明史称为"甘州大捷"。明朝在甘肃的这次军事胜利，消除了明军的后顾之忧，得以全力对付驻牧青海的蒙古右翼各部。据《西宁府新志》记载，当明军取得甘州大捷后，瓦剌塔布囊也认为行动的时机已到，说"（田乐）适胜与东，必不暇于我，我得胜，大可要顺义之爵，次不失报青部之仇。且西宁之番可以尽收，五郡可图也"，想乘明军刚取得甘州大捷暂时不能顾及青海之时以武力要挟明朝，得到一定的政治、经济利益。万历二十三年（1595年）九月，西宁兵备副使刘敏宽部署了与永谢布部巴尔虎、瓦剌塔布囊部的战斗，伪许之款贡，于西宁南川捏尔朵峡（今湟中县上新庄）打了永谢布一个伏击战，又派兵于西宁西川截击永谢布。两次战斗中，永谢布被杀680人，明史称为"南川大捷"。十月，永谢布又出动部队进犯西宁，明军事先得到了西纳番族的密告，迎战于康缠城（今湟中县汉东乡境内），获胜。随后，明军又与红帽番剌卜尔联系截击永谢布于小康缠，永谢布部队溃败，逃到了青海湖以西，明史称为"康缠大捷"。这两次失败，永谢布折损上千人马。此后，永谢布又与火落赤内讧，也使实力受到损失。这之后，尽管两部又很快重新和好，但永谢布实力一直没有得到恢复。《陕西四镇图说》在提到晚明时期的青海蒙古驻牧情况时说："下（指当地藏族说法，为东）永邵卜巴尔古（户）在海西揣旦驻牧，离边约半月路程；上（指西）永邵卜并男婿歪（瓦）剌他卜囊在海

海西蒙古族藏族自治州的草原

西雪山红盐池一带驻牧，离边约二十日路程。"

四、那木岱青海之行与河洮事件

1588 年三月二十六日，三世达赖喇嘛在蒙古圆寂，其遗体火化后，一部分舍利被分发供奉，一部分舍利准备送回西藏建

青海湖畔的草原

塔供奉。这一年，青海土默特首领兵都台吉也因病去世，1586 年来到青海的土默特万户多罗土默部首领达雅皇台吉也在 1587 年六月抢掠"番族"时中流矢死去。青海的土默特部处于群龙无首的状态。为解决青海土默特部事宜，护送三世达赖喇嘛舍利进藏，万历十七年（1589 年）五月，那木岱汗前往青海。

这次西行的动机，除护送三世达赖的舍利和随员回藏外，明朝人认为是为了收抚兵都台吉的余部。《万历武功录》记载："时兵兔台吉适物故，扯力克益恐部落失主，为他酋所败，遂决策往。"但那木岱在去青海时向明朝提出的理由却不是这样。那木岱汗在 1589 年四月给明宣大总督郑洛的信中对他此次青海之行做了说明，《明

青海境内的黄河

《神宗实录》卷二百一十一这样记载："二十余年各守先王之约。今仇帮瓦剌犯我边界，欲往讨之，已与各部头目期会于地名多罗土蛮。先有永舍布矮力汗倘不浪生事于西宁，又有袄儿都司威静招秃赖台吉作难于甘肃，我心不甘，自先祖款贡，竭尽心力，不想败于今日。今我星驰调永舍布，黑剌慎两家头目前往定此二事，又调取西海驻牧夷人，并送佛僧骸骨，乞从里边行，并照先王旧例抚赏，留下法度一纸与管理贡市头目。但有大小事情，照例罚处夷使。外边往行不便乞念旧规，同通官从里口伴送西海毋阻。"从上述内容可以看到，那木岱汗向明朝所说的前往青海的原因有三个：一是征讨卫拉特，二是整顿青海和明朝生事的部落，三是送三世达赖的骨灰入藏。八月，那木岱经甘肃赤木口进入宁夏，并派归降的汉人武天祥为使臣请求在宁夏中卫开市并抚赏。九月十九日，那木岱进入中卫进行互市。经过十天的互市，那木岱率部于九月二十八日出宁夏外边，从今

营盘水进入鄂尔多斯驻牧的松山地区过冬并进行休整。万历十八年（1590年）正月，那木岱从松山前往青海。六月，那木岱偕家室到仰华寺。那木岱这次西行青海的路线，也就是万历五年（1577年）阿勒坦汗去青海与三世达赖会面返回土默特驻地所行路线。到达青海后，那木岱又派使臣道尔吉巴格什、达尔罕莫德格气等护送三世达赖喇嘛的骨灰及随同三世达赖喇嘛到蒙古的高僧济陇呼图克图等僧众到达拉萨，并向拉萨大昭寺等主要寺庙献布施。在仰华寺，那木岱又向思达陇绰尔吉喇嘛奉献了大量的金银及珍宝，举行了大规模的佛事活动。随后，那木岱汗又往青海湖西今海西藏族蒙古族自治州一带，重新征服了从青海土默特部叛逃的汉、藏、撒里畏兀儿人，使他们回到原驻地。这些人应是原归兵都台吉的属民，1588年兵都台吉去世后，这些人趁机西逃，脱离了土默特部的控制。

那木岱到达青海后，使正和明朝关系

紧张的多罗土默部首领火落赤受到极大鼓舞。就在那木岱到达仰华寺的当月，火落赤与兵都之子真相台吉联兵，进入明朝围攻洮州古尔占堡，报复明朝烧毁捏工川杓牙卜建寺材料，并四处抢掠番族，明洮州副总兵李联芳战死。此后，火落赤和真相台吉等又率兵围攻河州、临洮、渭源，总兵刘承嗣率七千余兵与之周旋。明军先有数次小胜，但朱家山一战，明军大败，损兵折将，游击李芳战死，总兵刘承嗣的盔甲中流矢四枝，幸免一死。在此之前的几次战斗中，战死的明军将领还有刘子都等七名千户。蒙古军大掠环洮河数百里以及临洮、渭源等地，明朝西陲大震。这就是隆庆和议后蒙明发生的政治危机，明朝称之为"河洮事件"。

为了平息西陲危机，万历十八年（1590年）七月，明朝任命宣大总督郑洛为右都御史经略陕西、延、宁、甘肃及宣、大、山西边务。上任后不久的郑洛就派人送信给乌彦楚，让乌彦楚劝说那木岱东回土默特，但遭到了那木岱的拒绝。此时，明朝朝议激烈，许多朝官主张革除那木岱的市赏。八月癸酉，明神宗批准了兵部奏请，停止了那木岱的市赏。九月，鄂尔多斯济农博硕克图也进入了青海地区，那木岱以书致驻牧松山的鄂尔多斯部宾图大妣吉不要与明朝讲和，同时，也与鄂尔多斯博硕克图约定不和明朝讲和。万历十九年（1591年）二三月间，就任右都御史和三边总制的郑洛为了平息西陲危机，使那木岱和数万部落尽快东归，利于他征剿青海蒙古，再次派翻译韩大友等到青海给乌彦楚送信，让她继续说服那木岱东归土默特故地。在乌彦楚的一再说服下，那木岱决定东归。万历十九年（1591年）四月，忠顺夫人乌彦楚给郑洛复信，和郑洛协商回归的路线，并让郑洛为她购买物品。据《玄览堂丛书》记载，乌彦楚给郑洛的信全文如下：

钦差中（应为忠）顺夫人三娘子顿首拜大庙堂郑老先生大人台下。蒙差通官韩大友等赍书到帐，分付言语，我尽知也。回套之事，

青海贵南山区的湖泊

我恨不能即速登程，奈因头畜瘦弱，不能起身。每想老大人宣、大督镇之时，曾受无穷恩典，时刻思念，惟天可表。因洮河失事，一时实酋虏反背皇上洪恩，有负大人抬举，将华夷大事一旦有失。幸蒙老大人驾临河西，多承俯就其事，乃不幸中之有幸也。

今蒙老大人书谕由扁都口经过回套，恐惧汉夷生事，彼此有坏名节，本已会同吉囊由萧（应为肃）边外于川底行走，已差人禀知，四月起身。我思州边外路途遥远，老大人在彼多有劳苦。意要从镇羌堡经过，耻愧不敢开言。如肯矜悯，暗赐一音，我自有主意，彼此方便。

我自到西海之地，因为失事，致将我自愧，未敢讨些须之物，今备丝银十两，万望老大人神力转买梭布八十四，茶八篦，白绫汗巾五十方，硼砂二两，硫黄焰硝四两，小沙锅十个，凉扇十柄，书柬纸一百张。若肯赐发，我世代不敢有忘。谨此具启，再拜。又银六两，买梭布十四，余买茶。

在此期间，火落赤顾虑那木岱一旦东归，青海蒙古将势孤力薄，会遭到明朝的报复，数次到那木岱帐中挽留。鄂尔多斯济农博硕克图也亲往那木岱汗帐中，要求协助他，"及草青以图瓦剌"。那木岱以"大扎（灾害）故马死，益恐为天所杀"，婉拒博硕克图的请求，并将抢掠明朝的三百多人，马一百四十六匹及盔甲衣物送还明朝。七月，包括博硕克图在内的鄂尔多斯诸部首领在甘肃庄浪、凉州、永昌卫一带等候那木岱汗率部前来，一同"出边"。八月，东归的土默特、喀喇沁一部分部众从宁远堡出边，大成妣吉及各部大小领主先后由永昌卫水泉儿、毛卜剌出边。九月，那木岱汗、乌彦楚、博达希利等引众从镇羌堡出边。当那木岱汗的部队刚刚出边后，郑洛就派出部队进入青海地区进行袭击。首当其冲的就是仰华寺，被进入青海的明军在夜间焚毁。《明神宗实录》万历十九年（1591年）十一月丙子条载兵部题，经略郑洛奏称："选锋兵马至西海仰华寺将房屋一时焚烧，各房望见火光，驰至，官军对敌，昏夜射死，不及取首，生擒达虏二名。余虏逃奔山后。"焚寺的指挥者之一陈转的墓志铭记道："公讳转，别号天衢……叙公之功名年卯，适郑司马经略西事之日，委公督兵，夺击斩馘，焚仰华，公霍然有声。"焚毁仰华寺后，明军四处寻找青海蒙古部落，在五百多里内未见到一人，又返回仰华寺进行彻底破坏。明内阁辅臣王家屏在其《王文端公尺牍》中记载，焚寺明军人马于"九月望日分道并出，直抵穷庐之北，去边五百里不见一虏。盖自汉卫、霍度漠以来仅有此举，猗于盛矣。还至仰华寺，复纵火焚其遗构，一椽片木无有存者"，把这次进兵青海焚烧仰华寺提高到汉朝卫青、霍去病出击匈奴的高度。

这次那木岱从青海返回土默特，也带回了很多原属于兵都台吉的属民。据《万历武功录》记载，在那木岱汗返回土默特时，在火落赤的多次请求下，那木岱"许留诸部以佐火酋"。从此，多罗土默部成为土默特驻牧青海的主要部落。

万历十九年（1591年）十月，那木岱汗回到了土默特驻地。万历二十年（1592年）四月，为了换取明朝恢复市赏，那木岱汗和乌彦楚决定把早先叛逃明朝，又叛离回归的兀良哈人史二官、车达鸡等人绑缚押送明朝。经宣大总督萧大亨奏请，明朝恢复了那木岱汗的市赏，并追补了扣发二年的市赏。

五、青海土默特部与当地"番族"的关系

右翼蒙古进入青海以前，青海湖周围居住着藏族先民、撒里畏兀儿（今裕固族）、蒙古尔人（今土族）。"番"所指范围很广，凡当时青海境内的少数民族，均被称为"番"，但一般情况下，专指藏族及撒里畏兀儿人。在蒙古没有进入青海前，青海湖西南、南部主要驻牧着藏族部落。青海湖西北为归附明朝，以元朝蒙古贵族后裔为统治者和少数部众以撒里畏兀儿人为主的安定、阿瑞二卫；青海湖北、东为归附明朝，以元朝蒙古贵族后裔为统治者，以藏族及蒙古人为主的罕东卫和以说蒙古语的蒙古尔人及少数蒙古人为主的曲先卫。这

青海可鲁克湖

其中，撒里畏兀儿人为元朝进入青海地区的蒙古人后代，说蒙古语；蒙古尔人是元朝蒙古占领青海后进入青海的察罕蒙古尔（意为白蒙古人，即汪古人）的后代，他们也说蒙古语（他们现在的蒙古语仍保留有较多蒙古语的古语），自称"蒙古尔人"。蒙古人进入青海之前，当地的"番族"被明朝分为"熟番"与"生番"两大部分。"熟番"是指与明朝贡马买茶，有经济往来的部落，"生番"是指与明朝没有任何往来的部落。1510年，居住于内蒙古鄂尔多斯地区的永

圣湖湖边的藏民

谢布首领亦卜剌和鄂尔多斯首领满都赉因杀死达延汗派去管理他们的儿子乌鲁斯博罗特，被达延汗征伐逃出了鄂尔多斯地区，在甘肃边外一带活动两年后，于1512年从甘肃一带进入青海地区。同年，亦卜剌等人击败了安定、阿瑞、曲先、罕东四卫，占有了四卫的领地和属民。环青海湖的藏族各部落或迁于黄河南，或投靠明朝，留下的成为蒙古各部的役属部众。此后，环青海湖周围成为蒙古的牧地。1559年，在

青海黄河南山区幕归的羊群

青海的亦卜剌、博喇海等残余部众全部被土默特部收降，土默特的兵都，永谢布的巴尔虎、瓦剌塔布囊等留居青海。博尔济吉特黄金家族对青海地区的统治开始。

蒙古征服青海的"番族"后，在经济上"番族"每年须向青海蒙古缴纳一定的实物，名为"添巴"。添巴的征敛范围比较广泛，有豆、麦、青稞、牛、羊、驼、马，每十分而取一，不及者不取，每年一次，成为番族固定的一项实物负担。此外，还有日常性的奉献礼物，叫"手信"。手信是为了讨好蒙古，避免其干扰，临时自愿送上的。另外，往来的文书一般也要附上馈赠之物，轻则皮毛，重则羊马，称之压番文，也称为手信。这种征敛政策，成为番族日常生活的一项负担。郑洛在《收复番族疏》中写道："年复一年，剥削日甚，以麦豆青稞取之番也；褐匹、毛布轻暖取之番也。"可见，来到青海的蒙古人日常生活中主要物品均取自于番族。除按时交纳"添巴"外，在青海蒙古兴建寺院时，番族还得无偿为其出力。兵都台吉主持修建仰华寺时，一些番族部落就付出了很大的财力和人力。对于那些已经归附却不按时交纳"添巴"的番族，和那些没有归附，在蒙古势力范围外游牧的番族，则完全采取了掠夺政策。隆庆和议后，阿勒坦汗曾传示，"海虏不许侵犯汉人，一意抢番"，更是把抢掠的目标完全放到了番族。这类掠夺在《明实录》等历史文献中有很多记载，如：隆庆二年（1568年）"虏三千余骑驻红城子石棚沟等处，由庄浪飞石崖入犯西宁、河州界，略熟番灵藏，宗剌等族，寻引还"；万历六年（1578年）"兵兔率众抢掠熟番甘藏等族头畜"。面对蒙古的抢掠，

青海黄河南山区幕归的牧群

精于征战的番族也不示弱，他们进行了应有的反抗，并使一些蒙古贵族在掠夺中丧生，最著名的当属火落赤的大哥多罗土默首领达雅皇台吉和鄂尔多斯济农纳延达赖之婿威正恰塔布囊。万历十五年（1587年）六月，达雅皇台吉在黄河脑掠夺生番阿尔力，中流矢而死。差不多同时，威正恰塔布囊在抢掠生番时也中箭身亡。

　　除经济上的掠夺外，参加蒙古军队，在进犯明朝边境或掠夺其他番族时充当前锋与向导，也是青海归附蒙古番族的日常义务。万历二十四年（1596年）正月二十日，甘肃巡抚田乐在给明廷上的《为番族倾心孝顺乞赐破格疏》指出：“番种被其（青海蒙古）吞噬，老弱者骈首就戮。强壮者甘心从虏矣。及虏劫（应为结）盟内讧，则当先迎敌者，番也。乡（应为向）导以深入者，亦番也，岂惟被掠者党虏为虐，而未掠者亦阴为之用。又岂惟熟番叛我以从虏，即沿边汉人，亦原外附以延旦夕之命……（西宁）南川入犯，预发其机，而后为外援者，剌卜尔、西纳等族也；（西宁）西川报复预报而后为内应者，亦剌卜尔、西纳等族也。”可见，在青海的战争中熟

青海柯柯盐湖

悉当地情况的番族向导已成为蒙古行军作战的重要依靠。在作战中，番族成为冲锋陷阵的前锋，同时还是外援和内应。万历中期，青海蒙古频频出击明朝边境，除了本部人马外，其余多为胁从的番族。郑洛在《设镇海游击疏》中说，西番“大宗强族，犹能勉力相抗，而单弱番夷，如境内红帽、剌卜儿、姑六只等族，洪水、扁都、镇夷等边外生番，悉俯首归顺而愿为部落者，不知其几，以故年来永邵卜原房仅千，今则万有余矣；桑尔横台吉原房只有八百，今则已过三千，克臭、纳剌沙剌、阿邦、互言等台吉总房不满四千，今则一万有零，其火落赤、阿赤兔、宰僧及不知名房首所收番人，又难以数计”。番族的加入，壮大了青海蒙古的力量。除了加入队伍，担任向导外，为蒙古收集明朝情报和提供给养的番族部落也不在少数。《明神宗实录》记载，万历十八年（1590年），三边总制郑洛了解到：“火（落赤）、真（相）二首，向哨在莽、捏二川，今遁迹益深，复今熟番远为哨探，务得情形。”“至于属番喇嘛，每以往乌思藏为由经过房地，私通传泄，务严加抚谕以固藩篱。”明朝也深知番族对青海蒙古军事活动的重要作用，在“洮河事件”后，把收抚番族使其脱离蒙古作为治理青海的第一要务。由此可见，经过长期的密切接触，蒙古和“番族”之间的了解逐渐加深，特别是蒙古皈依藏传佛教后，两族有了共同的信仰，关系更为密切，无论是部落俗人还是出家的喇嘛，都积极地为青海蒙古打听传递明朝的消息。

　　在青海，除被称为番族的藏族和蒙古

青海牧区山坡上的佛塔、敖包、经幡

关系密切外，还有在元朝进入青海的由蒙古族演变而被称为撒里畏兀儿或撒拉畏儿人、锡赉兀儿人和蒙古的关系更为密切。三边总制郑洛在《敬陈备御海虏事宜以弭后患疏》中说："夫环河湟皆番，而其最有气力者，则海上番也，海上之番，其族有七：曰刺卜、曰亦朗古、曰罕东、曰沙麻、曰武宗塔、曰纳部、曰石刺韦物。此皆四卫之遗种，而为我祖宗所附辑者，总名之曰红帽番子，而谓之红帽者，以其衣装类虏也，谓之番子者，以其服属为番也。"这也说明，这部分番族，不仅力气大，而且所说的语言也是蒙古语，所穿衣服也基本和蒙古人一样，但有了一些藏族装束。共同的语言和共同的历史来源以及相同的生活习俗使得撒里畏兀儿人和蒙古人有了更为亲密的关系。日后，这些说蒙古语、穿着类似蒙古人的撒里畏兀儿人一部分成为土默特部中的撒勒术特部人，一部分融入了青海藏族，一部分成为清代青海的蒙

古族，一部分成为裕固族的先民。总之，土默特蒙古进入青海后，对"番族"先是掳掠、奴役，双方关系比较紧张，以后随着日常生产和生活方式中的交流增多，相同的游牧生产方式和生活方式使相互间的隔阂日渐减少，理解不断加深，特别是蒙古人崇信藏传佛教后，要求每个人都积极从善，不准无端抢掠，加之蒙古和番族有了共同的信仰，双方的关系更加密切。

六、青海土默特部与明朝的通贡互市

据《万历武功录》记载，隆庆五年（1571年）十二月，右翼蒙古土默特、喀喇沁、鄂尔多斯与明朝的贡市刚刚告成，驻牧松山的鄂尔多斯部银锭、宾图就到张掖、酒泉要求开市。《万历武功录》记载："其十二月，银锭、宾兔扣我张掖、酒泉，

索抚市。"而火落赤则在 1571 年春得到阿勒坦汗与明朝通贡互市的消息后，就领兵二千余人，到甘肃山丹一带扎营，派人分别到凉州见明朝台御史杨锦，到永昌城见明御史刘尧卿要求通贡互市，但明朝王崇古及甘肃的督抚们认为，明朝已为蒙古右翼在宣府、大同、山西、延绥开市，不同意再在甘肃开市。1574 年十二月，兵都台吉又向明朝提出在青海互市，但又被明朝廷拒绝。在没有得到明朝同意的情况下，兵都与克臭等人大掠明朝村庄，威胁明朝为驻牧青海的蒙古开市。在此情况下，明朝让阿勒坦汗禁约兵都，但阿勒坦汗也为兵都辩解，并向明朝题请为青海土默特在近边开市。

明朝方面在一些熟悉蒙古情况的督抚的坚持下，采取了务实的态度，接受了青海土默特蒙古互市的请求。继王崇古之后担任宣大总督的方逢时认为，通贡互市是处理明蒙关系的最佳方法，绝不能因兵都台吉犯边影响了明蒙互市的大局。内阁辅臣张居正对青海蒙古开市一事也比较开通，他在给甘肃巡抚侯东莱（字掖川）的复信中说："西海开市一节，望公熟计而审处之，窃以为此地见与番人为市，何独不可与虏为市，前任廖君（指廖逢节）拘泥而不达于事变，其言不可为市，不过推事避患耳，非能为国家忠虑者也，但彼既有不逊之言，在此时未可便许，且俟俺酋戒谕之后，果帖服无言，待其再乞，然后裁许，则绥怀之恩出于朝廷，而非由于要索矣！"这就是说，宣、大、延绥已经开始互市，那么不能因小失大，甘肃也可以开市，但是要

把握好时机，让兵都等人明白，给你开市是天朝的"恩赐"，并不是你武力威胁的结果。

万历三年（1575 年）十二月，明朝在甘肃镇边外的洪水扁都口为青海兵都等开市，规定每年互市一次，每次为期一月。初次开市，扁都口马市就交易官马二千一百零四匹，牛羊五十八双，商民交易马牛羊二万二千有余。开市后，青海蒙古各部也纷纷约束属下部属，让他们不得内犯骚扰明朝。

青海互市成功后，兵都台吉对来之不易的贸易机会十分珍惜，积极与明朝交易，甚至不顾明朝规定的定额，增加"贡马"

甘肃民乐县扁都口

的数量。万历六年（1578 年），兵都台吉把"贡马"定额由八匹增为十匹。明朝经过协商，按十匹给予了赏赐，但声明今后不得额外加增。为了从互市上获得更多的物质利益，兵都台吉改变了多进贡马匹的方法，转而设法向明朝谋求更多的互市市口。万历十二年（1584 年），兵都、克臭向明朝提出了在洮州、河州开市，照各边讨赏的互市请求，但明朝没有批准。

土默特部在青海取代亦卜剌、博喇海等后，除接收他们统领的部落外，也接收

三关岭到鄂博岭的峡谷

了他们管辖的"番族"部属。从"番族"部属那里，土默特人了解到茶叶及其重要的政治与商业价值，因为生活习俗和崇信佛教的需要，"番族"离不开茶叶，利用茶叶可以控制"番族"。蒙古人信奉藏传佛教后，礼佛拜寺也需要大量茶叶，而且在和"番族"的长期接触和信奉藏传佛教后，一些蒙古人也开始喝茶，有了日常对茶叶的需求。因此，通贡互市后，青海土默特蒙古的首领们也纷纷向明朝提出了"买茶"的要求，要明朝向和"番族"茶马互市那样给蒙古人也开茶市，但明朝方面认为，"西番"以茶为命，无时无刻离不开茶叶，若青海蒙古得到茶叶借以控制番族，番族必然会转而投降青海蒙古，成为他们的附庸，一直没有松这个口子。茶叶遂成为明蒙双方贸易的禁品，也成为后来双方关系恶化的一个隐患，但是这也并没能禁止茶叶进入青海蒙古。郑洛在《敬陈备御海虏事宜以弭后患疏》中提到："我中国之制番夷，熟番则易茶，生番则不许易茶，其禁非不严也，然惟禁于开中之时，而不禁于既开之后。生番托熟番以交通，海虏附番族以私贸。甚有一种奸商，私挟茶篦，深入番地，利其货殖；又有一种奸夷，私载茶篦，远抵虏穴，收其厚利。则其岁月往来。交

结贸易者，禁犹不禁。而虏之处于海上者，居然无恙矣。"郑洛在奏疏中说的就是青海土默特部在明朝不准其进行茶叶贸易的情况下，依附于"番族"，打着"番族"的旗号与明朝进行茶马交易，另一方面，通过汉（夷）人的走私活动来满足对茶叶的需求。此外，青海土默特蒙古与成吉思汗次子察合台后代的蒙兀儿斯坦也有经济贸易往来。据瞿九思《万历武功录·火落赤传》记载："万历十六年（1588年）四月，火落赤等在肃州边外的新城堡与回夷莫明等三十余人互市，市马百匹，牛羊千头。"这说明，青海土默特蒙古的对外经济交流也是多面的，并不是仅仅局限于明朝方面。万历六年（1578年），明朝又为青海土默特部开小市于凉州卫高沟寨。尽管这一大一小两个市场都远离青海土默特蒙古驻地，但是也基本上解决了青海土默特部众日常的生活所需。那么明朝为什么把官市大市放于洪水扁都口，小市放于高沟寨，而不把市口放在离青海土默特更接近的洮州、河州、西宁开市呢？这与明朝的戒备心理有着相当的关系。扁都口地处今甘肃民乐县东南部，是祁连山扁都峡谷的北山口，距离民乐县城28公里，是沟通祁连山南北的重要通道，现在仍是贯通甘肃、青海两省的主要隘道。从甘肃三关岭到青海鄂博岭峡谷长28公里，最宽处不足200米，最窄处仅15米左右，是河西走廊南部天造地设的门户，也是土默特部几次进入青海的通道。新开的小市地点在今甘肃武威市东五十里高沟村。这大小两个市场，基本上都位于长城附近蒙古人出入青海的必经之

路上，离番族聚居地较远，离明朝的边防重镇不是太近，不易对明朝边境形成威胁，但又便于明朝调集人马防御。西宁、河州、洮州显然都不符合这些条件。西宁是河湟谷地的中心，明朝经营青海的重镇，又是从北路进入西藏的必经之地；河州和洮州都在黄河河套内，边外与水丰草茂的莽剌、捏工二川相接，在此开市意味着明朝放弃两川，任由蒙古驻牧。另外，河州一度是管辖朵甘卫和乌思藏卫的西安行都指挥使司的驻地，周围是番族的聚居区，又是南路入藏的交通要塞。洮州被形容为"西控番戎，东蔽湟陇"，也是明朝经营藏区的战略要地。这些地方显然都不适合做互市之地，开市即意味着青海蒙古势力的进入，这样会使明朝"隔绝番房"的既定国策受到严重挑战，这显然是明朝不愿意看到的。

万历十八年（1590年）六月，"河洮事件"发生。1591年九月，那木岱离开青海返回土默特。明朝出兵青海。多罗土默部的火落赤和兵都的儿子真相台吉率领部属撤出捏工川和莽剌川。青海蒙古各部的市赏也被革除。万历二十年（1592年）四月，那木岱汗因擒献了车达鸡、史二官二人，向明朝表示了"让步"，市赏很快得以恢复。此后，青海蒙古各部的市赏也得到恢复。其实，蒙汉两族的经贸交流也不是轻易就能用行政命令隔断的。据《明神宗实录》万历二十四年（1596年）二月壬子记载，在恢复市场之前，明朝已经有边臣"违旨私市媚房"，诸臣争相效仿，乃至海房"一市未厌而求屡市，私市未厌而索牛马之公市"。可见，及时恢复市赏并不是明朝做

法的明智，只是对既定事实的承认，使其"合法化"而已。

七、青海土默特部对西藏格鲁派的保护

17世纪前期，格鲁派在西藏的处境并不是很好。1611年前后，彭措南杰当政，不仅统治了后藏大部分地区，而且控制了前藏的一部分地区，称为"藏巴汗"，势力日益强盛。藏巴汗彭措南杰崇奉噶玛噶举派，反对格鲁派。

四世达赖云丹嘉措在世时，由于蒙古部落不断进藏礼佛，往来于蒙古本部、青海、西藏之间，青海土默特和这些不断往来的蒙古部落也使蒙古人在西藏形成了强有力的势力。在这期间，火落赤的两个儿子曾带领大批蒙古军队进入西藏，准备与西藏的藏巴汗进行决战，但被四世达赖喇嘛派人晓以大义平息下来。1616年12月，四世达赖喇嘛圆寂。藏巴汗彭措南杰率大军进攻以拉萨为中心的前藏各城寨，使格鲁派陷入危机之中。群龙无首的状况使格鲁派在蒙藏地区的精神凝聚力濒于瓦解。西藏帕木竹巴政权与后藏藏巴汗两大势力之间矛盾的激化，也使得格鲁派与蒙古之间已建立起来的宗教关系逐渐超越了宗教范围，走向了政治上的结合。1617年，格鲁派的施主第巴吉雪巴索南南杰请来了喀尔喀阿巴岱汗之弟确科尔率领的三千蒙古骑兵入藏护法。喀尔喀蒙古人先是获胜，1618年又被藏巴汗的军队打败，藏巴汗攻陷前藏各城寨，占领了色拉寺和哲蚌寺，推翻了

前藏帕木竹巴政权，同时下令不准寻找四世达赖的转世灵童。班禅大师被迫赴阿里避难，格鲁派僧俗人众五千余人被杀，格鲁派被迫答应向藏巴汗缴纳大量赎金。

1621 年（藏历铁鸡年），火落赤的两个儿子土骨赤把都儿皇台吉和乞庆台吉率领二千蒙古军队从青海到达西藏，与藏巴汗的军队在拉萨江塘岗交战。据《五世达赖喇嘛传》和《安多政教史》记载，这次战争藏军不支，退居药王山。后在四世班禅罗桑·却吉坚赞、甘丹寺池巴楚臣群培、下密院夏仲嘉央衮乔群培、达垄夏仲叔侄等出面调停下，土默特蒙古和藏巴汗达成了如下协议：藏巴汗允许寻找四世达赖的转世灵童；归还格鲁派被迫改宗的寺院及其附属庄院；归还格鲁派施主的庄院；归还拉萨等地；被强迫改宗者重新改回原来信奉的宗派；恢复格鲁派原有的权益，格鲁派又像以前一样得到了弘扬。

1618 年的这次格鲁派危难，被西藏史家们称为格鲁派的教法危难，因为这也正是四世达赖和五世达赖交替的关键时刻。青海土默特人出征西藏，使格鲁派脱离了"教法危难"，对随后格鲁派在全藏各教派中取得优势地位，建立政教合一的甘丹颇章地方政权，起到了决定作用。如果这次危难没有土默特人的武力支持，格鲁派可能会是另外一种结局。

昔日西藏富人们住宅内的壁画《蒙人伏虎图》，把蒙古人作为了保护神

八、青海土默特部的消亡

1634 年，达延汗第十一子格呼森扎的曾孙喀尔喀贵族绰克图台吉来到青海，拉开了青海土默特等右翼各部退出青海历史舞台的序幕。

绰克图是格呼森扎第三子诺诺和的孙子，其父亲为诺诺和第五子巴喀来，号和硕齐。绰克图是巴喀来和硕齐的独生子，进入青海的原因是遭到喀尔喀各部的驱逐。1627 年，蒙古大汗林丹汗为躲避后金的攻击，率领大汗直属的察哈尔万户武力向西迁移，迁移途中，攻灭了右翼蒙古诸部。为了逃避战乱，右翼蒙古和察哈尔部很多人逃到了喀尔喀。为了争夺这些没有领主的逃民，喀尔喀的贵族们发生了争斗。绰克图在这场争斗中，拿起屠刀发动内战，结果遭到了驱逐。绰克图台吉是虔诚的佛教徒，1617 年立于绰克图台吉住所的《白房子碑刻》记载了绰克图皇台吉和其母亲青毕什列勒图三音玛迪太噶勒哈屯在其家

五世达赖喇嘛建起的布达拉宫

乡建造六座寺庙的情况。此外，绰克图台吉母子二人还请人翻译过不少佛教经典，噶举派高僧米拉日巴的传记《米拉日巴传》就是绰克图台吉和其母亲请土默特顾实绰尔济喇嘛译成蒙古文。喀尔喀17世纪前期形成的《桦树皮律令》记载：在1596年到1616年间，绰克图皇台吉前后共6次参加了喀尔喀贵族制定大小法典的活动。此外，绰克图台吉还有一定的文学修养，在其家乡土拉河畔的石崖上，有绰克图台吉1624年刻在山崖上的诗文，被称为《绰克图台吉摩崖》。可见，绰克图不仅崇佛念经，还能作诗，有较高的文化水平。

1634年的青海蒙古部众，兵都台吉的儿子真相台吉，永谢布的巴尔虎台吉、瓦剌塔布囊，多罗土默的火落赤、克臭等都早已去世。土默特部仍留在青海的畏兀儿沁人在1612年博硕克图继承顺义王位后，也大多回到了土默特畏兀儿沁牧地，因为1612年以后已很少再见到兵都后裔在青海活动的记载，说明留在这里的畏兀儿沁人数已经不多了。这以后，青海土默特最为强盛的就是火落赤的几个儿子。1630年，

火落赤的长子土骨赤把都儿皇台吉和次子乞庆台吉再次发生内讧，双方都受到很大损失。当时的青藏地区，根据《五世达赖喇嘛传》的记载，格鲁派在经历了1618年的"教法危难"后，和噶玛噶举派的斗争又进入了激烈的阶段，噶玛噶举派主要依靠后藏世俗政权，格鲁派则依靠拉萨河流域的部分贵族和蒙古外来武装。1631年，大批的蒙古人来到了达木地方（腾格里湖畔的草原）。对此，第悉藏巴（藏巴汗）感到惶惶不安。不久陆续进藏的有以外喀尔喀阿克岱青为首的近千名喀尔喀人，墨日根诺颜率领的三百多名厄鲁特人（即卫拉特蒙古人），以土骨赤把都儿皇台吉和乞庆台吉为首的三百多名土默特人。第一批来到拉萨的僧侣人员中的高贵者，被安置在甘丹颇章的大厅里，那些平民被安排在德阳庭院中，按照蒙古人的风俗，举行了盛大的宴会。1632年八月份以后，移居在藏北的永谢布人的首领到拉萨朝拜。1633年冬天，也有永谢布人的首领来到大昭寺朝拜。文中提到的喀尔喀阿克岱青，全名为彻里斯乞布赛音阿海岱青，他是格

呼森扎的玄孙，他的曾祖父是格呼森扎次子泰哈坦巴图尔，祖父是土伯特哈坦巴图尔，父亲是洪辉彻辰济农。

约在 1634 年春，绰克图台吉和其长子阿尔斯兰率兵进入青海，征服了火落赤的子孙。从《五世达赖喇嘛传》记载的 1631 年蒙古各部到拉萨护法的情况看，1630 年内讧后的火落赤长子土骨赤把都儿皇台吉和次子乞庆台吉仅带有三百多人，根本不堪一击，火落赤的子孙从此不再见于记载。随后，绰克图又收降了其他零散的青海蒙古部落，占领了青海，并称为"汗"。随后，他加入了后藏的藏巴汗丹迥旺布和安多地区苯教首领白利土司（名栋月多尔济）建立的反格鲁派联盟。根据结盟的协议，1634 年七八月间，绰克图台吉的部队进入了西藏。绰克图台吉的儿子阿尔斯兰诱骗并残杀了喀尔喀护法势力的首脑，同宗的亲族阿克岱青。1635 年秋，阿尔斯兰带领上万军队到达木地区，一举击破了永谢布

四部。这时的达木地区永谢布四部应是艾不盖之战后进入西藏的永谢布部落。《五世达赖喇嘛传》记载说："（1632 年）蒙古永邵卜的四位官人迁移到恰达木（今西藏当雄县）地方，其原因是察哈尔林丹汗王毁掉了他们的统治。"十月间，五世达赖喇嘛与阿尔斯兰之间建立了较好的关系。1636 年初，阿尔斯兰进入拉萨朝拜五世达赖喇嘛，这也意味着阿尔斯兰背叛了绰克图台吉。同年，阿尔斯兰被绰克图台吉诱杀。在前来护法的蒙古各部都被绰克图台吉打败后，格鲁派高层决定向西蒙古人（卫拉特人）求援。他们派出了以三世温萨活佛（蒙古人称之为尹咱呼图克图）罗卜藏丹津扎木措为首的使团向卫拉特和硕特固始汗求援。以卫拉特和硕特固始汗和巴图尔皇台吉为首的卫拉特联军和部分喀尔喀军队于 1637 年远征青海，打败了绰克图台吉。据《五世达赖喇嘛传》记载，联军以一万多兵力，一举歼灭了绰克图台吉的近三万军

青海湖畔的牦牛群

青海黄河南的草原

队。绰克图台吉被捕，史书没有记载他的下落，应该被卫拉特联军杀死了。清顺治九年（1652年），固始汗第九子伊勒都齐的次子达尔加博硕克图济农从原驻牧地海北黄城滩一带南迁，仍驻牧于黄河南岸的土默特畏兀儿沁人和多罗土默余众七百户被掠走。根据清代康熙年间满文档案记载，这次被抢掠走的七百户中包括阿勒坦汗的后裔噶勒丹火落赤、楚呼尔、温春台吉兄弟三人的叔父、兄弟、众人的儿子及奴仆。康熙三十七年（1698年），兄弟三人中的楚呼尔台吉在又被达尔加博硕克图济农抢掠八十户人口后，逃到松潘总兵官处，并向清廷上书，请求将以前被达尔加博硕克图济农掠去的七百户及叔父、兄弟、众子及奴仆，现被劫去的八十户以及在河州、洮州边外搭盖房屋耕种居住的近二千户所属番人（藏族先民），全行收集带往主子（指康熙）身边，完聚谋生。经理藩院协议并经康熙同意，决定将楚呼尔台吉所属二百余户迁居安置到呼和浩特，由地方官员相

应捐助驼、马、行粮等物，等这二百余户到达西宁后，给驿车带往呼和浩特，对楚呼尔台吉提出的以前被达尔加博硕克图济农抢去的楚呼尔台吉叔父、兄弟、众子及奴仆七百户，现今所劫八十户查清后再议。就在清朝地方官员将骑乘马四百匹，驮牛六百及行粮准备充足，让楚呼尔台吉动身起行时，楚呼尔台吉又以兄噶勒丹火落赤、弟温春台吉前往达赖喇嘛处，杳无音信，亲戚、族人散居诸处，断不能立时迁移户口，等噶勒丹火落赤、温春回来后再行迁移，向松潘总兵官、道员请求。经四川巡抚于养志、提督岳升龙上奏后，清廷又让"就近安置游牧、内外互为照应，于边疆事务甚有裨益等因，暂停迁移台吉楚呼尔等"，在以后的文献中没有看到楚呼尔等人是否迁移回到了呼和浩特。发生于康熙三十七年（1698年）的这起阿勒坦汗后裔逃难到松潘的事件表明，一直到1698年，在青海河套内仍有独立驻牧的土默特人，并且还有自己的属民二百户，不包括新近丧失的

八十户和另外近二千户的番族属民，从楚呼尔自称阿勒坦汗的后裔和兄长名字为噶勒丹火落赤分析，他们应为兵都台吉的后裔。如果他们为多罗土默部火落赤的后裔，那么他们的名字中是不会出现火落赤的，因为起一个和祖先相同的名字，蒙古人会认为是对祖先的不敬。据记载，卫拉特和硕特部未进入青海黄河河套内时，黄河河套内只有土默特畏兀儿沁人和多罗土默部余众。从人数上看，两部总户数不足千户。这也表明，兵都台吉带到青海的畏兀儿沁部和收降的亦卜剌带到青海的畏兀儿沁人，在那木岱汗和博硕克图汗时期大都回到了土默特原畏兀儿沁驻地。从绰克图台吉进入青海没有和驻牧青海的永谢布人作战的记载分析，早期驻牧于青海的永谢布巴尔虎部和瓦剌塔布囊所领的永谢布人在那木岱汗时期也回到了原驻地，1632年进入西藏当雄驻牧的永谢布四部人中，也应有那木岱汗时从青海迁回宣化、大同北原驻地的巴尔虎部、瓦剌塔布囊部人的后裔。西藏地区归附清朝后，进入青海当雄一带的永谢布残部和和硕特蒙古被编为八旗，称为达木蒙古，后逐渐融为藏族。

清雍正三年（1725年），被达尔加博硕克图掠走，仍居于青海黄河河套内的土默特余众，被编为达尔加博硕克图济农后裔领有旗内的博硕切佐领，成为今青海河南蒙古族自治县的先民。

在清代青海玉树25族中，有蒙古尔津族和雍希叶布族（又译写为"永夏""永沙普""永沙豹"等），后又从中分出竹节族与白力登马族二族，蒙古尔津族和雍希叶布相邻居住，两族人口六百零二户。这都应是土默特和永谢布被林丹汗打败后进入青海的土默特部人和永谢布人，在清朝的历史演变中，他们都成为藏族人。

阿勒坦汗信奉藏传佛教早期藏传佛教与萨满教结合的宗教场所——黑脑包

阿勒坦汗时代藏传佛教
在土默特的传播

　　藏传佛教也称为西藏佛教、藏语系佛教，俗称为喇嘛教，是指传入藏区的佛教，与汉传佛教、南传佛教并称佛教三大体系。藏传佛教以大乘佛教为主，其下又可分为密教与显教传承。佛教传入西藏是从松赞干布建立吐蕃王朝开始的，佛教分别由汉地和印度传入西藏。当时的西藏松赞干布藏王，在他的两个妻子，唐文成公主和尼泊尔毗俱胝（藏名尺尊公主）共同的影响下皈依了佛教，并制定法律明令人民要虔信佛教，佛教开始在吐蕃传播。佛教在西藏几经沉浮，吸收了西藏原有苯教的某些特点，逐渐发展成独具高原民族特色的藏

传佛教，而且从 11 世纪开始陆续形成各种支派，到 15 世纪格鲁派的形成，藏传佛教的派别分支才最终定性，主要有宁玛派、噶当派、萨迦派、噶举派前期四大派和后期的格鲁派。1247 年，西藏萨迦派高僧班智达·贡噶坚赞同蒙古汗国皇子阔端在凉州（今甘肃武威）议定了西藏诸部归顺蒙古汗国，西藏萨迦地方政权建立。1252 年，藏传佛教萨迦派（也俗称为花教）教主八思巴应召到六盘山与忽必烈会面。1253 年新年之际，忽必烈接受萨迦派的灌顶，开始信奉藏传佛教。但是，元朝时期藏传佛教在蒙古的传播，主要在蒙古上层，未能

深入民间。元朝灭亡后，藏传佛教在蒙古匿迹。蒙古原有萨满教仍在蒙古盛行。16世纪后期，藏传佛教在蒙古地区再度兴盛，并深入民间成为所有蒙古人信仰的宗教，原有萨满教基本被抛弃。藏传佛教在蒙古地区的再度兴起，是与当时在漠南蒙古有着强大势力的阿勒坦汗西征青海的一系列历史活动联系在一起的。1559年，土默特部占领青海，使居住于青海的藏族先民和相邻的西藏又一次看到了一个强大的蒙古。为了扩大教派，得到蒙古武力和经济支持，藏传佛教的各大教派开始进入土默特进行传教修行，最终使阿勒坦汗信奉藏传佛教。也正是由于阿勒坦汗信奉藏传佛教后对藏传佛教的倡导和扶持，才使得藏传佛教得以在蒙古再次传播，并结合蒙古原有萨满教很多内容，形成了蒙古化的藏传佛教，成为蒙古全民宗教，也使中断联系二百多年的蒙古与西藏再一次紧密联系起来。

一、藏传佛教传入土默特

元朝灭亡之后，萨迦派不但在蒙古贵族中被逐渐淡忘，在西藏亦因为其僧侣作风奢靡、戒律松弛，为时人所诟病。明永乐年间，出生于西宁的噶当派喇嘛宗喀巴起而改革藏传佛教，要求僧尼严守戒律，禁止婚娶，以显密并重，先显后密为修行次第，形成新的教派格鲁派。因格鲁派着帽颜色改红为黄，故被称为黄帽派，简称黄教。16世纪中叶以后，西藏各大僧侣封建集团之间斗争激烈，支持格鲁派的帕木竹巴地方政权日益衰落。到格鲁派第三世继承人索南嘉措时，格鲁派危机四伏，开始对外寻找依靠势力。而此时阿勒坦汗的势力已扩展到甘、青、康地区，随着1559年土默特部进驻格鲁派发祥地青海地区，一个强大的蒙古再一次展现在青海、西藏

呼和浩特大召主佛殿

原住民面前。到蒙古地区传教，得到蒙古武力和经济支持，再续二百年前蒙古与西藏紧密关系的宗教发展扩张思想在西藏一些佛教领袖中产生。约在1566年以后，藏传佛教开始进入蒙古右翼及阿勒坦汗的驻地周围进行修行传教。

在《阿勒坦汗传》中，记载有阿勒坦汗在1558年（应为1559年）第四次进军青海地区时，遇到了众多的"土伯特（藏族人）"商人，经过战斗将其征服。在这支"土伯特"商队中，有一千多名喇嘛，这是有记载的阿勒坦汗首次和西藏佛教徒接触。实际上，在阿勒坦汗1532年第一次赴青海征伐亦卜剌，在青海收降以"浩兰温台为首的一群离散之民"时，就应开始接触到了藏传佛教。据《西宁府新志》记载，在安定卫被亦卜剌攻灭时，"部众散亡。仅存余孽江缠尔加僧俗四十有奇"，这说明，在被亦卜剌、满都赉攻灭的安定、阿瑞、曲先、罕东四卫中已有藏传佛教信仰。随着四次征伐青海带回土默特的一万多锡赉兀儿人，阿勒坦汗应更多地接触到了藏传佛教。据《蒙古源流》记载，1566年，阿

陕西榆林市榆阳区金鸡滩镇大坟滩库图克台切尽皇台吉葬地的寺庙和陵塔

勒坦汗的侄孙鄂尔多斯万户的库图克台切尽皇台吉出兵西藏，带回了卜勒儿干、阿斯朵黑·赛罕·班第、阿思朵黑·瓦只剌·土麦·桑格思巴三位喇嘛，开始信奉藏传佛教，并赐给瓦只剌·土麦·桑格思巴名叫兀罕出·陈坛的妻子，以及"国王欢津"的称号，封他为众臣之首。这是蒙古重新敬重藏传佛教的开始。从库图克台切尽皇台吉给瓦只剌·土麦·桑格思巴娶妻的情况看，库图克台切尽皇台吉从西藏带回的不是格鲁派的喇嘛。

阿勒坦汗信奉藏传佛教的时间，应该和库图克台切尽皇台吉的时间相差不多。根据伊锡呢玛先生撰写的《乌素图召沿革》记载，呼和浩特乌素图召在"文革"前一直保存有蒙古文《召史》。《召史》记载乌素图召最早建造的佛寺为1567—1572年间建成的"法成广寿寺"，而不是1606年建成的"庆缘寺"。"法成广寿寺"的创建人为萨木腾阿斯尔。萨木腾阿斯尔为西藏萨木巴部族奥米氏人，幼年时就出家皈依了格鲁派，青年时到塔尔寺学习经文，并钻研医学，壮年时来到土默特，在今呼和浩特乌素图召后西北"大山尖"的石洞里修行居住，并给周围蒙古牧民看病，很快就得到了当地居民的尊敬。牧民们募捐布施，给他盖了一座规模不大的寺院，当时的寺名为"察哈尔苏默"。当地人现在把他早期居住修行的石洞称为"宗喀巴洞"，可见他当时在洞中供奉的应为"宗喀巴"像，也可确定其为格鲁派喇嘛。在通往石洞近似直立的山坡上，现在还留有石砌的道路遗址，石洞下方还留有两道一米多高、十

几米长的石墙，在石墙内加土石形成通道和两个平台。石洞位于接近山顶的石壁上，为人工凿成的洞穴。整个工程在今天看来也不是一个小的工程，不是当时条件下很快能够完成的。按照"法成广寿寺"最晚建成于1572年的记载，结合"大山尖"萨木腾阿斯尔修行场所工程量，萨木腾阿斯尔最晚在建成"法成广寿寺"前两三年就已来到土默特，即不会晚于1569年来到土默特，说明西藏佛教的格鲁派最晚于1569年就已活动于土默特地区了。

萨木腾阿斯尔修行的山洞

1568年，阿勒坦汗在远征卫拉特时，他和乌彦楚的儿子出生，阿勒坦汗给这个儿子取了一个完全佛教色彩的名字"博达希利"。同时，还把另一个同样有着佛教色彩名字的女儿"满珠锡里"嫁给了吉格肯阿噶的儿子。这也说明，在1568年时，阿勒坦汗已经有了佛教信仰。

在《万历武功录·俺答列传下》中，记载阿勒坦汗在1571年一至二月间蒙明贡市还在谈判时，在给明朝云中台御史刘应箕回书时，就向明朝提出"索黄莺及五彩，往绘佛像"。这也说明，在1571年前，阿勒坦汗已开始信奉藏传佛教。

在隆庆四年（1570年）正月上任宣大总督的王崇古的《少保鉴川王公督府奏议》中，有阿勒坦汗在1571年互市结束后向明廷请求佛经和僧人的史实。《少保鉴川王公督府奏议》记载："复案：查本年（隆庆六年，1572年）三月初九日，先准礼部咨，为北虏悔祸戒杀，事佛请经，希议给发。……准臣咨，据顺义王俺答累次具书，内开，伊营有西番僧一人，教伊众虏看经事佛，戒杀修善。向臣乞讨金字番经数部并剌麻番僧一人，为伊传诵经典，证明佛教等情节。该本部查，得金字番经止得三部。题奉钦依，行顺天府共造完金字番经三部。又将旧金字经二部，墨字经五部，装饰、整齐共十部行。"王崇古的这封奏折，是隆庆六年（1572年）三月初九日，根据明廷礼部批准阿勒坦汗"乞讨"佛经之事的具体处理结果后的上奏。《明穆宗实录》隆庆六年正月丙子条对此事也有记载，内容为："北虏顺义王俺答请金字番经及遣剌麻番僧，传习经况（咒）。总督王崇古以闻，因言：虏欲事佛戒杀，是即悔过好善之萌。我因明同蔽，亦用夏变夷之策，宜顺夷情以维贡市。礼部亦以为可许。上从之。"从这两份史料记载可以看出，阿勒坦汗从1571年五月正式和明朝建立通贡关系到1572年正月的不长时间内，已多次向明朝请求金字佛经和喇嘛番僧。据《少保鉴川王公督府奏议》记载，在1572年九十月间，阿勒坦汗再次向明朝索要佛经，记载说："俺酋（指阿勒坦汗）自去年（1571年）互市之后，累讨金字番经。已经本部题奉钦依造给。去后今复请给前项番经。"

从上述资料可以看出，阿勒坦汗向明朝多次提出要金字番经和番僧喇嘛是1571年互市之后。1571年明朝与土默特首次互市的时间为五月二十八至六月十四日。那么，阿勒坦汗向王崇古提出要金字番经和番僧喇嘛的时间为1571年六月下旬。根据王崇古的《少保鉴川王公督府奏议》记载，这时阿勒坦汗营中已有西番僧一人。这位西番僧的名字被王崇古在《少保鉴川王公督府奏议》中称为"哈望喷儿刺"，并于1572年四月被阿勒坦汗向明朝请授为"觉义"，成为阿勒坦汗身边职位最高的僧职人员。1580年大召建成后，阿勒坦汗向明廷请求赐寺名，派往明朝的使者就是这位哈望喷儿刺。在赐寺名的同时，明朝根据阿勒坦汗的请求，又将哈望喷儿刺升为"大觉禅师"，可见这位哈望喷儿刺喇嘛是最早来到阿勒坦汗身边的藏传佛教喇嘛，也始终是阿勒坦汗身边职位最高的喇嘛。

根据《阿勒坦汗传》和《三世达赖喇嘛传》记载，就在阿勒坦汗与明朝通贡互市的1571年，一位藏传佛教格鲁派僧人阿兴喇嘛来到阿勒坦汗身边。阿兴喇嘛本名希日巴，16世纪40年代出生于今青海省民和回族土族自治县，因为他是三世达赖喇嘛母亲的同族近支，故尊称为阿兴（舅父）曼殊希礼喇嘛，简称阿兴喇嘛。《安多政教史》记称他为佐格阿升喇嘛，《蒙古源流》记称他为阿哩克喇嘛。根据《锡勒图库伦喇嘛传汇典》记载，阿兴喇嘛少年时出家前往西藏中部，修学于哲蚌寺等著名的大寺院诸扎仓，成了一位博学的喇嘛。他秉承三世达赖喇嘛的旨意，先到五台山朝佛，

后转到长城以北的蒙古土默特部，在呼和浩特城北大青山南麓的察罕哈达立寺修行。在此期间，阿兴喇嘛受到阿勒坦汗的召见，但没有记载召见的时间，召见情况和《阿勒坦汗传》《安多政教史》记载相吻合。

1571年时的阿勒坦汗汗廷还在美岱召，呼和浩特是在1572年才开始修建的。《锡勒图库伦喇嘛传汇典》中说到的呼和浩特应是后来补记。察罕哈达（汉意白石崖）位于呼和浩特北的大青山毫赖沟三四公里处，现被本地人改称为猴山。清朝时，呼和浩特席力图召于1703年在这里建起了哈达召，清廷赐名"永安寺"。根据《锡勒图库伦喇嘛传汇典》阿兴喇嘛于1636年八月去世，终年八十余岁的记载，在1571年时，阿兴喇嘛还不到二十岁。应是阿兴喇嘛在1571年来到土默特建寺修行，等待机会与阿勒坦汗见面。由于阿兴喇嘛少年时就学于哲蚌寺等大寺院和出于格鲁派首领索南嘉措身边，其博学的佛教知识和身份很快引起了初信藏传佛教阿勒坦汗的重视。于是，阿勒坦汗派遣使者将阿兴喇嘛召到其驻地会见。

察罕哈达

根据《阿勒坦汗传》和《三世达赖喇嘛传》的记载，阿兴喇嘛见到阿勒坦汗后，

察罕哈达山上的石砌房子遗址

首先用佛教"因果相继"的理论，肯定阿勒坦汗是"因大汗世世聚集福德资粮之果。最初的上汗化为降生是也"。这里阿兴喇嘛所指"最初的上汗"是指忽必烈，因为阿兴喇嘛深知自元朝第一任皇帝忽必烈始，元代蒙古诸汗世世崇敬并信奉藏传佛教的历史情况。因此他以佛教的"因与果相符""善因得善果"的理论启发阿勒坦汗，并暗示他是忽必烈的转世。同时，阿兴喇嘛向阿勒坦汗指明，"若子今生今世，净修佛教弘传佛经"，就能像"圣转轮王般遍地名扬"。阿兴喇嘛的这一番将佛教理论与元朝开国皇帝和佛教圣地印度的转轮王与阿勒坦汗紧密结合的高论，使阿勒坦汗"昼不能忘而夜不能眠"。阿勒坦汗高兴地表示："以上所言我领悟在心。"根据阿勒坦汗的表示，阿兴喇嘛为引导他入佛门，向他一一讲述佛教教义和历代高僧贤明及生平事迹。看到阿勒坦汗欣然接受藏传佛教的情况，他又向阿勒坦汗提出了接受藏传佛教的三项具体要求：一是遣人到西藏，向拉萨大昭寺的以释迦牟尼佛像为首的诸佛像、向大昭寺行善施舍，向以索南嘉措（后来的三世达赖喇嘛）为首的众僧熬茶布施；二是请来以《甘珠尔》《丹珠尔》为首的诸佛经；三是迎请索南嘉措。从此，阿勒坦汗萌生了信仰佛法的思想，并开始诵念六字真言，投入了皈依三宝的佛事活动。

《阿勒坦汗传》和《三世达赖喇嘛传》的记载，都把阿勒坦汗皈依佛教的原因，归结为阿兴喇嘛向阿勒坦汗讲述佛法和循循善诱。而事实上，这时阿勒坦汗已经开始信奉藏传佛教。阿兴喇嘛的这次与阿勒坦汗的会见，暗示了阿勒坦汗是忽必烈的转世，向阿勒坦汗指出了今生若能净修佛教、弘传佛经，就能向"圣转轮王般遍地名扬"，从心理上使这位明代蒙古右翼首领得到了巨大的满足，并且进一步坚定了信仰藏传佛教的信心。阿兴喇嘛渊博的藏传佛学知识也使阿勒坦汗对藏传佛教的认识进一步升华。在1578年阿勒坦汗与索南嘉措在仰华寺会见时，阿兴喇嘛被封为"额齐格喇嘛"，这应该是对他在蒙古人信奉藏传佛教时起到了种子作用的最高评价。

在《蒙古源流》中，则把阿兴喇嘛写为是阿勒坦汗六十七岁（1573年）时出兵黑吐蕃，从黑吐蕃抢掳带回的阿哩克喇嘛。经阿哩克喇嘛多次向阿勒坦汗讲述佛法，使阿勒坦汗萌发了信奉佛教的想法。根据其他蒙汉文史籍记载，阿勒坦汗在1573年

陕西榆阳区金鸡滩镇小坟滩萨囊彻辰陵

并没有离开土默特。《蒙古源流》记载此事的时间有误。

根据明朝方面的史料记载，在1571年阿勒坦汗向明朝请求佛经和喇嘛时，阿勒坦汗的营中仅有一名喇嘛，就是哈望喷儿剌喇嘛。而到1572年四月初阿勒坦汗向明朝请求的四位喇嘛到达阿勒坦汗驻地时，发现阿勒坦汗营中又有了公木儿把什、公实把什、大都把什、黄金把什、恰打儿汉五位喇嘛，但并没有记载有阿兴喇嘛。这时，阿勒坦汗身边加上明朝派去的四名喇嘛，已有十位西藏喇嘛。阿勒坦汗为了使这十位喇嘛在蒙古更好地传教，提高他们的地位，自己也可依托高僧名号，在明朝喇嘛到来的四月下旬，即向明朝提出了"乞将在营喇嘛并钦差喇嘛，奏请圣上封他等名号"的请求。结果是哈望喷儿剌被授以"觉义"，其他九人被授以"都纲"僧官号。这次阿勒坦汗向明朝题请封授的喇嘛中，没有阿兴喇嘛，唯一的原因就是这时阿兴喇嘛还没有到达阿勒坦汗身边，否则，明朝来的四位喇嘛不会见不到或听不到阿兴喇嘛的一点信息。阿勒坦汗在为这十位喇嘛向明朝请求僧职时，也一定会把这位关键人物列入其中。1573年初，阿勒坦汗再一次通过王崇古请求"鞑靼番经"和"写番字官"一员。1573年四月二十八日，明朝派的译字官马尼卜剌来到阿勒坦汗驻地，这时的阿勒坦汗身边，又有了一位显赫的喇嘛。王崇古的《少保鉴川王公督府奏议》这样记载了马尼卜剌到达阿勒坦汗驻地和见到这位喇嘛的情况："会同西番原来喇嘛，钦授觉义哈望喷儿剌，都纲恰打儿罕、公

实把实、公木儿把实、大都把实、黄金把实，并未授职铁暨把实、哈儿见把实、山根把实及西番新到喇嘛一名剌八，原系授中国永乐皇上大国师素职，世袭有效。随同喇嘛五名，沙乞、板靼、永靼、速奈、公干剌八……又随行善友朝曼、薛布、喜剌慎，先后到帐，分发伊子孙各部落，传念经典，教令各怀忠义，戒杀生灵，以归善道。"

从以上王崇古奏议中可以看出，这位在1573年四月二十八日前新到阿勒坦汗驻地的"喇嘛一名剌八"，不仅关联着明朝永乐封授的大国师世袭身份，而且带有不少的随行喇嘛。但遗憾的是，王崇古的奏议并没有给我们留下这位永乐皇帝所封大国师继承人的姓名，我们只能从永乐皇帝所封的大国师来判断他的身份姓名了。

永乐皇帝就是朱元璋的第四个儿子明成祖朱棣，是明朝继朱元璋之后又颇有作为的皇帝。同时，他还是一位与佛教关系密切的皇帝，堪称世界佛钟典范的永乐大钟就是他在位时敕令铸造的。他在位时，曾于1407年十二月册封西藏噶玛噶举派黑帽系第五世噶玛巴德新谢巴为大宝法王，于1413年册封萨迦派领袖昆泽思巴为大乘法王。永乐十二年（1414年），朱棣邀请宗喀巴见面，宗喀巴的弟子释迦耶协应诏代师入朝。释迦耶协又称为降钦却吉，他于该年春天先抵达五台山，驻五台山大显通寺，后于十二月奉诏赴南京朝觐永乐皇帝。在南京期间，释迦耶协曾在宫廷内外举行盛大佛教法事活动，为朱棣施长寿灌顶密法。因在1407年和1413年，朱棣已封过西藏两个喇嘛教派首领为法王，永乐

十三年（1415 年）四月，明成祖朱棣封释迦耶协为"妙觉圆通慧慈普应辅国显教灌顶弘善西天佛子大国师"封号。随后，释迦耶协仍回五台山传法。释迦耶协是明代继大宝法王噶玛巴德新谢巴之后来五台山的第二位西藏佛教高僧，他先后三次在五台山传法。据《大慈法王传》记载，释迦耶协在五台山兴建了六座大寺院，实际所谓的兴建是修葺或改建、扩建。这六座寺院包括大显通寺、大宝塔院寺、大圆照寺和大文殊寺等。由于释迦耶协得到皇室的尊崇，其建寺所需资财可能主要是由明廷供给，也有部分可能是信徒供施的。此外，明朝还设立"钦依兼管五台山都纲""钦依提督五台山兼管汉番觉义"等官职，奠定了藏传佛教格鲁派在五台山的地位。

1419 年，释迦耶协回藏后，用朱棣所赐财物和西藏帕木竹巴政权官员的资助，在拉萨北郊兴建了卫藏格鲁派四大寺之一的色拉寺，并成为该寺第一任池巴。释迦耶协去世后没有转世。此后，二世达赖、三世达赖、四世达赖、五世达赖分别担任过色拉寺池巴。色拉寺寺主的传承和哲蚌寺达赖传承成为一脉，从五世达赖阿旺罗

西藏色拉寺大殿

桑嘉措以后，历辈达赖喇嘛也都是名义上的色拉寺池巴。

在《少保鉴川王公督府奏议》中提到的"原系授中国永乐皇上大国师素职，世袭有效"的喇嘛，指的就应是当时兼任色拉寺第十三任池巴的索南嘉措。但是，当时索南嘉措本人并没有到达蒙古。这个"喇嘛一名剌八"就应是索南嘉措派往五台山和蒙古的代表阿兴喇嘛。索南嘉措 4 岁时被确认为格鲁派宗教领袖根敦嘉措的转世灵童迎入哲蚌寺供养，1546 年 7 岁时拜时任哲蚌寺池巴的索南札巴为师，并受了沙弥戒，1552 年 11 岁时任哲蚌寺十二任池巴。1558 年五月十五日，17 岁的索南嘉措又担任了色拉寺池巴，1564 年 22 岁时又拜格勒巴桑为师，受了比丘戒。受比丘戒后，他便把主要精力放在到各地讲经弘法上，先是赴日喀则的扎什伦布寺讲经，以后又云游山南、达布等地区，说法收徒，推广格鲁派教义，扩大格鲁派势力。1558 年，索南嘉措还应藏北的蒙古地区首领致礼延请，到藏北蒙古地区传教。格鲁派扩大势力是有其现实根源的。

15 世纪中叶，后藏的仁蚌巴家族实际上已形成地方割据势力，控制着日喀则广大地区。1481 年，在噶玛噶举派曲扎益西的唆使下，仁蚌巴的两个儿子带领一万多后藏军队，占据了乃乌栋，把当时支持格鲁派的乃乌栋宗本阿旺索南逐出其领地。接着，帕木竹巴第八代法王阿格旺波去世，因其继承人阿旺扎西扎巴年幼，由噶玛噶举派曲扎益西和仁蚌巴措杰多杰代理摄政。仁蚌巴一时权势极盛，控制了拉萨。仁蚌

巴控制拉萨后，在 1498 年至 1517 年近二十年间，禁止格鲁派僧人参加每年一度的祈愿大法会。在这期间，虽然名存实亡的帕木竹巴政权及其属下的部分贵族们支持格鲁派，可是势力远不如新兴的仁蚌巴。1517 年，帕木竹巴政权实力有所恢复，从拉萨赶走了仁蚌巴，这才恢复了由格鲁派主持祈愿大法会。但是，各教派之间激烈的竞争和退回后藏的仁蚌巴仍然时时威慑着格鲁派，这就促使格鲁派不得不扩大势力，寻求更大的武力和经济支持。1559 年青海被土默特占领后，元朝以后又一个强大的蒙古出现在西藏人面前。1564 年，受完比丘戒的索南嘉措在广大藏区传教扩大势力的同时，也派出他的宗亲舅父阿兴喇嘛到他们认为的蒙古大汗阿勒坦汗驻地传教，寻求蒙古的武力和财力支持。阿兴喇嘛与阿勒坦汗的会面，促使了阿勒坦汗与索南嘉措的会面。阿兴喇嘛带去的众多喇嘛也使土默特各部有了藏传佛教的传播者。从 1574 年阿勒坦汗向西藏派使者迎请索南嘉措也可以确定，在 1573 年四月前到达土默特的这位喇嘛应是阿兴喇嘛。《阿勒坦汗传》是格鲁派僧人写的，《三世达赖喇嘛传》是五世达赖喇嘛写的，他们把阿勒坦汗信奉藏传佛教的功劳全部记在格鲁派阿兴喇嘛身上，是为了增加藏传佛教宗派中格鲁派的功绩和荣誉。从《阿勒坦汗传》和《三世达赖喇嘛传》所描述的阿兴喇嘛给阿勒坦汗讲述佛法后，阿勒坦汗立刻决心迎请索南嘉措看，阿兴喇嘛与阿勒坦汗会面的时间也应是在 1573 年。如果 1571 年阿勒坦汗就与阿兴喇嘛见面，并且心情

"犹如夏日之湖水，心潮澎湃"，那么阿勒坦汗在 1572 年就应派出到西藏的使者。

二、萨满教与藏传佛教结合时期的宗教场所——武川县黑脑包

1578 年六月十九日（藏历五月十五日），阿勒坦汗与索南嘉措在青海湖畔仰华寺会面。根据《蒙古源流》记载，在这次有十万人参加的会见上，阿勒坦汗的侄孙、鄂尔多斯部的库图克台切尽皇台吉以他于 1566 年从藏区带回的国师——瓦只剌·土麦·桑格思巴为翻译作了讲话，要求部众从今以后"烧毁翁衮""严禁杀生祭祀""代替翁衮，立智慧六臂怙主像"。在索南嘉措为仰华寺举行盛大的开光仪式结束之际，阿勒坦汗将"原先供养的罪恶神祇像通过对怙主举行烧施仪轨而付之一炬"。文献还描述了这一举动的生动画面及其后果："当时火堆中燃起绿色的智慧火焰，升腾于高空中，停留许久，出现无穷神变，使所有的蒙古人感到惊奇，于是一切蒙古人的翁衮偶像都被烧毁。"

根据有关资料分析，阿勒坦汗应于 1567 年就已信奉藏传佛教。那么，在翁衮还没有被烧毁，萨满教没有被废弃前，土默特部的信仰为萨满教与藏传佛教结合的宗教信仰。今呼和浩特市武川县西红山乡境内的黑脑包就是阿勒坦汗早期信奉藏传佛教时，萨满教和藏传佛教共同的宗教场所。

黑脑包位于今呼和浩特市武川县西

红山乡土默公村（现改为三合村）西北约六七公里的黑脑包村东北的脑包山北大山顶部，海拔 1827 米。黑脑包的"脑包"就是本地人对"敖包"的称呼，土默特地区

萨满服饰

萨满使用的神鼓、神杖

在名称前加"黑"，有着"断绝""没有""废了"的意思，如称呼"黑门""黑户"，就为"子孙断绝、没有后代"的意思。"黑脑包"也就是"废弃不用的敖包"的意思。黑脑包山周边的山丘均为平缓的土山丘，现已

成为本地人种植粮食的田地，历史上这里应是良好的丘陵草原。被称为黑脑包的脑包山和北大山是这片丘陵地带最高的山丘，山丘上也与周边的山丘全是土质不同，从北大山的西边山腰到北大山顶，横排着一道道突出地面的石片，形同阶梯，从南面通向山顶的山上也到处都有突出地面的石片。在从南面上北大山山顶的山脊上有小型的指引敖包。脑包山上的遗址共有两处，一处坐落于山顶的平地上，一处坐落于其下方的半山坡上。山顶上的敖包共有三座，一座位于从南面刚上山顶处，坐北向南，类似于寺庙山门，直径在 4 米左右，敖包中部前有摆放东西的地方。另一座敖包位

黑脑包石砌寺庙

黑脑包西南的敖包

黑脑包北端的敖包

于西南，敖包外观为三层，直径在 10 米左右，敖包前有三间石砌的窑洞式房子与敖包相连，为倒凹字形，现在左右两侧的窑洞已经倒塌，只留有中间一间，宽约 3 米，进深约 5 米。在窑洞最里面靠墙的地方，有一尺多宽的平台，应为摆放供品的供台。供台上方有顶部为拱形凹入的摆放神像的神龛。在入口敖包的正北，为一座三室相连的石砌长方形窑洞式建筑，长约 13 米，宽约 7 米，高约 3 米，三室同大，中间一室开门，旁边两室各有一窗。三间庙室内左右两边墙壁和顶部都绘有彩色的壁画，除被人为破坏和房顶漏雨毁坏外，色彩仍然鲜艳。绘画内容多为汉佛教故事，仙人、祥云、山水、鸟兽栩栩如生，各具情态。庙宇正中间室内靠北墙为近一米宽的大供台，应为摆放神像的地方。左右两室后墙也都有一尺多宽的供台，供台上方的墙壁上均有三个神龛。石砌庙宇后面几十米处，为另一大型敖包。敖包直径在 9 米左右，敖包前中部有摆放东西的地方。敖包所在之处为山顶尽头。在石砌庙宇通往敖包的路上，两侧为高约 70~80 厘米的黑色片石，形成笔直的石片道沿。道路中为一排排通向敖包的高约 20~30 厘米的片石。从庙宇走向敖包，犹如天路，形成极强的神秘感，显示出敖包通灵智能的神明威严，强化了人们在祭拜时对自然生命的敬畏。在敖包和庙宇所在山顶的下方右侧，还有一处用石头砌墙、有大门的院落。院内除有着大量平整的土地外，还有一座石砌的三孔窑洞，其中两孔已经倒塌，这应是住人的地方。

"敖包"在蒙古语中意为"凸起的堆子"。在草原文化中，"敖包"有其特定的文化内涵，是指具有祭祀文化含义的山峰或在地形高处用石块堆积而成（个别地区也有用草坯或木料集成）的堆子。敖包是蒙古族崇尚大自然万物有灵的体现，象征着神灵在其位。敖包的祭祀在藏传佛教没有传入蒙古前，由萨满教的萨满主持，而萨满教为当时蒙古信仰的宗教。

黑脑包起居场所遗址

在《万历武功录》中，记载阿勒坦汗与佛教有关的事情最早发生于 1571 年一至二月间，是云中台御史刘应箕致书阿勒坦汗协商通贡互市事宜时，阿勒坦汗在给刘应箕的回书中向明朝要画工和颜料。《万历武功录》记载："而俺答亦报书，愿如约，因使使者索黄莺及五采，往绘佛像。"在 1572 年七月条下又记载说："是时，俺

黑脑包石砌寺庙内的壁画

黑脑包石砌寺庙内的壁画

答以暑急蚊盛，久避青山，作佛事。"这些都说明，最早在1571年一至二月，阿勒坦汗已有寺庙建成，这时的阿勒坦汗所信的宗教应为萨满教和藏传佛教相结合的宗教，因当时的藏传佛教刚刚传入蒙古，蒙古旧有传统的萨满教在蒙古人中根深蒂固，把藏传佛教传入蒙古的西藏僧人还没有力量说服阿勒坦汗抛弃旧有的萨满教，而是以变通的方式在蒙古人旧有的萨满活动场所增修庙宇，使之成为萨满和藏传佛教结合的宗教场所。由于黑脑包周围几十里内均为丘陵草原，没有树木，所以所盖的庙宇成为石砌的窑洞式。在现在呼和浩特市清水河县山区，也留有在清朝时由汉族移民所建的类似石砌庙宇，建筑方式和黑脑包的寺庙几乎一样。这也说明，黑脑包寺庙全部由汉族工匠所建，寺庙中的壁画也全部为明朝画师们的汉佛教、道教作品。

1579年冬，阿勒坦汗从青海回到土默特后，因已经抛弃了萨满教，黑脑包萨满教与藏传佛教相结合的宗教场所被废弃。

三、阿勒坦汗与索南嘉措在青海会面

据《阿勒坦汗传》记载，当阿勒坦汗听罢阿兴喇嘛迎请索南嘉措的建议后，"欣然赞同"阿兴喇嘛的建议，并于蒙古历青狗年（1574年），派威正宰桑、达云恰等率领使团带着丰厚的礼物和书信，从土默特出发，前往拉萨迎请西藏格鲁派的宗教领袖索南嘉措。在抵达青海时，使团向在青海驻牧的阿勒坦汗第四子兵都台吉传达了阿勒坦汗关于在青海建寺的决定。

使团在经历了十个月的旅程后于1575年到达拉萨。索南嘉措在进行了一番请法神白哈尔汗授记的神秘佛事活动之后，向蒙古使团宣布了接受阿勒坦汗邀请的决定，同时和使团商讨了会晤的事宜。索南嘉措还派戒师宗哲桑布同使团一起返回蒙古，并为阿勒坦汗带去了一瓶长寿净水。

1576年五月，威正宰桑、达云恰等迎佛使团偕同索南嘉措的戒师宗哲桑布离开拉萨，约在九十月时返回土默特，向阿勒

哲蚌寺内的三世达赖未成年像

坦汗禀告了西藏之行的情况并转交了索南嘉措的书简、佛经、金刚结及各种回馈的珍宝礼品。阿勒坦汗与右翼三万户的首领们进行聚会后商定，依照索南嘉措所安排的日期，定于1577年前往青海与索南嘉措会面，商定会面日期后，又于1576年十一月再次派威正宰桑、达云恰带着给索南嘉措的回信、一百多两黄金制成的金印和右翼三万户分别准备的各种金银财物、精制服装返回拉萨。但由于路上行程延误，威正宰桑、达云恰等于1577年六月才到达拉萨向索南嘉措回复了蒙古方面的决定，使会见时间推迟。

1577年12月，阿勒坦汗率右翼三部西行，此行的目的，一是与西藏格鲁派领袖索南嘉措会晤，二是应侄孙库图克台切尽皇台吉之请征伐卫拉特。

鄂尔多斯库图克台切尽皇台吉寺庙供奉的库图克台切尽皇台吉像

但是，由于明宣大山西总督方逢时和明兵部尚书王崇古秘密将阿勒坦汗西行日程和将要攻击卫拉特的军事情报，事先都告诉了卫拉特，卫拉特做好了迎战的准备，结果，阿勒坦汗的军队打了败仗。在进攻卫拉特受挫后，阿勒坦汗经明朝甘肃境内便道，从永昌城往西经过新城堡、洪水堡、花塞堡、曹古城、大马营等地到达扁都口，经过五个多月的艰苦跋涉，来到青海湖畔今青海省共和县的恰布恰镇北上加拉村的察卜齐雅勒苏默。察卜齐雅勒苏默是1574年阿勒坦汗第一次派使团到西藏迎请索南嘉措时，让占据青海的兵都台吉所建的寺庙。在1574年接到阿勒坦汗建寺的指令后，兵都台吉于1575年在青海湖东南的汉、蒙、藏交界地带开始建寺，并于1576年建成。经阿勒坦汗向明朝呈请，明朝于1577年四月赐寺名为"仰华寺"。根据《一世—四世达赖喇嘛传》记载，仰华寺的建筑为："在新建的经堂内供有三世佛像、宗喀巴大师像和索南嘉措自己的身像。经堂左右和前面是内供大威德、观世音菩萨等像的神殿，每个佛殿具有十六根柱子的规模。佛殿之间又建有菩萨殿，药叉殿和护法亭。前面的左右两边是光明殿和大乐殿两座寝宫，各个殿堂都用汉式殿顶作为装饰，寺院外围筑有三重围墙。"

1578年，当阿勒坦汗得知索南嘉措已进入青海境内时，先后三次分别派出八百人、一千人、三千人的迎接使团携带奉献的各色礼帛、妆缎、蟒缎、绫缎、珍宝、金钩银钩之驼、珠宝、金鞍马匹等馈赞物品万件前往迎接。

藏历土虎年五月十五日（1578年6月19日），索南嘉措经过5个月的游历，终于来到了青海湖畔新建的仰华寺庙与阿勒坦汗会面。蒙藏文献都详细生动地记载了索南嘉措与阿勒坦汗这次会见。这天，阳光灿烂，青海高原晴空万里。索南嘉措一行远远看见前面一队人马浩浩荡荡前来迎

哲蚌寺内的三世达赖成年像

接，队伍前面彩旗招展，鼓乐喧天，蒙古诸部领主和喇嘛组成的仪仗队伍及其他人缓缓而行，训练有素、队伍整齐的蒙古骑兵走向前来。有数千名蒙、汉、僧侣、俗人等骑着马漫山遍野而来。索南嘉措等人又走了一个时辰，阿勒坦汗身着白衣，在索南嘉措以前派往蒙古的宗哲桑布和译师固始巴克什所率百余骑的陪同下，率领数万部众前来迎接。"迎接时严格遵循了元朝接待外国使臣所规定的仪式"。阿勒坦汗向索南嘉措奉献了以上百两精金制作的曼陀罗一个、千两银制的锅一个、盛满宝石的金碗一个，白、黄、红、蓝、绿诸色绸缎各二十四，骏马一百匹，其中包括配有镶饰珍宝鞍辔的白马十匹，白银一千两，光闪闪的五色大缎十匹以及布匹等物品。各部落也献上了多不可数的驼、马、骡、牛、羊以及不可计算的供品与布施。

在与索南嘉措的会面中，最为重要的是由鄂尔多斯部库图克台切尽皇台吉发表的"演讲"和所宣布的《十善法规》。演讲内容为：

从前，（忽必烈汗）出身于察哈尔天子之王族，武力雄强，征服汉、藏、霍尔三族，与萨迦派结福田施主善缘，大弘佛法。后来，从帖睦尔（即妥懽帖睦尔）汗起，佛法中断，作恶不善，享食血肉，坠入黑暗之血海。今托福田施主二日月之恩，再开圣法之道，化血海为乳海，其恩德至大，居住在这里的汉、藏、霍尔一切民众，须恪守十善，从即日起，对众人，特别向蒙古察哈尔族作如下规定：从前蒙古人死后，区分贵贱，以其妻妾、奴仆、马牛殉葬。今后凡用来宰杀祭祀的马牛等牲畜，自愿献给上师和僧众作回向祈愿。严禁杀生祭祀死者，倘若仍与往常一样，则杀人者抵命，宰杀马牛牲畜者，剥夺其全部财产；对上师和僧侣动手打骂侵犯者，没其家。以前，对称作"翁衮"的亡人像，每月初八、十五、三十日宰杀马牛等牲畜以血进行月祭，每年区分贵贱杀生年祭。从今以后，烧毁翁衮，严禁杀生进行月祭和年祭，若违令杀生祭祀，则杀一牲畜而剥夺其十倍牲畜，拒不烧毁翁衮者破其家。代替翁衮，立智慧六臂怙主像，用三乳品（酪、奶、酥油）供养，绝不能用牺牲供养。此外，所有人须努力为善，以每月的初八、十五、三十日为持斋戒日，对汉、藏、霍尔等族不能无端抢掠。总之，一切应效法卫藏行事。

这篇"演讲"是自古以来蒙古草原上出现的第一部"和平宣言"，它的宗旨是"再开圣法之道，化血海为乳海"。这篇"演讲"中明确宣布了"烧毁翁衮、代替翁衮、立智慧六臂怙主相"，充分反映了从此北元右翼蒙古人开始信奉藏传佛教格鲁派，并用法令形式改变了蒙古人固有的萨满信仰，

鄂尔多斯库图克台切尽皇台吉的祭祀敖包改信了另一个宗教。

在青海的会见中，索南嘉措和阿兴喇嘛一样，将阿勒坦汗称为忽必烈的化身，把他自己称作是忽必烈的帝师八思巴喇嘛的化身，赠给阿勒坦汗"梵天大力察克喇瓦尔第诺门汗"称号，赠给乌彦楚钟根哈屯以塔喇菩萨之化身"阿利雅塔喇"称号。阿勒坦汗也将索南嘉措称为忽必烈的帝师八思巴喇嘛的化身，赠给索南嘉措"瓦齐喇达喇赛音绰克图宝音图达赖"称号和金印，并剃度了以土默特、喀喇沁、鄂尔多斯三家王族之弟为首的108名蒙古人出家，烧毁了萨满教的翁衮、察里格偶像，禁止萨满教字额（男巫）、乌达干（女巫）活动，废除了流行于蒙古民族的杀牲、血祭、殉葬等陋习，对僧人和在家修行者所遵守的戒律也进行了具体规定，对格鲁派各级僧人都比照蒙古贵族中的称号给予了对应

青海塔尔寺

地位，使格鲁派僧人在蒙古地区有了优越的社会地位，并获得了"免派征战、狩猎、免除贡赋"的特权。

此外，在青海的会面中，索南嘉措还为在场的右翼三万户的领主和主要首领们授予各种佛教称号。获得称号的这些领主和首领们对日后蒙古地区佛教的发展起到了非常重要的作用。

青海会面后，索南嘉措的格鲁派在阿勒坦汗的实力支持下，在西藏诸宗派中的地位得到了加强。从此，达赖喇嘛这一尊号一直沿用至今。

四、藏传蒙古佛教在土默特的形成

藏传佛教在蒙古地区的发展过程中，经历了与蒙古传统宗教萨满教的结合过程，在这一过程中不仅大量吸收了萨满教的宗教内容，而且不可避免地带进了蒙古人的思维模式、审美情趣、道德规范、性格习俗等。从北元时期大规模的译经活动可以看出，北元时期传入蒙古的藏传佛教，其诵经也是用蒙古语，其宗教表现形式是在

阿勒坦汗赠给三世达赖喇嘛金印印文

藏传佛教中加入了蒙古萨满教传统内容，并以自己的民族语言表达信仰，而不是进入清朝后用藏语诵经的藏传佛教。北元时期的藏传佛教，应为藏传蒙古佛教时期。

（一）藏传佛教与蒙古萨满教传统文化的结合

在世界各种宗教史上，本土宗教与外来宗教在激烈的矛盾冲突中，各自变通，相互让步，使得宗教信仰多元化。世界许多地方发生过外来宗教传入时与本土宗教的矛盾与冲突。因此，佛教在传入西藏时接受了当地传统的苯教文化大量因素，藏传佛教在传入蒙古时也结合吸收了萨满教大量内容，使蒙古人更好地接受了藏传佛教。阿勒坦汗与索南嘉措仰华寺会面前的土默特宗教，就是蒙古萨满教与藏传佛教结合的宗教。

1578年的仰华寺会见后，阿勒坦汗听从三世达赖喇嘛索南嘉措的意见，抛弃了蒙古旧有的萨满教，专一信奉藏传佛教。但是，萨满教承认宇宙间的任何事物都有生命和灵魂，认为人的躯体是灵魂的外壳，人的生死取决于灵魂的留去，人的灵魂是永生的，人死后，其灵魂到另一个世界，与故去的族人一起过着与人间无二的生活，亡者的灵魂既可以保佑生者，亦可以加害生者等思想学说一直驾驭着蒙古人社会意识形态和文化领域。在藏传佛教传入蒙古社会的过程中，祖先崇拜、火神崇拜、水神崇拜、大自然崇拜等萨满教意识形态因素被藏传佛教吸收，并随着藏传佛教的传播又得到了进一步的加强，从而使蒙古宗教文化具有了萨满教、藏传佛教双重特色。

祭天、祭地、祭火神、祭湖等大自然崇拜的祭祀，都是蒙古族萨满教最隆重的祭祀活动。在藏传佛教传播时，这些习俗

呼和浩特大召祭祀敖包

被继承了下来。在北元时期，所祭之神仍为祖先之神和自然之神，进入清朝后被加入藏传佛教之神。

祭祀敖包是蒙古族的传统节日，源出于萨满教重要祭祀活动。敖包被认为是各种神灵的汇集处，因而备受蒙古族民众的重视。藏传佛教没有传入蒙古时，敖包祭祀仪式由萨满主持。在萨满教与藏传佛教共同存在时期，应该是萨满和喇嘛共同主持祭祀仪式。1578年阿勒坦汗与索南嘉措在仰华寺会面后，敖包祭祀也改为由喇嘛主持，并由喇嘛进行祈祷和祝赞。在喇嘛替代萨满祭祀敖包的内容上，喇嘛教礼仪学家们或多或少对萨满教形象进行了改造，祈祷词中明显沾染了佛教色彩。

祖先崇拜是蒙古人信奉萨满教的重要内容。藏传佛教传入蒙古地区后，僧侣们

呼和浩特席力图召祭祀敖包

大召释迦牟尼银佛像

大召佛殿上蒙古族战神的标志——苏勒德与庄严佛菩萨的旗帜——宝幢并列安放在一起

尽可能地把蒙古传统的祖先崇拜纳入佛教体系中，但是，祈祷经文受到修改，如在祭祀成吉思汗祈祷经文中，已丝毫不体现成吉思汗那种古老的狂风暴雨、战神和天神的特点，而是完全变成了藏传佛教的保护神。

（二）藏文佛经的蒙译与蒙古语诵经使藏传佛教成为藏传蒙古佛教

阿勒坦汗信奉藏传佛教后，在1571年时向明朝请求要的是"金字番经"。"金字番经"指的是藏文经。1572年，阿勒坦汗开始向明朝请求蒙文佛经。在1572年七月二十二日给明廷的一封信札中，阿勒坦汗说明了请求蒙文佛经的理由。他说："圣上与我一心，将写译字生并鞑靼经多赐几部，我传念学好。有西番经并汉经通好，我一字认不得。在营西番喇嘛拜内喇嘛与我设醮念经。"

以上引文中的"鞑靼经"就是蒙文字佛经。要求蒙文字佛经的理由，就是因为阿勒坦汗不认识汉字和藏文，这也应是藏传佛教传入蒙古后遇到的最大的问题。这个时候，如果学习汉文，那么传入的藏传

佛教将会是有着浓重道家色彩的汉传佛教；如果学习藏文那么传入的藏传佛教将会是有着蒙古色彩的藏传佛教。在明朝一些大臣们费了很大辛苦后，终于在甘肃地区找到了《孔夫子讲经书》《元留经》《文殊菩萨经》《北斗七星经》《释迦牟尼元留经》《十王轵靶经》六卷蒙文字佛经，但这远远不能满足阿勒坦汗的需求。

1583 年，土默特第一部由藏文翻译成蒙文的佛经《金光明经》刻版刊行。在《金光明经》的"跋语"中，记叙了这部《金光明经》的翻译刊行是由阿勒坦汗指令，由阿勒坦汗次子宝音台吉之子摆腰把都儿组织完成的。这也标志着土默特部开始大规模推广蒙文经典。随后，土默特的藏文

阿勒坦汗下令翻译刊行的蒙古文《金光明经》

蒙古文《无量寿经》封面及首页

佛经蒙译进入高潮。仅在《金光明经》翻译刊行后到那木岱 1607 年去世的 24 年间，在土默特首领们的提议组织和具体赞助下，土默特的译师们先后完成了《牛首山授记经》《十四折经》《般若波罗蜜多经》《吉祥智慧本尊六臂法王》《正法白莲花大乘经》《佛顶白伞盖陀罗尼经》《煴香经》等大量藏文佛经的蒙古文翻译工作。特别是在那木岱彻辰汗、乌彦楚的提议和赞助下，于 1607 年间翻译完成的一百零八卷《甘珠尔》经，使藏文佛经的蒙古文翻译达到高潮。

土默特大量的藏文佛经翻译成蒙古文，促进了藏传佛教在蒙古地区的传播，使蒙古的僧侣们和信众们能够看懂佛经并念诵，标志着藏传佛教在蒙古的传播开始成熟。蒙文佛经的大量传播和蒙语诵经以及结合了萨满教内容的藏传佛教形成了新的佛教分支——藏传蒙古佛教。

五、阿勒坦汗信奉藏传佛教后土默特的寺庙建设

寺庙作为供奉信仰佛像和举行宗教活动的场所，是信仰存在和发展的标志。阿勒坦汗时期的土默特社会，还是以畜牧业经济为主的社会，广大蒙古牧民仍然居住在蒙古包中。尽管汉族人口进入后在土默特建起不少板升，但是随着时间的推移，早期进入土默特的汉族因返回明朝和自然死亡，能够从事佛教建筑、绘画的人越来越少，加之建筑材料缺乏，所以，在阿勒坦汗信奉藏传佛教的早期就不断向明朝请

求建寺的工匠和物资。进入土默特修行传教的一般僧人们到达土默特后，早期也都只能在山洞中修行，在得到大的施主们的布施之后，也由于缺少工匠和材料只能建成一些小的寺庙。随着阿勒坦汗汗廷从美岱召东迁呼和浩特，一些修行者也把修行的山洞东移到呼和浩特周边，在今土默特右旗到呼和浩特的大青山沿山上，留下了众多喇嘛们修行的山洞遗址。在阿勒坦汗及其后代的明代土默特时期，能见到记载并有遗址的寺庙共19座，其中依山所建的寺庙都有修行的山洞，说明也都经历了山洞苦修然后建寺的历程。这19座寺庙中，由阿勒坦汗亲自主持建造的有黑脑包寺庙、美岱召东万佛殿、席力图召古佛殿、大召寺和敖伦苏木夏都佛教建筑群。除阿勒坦汗亲自主持建造并得到明朝不同帮助兴建的佛寺规模较大外，其他寺庙主殿均为十几平方米到二十几平方米的小寺庙。但是，这在当时的蒙古草原上也是显赫的建筑了。

（一）武川县黑脑包敖包与石砌寺庙

根据《万历武功录》记载，在1571年一月到二月间，阿勒坦汗就向明朝"索黄莺及五采，往绘佛像"。这说明，在1570年阿勒坦汗就已建起了一个佛教活动场所，

这就是今武川县黑脑包村后北大山敖包与石砌窑洞寺庙。从1571年八月至九月，阿勒坦汗向明朝只请求佛经和喇嘛也可以分析出，这时阿勒坦汗已有宗教活动场所。在这之后，汉籍史料提到的"以暑急蚊盛，久避青山做佛事"指的就是这个地方。

（二）美岱召东万佛寺

根据王崇古《少保鉴川王公督府奏议》记载，隆庆六年（1572年）四月二十二日，明朝派遣的两位钦差喇嘛及其两个徒弟和翻译来到土默特部。阿勒坦汗在接见了这两位钦差喇嘛后，当时就给明廷回了一封信简。他在回信中写道："大明仁圣皇帝钦差二喇嘛、二徒弟前来与同在营喇嘛经典相同，善言教道，我已归善道。乞将在营喇嘛并钦差喇嘛，圣上封他等名号。我看下大青山前可修奉佛看经。永远相和，乞赐匠役、颜料。"在《万历武功录》中，也有这时阿勒坦汗请求明朝帮助建寺的记载，内容如下："（隆庆六年四月）俺答既还，益诵佛经，专以杀生灵为戒。独恨不达佛

黑脑包山上的指引敖包

照片中的松树为东万佛寺建成时栽植的树木

理，乃请西番刺麻公木儿榜实、公实榜实、黄金榜实、恰达尔汉。上亦遣二刺麻，皆训以经义，帅俺答归善道。于是俺答请工师五彩，建寺大青山。"

隆庆六年（1572年）四月的阿勒坦汗，还住在今美岱召的汗廷城，那么建寺的地点也就应在美岱召周围。在今美岱召的东墙外，原建有一座不大的佛寺，被称为万佛寺。这应是阿勒坦汗信奉藏传佛教早期在土默特地区建起的第一座汉式建筑的藏传佛教寺庙。

（三）席力图召古佛殿

1575年呼和浩特建成时，与呼和浩特同时建成的还有一座藏传佛教的寺庙。为了感谢明朝对所建城市和寺庙的支持，解决寺庙中仍缺少的佛经、佛像，阿勒坦汗向明朝提出请赐城名和寺庙所需佛经、佛像。《明神宗实录》万历三年（1575年）十月丙子条记载："顺义王俺答遣夷使乞佛像、经文、蟒缎等物，所盖城寺乞城名。镇臣以闻，部复谓俺答恪守盟约禁戢部落，迄今五载，劳委可嘉，所请勿拒也，上然之，赐城名归化。佛经、佛像，许该镇量写铸给与，仍加赏。"

席力图召古佛殿山门

在《明神宗实录》的这段记载中，开始就是"乞佛像、经文、蟒缎等物"。这也说明阿勒坦汗这次向明朝所请，主要是求寺庙所需之物。在美岱召的旧汗廷城时，阿勒坦汗就把寺庙建在了城的东墙外。呼和浩特城在1632年后金征伐林丹汗时被烧毁，位于呼和浩特城外及其他各处的寺庙在后金保护寺庙的政策下全部得到保护。在呼和浩特的旧城中并没有发现明代的寺庙，那么唯一的可能就是阿勒坦汗在建呼和浩特的寺庙时，也和美岱召汗廷城的寺庙一样建在城外。因为新建的呼和浩特周长只有二里，作为宗教活动场所，一是要有僧人居所，二是还要方便广大信众叩拜，所以仍被建在了城外。那这座和呼和浩特一起建成的寺庙应该就是席力图召的古佛殿。席力图召的古佛殿在一些资料中被记为是僧格在1585年所建。1585年时的呼和浩特已有藏汉结合式的藏传佛教寺庙大召。如果僧格在当时建寺，一个是规模上不应小于大召太多，再就是也应是藏汉结合式的建筑。而席力图召的古佛殿原貌不仅是纯汉式的建筑，而且和大召的佛殿相比也显得太小，僧格在没有继承汗位前在今兴和县建的台吉庙在明末时就已具有一定的规模，继承汗位后如果在呼和浩特建寺，规模只能比大召大，而不可能是建一座比大召小很多的寺庙。所以这应是阿勒坦汗在建呼和浩特城时所建的寺庙。1585年，席力图召由僧格在佛殿前面加筑藏式门阁改为藏汉式建筑，并增加其他建筑形成完整的寺院，而被传为由僧格建造。席力图召的古佛殿应为现在呼和浩特市内最古老的建筑，建成时为宁玛派寺庙。

席力图（席力图为藏语"首席"或"法座"之意）召的得名，应该是因它是呼和浩特最早的寺庙，又由阿勒坦汗、僧格汗时期僧职最高的土默特首席喇嘛哈望喷儿剌主持、驻锡而得名。

（四）大召

大召的名称来自蒙古语"伊克苏默"，为"大庙"的意思，因"庙"在藏语中称为"召"，所以俗称为"大召"。1578年，阿勒坦汗与索南嘉措在青海湖畔的仰华寺会面，许愿在呼和浩特将"生灵依庇昭释迦牟尼佛像用宝石金银庄严"。1579年冬阿勒坦汗从青海回来后，于1580年建成大召寺，并向明朝请寺名。明朝万历皇帝赐寺名为"弘慈寺"。由于寺内主供银制的释迦牟尼十二岁等身像，又称为"银佛寺""大召"。大召是明代北元蒙古地区第一座藏汉结合、设施配置完整的藏传佛教格鲁派寺院，也因此成为日后蒙古地区建寺的典范。明万历十三年（1585年），被阿勒坦汗封为三世达赖的索南嘉措来土默特为阿勒坦汗做法事，驻于大召寺，并让土默特部为寺中的银制释迦牟尼佛像制

作金冠，亲自主持了开光仪式。1587年三月二十六日，三世达赖索南嘉措主持火化阿勒坦汗遗体后，又指示土默特部在大召西墙外建起青色宫殿安放阿勒坦汗的骨灰塔，就是现在大召西的乃春庙，形成了大召的基本规模。

（五）乌素图召的"法成广寿寺"

根据伊锡呢玛先生撰写的《乌素图召沿革》记载，法成广寿寺建于1567年至1572年间，从土默特地区1566年至1567年就有西藏佛教喇嘛修行传教的情况看，这应该是事实。法成广寿寺的寺名在北元时期一直被称为察哈尔苏默（苏默汉意为庙），名称来源于建寺人萨木腾阿斯尔为察哈尔部人，所以该寺以他的部名称为察哈尔苏默。但实际上萨木腾阿斯尔是西藏人，他所建的察哈尔苏默寺名应是他建的寺庙位于大青山山边上，所以人们按蒙古语"边"的称呼"察哈尔"，称呼他所建的寺庙。法成广寿寺在北元时经过几次扩建但始终只是一座小寺，可想在初建时更是一座很小的寺庙。后在清康熙年间给"庆缘寺"赐名时，也给察哈尔苏默赐名"法成广寿寺"。从赐名"法成广寿寺"的名

大召山门

庆缘寺佛殿

称来看，这应是对萨木腾阿斯尔传教成功的褒奖。法成广寿寺在"文化大革命"时期被西乌素图农业大队拆掉，并把所有的砖瓦木石全部运到村中修盖了饲养院。

（六）乌素图召的"东茶坊"

据伊锡呢玛先生《乌素图召沿革》记载，当萨木腾阿斯尔的察哈尔苏默建成之后，附近的游方喇嘛纷纷来拜萨木腾阿斯尔为师，并驻寺。萨木腾阿斯尔是一位很有风度的喇嘛，凡是同教并能遵守教规的喇嘛来驻，来者不拒，一一收留。当时有一条寺规是：不论年龄大小，先进者为大。这样一来，不到十年时间所来的人数已达到小寺院不能容纳的程度。这就又促使他再次募捐布施，增盖寺院。明万历十年（1582年）到万历十一年（1583年），萨木腾阿斯尔又在靠近潺潺溪水的小西沟（现在庆缘寺的西面）动工兴建了一座比察哈尔苏默略大一些的寺院，因为寺院内设有僧众的厨房和水房，所以习惯地称为"茶坊"。后因在属于萨木腾阿斯尔靠近黄河的牧场也修盖了一处放牧人员食宿的房子称为茶坊，就把靠近黄河土默特西的茶坊称为"西茶坊"，把察哈尔苏默的茶坊称为"东茶坊"。"东茶坊"在20世纪30年代被拆毁。

呼和浩特庆缘寺

（七）乌素图召的"庆缘寺"

在乌素图召的"东茶坊"寺庙建成的当年，也即1583年，萨木腾阿斯尔去世。七年后的万历十八年（1590年），萨木腾阿斯尔的徒弟们从民间找到了他的"转世"，请回到寺内来。请回的这个"转世"孩子就是乌素图的第二世活佛。

第二世活佛成年后，是一位精通佛学的人，在民间也有崇高的威望。当时，他的徒弟里边也出了几位很有名气的医生，再加上寺庙的畜牧业发展兴旺，僧众的生活日渐富裕。于是他分派徒众进行第三次募捐布施，于1606年由蒙古族匠人希古尔、拜拉二人进行设计，建起了"庆缘寺"。寺名称为"察哈尔格根苏默"。但是，这也只是一座比"法成广寿寺"和"东茶坊"略大一点的寺庙，其后直到乾隆四十七年（1782年）修整扩建后才形成现在的规模。1783年，清廷赐名"庆缘寺"，此后至今一直称为"庆缘寺"。

（八）汉佛教改宗藏传佛教的苏木沁村华严寺

华严寺位于呼和浩特市东60余里的赛罕区榆林镇苏木沁村，东为明代著名板升乃莫板升村东梁后，大黑河从村东顺沟南流，两岸有着很多平坦肥沃的土地。阿勒坦汗时期，这里也应是板升汉人开垦种植的地方。华严寺位于大黑河西岸西北的土山上。因华严寺建于土筑的城堡内，被本地人俗称为"堡子庙"。据《归绥县志》记载，堡子庙共有五块石碑。《归绥县志》抄录有三块碑文的内容，其中汉文碑一块，藏文碑两块。1981年全国地名普查期间，

华严寺遗址

时任内蒙古地名领导小组成员、在内蒙古大学工作的金峰教授在榆林乡做地名调查时，在苏木沁村一户蒙古族农民家又发现了一块石碑。根据四块石碑记载，华严寺于明万历四年（1576年）由阿勒坦汗次子宝音台吉之子摆腰把都儿建造，当时为汉佛教寺院。寺院和尚、信徒均为山西来到土默特的汉族，应为苏木沁板升、乃莫板升、白塔一带的板升汉族。1580年，华严寺重新改建为格鲁派寺院，成为摆腰把都儿在仰华寺出家的第五子垂尔扎木苏绰尔吉的寺庙。华严寺在"文化大革命"中被拆掉。

（九）阿勒坦汗的夏都敖伦苏木古城

阿勒坦汗的夏都城位于阿勒坦汗第四子兵都台吉的畏兀儿沁部牧地，也就是今包头市达茂旗旗政府所在地东北35公里处艾不盖河北岸的敖伦苏木古城。这里元朝时是汪古部首领驻地，因汪古部首领被元朝封为赵王，而以赵王城称之。元朝灭亡后，赵王城也在元末农民起义和明朝的北征蒙古中毁于战火。阿勒坦汗汗廷东迁呼和浩特后，选择了在赵王城遗址建设夏都，1580年又扩大了夏都城内的佛教建筑。在城周3公里的城内，除了西北部的汗廷建筑外，城内北面偏东一字排开九座基宽

五六米的佛塔，东北部和南部也有着很多高大的建筑台基，绝大部分为寺院和佛塔遗址。寺院周围还留有大量黄、白、绿三种琉璃瓦碎片。由此可见，这座当时有着众多佛教建筑的夏都，也是阿勒坦汗时期真正意义上的召城。

（十）喇嘛洞召

喇嘛洞召位于土默特左旗毕克齐镇北7公里的大青山中。博格达察罕于1526年离开白塔山后来到这里的岩洞修行。1627年，博格达察罕喇嘛去世，其弟子道宝迪彦齐·赤列扎木苏坐其法座，并在此建起了一座五开间的寺庙。乾隆四十八年（1783年），喇嘛洞召第五世活佛扩建寺庙，增修佛殿及佛像后，形成现在的规模，由乾隆皇帝钦赐满、蒙、汉、藏四种文字的"广化寺"寺名。

喇嘛洞召

（十一）哈拉沁沟口西的寺院

据《内齐托音一世传》记载，当内齐托音一世住在哈拉沁口子的地方时，有个叫萨·绰尔济的智贤喇嘛听说了，对他的徒弟们说："那个喇嘛不是一个平凡的人，你们谁遇到，就把他请来与我相见。"后来，绰尔济的两个徒弟在寻找丢失的牲口时碰

到了内齐托音一世，并引他到绰尔济的寺院与绰尔济见面。这也说明，萨·绰尔济的寺院也在哈拉沁沟口一带。在哈拉沁沟口西的破庙子村东北的山坡上，有一处寺庙遗址，本地人相传这是和大召差不多同时建造的寺院。这应就是萨·绰尔济的寺院了。在通往寺院前面的小山坡和一上寺院的山坡上，分别有一座敖包，在靠近大青山的山脚下有并排一大两小的三座寺庙遗址。大的寺庙遗址东西宽约六米，两个小的寺庙遗址为四米左右。在寺院西几十米的山沟里，1999年以前一直有泉水长流。这条泉水西面的山沟，本地人称为黄山沟。在山沟北的山坡石崖上，有一处本地人称为"阿贵洞"的修行小洞。这座寺庙的废弃时间不清，但在北元土默特时期，这应就是一座不小的寺院了。

哈拉沁沟口西的寺院遗址

（十二）阿巴嘎哈喇山的修行寺庙

据《内齐托音一世传》记载，在内齐托音一世到阿巴嘎哈喇山时，山上已住有一位名叫阿喇滚蓂尔根禅师的修行喇嘛。阿巴嘎哈喇山今称为漫瀚山。阿喇滚蓂尔根禅师修行的寺庙位于今二龙什台国家森林公园东，现称为二郎山的山顶北端。这里自然环境优美，阿喇滚蓂尔根修行的寺

庙清朝时又有人修缮利用，今称为佛爷洞。阿巴嘎哈喇山的修行寺庙为依山建成的小寺庙，旁边还有一个石洞。内齐托音一世共在阿巴嘎哈喇山上修行了十二年。阿喇滚蓂尔根禅师在林丹汗占领土默特后东迁翁牛特旗。

阿喇滚蓂尔根禅师修行的寺庙

（十三）通顺召

通顺召位于今包头市九原区沙尔沁镇沙尔沁村，为一座小寺，建寺年代相传为明万历年间，没有较准确的年代。从位置上看，这应是把汉那吉兴建的寺庙。清康熙年间，喇嘛洞在此建金志尼巴特尔奥苏默（俗称沙尔沁召）时，通顺召成为其属庙。"文化大革命"中，通顺召被拆除。

（十四）小召

最早的小召也为一座小寺庙，位于今呼和浩特席力图召东一百米左右，由博达希利兴建，蒙古语称为"巴噶召"，即为"小召"的意思，以区别于阿勒坦汗所建的"大召"。苏都那木皇台吉在世时，对小召进行了维修扩建，清初成为内齐托音喇嘛世系驻锡坐床的地方。1696年，第二世内齐托音喇嘛对小召进行了修葺和扩建，使其规模相当宏伟。寺庙扩建后，康熙赐名为"崇

福寺"。从这时起，小召的地位凌驾于大召之上。小召在"文革"中被被服厂占用，被服厂发生火灾，小召全部被烧毁，仅留牌楼一座。

小召遗留的牌楼

（十五）萨齐庙

萨齐蒙语意为佛像。萨齐庙位于四子王旗白音花苏木脑木更嘎查境内。有资料介绍该庙建于1632年，应该有误。明朝时，这里是土默特巴林部的牧地。1628年土默特败亡后，土默特台吉和部众或降附、或逃散，应该没有建寺的心境和财力，而且1632年七月前这一带的居民不是逃走就是被后金强迫东迁，寺庙不可能在这一年建成，应该早于1628年建成。该庙所在地域在1628年前属于阿勒坦汗第五子依勒登台吉。依勒登台吉去世后，该地由其后裔领有，寺庙应为其后裔建造。

（十六）合同庙

合同庙位于四子王旗白音花苏木合同村，合同（即浩特）意为"城"。因村子坐落在有庙宇的古城废墟上而得名。相传这里的城和庙均为阿勒坦汗所建。明朝时，这里为阿勒坦汗第五子依勒登台吉的领地。依勒登台吉在1571年明蒙通贡互市时还在

世。在《万历武功录》中，有1577年八月阿勒坦汗向明朝为依勒登七子请升官的记载。依勒登台吉应在这年八月前去世。合同庙的古城和寺庙应为依勒登台吉所建的城寺。

（十七）塔布忽同庙

塔布忽同庙意为五井庙，位于四子王旗东部乌兰哈达苏木境内，因附近有五眼井而得名。寺庙建于1627年，从地域上分析也应为依勒登台吉后代所建寺庙。

（十八）台吉庙

台吉庙位于兴和县西北30公里处台基庙村的西南角，又叫台基庙、太子庙、太极庙。它是在元朝时所建的一座小庙基础上修建的。明朝时，今兴和县台基庙村一带是阿勒坦汗长子僧格的领地。在明末时，此庙已具有一定规模，寺庙属汉藏结合式建筑。台吉庙的名称据传是由僧格皇台吉的"台吉"而来，故又称太子庙，这应是僧格彻辰汗在1585年前未继承汗位时所建的寺庙。

六、噶举派修行的白塔山与博格达察罕喇嘛

就在阿勒坦汗信奉藏传佛教不久，一位日后对土默特佛教发展有着深远影响的藏传佛教噶举派喇嘛也来到呼和浩特地区修行传法。这就是土默特左旗喇嘛洞第一世活佛博格达察罕喇嘛。阿勒坦汗时期到1618年，藏传佛教噶举派为西藏执政的帕木竹巴政权信奉的教派。

据青海佑宁寺第三辈活佛土观呼图克图罗藏曲吉尼玛(1737—1802年)撰写的《大德拉西扎木素师徒传承史》记载，博格达察罕喇嘛出生于土默特大臣家族。但该书未指明其出生年代和地点。据传，他最初是一个俗人，放荡不羁，举止粗暴，并不居住在村里，而是经常漂泊在呼和浩特一带诸山谷中。有一次，他在梦中得到一位白衣人的开导，遂即觉悟，萌生了出家的意念，于是丢下坐骑与武器，连家也不回，就到了一位喇嘛跟前，并在那里与修行的两位瑜伽师玛热坚与古扬喇嘛共同修行，请求"那若六法"的深奥修习方法。他还曾到五台山和西藏学习修行。

这位博格达察罕喇嘛的博格达为蒙古语"圣人"的意思，察罕为蒙古语"白"的意思，喇嘛为蒙古语"上师"的意思。"拉西扎木素"则是一个藏语名字，这应是他信奉藏传佛教后藏族喇嘛师父给他起的名字。从《大德拉西扎木素师徒传承史》记载拉西扎木素梦中得到白衣人开导，并和两位瑜伽师共同修行，请求"那若六法"的修习方法可以看出，拉西扎木素在呼和浩特山里学习和修行的教法是藏传佛教噶举派。噶举派形成于藏传佛教"后弘期"，是由译师玛尔巴开创，经米拉日巴瑜伽师继承而后形成的宗派。藏语中"噶举"的"噶"字本意指佛语，而"举"字则意为传承，故噶举可理解为口授传承。噶举派是藏传佛教重要的宗派之一，因噶举派高僧曾穿白色僧衣，一般僧人的衣服加有白色条纹，又俗称为"白教"。"那若六法"也称"那若六瑜伽"，指的是：拙火、幻身、梦境、

光明、迁识、中阴瑜伽，是噶举派的圆满次第修持。《大德拉西扎木素师徒传承史》记载拉西扎木素梦中得到白衣人的指导，应指的就是身着白衣的噶举派高僧。从他修行瑜伽和那若六法也可以看出，博格达察罕喇嘛信奉修行的是噶举派。他的称号"博格达察罕"也应是他时常穿着白衣传教，在信徒中享有声望后而得到的称号。而且，证明博格达察罕喇嘛是噶举派的另一点是博格达察罕经常手持的是噶举派瑜伽祖师米拉日巴用过的藤杖。从博格达察罕在呼和浩特学习噶举派教法也可以看出，在格鲁派进入土默特地区传教时，噶举派的僧人也来到土默特地区传教修行，而且把噶举派祖师用过的圣物也带到蒙古，可见其传教的动机和所用的心血是很大的。

根据《大德拉西扎木素师徒传承史》的记载，拉西扎木素在开始修习教法后，在远离呼和浩特的北方山中的一座岩洞中隐居下来，靠布施的食物生活。他的基本修行道场在今呼和浩特地区"托浩齐村北后的山顶"。呼和浩特村名为托浩齐，村北有山的地方，为今土默特左旗兵州亥乡的"讨合气村"。据《土默特史料》第十二集记载，讨合气为伙夫之意，形成村名的原因是当时有个喇嘛在村西北山沟的一个石窟里修行，为他烧茶做饭的人在此居住，故而得名"必令讨合气"，后简称"讨合气"。《大德拉西扎木素师徒传承史》记载的"托浩齐村北后的山顶"，位于讨合气村西北的一座大山，本地人称为白塔山。白塔山东山顶就是博格达察罕拉西扎木素修行的道场。白塔山从山前看为

一座独立高山，海拔为 1500 米，左右各有几座较低独立的小山，形成众山拱卫之势，山背后与周围群山相连环绕。白塔山东山顶上有两座塔形石峰，塔形石峰下又有一座突出的石峰形似佛塔，白塔山名称就来源于这座石峰。在山顶上，分布有石砌平台遗址一处、天然岩洞三个、半人工砌成的石洞三个、一百多延米的古蒙文摩崖石刻，其中三个半人工砌成的山洞内均有摩崖石刻佛像，形成了集佛像、古蒙文文字、修行山洞为一体的古佛教圣地。当地老百姓尊白塔山为圣山，每年都会自发举行祭奠活动，祈祷风调雨顺、国泰民安。

白塔山蒙文摩崖石刻主要分布在山顶东侧海拔 1400 米的山岩上，大部分为六字真言。摩崖石刻低处就在石崖脚下，最高处约高 3 米，有的凹进石岩的顶部也刻有密集的文字，其当初的雕刻之难可想而知。

白塔山山顶

白塔山摩崖石刻大部分为阳刻，除古蒙文外，还有少量藏文、梵文。由于风沙和雨水的侵蚀，有少量刻字现已模糊，但大部分保存完整，延绵一百多延米的摩崖石刻工程量也足以让现代人震惊。

白塔山摩崖佛像主要分布在古蒙文摩崖石刻上面和西侧的三个半人工砌成的石洞内，其中最大的一处位于古蒙文摩崖西北侧的石壁上，原人工砌筑的石墙现已倒塌，摩崖石刻为一组长十多米，高约两米的石刻佛像群。整个白塔山摩崖造像有近三十尊，最高的达 1.2 米，最小的 0.3 米，主要有释迦牟尼、普贤菩萨、文殊菩萨、阿难、迦叶、比丘等。这些人物形象逼真、神态各异，有的宁静端庄、和蔼可亲，有的金刚怒目、气魄雄强。其中尤以以手掩耳的米拉日巴佛为妙，面部丰盈，高鼻垂耳，袒胸露肌，衣纹流深，虽然线条简洁，却

被人们称为白塔的石崖

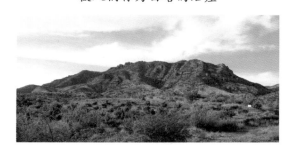

白塔山

白塔山人工石洞内的石刻佛像

不失明快流畅，栩栩如生，惟妙惟肖。端坐于束腰圆莲宝座的药师佛，头部上端刻有华盖，身侧是菩提树，雕刻内容十分丰富。这些都是白塔山摩崖石刻的重要作品。

白塔山六个石洞分布于五处，最大的洞穴高约四米，洞深七到八米，为起居洞，洞内有残留石炕，人工凿出存放水的石坑。六个山洞入口处均残留有石墙。石墙除石材外，还夹杂有古砖。当年，这六个石洞都应安有小的门窗。洞口处，有的刻有古蒙文。在山顶中部距地面四至五米高的一组两个洞穴下，还有用石头砌成的石阶。这六个石洞有四个应是当年博格达察罕喇嘛供佛场所，两个为生活起居场所。

佛教经文刻石盛行于北朝。北朝时期，佛教经历了三次灭佛事件。信仰佛教的僧俗人众对此深有忧患，希望将佛经镌刻于山崖巨岩，使佛法传之不朽。摩崖刻经、刻像就是在这种背景下产生的。

白塔山摩崖石刻

白塔山摩崖石刻的另一个重要内容，就是信徒的落款。这些落款中，有的是虔诚的佛徒，有的是布施主。这些人物名字中，最具代表性的人物是摆腰把都儿台吉、温布皇台吉这两位阿勒坦汗的孙子。这也说明，当时的土默特在把格鲁派作为主要

白塔山供佛洞

信仰的教派后，并没有歧视和反对其他教派的存在，而是采取了同样支持的态度。

约在1626年，博格达察罕拉西扎木素将他的修行道场转到了白塔山西北约五公里的现土默特左旗喇嘛洞召。1627年，博格达察罕拉西扎木素圆寂。博格达察罕拉西扎木素在世时为了弘扬佛法，曾广收弟子，其中最有成就的弟子有五个，分别是道宝迪彦齐（迪彦齐为禅师之意）·赤列扎木苏、吹斯嘎巴迪彦齐、察罕迪彦齐、额尔德尼迪彦齐、察哈尔迪彦齐。博格达察罕圆寂后，道宝迪彦齐·赤列扎木苏坐上他的法座。据《大德拉西扎木素师徒传承史》记载，赤列扎木苏幼年出家，曾跟从止贡噶举派的一位僧人，聆听教戒，没有固定的修行处所。在参拜五台山的途中，

白塔山起居洞

赤列扎木苏于呼和浩特附近的格根村（据清朝史料记载，格根村在今土右旗美岱召村一带）外和博格达察罕喇嘛相遇，得到了信仰的皈依，成了博格达察罕的大弟子。这也说明，噶举派的一些传教者在当时也都是先到五台山拜佛，后到蒙古传教修行。但是，据《土默特志》的记载，赤列扎木苏为土默特巴图宝勒德之子。如果他是土默特人，也应该是很早就到西藏学习，后又回到土默特传教。

博格达察罕喇嘛修行的喇嘛洞，建筑为清朝所建

赤列扎木苏坐上博格达察罕喇嘛的法座后，其他弟子又跟他学习教法。清初，察罕迪彦齐、察哈尔迪彦齐和额尔德尼迪彦齐先后离开喇嘛洞，沿大青山一带另建寺庙，并受到皇太极的召见。赤列扎木苏于1655年去世后，博格达察罕喇嘛的法座由吹斯嘎巴迪彦齐继承，并开始转世继承，追认博格达察罕为第一世吹斯嘎巴，追认赤列扎木苏为第二世吹斯嘎巴。在吹斯嘎巴坐上法座早期，仍有修炼"那若六法"的记载，说明还在信奉噶举派。1684年，吹斯嘎巴在去世前改宗为格鲁派。在清康熙、雍正、乾隆在蒙古地区大力推广黄教格鲁派时，博格达察罕的继承者们不断扩大他们的传教领地，清朝的呼和浩特土默

博格达察罕喇嘛留下的米拉日巴大师用过的禅杖

特左右两翼大青山沿山的大型藏传佛教寺院绝大部分为喇嘛洞属寺。喇嘛洞召也被称为土默特藏传佛教的发祥地。

博格达察罕喇嘛的遗体葬于他最后坐禅的喇嘛洞岩洞，后被建塔供奉。20世纪80年代，在土默特左旗台阁牧乡达尔架村发现了"博格达察罕喇嘛"石碑。石碑上，赤列扎木苏和"台吉恩克"二人用诗文形式刻记了歌颂博格达察罕喇嘛为弘扬佛教、

喇嘛洞供奉的博格达察罕喇嘛骨灰塔

培养弟子诸功德的十五行华丽言辞。

博格达察罕喇嘛在白塔山留下的摩崖石刻、石洞遗址，也是一座明代土默特佛教发展的露天博物馆。

喇嘛洞第九世吹斯嘎巴阿格瓦·罗布桑·琶日赖·扎木苏

七、宁玛派寺院美岱召与迈达里呼图克图

据道润梯步先生译校的《蒙古源流》记载，四世达赖喇嘛云丹嘉措在拉萨哲蚌寺坐床后，"蒙克（指拉萨）地方之诸呼图克图、诸贤者共议：为掌蒙古地方之宗教，以巴特玛三博师之高徒，大慈津巴扎木苏之化身，根敦·巴勒藏·扎木苏·锡里·巴达——壬辰年（1592年）生——年十二岁时遣往蒙古地方为教主，岁次甲辰（1604年），年十三岁时抵达，遂坐圣识一切瓦齐尔达喇·达赖喇嘛·索达那木扎木苏在蒙古主教之床，天下咸称大慈迈达哩·胡图克图焉。岁次丙午（1606年），年十五岁时，阿勒坦合罕之孙岱青额哲之妻，持斋积福之托克堆·达赖夫人，为诸色珍宝塑成之

弥勒佛开光，请去圣（喇嘛），由密汇坛城之方散花之际，大众见天降花雨，而有缘者得睹般若博罗密等照临浸化之景矣"。《蒙古源流》的这段记述是对四世达赖喇嘛云丹嘉措派到蒙古的教主迈达里的身世介绍，以及他为大成妣吉塑造的弥勒佛开光的记述。但是，在《四世达赖喇嘛传》中，并没有四世达赖喇嘛往蒙古派教主的记载，这说明迈达里活佛任蒙古教主不是四世达赖所派，否则，如此重要显赫的大事，在《四世达赖喇嘛传》中不会不留记载。

美岱召壁画上的红教喇嘛迈达里呼图克图

在《蒙古源流》的上述记载中，迈达里是经过拉萨的众多转世活佛和贤者共同协商决定派到蒙古的。这些转世活佛和贤者中，应包括当时在拉萨所有受到帕木竹巴政权供奉的藏传佛教宗派及全藏政教顶饰内邬栋大贡玛，因为当时的西藏拉萨是噶举派的帕木竹巴政权在执政。这时的蒙古地区已有宁玛派、萨迦派、噶举派、

格鲁派在分别传教，派往蒙古的教主也应是帕木竹巴政权和全藏政教顶饰内邬栋大贡玛所关心和要掌握的事情。迈达里作为蒙古地区教主的产生，也应是在众多转世活佛和贤者们协商后经帕木竹巴政权和全藏政教顶饰内邬栋大贡玛同意后产生的。那么，当时年仅十二岁的根敦巴勒藏扎木苏锡里巴达为什么能成为蒙古地区的教主呢？这首先应从他的身世来进行分析。在道润梯步译校的《蒙古源流》中，迈达里的身世介绍为："巴特玛三博师之高徒、大慈津巴扎木苏之化身。"巴特玛为藏语"莲花"之意，巴特玛三博就是藏传佛教的莲花生大师。莲花生是古印度乌仗那国人，公元8世纪，应藏王赤松德赞邀请入藏弘法。他吸收藏族原有的苯教某些教义与印度佛教结合，形成藏传佛教最早的宗派宁玛派。宁玛派是整个藏传佛教的基础。由于该派的僧人都穿红衣、戴红色僧帽，所以也被俗称为红教。宁玛派将莲花生尊为该派的祖师。那么，他的高徒"大慈津巴扎木苏"又是谁呢？查找莲花生高徒的记载，这位"大慈津巴扎木苏"应是被称为宁玛派中兴祖的隆钦饶绛巴。隆钦饶绛巴生于1308年，本名智美沃色，法名慈诚罗珠。"隆钦"为地名，"饶绛巴"是对博通经教之人的称呼，也是人们对慈诚罗珠的尊称。慈诚罗珠还被人们称为"隆钦巴""龙钦巴"。隆钦饶绛巴慈诚罗珠是元代著名的宁玛派佛学家，著有238种讲述藏传文化和密法的著作，丰富和发展了宁玛派的教理教法，为扩大宁玛派的势力做出了杰出贡献。他与格鲁派创始人宗喀巴、萨迦派的四祖萨迦班智达·贡噶坚赞被称为藏传佛教三大文殊菩萨化身。《蒙古源流》中的"大慈"应指"慈诚罗珠"，"津巴"应译于"钦巴""藏卜"等词，而根敦巴勒藏扎木苏锡里巴达的名字本身实际是他身份的说明。他的名字正确断开应为根敦巴·勒藏·扎木苏·锡里巴达，"根敦巴"为宁玛派对寺院出家人的称呼，以区别在家修行者"庆巴哇"，"勒藏"则是"拉章"的不同译写，指大喇嘛或活佛的住所或私庙，"扎木苏"是藏语大海的意思，是很多藏传佛教喇嘛名字中都有的称呼，"锡里巴达"的"锡里"为"菩萨"之意，"巴达"应为他的名字或出生地。这也说明，根敦巴勒藏扎木苏锡里巴达是来自宁玛派寺院出家活佛的儿子，为慈诚罗珠家族的转世者的可能性较大。《蒙古源流》的作者萨囊彻辰曾在1627年亲自聆听过迈达里呼图克图讲解"吉祥金刚萨都灌顶"，相信他的这个记载应当比较准确。在美岱召佛殿的供养人壁画中，与大成姊吉相面对的迈达里呼图克图头戴红色莲花帽，留着长发，身着喇嘛红衣，是宁玛派瑜伽士打扮。这也证明，迈达里是修炼宁玛派大圆满的喇嘛。1603年，年仅十二岁的宁玛派中兴祖隆钦饶绛巴的化身——根敦巴勒藏扎木苏锡里巴达被授予迈达里呼图克图称号，到蒙古地区任教主。这说明，在三世达赖到土默特活动和四世达赖云丹嘉措被确认后，西藏帕木竹巴政权和全藏政教顶饰内邬栋大贡玛及格鲁派高层在往来蒙古时已对蒙古地区的情况有了进一步的了解。选派宁玛派僧人来蒙古任教主，应是根据当时蒙古大汗信仰的是宁玛派。

派宁玛派僧人任蒙古教主利于藏传佛教在全蒙古的传播。

1604年初，十三岁的迈达里呼图克图来到呼和浩特后，被那木岱彻辰汗和乌彦楚等迎入大召寺，坐上三世达赖喇嘛和四世达赖喇嘛坐过的法床，主持蒙古地方的佛教事务。但是由于大召寺为格鲁派的黄教寺院，从1578年阿勒坦汗与三世达赖在青海会面后，呼和浩特已经成为当时蒙古黄教格鲁派的宗教中心，聚集了不少格鲁派高僧和译经师，红教宁玛派作为蒙古教主在这里坐床，让这些高僧和土默特的首领们感到不妥。

在这种情况下，土默特将原来的阿勒坦汗旧汗廷城改建为宁玛派寺院，以妥善安置作为蒙古教主的迈达里活佛。因旧汗廷城东墙外就有原阿勒坦汗所建的寺院，这次的改建，则是为了体现其作为西藏佛

照片中部的佛殿为朝殿改成的大雄宝殿

教蒙古教主所在寺院的地位。所以，将过去旧汗廷城议事聚会的朝殿改为主佛殿大雄宝殿，由大成妣吉主持铸造了重40余公斤的迈达里银佛像。原来东墙外的佛殿被改建为供奉宁玛派本尊神的万佛殿。阿勒坦汗日常策划、处理军政大事和读书宴筵

的琉璃殿被改为三世佛殿。原汗廷的蟾宫成为迈达里起居的地方。随后，又在大雄宝殿西南侧，为迈达里呼图克图修建了藏式二层寝宫，寝宫的一楼为待客的地方，二楼为其居住的地方。蟾宫又被改成了西万佛殿。旧汗廷城成为蒙古地区最大最显赫的寺院和藏传佛教蒙古教主的驻锡地。

现在的美岱召内，明代旧有的壁画尽管经过了格鲁派在清朝、民国三百年间的几次重绘，但仍保留了大量属于宁玛派、噶举派、萨迦派的遗迹，也体现出了当时美岱召作为蒙古地区藏传佛教教主寺院对其他各派的兼容。如在琉璃殿一楼两侧绘有噶举派始祖米拉日巴、萨迦派始祖萨迦班智达·贡噶坚赞、宁玛派始祖莲花生、噶当派始祖阿底峡、格鲁派始祖宗喀巴，及各派护法神。在大雄宝殿内，除绘有格鲁派人物及护法神外，也绘有大量其他教派人物及护法神，体现了对西藏佛教各派的共同尊重。在作为当时宁玛派护法庙的八角庙内，则为宁玛派的护法神格萨尔、煞星罗睺罗、金刚善护法、夜叉孜玛热护法和藏传佛教的八位护法菩萨，体现了美岱召为宁玛派寺院的特征。

北元时期美岱召迈达里呼图克图的住所——今乃琼庙

八角庙内的宁玛派护法神壁画

1611年，迈达里呼图克图应乌鲁特部的达赖乌巴什（也译写为答来兀巴失）诺颜的邀请，为他们所修建的寺庙开光。

1614年，鄂尔多斯部博硕克图济农用珍宝金银铸造了释迦牟尼佛十二岁的塑像。迈达里呼图克图应邀前往，为佛像进行开光撒花。在这次佛事活动上，博硕克图济农为迈达里呼图克图上"大慈悲法王"尊号。迈达里呼图克图也给博硕克图赠以"转金轮之察噶喇瓦抢·彻辰济农合汗"称号。

1624年，博硕克图济农第三子土巴台吉前往西藏，次年作为施主参加了为四世达赖云丹嘉措灵塔举行的开光典礼，并在返回途中，遵照博硕克图济农生前的发愿，请到用银字缮写的《丹珠尔》经一部。土巴台吉于1626年回来后，其母亲召集鄂尔多斯部的所有诺颜，请来迈达里呼图克图为这部珍贵的《丹珠尔》银字抄本撒花开光。

在迈达里呼图克图到达土默特后，当时信奉藏传佛教宁玛派的蒙古大汗林丹汗还邀请他东赴察哈尔汗廷。迈达里和同他一起来到蒙古的格鲁派僧人卓尼·曲吉·金巴达吉一起给林丹汗进行了精深密乘灌顶。

在时间上，应是在给乌鲁特部的达赖乌巴什寺庙开光的1611年前后，乌鲁特部的驻牧地接近于察哈尔部，当时所信奉的藏传佛教也应是宁玛派。这一点也说明了西藏帕木竹巴政权和西藏高僧们的政治眼光，他们的传法目的不仅是以土默特为中心的右翼三万户，而是针对全蒙古。

八角庙内的宁玛派护法神壁画

在释妙舟著的《蒙藏佛教史》中，记载西藏的"札阿囊昆噶宁波"于1614年到喀尔喀（今蒙古国）任教主传教。"札阿囊昆噶宁波"也就是17世纪初西藏佛学家多罗那他。多罗那他为觉囊派僧人。据《蒙藏佛教史》的记载，在多罗那他1614年到喀尔喀任教主传教时，四世达赖授多罗那他以"大慈迈达里呼图克图"之号，他为鄂尔多斯博硕克图济农上"转金轮彻辰济农汗"，他还被喀尔喀人尊以"大慈诺门罕"之号。多罗那他在到蒙古传教二十年时的1633年圆寂。然而，在多罗那他的自传中，他根本就没有到过喀尔喀。而释妙舟著的《蒙藏佛教史》提到的四世达赖喇嘛授多罗那他为"大慈迈达里呼图克图"之号，坐床蒙古为教主，给博硕克图济农上"转金轮彻辰济农汗"称号，都是发生在1604年到土默特任藏传佛教蒙古教主的根敦巴勒藏扎木苏锡里巴达身上的事情。这也说明，迈达里呼图克图很可能到喀尔喀进行过时间不短的传教活动。

1627年冬，林丹汗占领呼和浩特后，已改为寺庙的美岱召旧汗廷城被保护了下来。然而，昔日曾为林丹汗进行过精深密乘灌顶的迈达里呼图克图由于林丹汗已改宗为萨迦派而受到冷遇。

迈达里呼图克图最后也到达了阜新地区。他到阜新地区应是在1632年被后金强迫东迁。蒙郭勒津部在后金划给的牧地厚很河北岸为迈达里呼图克图建寺。结果，后金又把蒙郭勒津给迈达里建寺的地方划给了唐古特喀尔喀旗借牧，寺庙也归于唐古特喀尔喀旗。由于迈达里活佛为宁玛派喇嘛，任他为藏传佛教蒙古教主的西藏帕木竹巴政权也已在1618年被第悉藏巴所推翻，教主身份也没能得到后金统治者的重视，仅作为一寺之主安置。他在蒙郭勒津牧地建起的寺庙也称为迈达里召，并承认呼和浩特的迈达里召（美岱召）为母寺。

迈达里呼图克图于1635年去世。他的转世共转八世，主要转世在唐古特喀尔喀旗贵族家庭。第八世迈达里活佛为宝音楚古拉，1800年出生于科尔沁左翼后旗，为僧格林沁的侄子。他于1921年根据迈达里召靠近厚很河，寺庙到雨季便受到河水威胁的情况，开始搬迁和重建迈达里召，新址选定在旧址西北800米的地方，至1928年竣工。宝音楚古拉在1947年内蒙古自治政府成立时任政府参事，1953年在乌兰浩特逝世。

阿勒坦汗旧汗廷城由于主供迈达里佛和由迈达里呼图克图主持坐床，被人们传称为迈达里召，也译写为麦大力召、麦达尔召、美岱召等。进入清朝，在清朝主推黄教格鲁派的国策下，美岱召改宗为格鲁派寺院。

迈达里召遗址

迈达里召遗址前的厚很河

1928年迁建后的迈达里召大殿

八、土默特的高僧与译经者

阿勒坦汗皈依藏传佛教和藏传佛教在蒙古地区的深入发展，是和在蒙古地区弘法传教的大师们密不可分的，这些高僧们的活动起到了关键性的作用。这些高僧中，有的为教派所派前来传教，有的则为自行而来的修行传教者。译经者们则大多为教派所派，在他们的努力下，大量的藏文佛教经典被翻译成蒙古文，使藏传佛教进一步蒙古化，最终促成了蒙古佛教的形成。现将一些影响较大的在土默特地区弘法的主要人物和译经师作一简要介绍。

哈望喷儿剌

哈望喷儿剌是明代史籍中阿勒坦汗身边最早的西藏喇嘛，在蒙文史籍中没有看到关于他的记载。他应在1567年就来到阿勒坦汗身边，是他使阿勒坦汗逐渐产生了对藏传佛教的信仰。他来到阿勒坦汗身边有两个可能，一个是受教派所嘱或主动来蒙古传教，二是阿勒坦汗第四子兵都台吉在青海驻牧时受到藏传佛教影响，将其送到阿勒坦汗身边，使阿勒坦汗受到影响后产生了对藏传佛教的信仰。也正是哈望喷儿剌早期的变通，使土默特出现了萨满教与藏传佛教相结合的宗教并存时期，使土默特部民逐步接受藏传佛教。1572年四月，在阿勒坦汗向明朝请求的藏文佛经和四位喇嘛到达土默特后，阿勒坦汗立即向明朝提出给这四位喇嘛和在他营中的六位喇嘛授职，其中哈望喷儿剌被授为"觉义"僧职，在被授职喇嘛中职位最高。1580年大召建

成后，阿勒坦汗又派哈望喷儿剌到明朝请寺名。明朝在赐予寺名的同时，也根据阿勒坦汗的题请，将哈望喷儿剌又升授为"大觉禅师"。在阿勒坦汗在世时，哈望喷儿剌始终是土默特职级最高的喇嘛。僧格彻辰汗袭授顺义王后，向明朝请求的第一件事就是"以书请诸酋与剌麻僧哈望喷尔剌爵赏"，可见在僧格任土默特汗时他仍是土默特地区的藏传佛教首领。从阿勒坦汗信奉藏传佛教初期萨满教与藏传佛教结合和对席力图召古佛殿寺院研究分析，哈望喷儿剌信奉的应是保存西藏苯教内容较多的宁玛派。苯教本身的很多内容和萨满教一样，也很容易结合在一起。而且，当时的青海地区，藏传佛教影响较大的也是宁玛派。同时，从《阿勒坦汗传》中没有哈望喷儿剌的记载也说明他不是格鲁派的喇嘛。《阿勒坦汗传》的作者，格鲁派僧人有意回避了对他的记载。哈望喷儿剌可以说是阿勒坦汗和土默特信仰藏传佛教的启蒙者，现有1580年明朝对哈望喷儿剌授职的敕书传世。呼和浩特席力图召的古佛殿寺院即为哈望喷儿剌从呼和浩特建成到其去世驻锡的寺院。因哈望喷儿剌在世时始终是呼和浩特地区藏传佛教僧职最高的喇嘛，他驻锡的寺院也被称为"席力图"，意为"首席"。

阿兴喇嘛

阿兴喇嘛是继哈望喷儿剌后对阿勒坦汗和土默特信奉藏传佛教产生影响的另一个关键人物。阿兴喇嘛是安多巴州札拉散巴尔喀地方人（今青海省民和回族土族自治县）。明史籍把他称为"哀乞"。由于

他有着索南嘉措舅父和代表的身份及渊博的佛教知识，受到阿勒坦汗的重视。是他最早把阿勒坦汗说成是忽必烈的转世和佛教圣地的转轮王转世，提高了阿勒坦汗对藏传佛教的热情。他向阿勒坦汗介绍格鲁派历辈高僧，促使阿勒坦汗产生了尽快见到索南嘉措的心情。他带到土默特被分拨到各部的众多僧人也成为藏传佛教在蒙古地区开花结果的种子。在1578年阿勒坦汗与索南嘉措在仰华寺会面时，阿兴喇嘛被阿勒坦汗封为"额齐格喇嘛"，意为"父亲喇嘛"，肯定了他在蒙古传教的功劳。后来，阿兴喇嘛受阿勒坦汗的派遣前往西藏大昭寺，奉献布施。据《锡勒图库伦喇嘛传汇典》记载，之后阿兴喇嘛一度返回故乡，在巴州建造了一所寺庙，后再度来到蒙古地方传教。在北京故宫博物院藏有一方用藏文音写蒙古语的金印，其印文汉译为："素囊皇台吉呈献额齐格法王的贵重大金印"。素囊为明朝史籍对博达希利之子苏都那木皇台吉的称呼，因其名字为"苏都那木"而被译称为"素囊"。在《全边略记》中，有万历四十一年（1613年）博硕克图汗被封为顺义王时，封授哀乞为都纲的记载。这也说明，阿兴喇嘛再次到蒙古地区的时间为1613年前，来到蒙古地区后仍留在了呼和浩特。1627年11月呼和浩特被林丹汗占领后，因林丹汗此时信仰藏传佛教萨迦派，阿兴喇嘛也和土默特的众多高僧一样，选择了东行和满族统治者接触。据《锡勒图库伦喇嘛传汇典》记载，在1629年年末，阿兴喇嘛被迎至盛京与皇太极会面，《清太宗实录》则记载阿兴喇嘛在盛京与皇太极会面为1630年。由于阿兴喇嘛有着阿勒坦汗授予的"额齐格喇嘛"称号和明朝授予的"都纲"称号，得到皇太极的厚待，阿兴喇嘛随后到盛京北塔东侧新建的寓所驻锡。约在1634年，阿兴喇嘛在云游中发现今通辽市库伦旗一带"山势和缓，水流平稳，树木茂密，鸟畜遍野"，便把这里作为永久的宗教领地迁来居住。后金为其划定疆界，称为曼殊希利库伦。1635年，阿兴喇嘛上奏皇太极，以年事已高，身体不爽的理由要求闲居，并要求对其宗教领地与喇嘛班第加恩关照。皇太极遣察罕绰尔济送黄帽、貂皮披肩与银壶等物，以示挽留，并令归降漠南蒙古各部分别派遣喇嘛班第往库伦，第二年又令各部派台吉、平民迁往曼殊希利库伦居住，做喇嘛的哈力亚图（属民），规定每年拨库银一千两作为香火费用。1636年八月，阿兴喇嘛圆寂，终年八十余岁。皇太极赐阿兴喇嘛的兄弟囊素喇嘛为"锡勒图库伦达尔罕绰尔济"封号，继承阿兴喇嘛法座，其地改称锡勒图库伦。顺治三年（1646年），囊素喇嘛圆寂。清廷派盛京实胜寺萨迦派喇嘛西布札衮如克任锡勒图库伦掌印扎萨克，统领政教，形成清代漠南蒙古地区唯一实行政教合一体制的锡勒图库伦扎萨克喇嘛旗。西布札衮如克去世后，锡勒图库伦的历辈扎萨克喇嘛都从阿兴喇嘛的族人中选任，历时285年。

东科尔呼图克图永丹嘉措

东科尔呼图克图永丹嘉措为西宁东科尔寺第二世活佛。他于1557年出生于中部康区，八岁出家，然后跟从哲蚌寺的大堪布等很多高僧学经，并云游青海、四川、康区等许多名刹讲授佛法，还撰写了一部佛教著作。阿勒坦汗与索南嘉措在仰华寺会面时，东科尔呼图克图永丹嘉措因功获得了阿勒坦汗赠给的"满珠锡里呼图克图"尊号。阿勒坦汗认为他是文殊菩萨——满珠锡里的化身。在《阿勒坦汗传》中，较多地把他称为满珠锡里呼图克图。他的因功获赠尊号，应是因他的寺院在西宁，距离仰华寺较近，阿勒坦汗到达青海时，他最早进行了迎接和接待。当阿勒坦汗离开仰华寺返回土默特时，经阿勒坦汗与三世达赖索南嘉措商议决定，为了发展扶助宗教，将他作为三世达赖索南嘉措的代表派往蒙古。

东科尔呼图克图永丹嘉措于1579年年末随阿勒坦汗到达土默特。阿勒坦汗回到土默特后，在佛教方面首先做的就是落实在青海和三世达赖喇嘛索南嘉措许愿的在呼和浩特建寺，将"生灵依庇昭释迦牟尼佛像用宝石金银庄严"。东科尔呼图克图永丹嘉措应是建造大召寺的主要筹划指导人。就在建造大召寺的这一年，阿勒坦汗生病发烧陷入昏迷，使土默特部的一些首领对佛教的信仰产生了动摇，甚至提出"此经教之益安在哉"的言论。经东科尔呼图克图永丹嘉措祈祷和迅速救治，阿勒坦汗热退苏醒，土默特部摆席设宴欢庆，也使东科尔呼图克图永丹嘉措在土默特的威信增加。经过这次事件，东科尔呼图克图永丹嘉措也感到了土默特部中一些首领大臣还对藏传佛教抱有很大的怀疑，于是向阿勒坦汗提出无法扶持佛教，等阿勒坦汗病

好后即回西藏的请求。在这种情况下，阿勒坦汗申斥了那些对佛教还抱有很大怀疑的首领和大臣，挽留了东科尔呼图克图永丹嘉措，并和右翼三万户的首领们进一步制定了一些巩固佛教发展的政策。在《历世东科活佛及东谷寺》中，还记载了东科尔呼图克图永丹嘉措到达蒙古后，因当地人崇信萨满教，无人去听他说法，甚至笑话他。恰巧当年天旱，有人尝试请活佛施法祈雨，结果求雨成功，当地人便渐渐对他产生信心并接受其佛法教授了。1580年年底，大召寺建成，以阿勒坦汗为首的土默特汗国向东科尔呼图克图永丹嘉措进献了各种珍宝和大量金银，配有鞍辔的阿尔古玛克马、托木察克马等乘骑，以及满山遍野多不可数的牲畜，请东科尔呼图克图永丹嘉措为大召寺释迦牟尼银像开光。1582年1月13日阿勒坦汗去世后，东科尔呼图克图永丹嘉措亲自做法超度，并以"众生无常皆有死"，劝解乌彦楚和阿勒坦汗诸子诸妇与首领、官员不要太过于悲痛。土默特部将虎豹皮制成的宫室、绒锦制成的宫室、刺绣蟒缎制成的帐房，将金银制成的甲胄、撒袋、弓，金银制成的锅、锅撑、盘、盆、壶、桶、瓶、碗、勺等，人夫、骆驼与辔金鞍辔的骟马以九数，集聚六种牲畜布满于原野，以及无数多种物品和各种珍宝敬献给东科尔呼图克图永丹嘉措为首的众僧。东科尔呼图克图永丹嘉措和明朝来的占卜师一起为阿勒坦汗选择了葬地。

据《安多政教史》记载，东科尔呼图克图永丹嘉措在1582年回到西藏。

据《历世东科活佛及东谷寺》记载，

东科尔呼图克图在蒙古地区弘法两年，将要离开时，民众供养了很多银元。他用这些银元打造了一尊四层楼高的释迦牟尼像，在阿坝红原也建立了一座寺院。从《阿勒坦汗传》中，也可以看到他得到了土默特部大量财物。东科尔呼图克图永丹嘉措于1587年31岁时圆寂，他的转世在清朝时成为驻京八大呼图克图之一。他在土默特的时间应为1579年十一月到1582年八月安葬阿勒坦汗之后，约在1582年底返回青海。

席力图固什绰尔济

席力图固什绰尔济是著名的佛经翻译家和佛学家，呼和浩特席力图召的第一世活佛，今蒙古国建成最早的寺庙额尔德尼召也把他记为该召的第一世活佛，并记载他为萨迦派僧人。席力图固什绰尔济的称号较多，较常用的称号是"班智达席力图固什绰尔济"，为汉语"首席国师坐床师父"的意思。这个称号据传是因为他是四世达赖的首位启蒙老师，由四世达赖于1603年授予。蒙古人又称他为"乌如鲁格（抚育者）喇嘛"。他的藏名一称为贡桑池巴，一称为罗追宁布，一称为谷米南斯，但"贡桑池巴"一称显然是说他是来自贡桑的寺院住持之意，并不是他的名字。蒙古文献还称他为席力图固什却尔济瓦、席力图固什曼珠希利班智达绰尔济、曼珠希利额尔德尼班智达，最长的全称为"额尔德尼曼珠希利班智达固什席力图却尔济瓦"，汉译为"珍宝文殊菩萨高僧国师首席坐床师父"，席力图召则传称他的名字为"锡迪图嘎布吉"，但是"锡迪图"仍是席力图的不同译写，"嘎布吉"为藏传佛教学位名称。对于他

的身世，传称是1564年出生于青海阿里克地区的藏族人，也有人认为他是蒙古人，主要根据是曾与他一起译经，与他密切接触的阿优希固什用蒙古文翻译的《五萨迦》跋文中记载："额尔和固德达尔罕诺颜之子额尔德尼图满珠师利额尔德尼班智达为锡勒图固什。"有些学者根据他流利的蒙古文翻译，也推测他可能是蒙古人。1564年的青海阿里克地区已由亦卜剌、博喇海、兵都台吉控制了50年左右，也应有数量不少的蒙古人，席力图固什绰尔济为蒙古人的可能性也相当大。

席力图召古佛殿后的古庙

1584年，21岁的席力图固什绰尔济跟随三世达赖喇嘛索南嘉措从塔尔寺起程，于1585年经鄂尔多斯过黄河到达呼和浩特。1586年，外喀尔喀部的阿巴岱来到呼和浩特拜见三世达赖喇嘛索南嘉措，并邀请三世达赖喇嘛前往喀尔喀部传教。三世达赖喇嘛派席力图固什绰尔济作为他的代表到喀尔喀传播佛教。三世达赖喇嘛去世后，因这时已在土默特发现三世达赖喇嘛的转世，席力图固什绰尔济和三世达赖喇嘛行辕负责人索本楚臣嘉措、昂索佐莫喀瓦等人留在了土默特。从席力图固什绰尔济被

派往喀尔喀和三世达赖喇嘛去世后他留居土默特的情况看，这也应和他精通蒙古语有关。1592年，四世达赖喇嘛云丹嘉措被迎到呼和浩特大召，席力图固什绰尔济同样以精通蒙藏文而被选为四世达赖喇嘛云丹嘉措的启蒙经师。1602年八月，四世达赖喇嘛云丹嘉措赴藏，席力图固什绰尔济随同进藏。1603年十月，四世达赖喇嘛云丹嘉措在西藏剃度受戒。据传，在四世达赖云丹嘉措受戒后，赐予席力图固什绰尔济"班智达席力图固什绰尔济"尊号，遂开始有了"席力图固什绰尔济"的显赫尊号。1604年，席力图固什绰尔济回到了呼和浩特。今席力图召的古佛殿寺院成为席力图固什绰尔济驻锡的寺院。从此，这座佛寺以席力图召著称。但是，又有记载说席力图固什绰尔济之所以被称为席力图固什绰尔济是因为三世达赖在弥留之际留下遗嘱，让他坐三世达赖在席力图召的法座。但这一记载根本不足以采信。众所周知，三世达赖来土默特是在大召坐床驻锡，如果三世达赖让他坐床，应该是在大召，而不应该在席力图召。而且，三世达赖喇嘛去世后，济隆呼图克图当时也在蒙古，行辕的负责人为素本楚臣嘉措和昂索佐莫喀瓦，三世达赖让席力图固什绰尔济坐床一事不实。席力图固什绰尔济的席力图一称，应来自于他1604年后驻锡阿勒坦汗、僧格汗时期的土默特首席大喇嘛哈望喷儿剌驻锡的席力图召。

席力图固什绰尔济一生中的大事除代表三世达赖喇嘛到喀尔喀传教，做四世达赖喇嘛的启蒙经师外，将大量藏文佛教文献翻译成蒙古文是他一生中最大的贡献。他先后翻译的佛教文献有二十多种。1602至1607年，他与阿优希固什一起组织领导右翼三万户的译师将108卷《甘珠尔》翻译完成，这是他一生中最辉煌的一件大事。在蒙古文《甘珠尔》中，席力图固什绰尔济翻译的佛经有：《般若经》第一到十二卷、《一万颂》第四卷、《八千颂》第五卷、《诸品经》第三十一卷中的一篇。其中《般若经》第一到十二卷为席力图固什绰尔济在1592—1600年间完成，1602年八月到1604年初的赴西藏护送四世达赖喇嘛并没有影响他在《甘珠尔》翻译中的作用。

席力图固什绰尔济不仅是优秀的翻译家，而且也是研究佛学的著名学者。《本义必用经》是他的佛学研究著作，也是藏传佛教在蒙古地区传播初期唯一完整的佛学著作，曾经对蒙古社会的历史文化产生过较大影响。席力图固什绰尔济为蒙古文佛教文献的繁荣和发展做出了重大贡献。1625年，席力图固什绰尔济在呼和浩特圆寂。又有记载说席力图固什绰尔济于1638年圆寂，但这一记载应不实，因为席力图固什绰尔济的去世年份要是在1638年，那么他也应该在1632年和迈达里呼图克图一样被后金带到阜新、朝阳、北票地区了。

阿优希固什

阿优希固什，生卒年不详，是16世纪中叶蒙古右翼三万户土默特万户人，也有人说他是喀喇沁人，还有人推论他就是《蒙古源流》中的阿哩克喇嘛。阿优希蒙古名为巴彦。据《阿勒坦汗传》记载，1578年五月阿勒坦汗与索南嘉措在青海会晤时，

阿优希固什担任通事，被索南嘉措赐以"阿难答·曼珠希利·固什"尊号，成为"诸巴格希之首"，并夸他精通梵、藏、蒙三种语言。阿勒坦汗从青海返回土默特时，阿优希固什留在了青海。1584年，三世达赖喇嘛索南嘉措应僧格彻辰汗和乌彦楚邀请动身到呼和浩特时，阿优希固什随同一起返回了土默特。1587年三世达赖喇嘛应邀前往喀喇沁时，阿优希固什担任翻译，并于同年冬在三世达赖指导下创制了"阿礼嘎礼"字母。这是奉三世达赖喇嘛的旨意和接受达尔罕诺颜·曼珠希利·额尔德尼·班智达·图吉台吉的提议完成的。"阿礼嘎礼"是梵语，"阿礼"是元音，"嘎礼"是辅音。"阿礼嘎礼"字母就是标音梵文十六个元音和三十四个辅音的回鹘式蒙古文音标。阿优希固什创制"阿礼嘎礼"字母，最大的功绩是解决了在佛经翻译过程中，常常遇到的用蒙文字母难以准确标音梵文字母读音的难题。蒙古国著名学者仁钦博士在他的一部著作中写道："十六世纪的语言学家阿优希固什，与其前辈欧洲同仁们相比，约在二百余年前就把他们的音标转写原则运用到蒙古文文字上了……现代语言学领域内所说的印欧语系的诸国所使用的拉丁字转写详细音标的产生，是由于阿优希固什的这一功德而才逐渐完善起来。"这也说明，随着藏传佛教传入蒙古地区，通过对印度、西藏佛教经典的翻译，在土默特的文化阶层中已经出现了对印度学、藏学的研究达到较高水平的专家学者和翻译家，其中阿优希固什等译经师们，均属这一类杰出学者。他们对蒙古人的文化发展及其走向世界，做出了重大而永不泯灭的贡献。为了培养译经人才，阿优希固什还创办了一所译经师学堂，培养了一批佛经翻译人才。阿优希固什还是蒙译《甘珠尔》的主要组织者之一。1602年至1607年间，他与席力图固什绰尔济一起组织领导蒙古右翼的译经者们，完成了108卷《甘珠尔》经的翻译工作。阿优希固什除了重译《五护神陀罗尼经》外，翻译的佛典还有：《佛顶大白伞盖陀罗尼经》《镇魔确切预言陀罗尼经》《消除口蘖经》《圣光明经》《十回折经》《吉祥天女本续》《毗沙门煨香供养》《梦的回遮》《圣宝藏大乘经》等。

卓尼·曲吉·金巴达吉

卓尼·曲吉·金巴达吉生于1574年，于1641年去世。关于他的生平事迹，在《安多政教史》中有较详细的记载。他是今甘肃省甘南藏族自治州中部洮河上游卓尼大寺的高僧。相传卓尼大寺的始建与大元帝师八思巴有关。起初，卓尼大寺是萨迦派的一座小寺院，明代天顺年间，卓尼第二代土司时改为格鲁派寺院。卓尼·曲吉·金巴达吉十三岁出家，后到色拉寺学经，获得色拉寺麦巴扎仓的噶久名号。然后在上密院学习的时候，他和迈达里呼图克图被选任派往蒙古地区。据《蒙古源流》记载，他和迈达里呼图克图于1617年前为林丹汗进行了精深密乘之灌顶。

《安多政教史》没有明确记载金巴达吉何年来到蒙古，然而明确记载了1621年青海火落赤之子古鲁洪台吉、小拉尊洛桑丹增嘉措率领两千蒙古兵到西藏与拉藏汗作战时，金巴达吉以古鲁洪台吉的代表身份站在格鲁派一方，为格鲁派的利益以及将五世达赖喇嘛迎至哲蚌寺的谈判中起到了重要的作用。这也说明，他在1617年后又回到了西藏。在1622年五世达赖在哲蚌寺坐床后，金巴达吉又回到蒙古地区弘法，受到蒙古人的尊重。

在1630年前，金巴达吉回到卓尼大寺，于1630年到1636年间，担任卓尼寺的堪布，后与固始汗到西藏，并一度担任五世达赖喇嘛的侍从，后又受达赖喇嘛的派遣到青海。1640年，金巴达吉又与固始汗的军队赴西藏，1641年圆寂于色拉寺。

岱公·大元·达尔罕·小固什

岱公·大元·达尔罕·小固什生卒年不详，岱公·大元·达尔罕·小固什是他的尊称，在蒙古文《甘珠尔》跋语中，以卫章小固什·伊喜宁布、伊喜宁布·小固什·岱公·大元·固什、岱公·大元·迈达里等名字出现。从他的尊称卫章小固什的"卫章"分析，其应为西藏人。他曾在土默特任岱青、达尔罕、太保、笔帖式等职务，尽职尽责，成绩显著，被那木岱彻辰汗封为"巴格希"，授他随意参加国家围猎，任意出入国宴，不承担任何贡品赋税的特权。后来，他拜席力图固什绰尔济为师，皈依佛门，一心投入了佛经翻译事业。1600年到1602年间，受那木岱彻辰汗和乌彦楚的旨意，翻译《莲花生大师传》计三十四万字，在跋语中署名为卫章小固什·伊喜宁布，并表示对席力图固什绰尔济的敬意。1602年到1607年间，参与了席力图固什绰尔济和阿优希固什领导的《甘珠尔》经翻译工作。他翻译的佛经有：《秘密经》第十二至十七卷、二十三卷，《大宝积经》第五卷，《诸品经》第三、五、六、十一、十六、十九、二十二、二十五、二十九、三十一、三十二卷，字数超过八十万字。土默特被林丹汗打败后，他加入了林丹汗的译经队伍。

内齐托音

内齐托音为呼和浩特小召的第一世活佛，也是呼和浩特地区著名的修行高僧，是蒙古佛教史上的重要人物。他是蒙古科尔沁地区藏传佛教格鲁派的开拓人和各寺庙共同的祖师。进入清朝后，内齐托音的转世曾一度成为内蒙古地区职位最高的两大活佛之一。

内齐托音生于1557年，土尔扈特部人。内齐托音也被译写为乃吉托因、乃吉陀音、内齐陀音等。内齐托音本名阿毕达，其父墨尔根特布纳是土尔扈特部著名首领，是土尔扈特部阿玉奇汗的叔父。因为内齐托音习惯于对己对人对属众都平等相待，所

大召内供奉的内齐托音像

以他父亲称他为"内齐",意为"亲善、慈祥"。"托音"是对喇嘛的尊称,一般指出身贵族的喇嘛。内齐托音从小聪明好学,性情善良,同情苦难,慈悲为怀。他很小就厌倦世俗生活,曾提出出家,但其父亲不同意,还派人监视他的行动。后来父母做主,强制给他娶妻,婚后生有一子,但他最终还是跑出家门,剃度为僧。后来,内齐托音来到西藏日喀则扎什伦布寺,师从日后的四世班禅罗桑·却吉坚赞学习了15年,获得具足戒,并获得"阿洛夏格夏巴特"的称号。他曾就修行的地方向班禅大师请示,班禅说:"你从前的缘分似在东方,因此不要去别的地方。若去东方则能对佛教众生做出巨大贡献。"1592年,内齐托音来到呼和浩特,他先在阿巴嘎哈喇山(今内蒙古凉城县漫瀚山)苦修12年,又在呼和浩特东北今小井沟黄帽洞(位于清朝时的东喇嘛洞召主佛殿东墙外)修行23年。在这35年的苦修中,他先后收纳30名苦修者,这些人成为他的忠实弟子。

据《内齐托音一世传》记载,内齐托音在呼和浩特北山和阿巴嘎哈喇山游走时,拜见了在山洞中修行的很多智贤僧人,与

内齐托音修行的黄帽洞

他们切磋修行之道,为佛教广为传播做出了贡献。内齐托音在呼和浩特苦修的35年中,与苏都那木皇台吉一家关系密切。这一关系对内齐托音日后的宗教声誉提高起到了决定性的不可忽视的作用。

内齐托音在阿巴嘎哈喇山洞中修行时,呼和浩特三个月没下雨,苏都那木皇台吉派人请内齐托音作法降雨,竟降甘霖七日。内齐托音遂为土默特首领、平民等所尊信。后来苏都那木皇台吉一家来请内齐托音,他欣然前往,抵达苏都那木皇台吉府邸,受到隆重接待。苏都那木皇台吉对他表示了自己对佛教的虔诚之心,并要求内齐托音给他授法。内齐托音遂授予苏都那木皇台吉可畏金刚、密集金刚、最胜乐等三种灌顶,成为苏都那木皇台吉的供养喇嘛。随着苏都那木皇台吉对他的崇信,土默特众多诺颜、平民也接受了他的灌顶,都贡

内齐托音修行的阿巴嘎哈喇山山顶

献了大量的金银财宝。从此以后,前来内齐托音处朝拜的、求灌顶的、听法的、进奉经膳礼品的人络绎不绝。内齐托音的信徒日众,僧徒愈集,声名日隆。

1627年冬林丹汗占领呼和浩特后,因其所信奉的萨迦派居于呼和浩特地区藏传佛教主流地位,格鲁派受到排挤,面临困境。1628年九月,土默特部在艾不盖被林丹汗

彻底打败。在这种情况下，内齐托音约在这年冬季或1629年春率领众弟子离开呼和浩特，东行前往成吉思汗二弟哈撒儿后裔们居住的科尔沁地区传教。

约1630年，内齐托音一行到达科尔沁，受到科尔沁首领、诺颜、台吉、平民的欢迎。即使素未相识者，也立即被内齐托音的魅力所感染，对他非常敬重尊崇，给予大量布施供养。其弟子信徒和众多追随者也在科尔沁大力宣传格鲁派教义教规。由于内齐托音在科尔沁布教弘法深有影响，后金皇太极也通过科尔沁土谢图汗奥巴，邀请内齐托音到盛京相见，并亲自设宴款待，赏赐内齐托音及其30名弟子每人一匹布做袈裟，并准许将科尔沁地区作为他的供养之地。同时，皇太极要求内齐托音留驻盛京传教。但内齐托音一世坚持要回蒙古地区传教。内齐托音在后金和科尔沁首领们的大力支持下，成为内蒙古东部地区最大的藏传佛教弘法者。内齐托音在科尔沁部影响也逐渐变大，权势逐步膨胀。这使内齐托音一世受到清朝一些官员和高僧喇嘛的嫉妒。顺治九年（1652年）十二月，五世达赖喇嘛阿旺罗桑嘉措进京觐见顺治皇帝。这时，锡勒图库伦第三任扎萨克大喇嘛西布札衮如克向顺治皇帝和五世达赖状告内齐托音在科尔沁地区"权势猛涨，有违戒律"。清廷将此案交给当时全权接待五世达赖的满族亲王噶伯勒公处理，而噶伯勒公与西布札衮如克一向关系密切，加之大量受贿，达赖喇嘛的译员格林嘎布吉蒙古语又不够精通，使翻译有误，致使内齐托音一世受到清廷和达赖喇嘛的责罚。

限令他离开科尔沁地区，退居归化城。回到呼和浩特后，内齐托音先在小召前搭帐居住。小召被修复后，内齐托音入住小召，成为小召寺主。不久，内齐托音受科尔沁部宾图王的邀请，前去为宾图王夫人医治疾病时，于顺治十年（1653年）在科尔沁圆寂。康熙十年（1671年），内齐托音二世出生于茂明安部台吉瓦齐尔家，康熙十八年（1679年）农历四月初三被迎请到呼和浩特小召坐床。1698年，康熙封内齐托音二世为呼和浩特八大寺院的掌印喇嘛，和章嘉活佛成为内蒙古地区最大的两位活佛。1889年（光绪十五年），第七世内齐托音圆寂。呼和浩特地区对内齐托音转世的记载也到此结束。然而，因内齐托音还是哲里木盟科尔沁右翼中旗巴颜和硕庙的活佛，在科尔沁地区还有着两位未在呼和浩特小召坐过床的内齐托音的记载，这两位内齐托音一位为第八世内齐托音麦拉然斤，俗名图门那苏图，于1943年转世于科右中旗台吉玛拉哈家，1945年9月坐床，1981年11月6日圆寂。但是，也有记载他为第九世内齐托音，因为在第七世内齐托音圆寂后，哲里木盟在1913年经袁世凯民国政府还认定过一位八世内齐托音，这就是1896年出生于哲里木盟扎赉特旗右翼乌鲁门锡那努图克乌仁哈达屯（今黑龙江省泰来县江桥蒙古族自治镇乌拉哈达屯）的门都巴雅尔。1919年，门都巴雅尔在俄罗斯赤塔召开的"泛蒙古独立大会"上被选举为"大蒙古国临时政府"总统。1920年春，门都巴雅尔在投奔外蒙古时，在外蒙古的恰克图被民国军绥远骑兵第四团的高在田设宴诱捕，并在当日被杀害。

《内齐托音一世传》中的土默特高僧

内齐托音在北元时期在呼和浩特周边修行35年。《内齐托音一世传》中提到的在呼和浩特周边修行居住的高僧有莫勒木兰占巴、博格达察罕喇嘛、萨·绰尔济喇嘛、阿喇滚蔑尔根禅师、图伯特禅师五位高僧。其中博格达察罕喇嘛的情况已作了专门的介绍，现将其他四位高僧的情况做一介绍。

萨·绰尔济

《内齐托音一世传》没有留下他的完整姓名，但又称他为呼图克图。从他的名字中有绰尔济，又称呼图克图看，他应是一位身份很高的寺院住持。《内齐托音一世传》称他为大贤者，可见其学识和修行、德行很高，得到了内齐托音的尊重。《内齐托音一世传》中有关萨·绰尔济的记载如下：

这以后，喇嘛在北山中游走，住在名叫哈拉沁口子的地方。那时，有个叫萨·绰尔济的智贤喇嘛听说了，对他的徒弟们说："那个喇嘛不是一个平凡的人，你们谁能遇见他，就把他请来与我相见。"一天，绰尔济的两个弟子丢失了牲口，正在寻找，发现那个喇嘛正在林中慢步行走。二人商量道："这大概就是我们师父要找的那个人，我们一个人在这里放哨，另一个人回去禀报师父。"于是，一个徒弟返回到师父跟前，诉说了寻见那个喇嘛的事。绰尔济喇嘛十分高兴，命令弟子们说："你们一部分人到我的寺院等候，一部分人准备好钹、鼓、号、笛及旃檀香等，前往迎接。"那个放哨的僧人跟在喇嘛的后边，扯住喇嘛的衣服。喇嘛愣住了，显出害怕的

样子说："你是谁，为什么要抓住我？""我是萨·绰尔济的徒弟，我的师父邀请您。""请我有何事？"这时，众多披着斗篷戴着黄帽的僧人敲着钹鼓，吹着号笛，持着香火走来。喇嘛见状又惊又怕的样子，问道："这是什么？"僧人回答："来的这些都是绰尔济喇嘛的徒弟。""他们手里拿的大脑袋的东西是什么？""那是鼓。""那个刺耳声响的是什么？""那是钹。""那个长嘴的是什么？""那是号。""我害怕这些。"喇嘛往后退缩，几个僧人过来架住喇嘛的两腋强行请走。到了寺院大门前，"这样大口的东西是什么呀？"喇嘛正想逃走，萨·绰尔济从里边快步走出，拉住喇嘛的手道："您为何如此使性？"说着把他请到寺院里。喇嘛忙向萨·绰尔济叩拜，萨·绰尔济不受，又还礼，然后二人坐到备好的座位上。萨·绰尔济的徒弟们饶起舌来："哪儿这么一个叫花子和尚，值得如此尊贵！"不满地私下议论着。此时，萨·绰尔济对内齐托音说："喇嘛，您把真实的才能隐匿起来，佯作什么都不知道，如此游走，无人认识您，于众生是无益而有害的，今后应以此修益于众生才是。"遂献《毗奈耶经》。喇嘛纳谏，从此持敦和之貌而行。

金峰先生在他的《大青山下美岱召》中，称萨·绰尔济为苏济格图·绰尔济，说他在土默特败亡后，也到了东土默特。

莫勒木兰占巴

在《内齐托音一世传》中，莫勒木兰占巴是一位擅长辩论，无人匹敌的喇嘛。兰占巴为其僧职名称，在阿勒坦汗与索南嘉措在青海会晤后，兰占巴等同于蒙古的

台吉。《内齐托音一世传》记载莫勒木兰占巴是从西部地区来到呼和浩特法相师驻地，找萨·绰尔济辩法的。在萨·绰尔济准备同其辩法时，内齐托音站出来代替萨·绰尔济同其辩法，并辩胜了莫勒木兰占巴。在同内齐托音辩法失败后，莫勒木兰占巴向内齐托音请求指示他今后怎么死，死后将往何方。内齐托音告诉莫勒木兰占巴说："你活着的时候卖弄法术与众人，死时将饥饿而死，你来到此世未能宏教利生，死后将往磨灭世界去。"结果，莫勒木兰占巴在林丹汗打败土默特的混乱时饿死。

阿喇滚蔑尔根禅师

在《内齐托音一世传》记载中，阿喇滚蔑尔根禅师为在阿巴嘎哈喇山（今内蒙古凉城县漫瀚山二郎山）修行的喇嘛。内齐托音去拜见他时，以徒弟的身份向阿喇滚蔑尔根禅师供茶供饭。过了一两个月，阿喇滚蔑尔根禅师发现内齐托音不是一个平常的喇嘛，因而后悔，向内齐托音请罪。内齐托音在漫瀚山修行12年后离开。阿喇滚蔑尔根一直在漫瀚山修行，直到林丹汗打败土默特时离开土默特，逃难到翁牛特部，成为翁牛特部人敬仰的喇嘛。当内齐托音也来到翁牛特时，阿喇滚蔑尔根禅师听到后十分高兴地前来拜见，把自己积蓄的钱财、牲畜都献给内齐托音，并请求终生不离，跟随内齐托音。《内齐托音一世传》没有记载他日后的情况。

图伯特禅师

《内齐托音一世传》中的图伯特禅师是在呼和浩特西部山中修行的喇嘛。内齐托音一世的徒弟中，有两个曾是图伯特禅师的徒弟。内齐托音的其他弟子问这两个人说："都说你们那个喇嘛好，可是他有老婆，是真的吗？""是真的。"那两个人说。为了让徒弟们了解情况，内齐托音领这几个有疑虑的徒弟前往拜见图伯特禅师，但在快到图伯特禅师住的山洞半山坡时，内齐托音又以徒弟们说过图伯特禅师的坏话让徒弟们停下等待，他一个人去拜见图伯特禅师。在内齐托音到达图伯特禅师洞中拜见时，只见这位禅师正在那里端端正正地坐着，桌上供奉着佛像。内齐托音将南面供奉的盛在头盖骨里的甘露喝了，并将头盖骨揣在怀中，不声不响下了山，来到半山坡时，对徒弟们说："你们看北面的山洞。"徒弟们往上瞭望，只见禅师漂浮在山洞的上空，端正地坐禅。然后，内齐托音告诉弟子们说："这位禅师已越过了生起次第，到达了圆满次第，所以信奉摩坦里（指藏传佛教焰摩天或大黑天的眷属女鬼）。"《内齐托音一世传》没有记载这位图伯特禅师后来的去向，但这位图伯特禅师有妻子，并能漂浮在山洞的上空坐禅，是瑜伽师应该没有问题。他也应是宁玛派的僧人，他是不是迈达里呼图克图已无法考证。

九、土默特败亡后的蒙古佛教情况

1627年十月，土默特和喀喇沁联军在黄旗海被林丹汗打败，十一月呼和浩特被林丹汗占领，驻于呼和浩特的苏都那木皇台吉两子归降林丹汗，一子出逃。大召寺合把气喇嘛归降林丹汗，并带领林丹汗的部队东行招降土默特各部。1628 年九月，土默特、永谢布部联军在艾不盖河流域被林丹汗打败，生还者四处逃生，土默特全境被林丹汗占领。

林丹汗占领土默特后，对土默特的寺庙都予以了保留，但是由于林丹汗信奉萨迦派，使土默特的格鲁派、宁玛派、噶举派经济上失去了施主、政治上失去了地位，陷入了困境。在此情况下，土默特格鲁派和宁玛派的众多高僧们选择了东投后金及成吉思汗之弟哈撒儿、合赤温的部落。据《锡勒图库伦喇嘛传汇典》记载，1629 年，被阿勒坦汗封为"额齐格喇嘛"的阿兴喇嘛被皇太极迎至盛京。《清太宗实录》把此事记载为 1630 年。据《内齐托音一世传》记载，内齐托音在林丹汗打败土默特后离开土默特往东部蒙古的途中，在喀喇沁的驿马吐地方的山洞会见了阿兴喇嘛，这时的时间大约为 1628 年底或 1629 年初。这时的喀喇沁地区已经成为林丹汗察哈尔部的驻地。作为有着"额齐格喇嘛"身份的阿兴喇嘛，也一定见到过崇信藏传佛教的林丹汗，但是由于派别不同并没有受到林丹汗的尊敬与供养，最后转而继续东行和后金皇太极取得了联系，并受到了皇太极的欢迎和供养。内齐托音在离开土默特后，一路东行来到哈撒儿后裔的科尔沁地区，为这一带人所信仰，便在这里停留下来进行传教活动，成为科尔沁地区藏传佛教格鲁派鼻祖。由于他在科尔沁布教弘法影响

很大，受到皇太极的召见，皇太极把科尔沁十旗作为他的供养地。曾在今凉城县漫瀚山修行的阿喇滚蔑尔根禅师在土默特败亡后也东行到达成吉思汗三弟合赤温后裔管领的翁牛特部，成为翁牛特部敬仰的喇嘛，也应是翁牛特部藏传佛教格鲁派的鼻祖。在《内齐托音一世传》中被描述为擅长辩论无人匹敌的莫勒木兰占巴，在土默特被林丹汗打败后得不到食物，最后饿死。和他们同样结局的格鲁派僧人应该不在少数。

林丹汗占领土默特后，译经师们的结局还算不错。能够见到记载的土默特译师岱公·大元·达尔罕·小固什进入了林丹汗组织的《甘珠尔》经的整理、补译和最后用金粉书写的班子。其他还在世的译经师们也应经历了同样的命运。

蒙古教主迈达里呼图克图被后金强迫东迁后，由蒙郭勒津部在今库伦旗西南的厚很河北岸格尔林嘎查建寺供奉。所建寺名"那顺之都吉勒呼里特"，汉语寺名"寿因寺"，也俗称"美德尔格根庙"，承认呼和浩特美岱召为主庙。1662 年，东土默特左旗水泉乡格尔林嘎查一带划给唐古特喀尔喀旗借牧，寿因寺成为唐古特喀尔喀旗的寺庙。随同土默特部一起被后金迁到阜新、朝阳、北票地区的僧人，也逐步在阜新、朝阳、北票地区建寺安居。曾在呼和浩特喀喇沁口子建庙的苏济格图·绰尔济也东迁这一地区。

1634 年，被阿勒坦汗赠予"额齐格喇嘛"尊号的阿兴喇嘛，迁至今内蒙古库伦旗居住。后金命漠南蒙古各部遣若干台

大召佛事活动——晒大佛、跳恰木

吉、喇嘛和若干户牧民来这里居住，成立直隶于盛京的，实行政教合一制的曼殊希利库伦，由阿兴喇嘛任住持喇嘛。呼和浩特阿勒坦汗后裔们除把汉那吉的后裔在土默特部还留有不少部众，被留在土默特外，全部后裔都被东迁到库伦旗，成为库伦旗"一千个喇嘛为一千个呼毕勒罕，一万个俗人为一万个台吉"中的一部分。在阿勒坦汗的后裔被迁到库伦旗的同时，随行的还有一些土默特的部民和寺庙供物。运往库伦旗的寺庙供物中，最为重要的为三世达赖的顶盖骨和十八罗汉铜像。三世达赖的顶盖骨被送到库伦后，专门建了一座寺庙供奉，名为西雅尔乃庙，又称嘎巴伦锡图根苏默，意为供奉顶盖骨之庙。送达赖三世顶盖骨到库伦旗的阿勒坦汗后裔住库伦旗白音花苏木，今姓包。该庙建成后，成为他们家族的家庙。该庙历代住持，均为出自这一家族的喇嘛。顶盖骨为藏传佛教高僧圆寂后的尊贵之物，在土默特时应是大召留存的供物。运送十八罗汉铜像到库伦旗的为呼和浩特北六十里开外的席尔努特氏人，这应是出自把汉那吉后裔们所领的撒勒术特部人。相传当初他们护送十八罗汉到锡勒图库伦时，载罗汉铜像的白骆驼走到离大庙相距不足半里处，突然趴下不起。他们以为这是佛的意图，便就地建造十八罗汉庙。这座庙也成为他们的家庙。

在土默特部有记载的高僧中，在后金东迁土默特没有躲避的部众之后，呼和浩特土默特只剩博格达察罕喇嘛的弟子道宝迪彦齐·赤列扎木苏、吹斯嘎巴迪彦齐、察罕迪彦齐、察哈尔迪彦齐、额尔德尼迪彦齐了。康熙二十三年（1684 年），博格达察罕喇嘛的弟子们改宗为格鲁派。

十、藏传佛教对土默特部及蒙古社会的影响

1579 年十一月，阿勒坦汗从青海返回土默特地区，这次远赴青海，历时两年，长途跋涉，一路劳顿，加之年事已高，回到家乡后，身体状况每况愈下。在这种情况下，阿勒坦汗仍按照自己在青海的许愿，开始建造供奉释迦牟尼佛的大召寺。1580 年底，大召寺在呼和浩特城南建成，成为蒙古地区所建立的第一座藏汉结合式藏传

佛教格鲁派大寺院。与此同时，藏传佛教也进一步在蒙古各部传播，最终成为蒙古各部信仰的宗教。在阿勒坦汗的儿子、孙子的主持下，土默特地区寺庙相继而起。呼和浩特成为寺庙、宫殿林立，金碧辉煌的草原城市，云游僧侣、隐修士等也不断集中到呼和浩特周围的大青山、漫瀚山山区修行。呼和浩特成为蒙古佛教的中心。藏传佛教在蒙古的传播也给蒙古社会的发展带来了诸多消极和负面影响。

（一）达赖喇嘛封"汗"助长了北元分裂

阿勒坦汗和索南嘉措在青海会面后，阿勒坦汗将格鲁派领袖的地位和权力，提高到蒙古传统的政权地位和权力之上。索南嘉措在仰华寺大会上将忽必烈可汗的尊号赠给阿勒坦汗，使北元蒙古社会开创了从宗教领袖那里接受"可汗"尊号的先例。

依照阿勒坦汗的这一先例，1586年喀尔喀部的阿巴岱台吉也从三世达赖那里接受了"瓦齐赉汗"的汗号。后来五世达赖喇嘛也效法三世达赖，赠给支持格鲁派的西蒙古和硕特部首领图鲁拜琥"固始汗"称号，后又赠给准噶尔部首领噶尔丹"博硕克图汗"称号。阿勒坦汗接受西藏宗教领袖封汗的这一先例，助长了西藏格鲁派教长的威望和权力。达赖喇嘛的封蒙古贵族为"汗"，使蒙古诸部开始不服从蒙古大汗的调动和统一指挥，严重削弱了蒙古的统一，助长了分裂。

（二）引进藏传佛教，造成土默特及蒙古社会资产巨大损失

蒙古人在信仰喇嘛教后，施主与喇嘛教僧人见面和礼佛时都要奉献巨额"贽仪"（聘请费式见面礼），建筑寺庙时各万户及部落都要花费巨额银两，严重影响了土默特及其他蒙古部落的经济与生产力发展。蒙古贵族及民众日积月累的收入，相当大的部分用于烧香拜佛，影响了社会进步。

（三）蒙古社会增加了寺庙剥削阶层剥削民众，人民生活水平难以提高

由于规定了格鲁派的某一类僧侣与蒙古贵族中的某种官职有着相同的社会地位，免除喇嘛赋税和劳役，加上各部落领主及民众又将大量的牲畜、土地布施给寺庙，蒙古社会产生了僧侣这一新的特权阶层，并逐渐形成了独立而强大的寺庙经济体系，使土默特部民和蒙古众多民众成为寺庙经济的雇工和剥削对象。因为实行政教并行双重体系，喇嘛庙和上层喇嘛在社会上自成一个体系，他们与世俗领主结成联盟，共同操纵着土默特及当时蒙古社会的政治、经济，共同剥削民众，使蒙古民众受到了领主和寺庙的双重剥削。

布达拉宫壁画上的三世达赖喇嘛

（四）尚武精神泯灭使民众愚昧、贫困

随着藏传佛教的传播，蒙古人对它的信仰越来越深。明萧大亨的《北虏风俗》中描述了信奉藏传佛教后蒙古崇佛的情况："其幕中居恒祀一佛像，饮食必祭，出入必拜。富者每特庙祀之，请僧讽经，捧香瞻拜，无日不然也，所得市银，皆以铸佛、铸浮图。自虏王以下至诸夷，见佛、见喇嘛，无不五拜五叩首者，喇嘛唯以左手摩其顶而已。且无论男女老幼，亦往往手念珠而不释也。又有以金银为小盒，高可二三寸许，藏经其中，佩之左腋下，即坐卧寝食不释也。……近奉佛教，禁忌犹甚，凡事皆守僧之戒，毫不敢违。一举动，僧曰不吉，则户限不敢越也；一接见，僧曰不吉，则人罕睹其面也。"萧大亨将蒙古人信奉藏传佛教后的愚昧情形，记述得淋漓尽致。信奉藏传佛教使蒙古人的思想和行动被格鲁派教义紧紧束缚，认为"佛说的都是真理"，尤其是经典理论"转世论""轮回转世论""众生皆可成佛论"，使人们认为在"佛"的面前，不分人的高低贵贱，一律平等，今生受苦受难是因为前世所做的罪孽造成的，使人们相信，只有一丝不苟地照"佛理"说的做，"转世"时才能改变自己的命运，来世才能成佛。因此，凡事都按照喇嘛教的清规戒律办。这使昔日蒙古人的开放思

大召佛事活动——送巴令

想和尚武精神从此泯灭，使本来文化就不发达的民众变得更加愚昧。而且，普通民众为了求得来世能得到幸福，生活上省吃俭用，倾其所有给喇嘛寺庙奉献，从而更加剧了贫困。

清天命七年（1622年）二月，努尔哈赤在宴请归降的蒙古首领、台吉时说："我国风俗所尚，守忠信，奉法度，贤而善者，举之不遗；悖且且乱者，治之不贷……尔蒙古诸贝子，自弃蒙古之语、名号，俱学喇嘛，卒致国运衰微。"提出了蒙古"俱学喇嘛，卒致国运衰微"信教误国的结论。

清天聪十三年（1639年），皇太极告谕诸臣："喇嘛等口作讹言，假以供佛，持戒为名，潜肆邪淫，贪图财物，悖逆造罪，又索取生人财帛、牲畜，诡称使人免罪于幽冥，其诞妄为尤甚。喇嘛等不过身在世间，造作罪孽，欺诳无知之人耳。至于冥司，孰念彼之情面，遂免其罪孽乎。今之喇嘛当称为妄人，不宜称为喇嘛。乃蒙古等深信喇嘛，糜费财物，忏悔罪过，欲求冥魂，超生福地。是以有悬转轮，结布幡之事，甚属愚谬。"勾勒出喇嘛以佛教诳人骗财的真面目。

（五）有益于土默特和蒙古社会发展方面

喇嘛教的传入也给土默特和蒙古社会带来了一些积极可取的方面，一是藏汉寺

庙建筑风格和建筑技术的形成，丰富发展了蒙古民族的建筑技术；二是藏传医学的传入，丰富了蒙古古老医学的内容，使蒙医扬弃或改造了自己某些落后的医疗手段，更趋于科学，蒙古医学研究人员都视这一阶段为蒙古医学史上的一个重要时期；三是丰富了蒙古天文历法知识；四是喇嘛教宣扬以慈悲为怀，不杀生，废除了萨满教祭祀仪式中为死者供祭"行粮"而杀人杀牲的恶习，消灭了不人道的活人祭祀，减少了不必要的牧业损失，维护了牧业生产的正常发展，使蒙古社会的发展步入了人类文明发展的进程。

进入清朝后，清顺治皇帝于1651年仿效阿勒坦汗三次迎请三世达赖喇嘛，也三次迎请五世达赖喇嘛。顺治皇帝与五世达赖喇嘛的会面，确定了清朝独尊格鲁派的政策。康熙后期把利用格鲁派羁縻蒙古作为国策，在乾隆时期这一政策发展到极致，在蒙古地区支持鼓励建寺、出家，有两个儿子的其中一个要出家，有四五个儿子的其中两个要出家已成定制，而且还要是其中聪明俊秀者，出现了家家户户以有出家喇嘛为荣的现象。喇嘛人口在很长时间所占比例高达蒙古男子人口的三分之一，严重影响了蒙古人口的自然增长。每个家庭大部分收入用于崇佛，也严重影响了蒙古社会和生产力的发展。清末民初蒙古族哲学家，考取了佛教"古西"学位，并从事佛经翻译多年，对藏传佛教有深刻了解的《蒙古风俗鉴》作者罗布桑却丹，在其《蒙古风俗鉴》第四十八页中说："男孩长到十来岁，其父母首先希望他当僧侣，

一切事情都相信佛，因而人心变得很软，各家的教育，依照佛的旨意，以空、虚无为教"；在第四十九页中说："喇嘛的增多，寺庙的增多，使每个村、每个家的智慧变愚，文明程度越来越下降，没有向上发展之路"；在第五十页中说："满清建立后，佛教和喇嘛发展到了顶点，因而现在的蒙古家庭教育，完全是喇嘛宣扬的非永生之道，把佛经中的语言变成家中的语言，家庭教育变成了喇嘛的教育；各户如有三个儿子，无论如何留下一个继承家业，其他几个儿子都要送交到庙去当喇嘛享福。由于兴起了这种教育，蒙古地方没有无寺庙的旗和无寺庙的努图克，稍为富的村子也要修建寺庙。因此，兴佛教的蒙古地方，在两百年间形成了家家出喇嘛的习俗"；在第五十八页中说："从清朝开始，蒙古地方几乎各旗各努图克都修建了寺庙，供奉的都是藏名佛神"；在第八十页中说："到了如今蒙古各旗蒙古族户数大减，寺庙也都越来越穷，人人口中说些不识数的大话，经济受到了严重的破坏。那时建立寺庙是达赖喇嘛的旨意：'黄教的发展对你们蒙古地方大为有益'。现在的蒙古人啊，自元朝到清朝一直信奉黄教，为什么一年不如一年，一辈不如一辈地变成了无光无力，这个道理有谁知晓？实在值得研究！达赖喇嘛说的话是：'蒙古民族兴黄教好，而且对以后也好'。现在思考起来，蒙古人从喇嘛们那里一点益处也没有得到还不算，倒使我蒙古民族衰败、贫穷、变成了软弱的民族。"

阿勒坦汗时期蒙古左右翼、六万户的形成与结局

在距阿勒坦汗在世较早成书的蒙文史籍《蒙古黄金史纲》《蒙古源流》中，都把明代蒙古左右翼的形成和六万户的形成记为在达延汗时期。但是，仔细梳理分析同时期蒙汉文史籍，可以发现，明代蒙古左右翼和六万户的形成时间，应为1543年左右，是在博迪汗时期形成。

一、达延汗去世与蒙古九部的形成

1510年，达延汗平息了河套地区亦卜刺太师与满都赉阿哈勒呼的叛乱，废除了

自元代保留下来的太师、平章、知院等官职，把这些人原有的属民都归于自己直接管理，结束了异姓封建主的统治，确立了大汗及其家族成员在蒙古的统治地位。原有太师、平章、知院等官职的异姓封建主，都成为大汗家族的臣仆，只能辅佐和管理具体事务。他们有的与大汗、台吉联姻，成为大汗和台吉的女婿，称为塔布囊。

达延汗去世前后，对其儿子们进行了分封。达延汗娶有三位哈屯，共生有十一个儿子，一个女儿。其中满都海哈屯生有七子一女，另两位哈屯一位为兀良哈的呼图克少师之孙女萨穆尔哈屯，另一位为卫

冬季草原上的蒙古马

达延汗

满都海哈屯

拉特孟格里阿噶尔古之女固始哈屯，她们各生有二子。十一子中，《蒙古黄金史纲》中记载早逝无后的为长子图鲁博罗特、十子噶鲁帝，《阿勒坦汗传》中记载早逝无后的为长子图鲁博罗特、九子察克孟克，《阿萨喇克其史》中记载早逝无后的为次子乌鲁斯博罗特、八子克鲁岱，《蒙古源流》记载早逝无后的为次子乌鲁斯博罗特、十一子克列图，《蒙古黄史》记载早逝无后的为次子乌鲁斯博罗特、八子格鲁迪，《恒河之流》记载早逝无后的为次子乌鲁斯博罗特、九子克列迪，明《北虏风俗·北虏世系》记载早逝者为次子五路士、九子克列图。明代较早记载北元蒙古事情的郑晓的《皇明北虏考》记载达延汗有三子：分别为长子阿尔伦、次子阿著、三子满官填，并说阿尔伦被亦卜刺杀死，遗二子，长卜赤（博迪汗），次乜（乜为也字之误）明。查考蒙古文史书，郑晓书中的达延汗长子、次子和三子分别是蒙古文史籍中的次子乌鲁斯博罗特、三子巴尔斯博罗特、四子阿尔苏博罗特。根据《阿勒坦汗传》《蒙古黄金史纲》等早期蒙古文史籍记载可信度较高的情况，对照汉文史籍记载，达延汗这两位没有子嗣较早去世的应为长子图鲁博罗特和九子察克孟克（也就是其他书记载的噶鲁帝、克列图、格鲁迪、克列迪）。剩余的九子中，次子乌鲁斯博罗特的长子博迪继承汗位，领有察哈尔部；三子巴尔斯博罗特（明代汉籍称为赛那刺）任济农，并在达延汗刚去世博迪汗年幼时行使大汗职权，领有鄂尔多斯、蒙郭勒津的残部；四子阿尔苏博罗特（明代汉籍称为我折黄台吉）领有多罗土默部；五子乌德博罗特（明代汉籍史书和一些蒙文史籍称为阿赤赖）领有克什克腾部；六子纳勒楚博罗特（明代汉籍称为纳力不刺，有的蒙古史籍称为纳勒博兀喇）领有内喀尔喀部；七子阿尔博罗特（明代汉籍称为那力不赖、倒身，一些蒙文史籍也称为阿尔布呼喇、那勒博兀喇），因他为达延汗和满都海哈屯的末子，分到了较多的部落人口。1541年成书的《九边考》记载阿尔博罗特的长子失喇台吉领有哈连部，即阿速特部。《北虏风俗·北虏世系》记载阿尔博罗特的长子失喇台吉和次子那出台吉领有哈不慎（即喀喇沁）部，三子不克台吉领有委兀慎部，四子莫蓝台吉领有打喇明安部。综合《九边考》和《北虏风俗·北虏世系》记载分析，阿尔博罗特领有原属永谢布部落的喀喇沁、阿速特、大畏兀儿沁、打喇明安部。1542年时，阿尔博罗特的长子失喇台吉和次子那出台吉发生分歧内讧，那出台吉杀死了失喇台吉，那出台吉被蒙古汗廷定罪。1543年初，喀喇沁部归于阿勒坦汗四弟巴雅思哈勒，阿速特部归于阿勒坦汗六弟博迪达喇。达延汗第八子格呼博罗特（明代汉籍称为格唎博罗、称台吉）领有乌鲁特部；第十子乌巴伞吉（明代汉籍和一些蒙文史籍称为五八山只、五巴三察、青台吉），他领有的部落《蒙古源流》和《蒙古博尔济吉忒氏族谱》记载为阿速特和永谢布。《恒河之流》记载他的后裔是塔塔尔（指永谢布巴尔虎部落）诸诺颜；《北虏世系》记载他生有一子，叫五班台吉，在蓟镇边外极北驻牧；《阿勒坦汗传》记载他为左翼

部落领主。从《九边考》记载的"哈连部下为营者一，大酋失喇台吉领之"考证分析，阿速特早期是阿尔博罗特长子失喇台吉领有的部落，乌巴伞吉并没有领有阿速特部。从明代史籍都记载他一直和衮必里克、阿勒坦汗在一起活动分析，他应领有永谢布残部，驻牧于河套，1541年二十六七岁时去世。他去世后由于独子年幼，他领有的永谢布部落大部分被阿勒坦汗六弟博迪达喇领有，其子五班台吉只领有永谢布中巴尔虎部的一部分。达延汗第十一子格呼森扎（明代汉籍称为格列山只），领有外喀尔喀部。

通过这次的分封也可以看到，达延汗为诸子所分的部落为其直接所领及降附、征服的蒙古部落。成吉思汗诸弟如哈撒儿后裔所领的科尔沁、扎赉特、乌拉特、茂明安、四子王等部，合赤温后裔所领的翁牛特、伊苏特、喀喇车里克部，别勒古台后裔所领的阿巴嘎、阿巴嘎哈纳尔部不在达延汗分封范围之内。曾被达延汗征服的西北卫拉特部、地处漠北的兀良哈部没有列在这次的诸子分封中，这也说明达延汗时期征服卫拉特部和兀良哈部都是暂时性的，尽管双方结为了姻亲，但这两部在达延汗时期就都已叛走了。

在明徐日久的《五边典则》和方孔炤的《全边略记》中的嘉靖二十一年（1542年）闰五月条中，分别记载有阿勒坦汗派遣石天爵、满受秃、满客汉到大同镇边堡求贡时提到蒙古部落数的情况。《五边典则》记载："天爵之来其言虏情甚详，谓虏酋小王子等九部咸住牧青山。"《全边略记》

秋天的草原

记载："盖小王子九部，牧于青山。"这也证明了达延汗去世后达延汗九子形成九部的事实，也印证了明代蒙古达延汗支系在达延汗去世一直到1542年为九部，并不是六万户。

二、博迪汗时期北元蒙古的扩张与左右翼、六万户的形成

在记述明代蒙古的汉籍史料中，魏焕的《九边考》、郑晓的《皇明北虏考》为成书较早的两部。《皇明北虏考》书中记事始于明洪武元年1368年，讫于嘉靖二十九年（1550年），按年系事，记述明朝与蒙古在一百八十余年间的交往和蒙古内部情况。因该书是系统记述明代蒙古的著作中成书较早的一部，受到史学界的重视，屡为后人所征引。《皇明北虏考》记载博迪汗时蒙古驻牧情况基本引用了魏焕《九边考》的记载，记载说："亦克罕大营五，曰好陈察罕儿，曰召阿儿，曰把郎阿儿，曰克失旦，曰卜尔报，可五万人，卜赤居中屯牧，五营环卫之。又东有冈留、罕哈、尔填三部。冈留部营三、其酋满会王；罕哈部营三，其酋猛可不郎；尔填部营一、

其酋可都留。三部可六万人，居沙漠东偏，与朵颜为邻。西有应绍不、阿尔秃斯、满官嗔三部。应绍不部营十，曰阿速，曰哈剌嗔、曰舍奴郎，曰孛来，曰当剌儿罕，曰失保嗔，曰叭儿厥，曰荒花旦，曰奴母嗔，曰塔不乃麻。故属亦不剌，亦不剌遁西海去，遂分散无几，惟哈剌嗔一营仅全。阿尔秃斯部营七，故亦属亦不剌，今从吉囊，合为四营，曰哱合厮、曰偶甚、曰叭哈思纳、曰打郎，众可七万。满官嗔部营八，故属火筛，今从俺答，合为六营，曰多罗土闷、曰畏兀儿、曰兀甚、曰叭要、曰兀鲁、曰土吉剌。三部众可四万。吉囊、俺答皆出入河套，二酋皆阿著子也，诸种中独强，时寇延、宁、宣、大。南有哈剌嗔、哈连二部。哈剌嗔部营一，酋把答罕奈，众可三万；哈连部营一，酋失剌台吉，众可二万。居宣府、大同塞外。北有兀良罕，营一，故小王子北部也，因隙叛去，至今相攻。又西为瓦剌，可五万人，世与土鲁番为仇。诸虏虽逐水草，迁徙不定，然营部皆有分地，不相乱。"上述蒙古各部除与明朝有通贡互市关系的福余、泰宁、朵颜三部外，都做了介绍。东面驻牧的冈留为翁牛特部，或泛称成吉思汗东道诸王部落，罕哈即喀尔喀部，尔填即科尔沁部。南面的哈剌嗔、哈连二部为当时达延汗第七子阿尔博罗特领有的从永谢布分出的部落，其中哈剌嗔为喀喇沁部，哈连即阿速特部，而西部则为鄂尔多斯部、仍驻牧于河套的永谢布残部、蒙郭勒津部。这是1541年前蒙古各部的驻牧地情况。

1538年，博迪汗组织蒙古各部征伐驻

鄂尔多斯沙漠

牧于漠北的兀良哈部。兀良哈部大部分降附，少部分逃走。这些降附的兀良哈部人被参战的蒙古各部瓜分。战斗结束后，衮必里克成为济农，被称为墨尔根济农，博迪汗也改称为库登汗，阿勒坦汗被赐予"索多汗"称号。从这时起，蒙古从仅有大汗一人为大首领变为有库登汗、济农、索多汗三位大首领。从《阿勒坦汗传》记载看，济农是作为副汗辅助大汗的，而阿勒坦汗的索多汗又是辅助济农的。这次征伐兀良哈结束后，北元蒙古各部的扩张也从此开始。这也说明，这次蒙古各部征伐兀良哈结束后，也制定了一个蒙古各部整体的扩张计划。扩张计划的开始，首先是成吉思汗诸弟部落向东北扩张。到1543年，兀良哈福余卫被科尔沁征服，部众融入科尔沁部。内喀尔喀部向东南扩张，昔日强大的兀良哈泰宁卫被内喀尔喀部收服，成为内喀尔喀的属部。就在这一时期，阿勒坦汗也于1541年第五次征伐漠北兀良哈残部，于1542年第四次前往青海征伐博喇海。1543年初阿勒坦汗彻底打败博喇海从青

海归来后，被博迪汗授予了"土谢图彻辰汗"。因这时衮必里克济农已在上一年去世，所以，阿勒坦汗这一汗号应是其成为右翼首领的汗号。这一年也是博迪汗把达延汗后裔划分为左右翼和六万户的时间。就在这一年，在福余卫、泰宁卫牧地被科尔沁、内喀尔喀攻占，部众被收降后，居住于靠近明长城大山中的朵颜卫兀良哈人也举族归附博迪汗和阿勒坦汗。在明代汉籍《卢龙塞略·贡酋考》中，详细记载了蒙古各部瓜分朵颜卫和福余、泰宁残部的情况。在归附的兀良哈人中，博迪汗分到19支，共6880丁；土默特和喀喇沁、阿速特分到了23支，共7840丁。这其中，土默特部共分到朵颜卫兀良哈2450丁，福余、泰宁卫百余丁。阿勒坦汗四弟巴雅思哈勒分到4290丁，五弟那林分到700丁，六弟博迪达喇分到300丁。这也说明，这时左右翼已经分开，阿勒坦汗四弟巴雅思哈勒在1542年成为了喀喇沁部首领，六弟博迪达喇成为阿速特部首领，并分别占据了所属牧地。但是阿勒坦汗和其五弟那林台

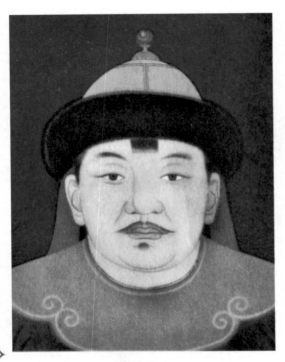

博迪可汗

吉和永谢布残部还没有进驻封地。衮必里克的后代们由于分到了河套全部，所以这次瓜分朵颜卫兀良哈没有分给他们。1544年，阿勒坦汗第六次征伐兀良哈，降服莽乞尔丞相、莽海锡格津，并于1545年底返回。这时漠北兀良哈基本平定，而阿勒坦汗几次征伐兀良哈后应占有的牧地则全部由外喀尔喀部的格呼森扎领有。这也说明，1538年后的蒙古扩张是有着较为周全计划的扩张，其中包括向哪个地方扩张，由哪个部落负责。但是各部扩张成功后，博迪汗的察哈尔部迟迟不向原定牧地迁移。

1547年五月，阿勒坦汗、巴雅思哈勒、衮必里克长子纳延达赖聚集部众驻牧于威宁海（今黄旗海）一带。《全边略记》记载，宣大总督翁万达这时给朝廷上疏说："俺答、把都久驻威宁海子，吉囊一枝移营东

渡。兹复求贡、似有所挟。……是时俺答诸酋与小王子有郤（音系，意同隙），小王子欲寇辽东，俺答来告其谋，请得与中国夹攻之，且以此立信。"在《万历武功录》中也有对此事的记载："其五月，俺答与把都台吉、吉囊子并居威宁海子，遣小四儿赍番文三纸，汉文三纸，诣黑山门，言阿俺答实欲入贡，以故弗从小王子寇辽东塞，隙益深，而为我疱告汉，汉若许诺我，我能连汉击破小王子，以断汉巨祸，不然者，则是汉自驱除我，我岂不能与小王子复讲和。"根据这两段记载可以看出，在这年五月，阿勒坦汗、巴雅思哈勒和鄂尔多斯部在黄旗海一带聚集，除向明朝要求通贡外，主要的原因还是让博迪汗东迁。因为在明朝没有答应通贡后，他们并没有报复性的军事行动，而以三部兵力集中驻于黄旗海，博迪汗要寇辽东来看，这应是博迪汗在制定扩张计划和划分左右翼和六万户时，就将后来右翼所占有的牧地划给右翼，但由于他一直不把这些地方让出来，导致了阿勒坦汗、巴雅思哈勒和鄂尔多斯聚兵威逼博迪汗兑现承诺，并不是《明史》记载的阿勒坦汗强大，达来孙汗惧为所并而东迁，而是按照原有的协定让博迪汗东迁。为了达到目的，阿勒坦汗甚至想和明朝联合攻击博迪汗。明朝拒绝这一建议后，阿勒坦汗向博迪汗请和。约在这年秋，察哈尔部迁到大兴安岭南到辽河西一带驻牧，所属各部落也一起迁到新牧地驻牧。这时真正意义上的明代蒙古左右翼形成。随后，喀喇沁部驻牧于张家口东北长城边外到西拉木伦河以西，外喀尔喀以南地区。阿速

特部及阿尔博罗特后裔仍领有的部落迁往今锡林郭勒盟西北部，原在河套地区的永谢布残部也迁到此处，重新组成为永谢布部落，那林台吉所领塔塔尔部也迁往喀喇沁部周边驻牧。亦卜剌时期的永谢布各部落又集中驻牧于同一地域，但是居于统治地位的部落成为喀喇沁部。土默特部占据了宣化北、洗马林东、膳房堡北、黄河西、外喀尔喀南原蒙郭勒津部前身汪古部的历史驻牧地。

三、蒙古左右翼、六万户最后的结局

（一）察哈尔部

1627 年，为躲避后金的攻击，察哈尔部西迁攻灭右翼的喀喇沁、土默特、鄂尔多斯部，回到 1547 年前东迁时的牧地。西迁前后，察哈尔部主要部落乌鲁特、敖汉、奈曼、克什克腾、乌珠穆沁、浩齐特、苏尼特七营有的归降后金，有的不满林丹汗的高压政策，迁入外喀尔喀驻地。留居故地的多罗特、阿拉克绰特部被后金打败，残余部众归降后金。1632 年，后金和归降结盟的蒙古各部西征察哈尔部，察哈尔部进入河套鄂尔多斯部驻地及河西地区躲避。1634 年，后金再次征伐察哈尔部，林丹汗西逃至甘肃大草滩，在七八月间出天花去世。察哈尔各部首领及林丹汗子额哲和林丹汗的八位哈屯陆续率部归附后金。后金除将一部分察哈尔部众编入满蒙八旗外，又成立察哈尔扎萨克旗由额哲任首领，驻牧义州（今辽宁义县）边外的孙岛、可尔

姑姑冠

哈地方。1636 年正月，皇太极嫁次女玛喀塔于额哲，封额哲为和硕亲王，在待遇上居蒙古各旗王公之上。林丹汗八位哈屯被清皇室成员瓜分。1641 年，额哲病逝，无嗣。1645 年正月，皇太极将玛喀塔再嫁额哲弟阿布鼐。1648 年，阿布鼐袭和硕亲王爵，1669 年被削爵禁闭盛京，命其子布尔尼袭爵。1674 年，布尔尼乘吴三桂叛乱之际，号召漠南蒙古叛乱，欲攻打沈阳救其父亲，脱离清朝的统治，但是没有得到太多漠南蒙古部落的响应，被清军迅速击溃。布尔尼及其弟罗布藏被杀，清廷以叛逆罪将禁闭沈阳的阿布鼐及其诸子全部处斩，女子没为官奴。随布尔尼参与叛乱的部属全部被押解至北京，老弱人丁被赏给受伤清兵，壮丁分隶八旗满洲、蒙古旗下披甲，至此由林丹汗后裔为首领的察哈尔扎萨克旗亡。1675 年，清廷将仍驻牧辽西义州边外的察哈尔部众迁徙到宣化、大同边外安置，按满洲八旗建制，设置左右两翼察哈尔八旗。至此，察哈尔部就特指两翼察哈尔八旗了。

（二）外喀尔喀部

外喀尔喀部首领为达延汗第十一子格呼森扎。格呼森扎在 1548 年去世后，其七子析产，外喀尔喀部分为七部。清天聪年间，外喀尔喀三汗先后派使者到清廷，表示与清廷通好。可是，此举却被清政府视为喀尔喀已有称臣纳贡之意。到 1638 年，清廷命令喀尔喀三汗每年贡"九白之贡"，如一年不贡，则以不忠问罪。在此情况下，喀尔喀与卫拉特蒙古于 1640 年八月举行了盛大的会盟，制定了著名的《蒙古—卫拉特法典》，调整了双方的关系，制定了联合起来，共同抵御外敌的政策，从而保持了其独立性。从 1650 年到 1670 年，随着老一代喀尔喀部首领们去世，喀尔喀内部矛盾渐趋尖锐，不断有因内讧而归附清朝的部落，清朝都给予封爵和牧地安插。1688 年正月，外喀尔喀土谢图汗察珲多尔济率精兵一万，突然袭击扎萨克图汗部，将毫无防备的扎萨克图汗部击溃，并将扎萨克图汗沙喇俘获后投入水中淹死，随后土谢图汗子噶尔亶台吉又杀死了进入扎萨克图汗地界进行哨探的卫拉特汗噶尔丹胞弟多尔济札卜，从而使喀尔喀内部争端升级为喀尔喀与卫拉特蒙古之间的大规模战争。喀尔喀在被噶尔丹打败后，转向清朝请求保护，举部南迁至今内蒙古境内。1691 年五月，康熙亲临多伦诺尔与喀尔喀各部首领会晤。从此，喀尔喀部并入清朝。1697 年噶尔丹被清朝打败病亡后，流离失所的喀尔喀部众全部返回原牧地。

（三）内喀尔喀部

内喀尔喀部主为达延汗第六子纳勒楚博罗特（纳力不剌）。内喀尔喀部因早期驻牧于喀尔喀河东而被称为内喀尔喀。纳勒楚博罗特见于蒙汉籍记载的活动不多。在 1538 年蒙古向东南扩张时，内喀尔喀部首领已是他的儿子虎拉哈赤了。纳勒楚博罗特应在年龄不大时就去世。内喀尔喀部的扩张是向南扩张，由原牧地喀尔喀河东向南扩张到西辽河和西拉木伦河流域及其以北的广袤草原地带。虎拉哈赤去世后，其五子析产，分为五部，所以也被称为内喀尔喀五部，分别为巴林部、扎鲁特部、弘吉剌部、巴岳特部、乌济业特部，其中乌济业特部是虎拉哈赤征服的泰宁卫部民。1626 年四月，后金以内喀尔喀部背盟通明为借口，举兵攻打虎拉哈赤子炒花的乌济业特部和巴岳特、巴林部。炒花被打败后率乌济业特部和巴岳特部投奔林丹汗，林丹汗乘机兼并了乌济业特部和巴岳特部，弘吉剌部也隶属于他。1628 年，后金以扎鲁特部劫夺、追杀后金使者为由，征伐扎鲁特部，并再次攻击巴林部，扎鲁特、巴林二部被打败。这时，林丹汗再次出兵攻掠败于后金的扎鲁特、巴林二部，服从者收之，拒降者被杀，扎鲁特、巴林余部投奔了科尔沁部。清初，投奔科尔沁部的扎鲁特部和巴林部形成扎鲁特旗和巴林旗。

（四）兀良哈部

博迪汗时期形成的蒙古六万户中的兀良哈部，实质上并不是单独的部落。漠北的兀良哈部先后经历了博迪汗、衮必里克、阿勒坦汗组织的六次征伐才被征服。其中 1538 年博迪汗组织的第四次征伐，使兀良哈部大部归降，并被分到各部，分到漠北兀良哈人较多的万户为外喀尔喀部。因兀良哈人分布于各部内，又在各部形成较独立的部落，所以在1543年划分左右翼和六万户时，将并不独立存在的兀良哈人也称为一个万户。

（五）土默特部

1627年，林丹汗西迁，在1628年的艾不盖之战中彻底打败土默特部。土默特一些部众逃往外喀尔喀、西北唐努乌梁海、青海、鄂尔多斯和明朝。博硕克图汗在1629年去世后，土默特部在其子俄木布带领下归降林丹汗。1632年四月，后金率军队和归附结盟的蒙古各部征伐林丹汗时，没有躲避的土默特部民全部被强迫东迁，后与原驻牧于毛哈气水鸣急音境界和讨军兔等处的土默特所属兀良哈部人组成东土默特旗。1634年，后金再次征伐林丹汗，俄木布率跟随他的土默特部民，藏匿于深山的残余土默特部民和被林丹汗带走的土默特部民归附后金，后形成呼和浩特土默特。

（六）喀喇沁各部
（1）喀喇沁部

喀喇沁部早期为永谢布部落中的大部。亦卜剌叛乱后，喀喇沁部仍保持了较完整的部落人口。达延汗分封诸子时，喀喇沁部归于达延汗和满都海哈屯的幼子阿尔博罗特。阿尔博罗特去世后，喀喇沁部归于阿尔博罗特长子失喇台吉和次子那出台吉。1542年，失喇台吉与那出台吉内讧。那出台吉杀死失喇台吉，被蒙古汗廷定罪，二人领有的部落被夺去。喀喇沁部归于阿勒坦汗四弟巴雅思哈勒。1627年林丹汗西迁时，在黄旗海打败了喀喇沁和土默特联军，喀喇沁部受到了沉重的打击，残余部众一部分归降林丹汗，一部分逃往外喀尔喀及东部各蒙古部落和明朝。喀喇沁拉斯奇布汗率800多人进入呼和浩特。林丹汗进攻呼和浩特，苏都那木之子色令台吉、习令台吉归降林丹汗时，喀喇沁拉斯奇布汗及所部退出呼和浩特，并和土默特部再度夺回呼和浩特。在呼和浩特再次被林丹汗占领时，拉斯奇布汗率余众500多人东投后金，先是与后金结盟，后被编入蒙古八旗。其在黄旗海之战归附林丹汗的部落及逃往别处的部落在编旗时都被编入了蒙古八旗和由喀喇沁所属兀良

北元时期喀喇沁牧地，今正蓝旗境内的半沙漠地带

内蒙古锡林郭勒盟正蓝旗草原，北元时期喀喇沁驻牧地

哈人为首领的喀喇沁旗。清朝时的三个喀喇沁旗主要为喀喇沁部所属的兀良哈人及少数原喀喇沁部人和土默特部人组成。

（2）永谢布　永谢布在达延汗析产分封诸子时分给了乌巴伞吉。乌巴伞吉死后，因其子幼，永谢布成为阿勒坦汗六弟博迪达喇及其后裔领有的部落。1547年察哈尔东迁后，永谢布残部从河套地区迁到今锡林郭勒盟西北一带驻牧，和过去分给阿尔博罗特东迁宣化边外同一部落的打喇明安、大畏兀儿沁、阿速特等原永谢布部落重新组成永谢布部落，但成为喀喇沁的属部。结合永谢布的活动和蒙汉史籍记载，可以肯定在永谢布中还有原永谢布部落的巴尔虎、塔布乃麻、失保嗊等部落。永谢布部落兵丁人数1570年时为5000人，部落人口应在20000人左右。1628年九月，永谢布和土默特部在艾不盖河与林丹汗察哈尔部决战，失败后，部众四散逃入鄂尔多斯、青海、外喀尔喀和明朝。在兀良哈人为主组成的喀喇沁旗中，有永谢布人的姓氏。这说明，有部分永谢布人因逃亡或其他原因进入了喀喇沁部所属兀良哈人为扎萨克的喀喇沁旗。进入青海的永谢布人有四部，后被外喀尔喀部进入青海的绰克图台吉消灭，有的成为后来的达木八旗蒙古，在清朝晚期融入藏族。进入明朝的永谢布一部分人在1532年后金征伐林丹汗时，被后金要回带到辽西，应进入了喀喇沁旗。另一部分在明末时逃到呼和浩特土默特部，成为土默特部民。1734年，外喀尔喀部车臣汗部2400多名巴尔虎人迁入呼伦贝尔地区居住，这些人中，也有一些1628年逃入喀尔喀的永谢布人。

（3）巴尔虎部　此巴尔虎部为永谢布所属巴尔虎部。阿勒坦汗六弟博迪达喇去世后，巴尔虎部由其次子也辛跌儿领有，但是在史籍中几乎没有见到也辛跌儿的活

内蒙古锡林郭勒苏尼特北部草原，北元时期永谢布驻牧地

动记载，该部的活动都是在其被称为巴尔虎台吉的儿子带领下进行的。1559年，巴尔虎部和兵都的畏兀儿沁部一同留在青海。1591年一部分土默特畏兀儿沁人被那木岱汗带回到土默特故地后，巴尔虎部在青海因收抚藏族部落曾一度壮大，成为青海蒙古对明主要威胁。在受到明朝打击和与多罗土默部内讧实力削弱后，驻牧于今海西藏族蒙古族自治州一带。后不见于记载，可能性比较大的是他们后来也回到了张家口北原驻牧地。永谢布被林丹汗打败后，一部分巴尔虎部人应和永谢布其他部人又进入西藏。绰克图进占西藏时，巴尔虎部被击败，归附绰克图。和硕特部和外喀尔喀部打败绰克图后，巴尔虎部并入和硕特蒙古，后成为西藏达木蒙古八旗部民。

（4）**阿速特部** 阿速特部在达延汗九子析产时分给了第七子阿尔博罗特。1541年前，阿速特部由阿尔博罗特长子失喇台吉领有。后因与其弟那出台吉内讧，失喇台吉被杀，那出被定罪，阿速特部被分给阿勒坦汗六弟博迪达喇。博迪达喇去世后，阿速特部由其三子哑速火落赤把都儿领有。

哑速火落赤把都儿去世后，阿速特部由其七子领有。

1628年九月，阿速特部也参加了艾不盖之战。战败后，哑速火落赤把都儿之子彻辰岱青、图巴斯克等七子率残部逃向他们所属的朵颜卫兀良哈驻地。结果，在途中遇到阿巴嘎部的攻杀，七子中五人被杀，不少部民被掳掠。到达其所属兀良哈驻地后，有的兀良哈属民愿意接纳他们，并缴纳贡赋，而有的属民则不欢迎他们，也不给他们任何东西。在此情况下，阿速特部也归附了后金。根据《旧满洲档》记载，1631年（天聪五年）三月二十二日，天聪汗对分隶八旗满洲的蒙古人进行大规模赏赐，其中提到的原阿速特贵族有在正蓝旗、镶白旗、镶红旗、正红旗的。可以肯定，这些归附后金的阿速特人被编入了满洲八旗。除被阿巴嘎掠走的部落外，在日后的鄂尔多斯部和呼和浩特土默特部也有阿速特人。呼和浩特土默特部中的阿速特人应是和永谢布人一起进入呼和浩特土默特的。

（5）**畏兀儿沁部** 在早期的永谢布部落中，畏兀儿沁为主支部落，但在明史籍

内蒙古锡林郭勒草原上饮水的马群，北元时期阿速特部驻牧地

记载的永谢布10部中并没有畏兀儿沁部。这也说明，永谢布最早专指畏兀儿沁部。永谢布部落先后的领主乜加思兰、亦思马因、亦卜剌都出于畏兀儿沁部。达延汗平息亦卜剌叛乱后，将仍留在河套的畏兀儿沁残部从永谢布分出一部分给驻牧于河套的鄂尔多斯、蒙郭勒津部。留在永谢布部内的畏兀儿沁部被称为大畏兀儿沁部，在达延汗九子析产时分给了第七子阿尔博罗特。阿尔博罗特去世后，畏兀儿沁部被分给其三子不克台吉。在1571年通贡互市封授官职时，不克台吉已去世，其长子着力图台吉和阿勒坦汗诸子、永谢布大成台吉一样，被封为指挥同知，着力图的三子满克在和四子察哈伦被授为指挥佥事。艾不盖之战后，部落下落和永谢布相同。

（6）打喇明安部 在明朝汉籍史料记载中，打喇明安还被称为"当喇儿罕"，打喇明安部也为阿尔博罗特领有的部落。阿尔博罗特去世后，打喇明安部由其四子莫蓝台吉领有。莫蓝台吉去世后，打喇明安部由其五子分别领有。1571年通贡互市封授官职时，莫蓝台吉长子着力图把都儿台吉被授为指挥同知。艾不盖之战后，部落下落和永谢布相同。

（7）察罕塔塔尔部 察罕塔塔尔部为阿勒坦汗五弟那林台吉领有的部落，部落人数应该不多，那林台吉还在朵颜兀良哈领有500名兀良哈兵丁。在1571年蒙明议和时，那林台吉已去世，他生有三个儿子。艾不盖之战后，部落下落不明。在现在的阜新蒙古族自治县中，有以该部落名称形成的姓氏，应有不少人融入阜新蒙古族中。

（七）鄂尔多斯部

1542年，衮必里克去世，其九子析产分为九部，鄂尔多斯部势力从此分散。长子纳延达赖（明汉籍称为那言大儿）继承济农位，明朝汉籍称为"吉能"。1572年纳延达赖去世后，因其长子布延巴图尔皇台吉已在出征卫拉特时被杀，由其长孙博硕克图继济农位。1624年博硕克图济农去世，其长子策凌额尔德尼继位，但继位时间不长就去世。1627年，博硕克图济农次子林沁额叶齐岱青即位，被称为额璘沁济农。1628年九月艾不盖之战后，林丹汗乘胜进攻鄂尔多斯，鄂尔多斯部投降。1634年多尔衮率军征伐林丹汗，林丹汗西逃甘肃大草滩后去世。察哈尔各部纷纷东返归降后金，鄂尔多斯部也降附后金。1649年，清朝把鄂尔多斯划为六旗，各旗扎萨克为衮必里克六子后代；1736年，又增设一旗，旗扎萨克也为衮必里克后代。

四、达延汗其他儿子的结局

在达延汗的十一个儿子中，长子和九子无后早逝。达延汗去世前后，其九个儿子及其后裔分为九部。其中，继承汗位的博迪汗、三子巴尔斯博罗特、六子纳勒楚博罗特、七子阿尔博罗特、十一子格呼森扎都已在所领部落中说明。四子、五子、八子、十子部落及情况如下。

第四子阿尔苏博罗特，领有多罗土默部，明朝史籍称为我折黄台吉，生有二子，《蒙古黄史》记载其长子为布吉格尔，次子为诺嫩；《阿萨喇克其史》记载其长子为不只克儿，次子为五侬台吉；明史籍把其长子和次子称为不只克儿台吉和五乎囊台吉。在1538年的明史籍记载中，和阿勒坦汗一起活动的就为其长子布吉格尔台吉。可见，在1538年，阿尔苏博罗特就已去世。其部落由其二子带领，成为其叔伯兄长阿勒坦汗的属部。1559年，布吉格尔第三子着力图、长孙威静阿拜台吉，五乎囊台吉长孙阿罗赖、次子克臭台吉随阿勒坦汗四子兵都台吉一同留在青海驻牧。1577年，布吉格尔第四子火落赤来到青海，成为多罗土默部驻青海首领。1588年兵都台吉去世后，火落赤成为土默特在青海的实际首领。1616年火落赤去世后，其诸子继续统治青海，直到1635年被外喀尔喀的绰克图攻灭。1528年艾不盖之战后，土默特部有不少部民逃往外喀尔喀及唐努乌梁海。这些人中应有不少人为驻牧土默特西部的多罗土默部人。1632年后金征伐林丹汗时，多罗土默部大部分部民被强迫带到辽东，成为东土默特右旗部民。阿尔苏博罗特的后裔们应是在博硕克图汗之子俄木布投降林丹汗时也投降了林丹汗，又在1634年归降后金。随后，阿尔苏博罗特的后裔们被后金迁往了锡勒图库伦喇嘛旗成为平民。残留在呼和浩特的部民成为呼和浩特土默特部民。

第五子乌德博罗特，一些蒙汉文史籍也称其为阿赤赖台吉，领有克什克腾部。克什克腾为"亲军""卫队"的意思，成吉思汗时期为成吉思汗的护卫部队，察哈尔部东迁时随察哈尔部东迁，当时驻地应在西拉木伦河上游迤北一带地区。乌德博

罗特生有达尔尼、达利孙二子。1634年（天聪八年），达尔尼长子索诺木率部归附后金，清朝时成为克什克腾旗。

第八子格呼博罗特，一些蒙文史籍也译称为格列孛罗、格勒、革儿孛罗，《阿勒坦汗传》译称为格根孟克。《恒河之流》《金轮千辐》《蒙古黄史》《阿萨喇克其史》记载他为达延汗第十子；《阿勒坦汗传》《蒙古源流》记载他为达延汗第八子；《蒙古博尔济吉忒氏族谱》记载他为达延汗第九子；《北虏世系》记载他为称台吉，是达延汗第八子。一些蒙文史籍记载他领有敖汉、奈曼部，都为误记。格呼博罗特领有乌鲁特部。1547年乌鲁特部随察哈尔东迁后，驻地离明广宁北镇靖、镇边、镇远堡三百余里，大约在今内蒙古库伦旗一带，位于察哈尔的敖汉、奈曼两部及辽河河套内的内喀尔喀部之间。据明辽东经略熊廷弼于1621年（天启元年）九月的奏文中说："……盖七月内憨（指林丹汗）遣中军贵英恰为我设防，宿其所属五路（指乌鲁特部妇女），五路惭怒，率万众降炒花（指内喀尔喀部）。而贵英恰追杀其部落百人，兼杀炒花二人。"这说明，在1621年，林丹汗部下贵英恰在帮助明军设防时，奸宿乌鲁特部妇女。从"五路惭怒"看，奸宿的问题应该相当严重，以致使五路率众投靠内喀尔喀部，但还被追杀了百人，从而与林丹汗出现了矛盾。据其他汉文史籍记载，则说林丹汗的女婿贵英恰霸占了五路的老婆，五路率众归降了炒花。1622年正月，后金攻取明广宁等地后，直接威胁乌鲁特部。二月中旬，与林丹汗有矛盾的乌

鲁特部在其首领明安、鄂勒哲依图等十七名台吉带领下归附了后金，受到了努尔哈赤隆重接待和厚赐，并各授给官职，成为蒙古部落中第一个归附后金的部落。归降后金后，乌鲁特部被单独设旗，成为后金设立蒙古旗之始。其后，这十七名台吉中有近十人娶努尔哈赤各子及孙之女儿为妻，有四五位台吉之女嫁给了努尔哈赤的子孙们。然而，乌鲁特别立一旗及其首领们受到特殊恩宠反而使他们骄妄起来，一些台吉无视后金法规，屡屡发生违规行为，受到后金革职、罚银和夺获人口的不同处罚。1632 年（天聪六年）九月，后金将乌鲁特旗取消，命诸台吉随各旗贝勒行走，部众被分散编入满洲八旗，失去了独立性。编入满洲八旗的除正黄旗、镶白旗的乌鲁特未形成完整的佐领外，正蓝旗有四个佐领，其余五旗各一个佐领，共九个整佐领。到清朝中后期，乌鲁特部格呼博罗特的后裔们仍有不少人在清朝担任都统、将军、侍卫内大臣等显要职务。

第十子乌巴伞吉，又称为青台吉、五八山只、五巴三察，蒙文史籍中把他分别记为达延汗第八子、第九子、第十一子。《蒙古源流》《蒙古博尔济吉忒氏族谱》记载他领有阿速特、永谢布。但是根据汉籍史料的记载，阿速特部为阿尔博罗特的长子失喇台吉领有的部落。《恒河之流》记载他的后裔是塔塔尔（指永谢布巴尔虎）诸诺颜，并说巴尔虎部是乌巴伞吉的舅家。《北虏世系》记载他有一个儿子。在明史籍早期不少记载中，都有小十王参加蒙古在延绥一带活动的记载，并有史籍说小十

王是吉囊次子，但很多汉文史籍中他的名字都记在衮必里克前。这也说明了他的地位和辈分大于衮必里克，应为达延汗第十子。在《皇明北虏考》中，有不少他和阿勒坦汗在一起活动的记载，说明他当时驻牧于河套，领有永谢布的可能较大。乌巴伞吉在 1541 年后不再见于记载，去世时年龄应当在二十六七岁。根据他在河套地区活动的情况看，他领有的永谢布残部的封地早期应在河套鄂尔多斯地区。因他去世时儿子较小，部落人口在 1542 年时大部分归于阿勒坦汗六弟博迪达喇，所以在 1542 年阿勒坦汗第四次征伐青海时，把收服的博喇海所属的永谢布部众赐予了博迪达喇的长子大成台吉。从博迪达喇的次子也辛跌儿领有永谢布的巴尔虎部分析，他的后裔应只领有一部分巴尔虎人。《北虏世系》记载他的儿子五班台吉在蓟镇边外极北驻牧，在清朝时也没有看到他的后裔们的记载，应是在艾不盖之战后到达西藏，成为达木蒙古的可能性较大。

僧格土谢图彻辰汗时期的土默特

　　僧格是阿勒坦汗的长子，出生于 1521 年，1586 年 2 月 17 日病逝于美岱召旧汗廷城，这天是 1585 年农历除夕。僧格的母亲是阿勒坦汗第二哈屯，汉文史籍称其为"矮克哈屯"。清初，僧格的孙子东土默特右翼扎萨克鄂木布楚琥尔的家谱上，把他和阿勒坦汗的第二子宝音台吉、第四子兵都台吉、第五子依勒登台吉、第六子和里克台吉列为同母兄弟。因僧格为长子，拥有"皇台吉"称号。在《阿勒坦汗传》中，他被称为都古隆僧格诺延、都古隆僧格鸿台吉、都古隆汗等，在明朝的史籍中把他称为黄台吉、辛爱、乞庆哈、辛克都隆哈、都陇铁木儿黄台吉等。在郑洛的《抚夷纪略》一书中，有僧格在 1580 年给郑洛的信中说"今年与父王顺义和，父王升我官都陇铁木儿"的记载。可见，"都陇铁木儿"

是官职名，全称为"都古隆铁木儿"。

一、僧格其人

　　青年时代的僧格，是当时蒙古著名的勇士，以力大、勇猛善战著称。《阿勒坦汗传》描述他"见仇敌如饥鹰般进攻者，披挂全副铠甲超乘骟驼者，成就圣阿勒坦汗父之艰难事业者，乃果敢刚强力大之都古隆僧格诺延"。《蒙古源流》也说他能穿全副铠甲跳过一头三岁至五岁的公驼，可见其勇猛，力气较大，弹跳能力和身体灵活性相当好。据明朝史籍《王享记》记载："黄台吉臂偏短，善用兵，其众畏之，用命过于俺答。"《万历武功录》记载："黄台吉为人凤悍鸷、变诈亡常，常以杯酒发狂，积过失。"《全边略记》记载："然黄酋淫虐，

冬季的大青山

凡史夷妻女，凡所部夷妇有色者多为所渔，并攘其牛马。由是史夷怨恨不附。"嘉靖二十九年（1550年）"庚戌之变"发生时，僧格被派为先锋冲锋陷阵，在右翼蒙古大军围困北京的战斗中发挥了巨大的作用。隆庆四年（1570年）把汉那吉降明后，僧格率一万人进入长城杀掠，并焚烧明宗室代王祖上墓地上的殿堂，给明朝很大的压力。

土默特部在河套地区时，僧格就应已拥有自己的属部。1543年，驻牧于宣化北到山海关北的朵颜卫兀良哈人来归降时，作为已成年并拥有自己属部的僧格和其二弟宝音台吉也分到了兀良哈部。其中，作为长子的僧格分到了驻牧可里屈劳境北（今河北省隆化县县城以西一带）伯颜帖忽思部落四百五十人，驻牧毛哈气水呜急音境界（今河北省丰宁满族自治县南部和西南部）伯颜打来部落五百人，福余卫影克、猛古一百三十多人，泰宁卫只儿挨的儿子

所领三十多人，共一千一百多人。1547年，蒙古汗廷所在的察哈尔部东迁，阿勒坦汗进驻丰州滩一带，僧格同其所属的乌鲁特部、茂明安部、弘吉剌部、畏兀儿沁部（土默特部畏兀儿沁部中分出的一部）、布格勒斯部分到了西起今乌兰察布市兴和县东部，东到今河北尚义县、保康县、张北县、沽源县西部一带，长城以北今内蒙古镶黄旗南部、正镶白旗南部、兴和县东部、商都县大部、化德县为驻牧地。

僧格共娶有九位姚吉，分别是石宝成姚吉、大畏兀儿沁且沁姚吉、桃松寨姚吉、五兰姚吉、蒙郭勒津姚吉、察哈尔姚吉，另从兀良哈部娶有三位姚吉，分别为伯颜帖忽思之女大姚吉、伯颜打来之妹苏不亥姚吉、董忽力之女宝兔姚吉。这九位姚吉共为僧格生有十四个儿子，前六位姚吉共生有八个儿子，分别是那木岱楚鲁克彻辰皇台吉、那木尔台吉、青把都补尔哈图台吉、哈木把都儿台吉、松木尔台吉、段奈台吉、

北元时期土默特夏都城周边冬季的马群——今内蒙古达茂旗敖伦苏木城周边

打赖台吉、台石台吉、兀良哈三位妣吉生有六个儿子，分别是噶尔图台吉、朝图台吉、土力哈图台吉、土力把图台吉、摆言图台吉、明暗台吉。在土默特部信奉藏传佛教后，僧格又娶九十九个妻妾，凑成一百零八个妻妾。吴震元的《三娘子》在记载僧格这些妻妾时说："台吉继立，受胡僧诒，纳比妓一百八口，比记珠百八颗之数。"在与乌彦楚成婚时，这一百零八名妣吉中没有生育者全部被遣散。

二、继承汗位与袭封顺义王

1582年1月13日（明万历九年十二月十九日），阿勒坦汗病逝。翌年正月，僧格遣使速儿库首领向明朝报丧。随后，乌彦楚也派遣亲信首领土骨赤、计龙赴明朝，以顺义王阿勒坦汗丧事未办，请求将贡市日期推后。

阿勒坦汗死后，明朝君臣对土默特与明朝关系方面何去何从也没有确切的把握，是继续保持和平贡市关系，还是会发生什么变故也想尽快了解。据瞿九思的《万历武功录·三娘子列传》记载，明朝为了了解情况，于万历十年（1582年）二月派遣使者来到土默特，"佯为趋贡，以洞虏情"，就是以催促土默特贡马开市，看土默特对待贡市的态度，了解土默特下一步和明朝的关系。隆庆五年（1571年）阿勒坦汗与明朝建立互市贸易关系后，蒙古右翼各部的日常生活用品已不再用流血去掠夺，而是用多余的畜产品易换就可以全部解决。蒙明互市已成为土默特各部主要的生活经济利益来源。作为土默特部最大的部落首领和汗位继承人的僧格对此也深有了解，他不希望由于阿勒坦汗的去世而影响土默特部与明朝之间贡市的正常进行，从而失去这个巨大的经济利益和政治优势。1582年（万历十年）三月，阿勒坦汗还没有正式安葬，僧格没有听从乌彦楚推迟贡市的安排，而是一反往年迟到贡市挟赏的做法，率先向明朝进贡。由此，明朝也了解到僧格想要继续保持贡市，接受封王的想法，诏加僧格大红白泽纻丝衣一袭。八月，阿勒坦汗被安葬。

为了顺利继承顺义王位和阿勒坦汗的领地、部众及其他遗产，按照蒙古社会收继婚的习俗，僧格要续娶乌彦楚为哈屯，才能顺利继承阿勒坦汗的顺义王位和牧地、部落及其他遗产。此时的僧格已经62岁，疾病缠身，而乌彦楚只有33岁，风华正茂，不愿嫁给妻妾众多、年老多病的僧格。明朝方面认为，乌彦楚多年来和明朝关系较好，在维护蒙古和明朝和平贡市及维护日常关系中起到过不少的作用，如果乌彦楚和僧格结婚，肯定会使明蒙关系更稳定。在这种情况下，明宣大总督郑洛出面劝说乌彦楚嫁给僧格。《全边略记》记载，明宣大总督郑洛遣使乌彦楚帐下，劝诱道："汝归王，天朝以夫人封汝，不归，一胡妇耳。于是娘子逼（应为迫）利害，乃归之。"在明朝方面的积极撮合下，僧格也指天发誓戒酒，并把没有生育子女的妻妾全部遣散。在此情况下，乌彦楚权衡利弊，决定嫁给僧格。万历十年（1582年）十月，僧格和乌彦楚成婚。同年，僧格在成吉思汗陵前继承了阿勒坦汗的汗位，成为蒙古右翼和土默特万户的第二代土谢图彻辰汗。十二月，鄂尔多斯、喀喇沁等部首领79人联合派出使者前往明朝，为僧格彻辰汗请袭封顺义王号。不久，僧格也遣使明朝，以自己为阿勒坦汗的长子请袭封顺义王，其长子那木岱楚鲁克袭封自己的龙虎将军，并请明朝对阿勒坦汗的大哈屯伊克哈屯进行赏赐。万历十一年（1583年）二月，鄂尔多斯部遣南木答剌首领等99人，再次到明朝为僧格请封。二月十六日，明朝袭封僧格彻辰汗为顺义王，授那木岱为龙虎将军，并于五月在杀胡口（今山西右玉县杀虎口）边外举行了宣读诏书仪式。宣读诏书仪式结束后，僧格杀牛置酒，犒赏明朝使臣与鄂尔多斯部库图克台切尽皇台吉及

喀喇沁部首领。席间，僧格发誓："感汉恩重，当举酒抛天，愿永远为保塞臣毋穷。"

三、大板升之战

万历十一年（1583年）四月三十日，撒勒术特部首领，西哨板升管领人把汉那吉在行猎时坠马而死。掌管西哨的伊克哈屯也在把汉那吉去世前离世，土默特蒙郭勒津西哨、西哨所属板升、撒勒术特部全部归于把汉那吉妻子大成姊吉。一时间，大成姊吉兵马雄于诸部。大成姊吉势力强大又守寡的情况让乌彦楚产生了让博达希利续娶大成姊吉的想法。结果，此事引起了西哨重要首领恰台吉的反对，导致了乌彦楚出兵抢夺由恰台吉占据的西哨大板升

大汗继位喜庆图

张北草原，北元时期僧格驻牧地

的战争。据《万历武功录》记载，万历十一年（1583年）九月，"三娘子见大成妣吉拥俺答所遗诸部落及板升甚雄，谋欲为不他失礼室之，而阴以为利。恰台吉与三娘子政有隙，弗从。三娘子亟使酋长扯布、土骨赤、计龙等引精兵围大板升"。

据《赵全谳牍》记载，大板升为赵全居住的地方，位置在美岱召汗廷城西。根据汉籍多书记载，赵全居住的大板升城城周五里，比阿勒坦汗汗廷城大一倍半左右。赵全在这里居住时，这里还居住有十二位他下属的板升首领及部属一万多人，是土默特地区当时最大的板升。1571年蒙明和议后，西部的这些板升归于把汉那吉管理，但是最大的这座大板升城可能例外，它仍由阿勒坦汗领有。在《万历武功录·俺答列传下》中，有1579年阿勒坦汗从青海返回时在大板升城请恰台吉吃饭的记载，内容为："其十一月，俺答还至大板升，燕恰台吉。"这说明，在阿勒坦汗1577年前往青海时，大板升城由恰台吉代阿勒坦汗管领。阿勒坦汗去世后，由于西哨由伊克哈屯管领，乌彦楚无法插手。伊克哈屯去世后，把汉那吉继承了西哨的领导权，也使乌彦楚不好下手。在恰台吉反对乌彦楚为博达希利续娶大成妣吉的情况下，乌彦楚出兵抢夺恰台吉管理的大板升，以削弱恰台吉的实力。

阿勒坦汗去世后，恰台吉作为蒙郭勒津部西哨重要首领和阿勒坦汗义子，土默特万户的重大事项也需要征得他的同意后才能实施。面对乌彦楚派兵抢夺大板升城，恰台吉与满谷舍塔布囊等人也率领全副武装的骑兵出城迎战。激战中，恰台吉部杀乌彦楚部下八十余人，俘虏二十人，夺盔甲三十副，驼马一百多头匹，自身死十一人，取得了胜利。随后，乌彦楚派军袭击了恰台吉的领地，又唆使阿勒坦汗女婿宰生塔布囊掠夺恰台吉靠近明朝边境的部众，使恰台吉的部众四处避难，双方争夺大板升的内讧战火继续扩大蔓延。"大板升之战"的爆发，在土默特乃至鄂尔多斯万户引起很大的震动。土默特多罗土默部首领达雅皇台吉的兄弟麦力艮台吉、鄂尔多斯万户的库图克台切尽皇台吉和一些土默特台吉出面为双方协调，并约法三章，规定双方都不许杀人、赶马，如果违约，诸台吉共罚之。但是，乌彦楚对这些约定不以为然，认为不过是在"欺慢"她，仍然派人在各板升抢掠牲畜。大成妣吉也被迫率军增援各板升自卫反击，不让乌彦楚的人马抢到东西。麦力艮和库图克台切尽皇台吉以及

为他们之间调和的台吉都谴责乌彦楚违约不讲信用，恰台吉也借口乌彦楚违约，抢走乌彦楚部属四百多匹马。面对越来越多的反对势力，乌彦楚的阵营也发生了分歧，但是乌彦楚还是不听任何和解的意见，调动军队，准备给养，积极备战，一定要抓获恰台吉才肯罢休。

就在乌彦楚与恰台吉相持不下时，僧格的长子那木岱卷入到了这场"大板升之战"中。在当时的土默特万户内部，那木岱作为汗位继承人是仅次于僧格彻辰汗和乌彦楚的人物。乌彦楚挑起的"大板升之战"，使那木岱看到父亲僧格已经年老多病，难于驾驭政局，政令出于乌彦楚的情况。如果坐视乌彦楚夺取大板升，让乌彦楚利用娶大成妣吉的方法将大成妣吉的部下和遗产弄到博达希利手中，则会在土默特内部出现一个政治地位、部落人口、经济实力都优于自己的人，这对于那木岱今后承袭土默特万户汗位显然是一个巨大的威胁。解决这个问题的最好方案就是自己续娶大成妣吉，将大成妣吉继承的领地和部众纳入到自己的麾下。

北元时期土默特夏都城周边冬季的骆驼——今内蒙古达茂旗敖伦苏木古城一带

万历十二年（1584年）五月，那木岱得到乌彦楚已派人前往大成妣吉处提亲的

消息，决定由恰台吉陪同前往大青山后大成妣吉的夏营地，与大成妣吉成婚。那木岱的行动被乌彦楚部下发现，乌彦楚才知道那木岱也卷入了这场争夺并抢了先。乌彦楚即刻发兵大青山想搅黄他们的婚事，到了大青山后才得知那木岱已经在五月十一日四更与大成妣吉合帐成婚。大成妣吉所领的部下、遗产也都归于大成妣吉和那木岱。乌彦楚在盛怒之下发誓以死相仇杀，但是面对的是僧格彻辰汗的长子和未来的汗位继承人，而且那木岱已经和大成妣吉结婚，使乌彦楚只能隐忍。大板升之战的发生，破坏了土默特万户领主之间的正常秩序和关系，开启了土默特部各集团势力相互间为了部落、属民、财产争斗的先河。

四、迎请三世达赖喇嘛来土默特

万历九年十二月十九日（1582年1月13日），阿勒坦汗去世。僧格、乌彦楚在安葬阿勒坦汗的遗体后，派出以萨岱巴格希为首的使团到拉萨邀请三世达赖喇嘛到土默特为阿勒坦汗做法事。土默特使团在同年到达昌都丹曲科林寺与三世达赖喇嘛见面。三世达赖喇嘛在得到消息后，写了题为《微笑的天使》的悼文，怀念阿勒坦汗，取道青海向土默特进发。

三世达赖喇嘛一行经玉树、玛多，到达青海南的恰不恰，在多罗土默部达雅皇台吉之子阿拜诺颜的驻牧地过年后，于1583年初抵达湟中塔尔寺。这时，继任土默特汗位的僧格又派出的以敖齐赛古英、

布达拉宫三世达赖喇嘛像

敖尔呼台岱青、额尔德尼玛尼等为首的第二批迎请使团也抵达这里。他们给三世达赖喇嘛奉献了布施，并再次邀请其立即到土默特为阿勒坦汗做法事。然而三世达赖喇嘛并没有立即去土默特，而是又用了一年半多的时间在甘青地区朝礼著名的古刹，通过讲经说法，调解部落之间的纠纷，来树立威信，巩固格鲁派在该地区的影响。1584年秋，三世达赖喇嘛开始前往土默特地区。在听到三世达赖喇嘛已经动身的消息后，僧格彻辰汗和乌彦楚又派出多罗土默部的达雅皇台吉，蒙郭勒津部的阿齐赉固什等前往迎接。1584年年末，三世达赖喇嘛到达鄂尔多斯地区，在库图克台切尽皇台吉的驻牧地、彻辰岱青的驻牧地和博硕克图济农的驻牧地作了停留，并举行了

佛事活动。在得知三世达赖喇嘛到达库图克台切尽皇台吉驻地后，僧格彻辰汗和乌彦楚又派达云恰、本宝善丁等人至库图克台切尽皇台吉家中迎请。在鄂尔多斯过了新年之后，三世达赖喇嘛开始动身前往土默特。

美岱召壁画上的三世达赖喇嘛像

僧格彻辰汗在听到三世达赖喇嘛从鄂尔多斯动身的消息后，于万历十三年（1585年）初偕乌彦楚一同过黄河，在鄂尔多斯察罕哈台与达赖喇嘛相见。此时，喀喇沁部以昆都仑汗白洪岱为首的喀喇沁部大小首领也来到黄河边上，迎接三世达赖喇嘛。三世达赖喇嘛在土默特、喀喇沁大小首领的陪同下，继续北上东行到达呼和浩特，下榻于大召寺。到达呼和浩特后，在三世

达赖喇嘛的指导下，僧格彻辰汗将呼和浩特建城时阿勒坦汗建起的今席力图召古佛殿改建为藏汉结合式佛殿。三世达赖喇嘛又让僧格彻辰汗和乌彦楚为大召寺的释迦牟尼佛像制作了金冠，并亲自举行了开光典礼仪式，又聚集右翼三万户大小首领为成吉思汗博尔济吉特家族举行了盛大的法事活动。在将三世达赖喇嘛迎到呼和浩特不久，僧格因为身体和乌彦楚发动大板升之战等原因，搬到那木岱和大成妣吉所住的美岱召旧汗廷城。明吴震元《奇女子传·三娘子》记载说："其（三娘子）所统俺答遗部号东哨者，因与把汉那吉争板升，家丁仇隙，构兵不已，台吉（指僧格）稍厌苦之。移于长子扯力克之西哨牧住。"万历十三年（1585年）十二月二十九日新年除夕，僧格汗在美岱召旧汗廷城病逝。《万历武功录》记载："其十二月，顺义王乞庆哈死于大成娘子所。"三世达赖喇嘛为僧格彻辰汗去世做了法事活动。

大召三世达赖喇嘛像

蒙古历红猪年（1587年）三月二十六日，三世达赖喇嘛设立坛场，将阿勒坦汗火化，同时火化的还有阿勒坦汗的伊克哈屯和矮克哈屯的遗骸。三世达赖喇嘛为超度阿勒坦汗等人之灵做了法事。

迎请三世达赖喇嘛来蒙古是僧格彻辰汗一生中做的最后一件大事。三世达赖喇嘛的这次蒙古之行，巩固了藏传佛教在蒙古地方的发展，使藏传佛教在蒙古各地迅猛发展。

那木岱楚鲁克土谢图
彻辰汗时期的土默特

那木岱楚鲁克为僧格彻辰汗长子、阿勒坦汗长孙，他约生于 1550 年左右，和乌彦楚、大成妣吉为同年龄人。他于 1586 年继承蒙古右翼和土默特土谢图彻辰汗位，1607 年五月十五日去世，执掌蒙古右翼和土默特政权 21 年。他在位时，沿袭阿勒坦汗和僧格汗与明朝的通贡互市政策，使蒙古右翼和土默特得到较好的休养生息，由于他对藏传佛教的弘扬和支持，藏传佛教在他执政期间进一步发展，藏传佛教典籍的蒙古文翻译在他执政时期达到了高潮，使藏传佛教开始转变为蒙古佛教。

一、那木岱楚鲁克其人

那木岱楚鲁克，在蒙古文史籍中称为那木岱彻辰诺延、那木岱楚鲁克皇台吉，继承汗位后称为"那木岱彻辰汗"，汉文史籍中多写为"扯力克"，应为"楚鲁克"的译音。那木岱是阿勒坦汗的嫡长孙，僧格汗的长子。瞿九思《万历武功录》卷八的《扯力克列传》说他："为人强而习于计，慑服群夷，控弦之士，动以万数，大父（指阿勒坦汗）尝心窃异之。" 1568 年，那木岱跟随阿勒坦汗西征卫拉特，开始登

冬季的达茂草原——昔日的畏兀儿沁部牧地

上历史舞台。蒙古大汗图们汗时期，那木岱曾作为土默特的代表任大汗汗廷"五执事"之一。他继汗位前领有的部落为僧格所属的畏兀儿沁部和茂明安部，牧地最早在僧格驻牧地西部。那木岱先后娶蒙郭勒津妣吉、大成妣吉、也儿克兔妣吉、乌彦楚，生有七个儿子。约在1577年左右，那木岱开始驻牧于兵都台吉畏兀儿沁部旧地；隆庆封贡时，被明朝授予"指挥同知"。1583年僧格汗袭封顺义王时，他承袭了僧格的"龙虎将军"之职。

二、继承汗位与袭封顺义王

僧格彻辰汗病逝后，那木岱要接收僧格与乌彦楚的部众、遗产，按照蒙古社会转房婚的传统习俗，也要续娶乌彦楚。但是由于"大板升之战"和乌彦楚所造成的矛盾，以及乌彦楚准备为其所生的博达希利谋求顺义王位，乌彦楚拒绝了那木岱的求婚。《万历武功录·扯力克传》记载："是时，三娘子匿王篆及兵符，欲以私其所爱子，而扯力克从中睥睨，益鞅鞅，与三娘子不想能。"吴震元的《奇女子传·三娘子》说："扯力克元配满官镇比妓，父没半祀，又谋合三娘子，三娘子与其子不他失礼执不从，扯力克羞愤，率众赴河西，循房俗自授为乞庆哈。"在被乌彦楚和博达希利拒绝求婚后，那木岱在僧格汗去世不久，率领土默特部众渡过黄河来到成吉思汗陵前，按照蒙古习俗在成吉思汗陵前继承了蒙古右翼和土默特部土谢图彻辰汗位。《阿勒坦汗传》这样记载了那木岱继承汗位：

其后那木岱彻辰鸿台吉，
因祖父尊圣转轮阿勒坦汗，
所建平等之政教不能无主，
于火狗年即尊大位为可汗。

火狗年即1586年（万历十四年）。这也表明那木岱在僧格汗去世不久就继承了汗位，也受到蒙古右翼和土默特绝大部分部众的拥戴。

那木岱在从鄂尔多斯举行继承汗位仪式返回土默特后，就于当年冬派出使者到明朝边关，向明朝提出由他袭封顺义王的要求。然而，此时明朝授予的顺义王印尚在乌彦楚手中，明朝方面认为土默特方面的政局并未稳定下来，没有接受他的要求。为了取得王印，那木岱声言要从乌彦楚手里夺取王印。两人之间又一次出现了剑拔弩张的紧张局面。面对这种局面，乌彦楚也遣使明朝，说明自己不与那木岱合作的原因，是打算自己主持与明朝的贡市。其实这只是乌彦楚应付明朝的托词，更深的原因应该一是"大板升之战"刚刚过去，所造成的矛盾还在；二是还寄希望于明朝能让博达希利承袭顺义王位，由她和博达希利主持贡市。而对明朝来说，封一个不是大汗的人为王并主持贡市是没有任何意义的，因为他不能主持蒙古内部政务，很快就会出现混乱。为了维持明蒙贡市的稳定，明朝方面开始出面解决双方的矛盾。时任宣大总督的郑洛再次出面劝说乌彦楚和那木岱合婚和好。

此时，土默特万户的众多大小领主也希望袭封顺义王的纷争尽快结束，他们邀请正在土默特地区的三世达赖喇嘛出面劝说乌彦楚与那木岱修好，结成婚姻。为了调和关系，那木岱也做出了重大的让步，将和他结婚不到两年的大成妣吉让给年仅19虚岁的博达希利为妻，终于使乌彦楚同意了与他成婚。万历十四年（1586年）十月十一日三更，乌彦楚招那木岱入帐中，挂弓矢成婚。那木岱与乌彦楚成婚，使那木岱继承了大汗所属的部众和遗产，巩固了袭封顺义王的资格，乌彦楚通过博达希利与大成妣吉成婚，达到了为博达希利增加部众、领地的心愿，也使自己继续保有了大汗大哈屯的地位。万历十五年（1587年）三月，土默特、鄂尔多斯、喀喇沁蒙古右翼诸部大小首领二百八十多人向明朝具名保结，要求由那木岱袭封顺义王。那木岱和其弟那木尔台吉等也为乌彦楚请王妃名号及诰命冠带。同月，明朝万历皇帝同意礼部奏议，那木岱袭封顺义王，那木岱长子晃兔台吉承袭那木岱的龙虎将军，博达希利晋阶为龙虎将军。由于这时阿勒坦汗的伊克哈屯、矮克哈屯均已去世，乌彦楚被封为"忠顺夫人"。六月，那木岱、乌彦楚等前往明朝得胜堡边外接受敕封诏书。七月，那木岱、乌彦楚向明朝万历皇帝进表文、白马答谢。土默特内部各方面关系以及和明朝的关系进入了一个相对稳定的时期。

三、那木岱彻辰汗时期藏传蒙古佛教的形成

那木岱即位时，正是三世达赖喇嘛在土默特地区为阿勒坦汗做法事，进行传教

时期。三世达赖喇嘛去世后，四世达赖喇嘛又在那木岱的兄弟松木尔台吉家诞生。藏传佛教在蒙古地区逐渐战胜了传统的萨满教，迅速普及开来。那木岱汗为藏文的佛教经典翻译成蒙古文做了大量贡献，使蒙古佛教在蒙古右翼地区形成。

由那木岱组织、支持，席力图固什绰尔济翻译成蒙古文的《般若波罗蜜多经》

那木岱继承汗位后，三世达赖喇嘛亲自向那木岱汗和乌彦楚为首的十二土默特大小诺颜们降旨谕示，主要内容有三条：一、重申阿勒坦汗是梵天大力转轮王，因他平等执掌佛教与世俗政治，为蒙古地区带来了有益善事；二、阿勒坦汗是为了蒙古人的利益而转世降生；三、阿勒坦汗不是普通的一般汗王，而是昔日四洲之转轮王般的大圣，因此，须将他的遗骸火化后建舍利塔塔葬。那木岱汗遵照三世达赖的旨意，对阿勒坦汗的遗体进行了火化，在呼和浩特大召西侧建起了青色宫殿供奉阿勒坦汗的舍利塔，更加提高了阿勒坦汗在世时执掌佛教与世俗政治的政教地位，使更多人皈依了藏传佛教。1586年夏天，达延汗第十一子格呼森扎台吉之孙诺诺和台吉长子喀尔喀部首领阿巴岱来到呼和浩特叩见三世达赖喇嘛，进献马千匹及大量财物。三

世达赖封阿巴岱为"瓦齐赉汗"。阿巴岱回到喀尔喀后，进一步推动藏传佛教在喀尔喀地区的传播。随后，蒙古汗廷也派人晋见三世达赖喇嘛，使藏传佛教格鲁派的影响在蒙古地区更加扩大。

1588年，三世达赖喇嘛在喀喇沁部的吉噶苏台入寂，那木岱汗妥善安排了他的后事。1590年，那木岱汗、乌彦楚等亲自将三世达赖喇嘛的遗骸护送到青海，又派专门使者送到西藏。从青海回来后，那木岱汗又立即率众看望了转世为其弟松木尔之子的四世达赖喇嘛。当四世达赖喇嘛四岁时，那木岱汗隆重地将他迎请到呼和浩特大召寺坐床，并于次年正月举行了以

蒙古文金字《甘珠尔》经

四世达赖喇嘛为首的规模宏大的祈祷法会，为一切生灵的利益进行祈祷祝愿。《阿勒坦汗传》这样记载了这场祈祷法会的效果：

> 呼图克图达赖喇嘛之美名遍闻十方时，
>
> 所有四十万蒙古齐萌信仰之心，
>
> 大献所集布施（将其）敬奉供养。
>
> 将呼毕勒罕达赖喇嘛之声名与宗教传扬十方。

这次法会，极大地提高了四世达赖喇嘛在蒙古人心目中的地位。

那木岱汗从青海回到土默特后，藏文佛教经典的蒙文翻译活动也进入了高潮。1592年到1600年间，在那木岱和乌彦楚的提议和赞助下，由佛学家、译经师席力图固什绰尔济将《般若波罗蜜多经》译成了蒙古文。随后，席力图固什绰尔济又翻译了《贤愚姻缘经》《妙法白莲花经》等二十余种佛经。1602年，那木岱、乌彦楚、苏都那木台吉又提议和赞助翻译佛教经典《甘珠尔》，由土默特万户的翻译家、学者、"阿礼嘎礼"创制人阿优希固什和席力图固什绰尔济担任领导人和组织人。1607年，108部的《甘珠尔》经全部译成蒙古文，成为北元时期佛教文献翻译方面取得的最光辉的成绩。在此期间，阿优希固什也翻译了很多佛经，并培养了大批僧侣译经人才，他们中涌现出很多优秀的译经师。那木岱时期大量的藏文佛教典籍被译成蒙古文，使蒙古的文化阶层中出现了对藏学研究达到较高水平的专家学者。他们对蒙古的文化发展及其走向世界做出了重大而永不泯灭的贡献。蒙古社会从阿勒坦汗皈依佛教以来，蒙古文佛教文献翻译在那木岱时期得到了繁荣发展，使传入蒙古右翼的藏传佛教完全蒙古化，也使其在蒙古地区的发展走向了成熟阶段。

美岱召壁画上的四世达赖喇嘛像

四、那木岱在位时的重大政事

那木岱于 1586 年继承土谢图彻辰汗位，1587 年袭授顺义王位，到他 1607 年离世，共执掌蒙古右翼和土默特政权长达 21 年。在他管理蒙古右翼和土默特部期间，蒙古右翼和土默特内部没有发生内讧和大的矛盾。在和蒙古汗廷的关系上，明朝汉籍史料记载曾于 1601 年发生过蒙古汗廷向土默特部索要宰生和小妣吉的事情，具体情况不详，但已发展到要用兵抢夺的程度。《阿勒坦汗传》也记载双方的关系已达到"控马于桩"的备战阶段，但没有记叙双方矛盾的事由，后在即将离开土默特的四世达

赖云丹嘉措出面协调下，平息了这次矛盾。在和明朝的关系上，曾发生过两次大的事件。一次是 1590 年，那木岱以西仇卫拉特，永谢布矮力汉塔布囊犯西宁，鄂尔多斯威静秃赖台吉犯甘肃为愧恨，兼以送番僧，归骸骨；以兵都台吉去世事急为由，向明朝借道宁夏、甘肃前往青海。这次和那木岱前往青海的还有喀喇沁、鄂尔多斯部十余万人。那木岱到达青海时，正是火落赤和真相台吉为了巩固青海蒙古在捏工川、莽剌川的牧地，在捏工川准备建寺之时。但明朝认为捏工川临近明朝，如果蒙古人在这里建起寺庙，纷纷前来活动，必然对明朝形成威胁，遂竭力破坏建寺工程。在建寺木材刚刚准备好后，即被明军偷袭烧毁。那木岱到达青海后，兵都的儿子真相台吉和火落赤借那木岱的军威，四处劫掠诸番族，大肆杀戮，进犯明朝洮州进行报复。那木岱也出动部队协助真相、火落赤。在洮州受到攻击后，明陕西总督梅友松派使者李文学持书见那木岱，要求那木岱管束部众。结果，那木岱也还了书信，但书词"多支蔓，大不敬"。1590 年八月，新任甘肃制置使萧大亨和台御史王基，召集那木岱部下首领，"声其背德之罪，欲停市赏"。没几天，那木岱派使者持令箭到边告诉关吏："吾欲略回子，不可得，去略番子，又不可得，皆阑匿不知何所也。今吾兵马十万，窘困甚，幸多予我蟒段金银，然后请罢兵。不然者，我直从临洮、巩昌钞至洮州，始出边。"

随后，那木岱的部队进攻老鸦、船板、槐树诸关，公开劫掠，又进攻河州和政

驿、芜驿，环洮河数百里杀掠益甚，被杀男女三百一十人，被掳掠人口四百一十八人，马牛羊一万八百有六头，蹂躏田禾一百五十顷，烧房屋一百三十二所，又围攻景古城、临洮卫、渭源县，抢掠狄道县，杀一百六十多人，抢掠一百多人，马牛羊一万一千八百多头（只）。明朝战死游击李芳一人，千总刘子都、贺守义等七人，士兵死二百四十六人，伤三百二十七人，损失马九百二十四匹。那木岱还致书松山宾图大妣吉，要她不要和明朝讲和，又和鄂尔多斯博硕克图济农约好不和明朝讲和。在此情况下，明兵部尚书王一鹗上书请罢那木岱市赏，并在廷议中通过。明廷下诏："扯力克袭授封号，款贡多年，却于西镇生事，党助凶逆，侵掠边境，显是背恩犯顺，着该停革市赏。"并且给出了恢复市赏的条件是："必有如擒斩火落赤来献，然后待议复。"同时，明朝还罢免陕西总督梅友松，改派宣大总督郑洛经略宣、大、山、陕七镇，解决此事。

上任后的郑洛，即写信给乌彦楚，让她劝说那木岱东归，但是那木岱没有同意。《万历武功录·扯力克传》记载："三娘子方使使者趋扯酋东归，扯酋不从，心颇鞅鞅，怨望我。"在乌彦楚劝说那木岱东归无效的情况下，郑洛等人又想出了放出要封博达希利为王的消息来威胁那木岱东归，但也没有收到成效。1590年十一月，火落赤怕那木岱东归后受到明朝的报复，数次到那木岱帐中挽留那木岱。

1591年正月，在乌彦楚的一再劝说下，那木岱决定东返土默特，并送回了掳掠的三百多明朝人和盔甲、衣物。五月，鄂尔多斯部博硕克图济农至那木岱帐中，和那木岱协商等草青后攻打卫拉特。那木岱以"大札故，马死，益恐为天所杀僇"为由婉拒，并于七、八、九月分别安排部众东归，于年底全部返回土默特。这次从青海回到土默特时，土默特驻青海的不少部众被那木岱带回土默特。兵都台吉和依勒登台吉的大部分儿子和很多畏兀儿沁部人应也和那

青海的黄河

青海湖

木岱一起回到了土默特。据《万历武功录·扯力克传》记载："是月，扯力克约诸部东还，而会火落赤留之坚，以为王纵不为我少留，独不能遣我诸部落乎？而扯力克终不能忘情于市赏，况切尽妣吉则又约虏王还套，虏王势且不能不还矣。于是，许留诸部落以佐火酋。"这说明，在这次那木岱东归土默特时，很多随兵都台吉在青海驻牧的土默特部人被他带回。青海蒙古从此进入以土默特多罗土默部为主的时代。在青海期间，那木岱还追回了兵都台吉去世后叛逃的部众。

1592年春，原归降明朝的史二官、车达鸡复叛归蒙古。为了换取明朝恢复市赏，那木岱和乌彦楚决定把二人送回明朝。随后，明朝恢复了那木岱的市赏。

那木岱第二次和明朝发生的事件为万历三十一年（1603年），这年七月底，那木岱和乌彦楚聚兵于长城各市口和明朝讲事。《明神宗实录》记载："选差的当熟练通官，宣谕顺义王夫妇，聚兵何因，所讲何事？如止于讲市，即便谕令速回，照常市赏。如无端要挟，不妨正词竣拒，阳折其非，固守严防，阴伺其变。仍行陕西督抚查小佛僧既由边外，缘何杀害锁判，逐一根究的确，剖析明白，毋得互相推诿，致滋口实。"到这年十一月初，那木岱聚集的部队仍在各市口。《明神宗实录》万历三十一年十一月十五日条下记载，宣大督抚报："虏王聚兵各市口，藉言讲事，情形叵测。"兵部覆言："虏王所讲不过杀锁判及收降人口、节年赏额三事而已。

如锁判委系杀伤、人口委多收养、额赏委有裁去、货物委果不堪，自应稍为调停；倘前事未的，彼于分外要求，在我亦应以理讲折，觇彼顺遂，示以恩威。移文宣大、山西督抚衙门，于各夷使集齐领赏之时，宣布天朝德意，明言彼此利害，令其约束部落，恪守贡市。"通过《明神宗实录》的上述两段记载可以了解到，那木岱汗这次聚兵各市口威胁明朝，一是1602年在四世达赖到西藏时，随行的锁判被明朝杀死；二是板升遗民或土默特蒙古人逃到明朝，明朝没有按照双方约定的市法赔偿并归还人口；三是在和明朝的互市中抚赏银被明朝边将裁去，而且互市上的货物假冒伪劣质量太差。在《明神宗实录》中没有看到最终锁判被杀的原因和明朝处理的结果。对于收降人口、额赏被裁、货物不堪，明朝则要求进行调停。对于土默特部的过分要求，明朝也向土默特部把道理讲清。在此情况下，那木岱汗撤回了各市口的部队。

五、那木岱汗的去世

1605年冬季，那木岱汗染病在身。1607年五月十五日，那木岱汗病逝。乌彦楚向明朝陈请，希望按照阿勒坦汗去世事例由明朝为之设祭。农历闰六月，明朝同意了乌彦楚的请求。

那木岱有胆有识、敢作敢为，在年轻时就得到了祖父阿勒坦汗的赏识，继承蒙古右翼及土默特汗位和明朝顺义王位后，较好地处理了蒙古右翼及土默特内部事务，维护了蒙古右翼的团结和土默特的统一。那木岱曾因青海之行与明朝关系产生危机，但回土默特后又很快恢复了与明朝正常贡市关系，消除了危机。那木岱继承汗位时，正是三世达赖喇嘛来土默特为阿勒坦汗做法事和传教时期，随后，四世达赖喇嘛又在那木岱之弟松木尔台吉家诞生，使那木岱汗更加崇信藏传佛教，并通过大量译经使藏传佛教蒙古化，成为藏传佛教蒙古化的实践者和弘扬者。

博硕克图土谢图彻辰汗时期的土默特

博硕克图汗为那木岱汗长子晁兔台吉的长子，阿勒坦汗玄孙。因晁兔台吉早逝，1607年那木岱汗去世后，由他继承蒙古右翼和土默特的土谢图彻辰汗。他继承汗位后，因大汗所属的不少部落人口也被乌彦楚之孙苏都那木台吉夺去，汗权实力受到削弱，同时对蒙古右翼其他两部喀喇沁、鄂尔多斯的号令也严重减弱，使蒙古右翼最终在林丹汗西迁时败亡。

一、博硕克图其人

博硕克图为蒙古语有天命的意思。明代汉文史籍记载其名为"设剌克炭"，继位后称为"卜失兔""卜石图"等。博硕克图早期随其父亲晁兔台吉驻牧于兵都台吉留有的土默特畏兀儿沁部驻牧地。晁兔台吉在那木岱汗刚即位不久的明万历十六年（1588年）或万历十七年（1589年）上半年早逝，留有三子。设剌克炭最早见于史籍是万历十七年（1589年）袭授晁兔台吉的龙虎将军，万历三十年（1602年）八月，设剌克炭和巴岳特部摆腰把都儿之子，出家当喇嘛的垂尔扎木苏绰尔济、博达希利与大成妣吉所生苏都那木台吉、那木岱汗兄弟那木尔台吉长子敖巴彦楚格库尔台

冬季的敖伦苏木周边草原

吉等护送四世达赖喇嘛入藏。护送四世达赖喇嘛进藏之后，设剌克炭留在了青海。这应该是土默特畏兀儿沁部仍有一部分人和火落赤的部众在青海，那木岱汗为加强对青海土默特部管辖所采取的措施。

二、继承土默特汗位与顺义王位之争

万历三十五年（1607年）五月十五日那木岱病逝时，设剌克炭远在青海。听到那木岱彻辰汗逝世的消息后，设剌克炭带领少数部众从青海赶回土默特，准备继承汗位。按照阿勒坦汗遗言"后代子孙嗣封以长"的规定，设剌克炭作为那木岱汗的嫡长孙，是蒙古右翼汗位及土默特汗位和顺义王位无可争议的法理继承人。设剌克炭在回到土默特后不久即被各部首领拥立继承了蒙古右翼及土默特土谢图彻辰汗位，称为"博硕克图土谢图彻辰汗"。然而，这时的土默特又出现了一位想成为顺义王的实力人物。他就是在1602年和博硕克图汗一同往西藏护送四世达赖，博达希利与大成妣吉合婚后所生的苏都那木台吉。苏都那木台吉约生于万历十五年（1587年），蒙文史籍中称为"苏都那木""温布皇台吉"，汉文史籍称为"素囊"。这时，博达希利已于万历二十五年（1597年）去世。与博达希利同为乌彦楚所生的衮楚克也于万历二十三年（1595年）八月去世，倚儿将逊于万历十六年（1588年）去世。博达希利去世后，虚岁约11岁的苏都那木台吉就被

明朝袭封为"龙虎将军"，并拥有土默特部"皇台吉"的称号。同时，他继承了其父博达希利及衮楚克、倚儿将逊两位没有后代叔父的部众和领地，成为土默特势力显赫的头号人物。博硕克图继承汗位时，苏都那木台吉的年龄应为21岁左右。苏都那木台吉除领有父亲博达希利和两个叔父遗留的部落人口以外，其背后又有那木岱汗去世后把持土默特政局、主持明蒙贡市的祖母乌彦楚，拥有蒙郭勒津部西哨、撒勒术特部的母亲大成妣吉，势力强大。苏都那木台吉认为，明朝之所以封授顺义王，是因为其母亲大成妣吉与把汉那吉降明的结果，所以阿勒坦汗去世后就应该由把汉那吉继承王位，把汉那吉死后应由博达希利承袭王位，博达希利死后则应由他继承王位。为此，他便起而争夺顺义王位。

顺义王位之所以具有如此大的吸引力，是因为明朝在与蒙古右翼开展贡市贸易时，是以顺义王为蒙古方面的总代表，只承认顺义王对贡市贸易的政令。对于蒙古首领来说，这是重大的经济和政治利益所在。

博硕克图虽然继承了汗位，但因其年幼辈分低，自己部众又少，土默特彻辰汗亲统的部众经过乌彦楚三十多年的经营也都听命于乌彦楚。而年近六十的乌彦楚也一心想把顺义王之位传给其所生三个儿子仅有的后代苏都那木台吉，积极支持苏都那木争夺王位，从而使顺义王的袭封出现了僵持局面。

博硕克图作为前三代顺义王的嫡裔和蒙古右翼及土默特万户的汗，当然不能放弃袭封顺义王。面对苏都那木对其袭封王

位的争夺，他只有抗争。此时，明朝对于应该由谁来继承顺义王位也毫无主张，采取了观望态度。《明神宗实录》记载，"袭封一节宜俟彼大势已定，伦序已明，自行求乞"后，才可以进行。明朝的这种暧昧、观望的拖沓态度，客观上为顺义王位之争留下了空间。

冬季教伦苏木城周的蒙古马

　　为了袭封顺义王位，博硕克图也看到了袭封的阻力在于乌彦楚，如果按照传统的收继婚和乌彦楚成婚，则可以解决这个问题。于是，博硕克图也向当年其祖父那木岱一样，向乌彦楚求婚。在乌彦楚有所松动的情况下，苏都那木也知道了博硕克图在向乌彦楚求婚，苏都那木很不客气地进行了阻止。曾任明大同巡抚的王士琦在其《三云筹俎考》中记载苏都那木台吉对乌彦楚说："尔老矣，何颜复与卑幼聚麀？且王事始吾母大成把汉比妓先从把汉那吉投降中国，中国为我父母乃授我祖王封。祖故，应那吉袭王；那吉故，应我父不他失礼袭王；我父故，应袭王者我也。卜石兔何为者？我祖母亲孙，不以我袭王而遗所不亲之卜石兔，我必不能甘。矧（音沈，

意为况且）尔老且病，经事三王，又恋恋黄口小儿之卜石兔，何以对众施面目乎？"在苏都那木不客气地极力阻挠下，博硕克图汗和乌彦楚的婚事没有成功，也使顺义王袭封一事迟迟没有结果，并形成了博硕克图汗和苏都那木两派争夺的局面，使顺义王袭封拖了下来。

夏都城内留有的铁锅残片

　　在此期间，还出现了苏都那木阻拦博硕克图汗到乌彦楚住处，乌彦楚又想把顺义王位让那木岱彻辰汗次子乌巴万达尔罕台吉袭封的情况。《三云筹俎考》记载这些情况说："卜石兔以应王故倨，卒然入忠顺毳幕，踞上座，目摄素囊，蔑视其左右。于是素囊怫然，与诸部谋，卜石兔如再入忠顺幕者，凌殴之。卜石兔不复敢往。忠顺貌卜石兔憨憨不足事，而毛明暗者狡而愍，阴与素囊比，厚赂用事左右，交口誉之，忠顺将言于中国，请以王授之，扯酋所遗座纛、鹰子手、觷喇手已入明暗所矣。"在这种动乱的情况下，万历三十六年（1608年）明蒙双方的贡市没有进行。为了不使土默特与明朝的贡市断绝，万历三十七年（1609年），乌彦楚准备了表文、鞍马、弓矢，补进了万历三十六年贡品。但由于

王封未定，所进表文没有钤顺义王印，进贡所呈给明朝的为白头表文，也引起了明朝官员围绕贡市的争论。万历三十八年（1610年）三月，明朝向乌彦楚表示了希望尽快解决封王问题的明确意向。据《明神宗实录》记载："本（兵）部移咨宣大军门，宣谕王妇传示部落……恪守贡约，早定嗣封，杜绝观望。"这年，那木岱之弟，乌鲁特部首领那木尔台吉不满于苏都那木阻挠所致的顺义王袭封久拖不决局面，召集各部落首领到关塞为博硕克图汗向明朝争取袭封顺义王，但没有取得实质性进展。面对这种情况，博硕克图汗也派使臣前往宣大总督、巡抚处交涉。《三云筹俎考》记载说："卜石兔久不得封，使使请于督抚曰：'虏地之所以重王者，为能制市赏之权也，今白头表文年年进贡，市赏不失，何用王为？必止市赏不开则我王有日矣，总督甫传令禁止大市，而忠顺力争以为不可，故贡市仍旧，而卜酋忿怨。"这年年底，明朝廷内外也对久拖不定的顺义王袭封意见很大，纷纷提出了停止贡市。

顺义王位迟迟得不到袭封，而蒙古与明朝的贡市以"白头表文"的形式维持，使蒙古右翼及土默特与明朝的贡市关系出现危机，土默特正常的经济生活秩序遭到破坏，各部落领主的利益也受到损失。为了清除内讧，尽快恢复秩序，万历三十九年（1611年）正月，那木尔台吉联络土默特七十三名台吉，聚集部众，给苏都那木施加压力，要求乌彦楚与博硕克图汗成婚。而苏都那木与乌彦楚也耻为要挟，聚集部众修整战具，准备开战。尽管苏都那木与

乌彦楚实力强大，但毕竟众怒难犯，如果开战，土默特将四分五裂，贡市也将不能存在。面对这样的形势，苏都那木和乌彦楚也感到压力巨大。恰在此时，新任宣大总督涂宗浚上任途经镇川堡。苏都那木派使臣入边，向其诉说出现的危机，想得到他的帮助。涂宗浚借此机会对苏都那木的使者提出了解决这场危机的意见。此后，又对那木尔台吉进行劝说。在涂宗浚的多方协调下，双方各自做出一些让步。苏都那木一方同意博硕克图汗先与乌彦楚结婚而后再议封王，那木尔台吉也同意将聚集的兵马遣散一半，土默特一场即将爆发的内讧终于平息。

万历三十九年（1611年）五月十一日，博硕克图汗与乌彦楚成婚。此时，距离那木岱去世已经四年多，博硕克图与苏都那木相争顺义王引发的争斗也历经四年。博硕克图和乌彦楚成婚不久，向明朝提出了增加市赏，改封"秦王"的要求，但都被明朝拒绝。在土默特内部，那木尔台吉为给博硕克图争取板升大半的管辖权，将那木岱骨灰移到归化城，要挟苏都那木和乌彦楚。遭到乌彦楚拒绝后，那木尔台吉生气而走。为了消除祸乱，乌彦楚又派人给那木尔台吉送去名马、银币，那木尔台吉才暂告罢休。

经过一年左右的调和，土默特内部关系趋于缓和，博硕克图汗袭封顺义王的条件逐步成熟。万历四十年（1612年）六月，土默特万户召集各部落首领集会，一致通过向明朝提出博硕克图彻辰汗袭封顺义王的请求。请封疏上，苏都那木台吉也签了

名。六月二十六日，在去明朝请封的使臣出发的第二天，乌彦楚突然去世，土默特方面开始忙于乌彦楚的丧事，明朝也依照对那木岱的祭奠事例给予了祭奠，封王之事又陷于停顿。乌彦楚的丧事结束后，苏都那木的亲信们又往宣大总督处为苏都那木争取袭封顺义王，明朝回以"俺答有约，世世相传，封王以长，部落归心。尔若叛盟，三枝十二部仗义声讨，何词以对？况我天朝颁封，从尔伦序，尔若不听，是逆天朝也"回复苏都那木。在乌彦楚去世和明朝的这种态度下，苏都那木彻底打消了袭封顺义王的想法。

苏都那木皇台吉为大召寺捐赠的铁狮

同年九月，鄂尔多斯博硕克图济农，喀喇沁昆都仑汗白洪岱，土默特十二部首领一起来到长城关外为博硕克图请封。随同而来的部众六七万人聚于长城沿线，等待明朝廷袭封。消息传到明朝廷后，朝廷内外又起争论，一些朝臣担心博硕克图袭封顺义王后能否约束部落，贡市能否长久，是否又会无理要求增加贡赏，等等。十月，明宣大总督涂宗浚上《请嗣封爵以顺夷情疏》，细陈情况，明辨利弊，力主尽快让博硕克图袭封顺义王，得到万历皇帝同意。

然而，明朝派遣的使臣王弘宪带敕书到达边外时，已经是农历的闰十一月，博硕克图回到了青海，其他各部首领都因草枯冰冻回到驻地过冬，不能聚众听宣读敕封诏书了。这时，明朝一些大臣以"封敕到边，诸酋四散，辱国损威，义难姑纵，辱君命于草莽"为由，提出"宜收回成命，停爵赏"的建议。明兵部尚书王象乾力排众议，提出"宜以天地之量处之，姑留命使，以待冰释草苗虏众叩关，以竣封事"。这个建议被万历皇帝采纳。

万历四十一年（1613年）五月二十五日，土默特各部首领率领数万部众来到大同北得胜堡口长城外聚集，等候明朝宣读博硕克图汗袭授顺义王的敕封。六月初九，明朝在得胜堡外二里的地方架设彩蓬，作为宣读敕封诏书的地方。《三云筹俎考》记述当时的场景说："至期制抚于马市楼上凭槛而观，素囊拥数万骑先屯聚，日午，卜石兔坐大纛下，十二部落飙驰禽骛，充谷蔽野，入我所设宴彩蓬中。"土默特数万人在彩蓬前听取了宣读诏书，博硕克图汗正式袭封为第四代顺义王。同时，加升那木尔台吉为龙虎将军；苏都那木台吉为都督同知；兀慎台吉为龙虎将军；把汉那吉与大成妣吉之孙猛克台吉为指挥佥事；博硕克图汗岳父耳六塔布囊，兄弟把儿慢台吉、他儿泥大成台吉被封为指挥佥事；大成妣吉被封为"忠义夫人"；西藏喇嘛哀乞（即阿兴喇嘛，哀乞为额齐格之意）被封为都纲，并各赏赐蟒狮银币。至此，历经六年的封王之争终于结束。

明朝得胜堡口遗址

三、封王之后的土默特

尽管博硕克图汗袭封了顺义王，但是，由于当时蒙古社会的基本社会制度就是部众领地分封制，苏都那木台吉领有十二土默特中三个精锐部落，再加上其祖母乌彦楚去世后，所遗留财物及部分部众也都被苏都那木夺去，苏都那木台吉成为土默特部最强盛的部落首领。《三云筹俎考》记载说："素酋既亡祖母，遂桀骜爽约，将虏妇所与卜酋金银什物尽掠。卜酋不敢争，盖卜酋所役者虏妇之人，所恃者虏妇兵马，他无资籍以自雄。"加上其母亲大成姚吉控制的部落领地，苏都那木台吉成为土默特实力最强大的人物。据《五世达赖喇嘛传》记载，在1620年苏都那木台吉为四世达赖喇嘛修建灵塔时，五世达赖喇嘛称他为"土默特王族十四万军士的首领"。尽管这是一个被扩大的数字，但是也可以看出苏都那木当时所领的部众人数是不少的。在博硕克图汗得到顺义王封号后，和苏都那木两个人的争斗仍然不断。万历四十二年（1614年）十一月，宣大总督涂宗浚上疏明廷，将当时土默特的情况向明廷上奏，

上疏中说："辛亥，卜酋虽与忠顺成婚，而兵马向在素囊之手，所有中国亡命中行说者千百成群，咸归素囊。即虏妇未故，卜酋徒拥虚名，不能有所主张，虏妇既故，卜酋虽受王封，而与素囊争分家财，久不相让。今虏中主事无人，兀慎老矣，无能为也；五路故矣，不可复作也。五路之弟打赖宰生台吉者，虽颇聪明知理，恭顺堪使，然夷狄之俗，父母故后，所遗家产原归幼子，素囊执此之例，宰生台吉亦无如之何。卜酋必以袭封之故，定欲尽得虏王之赏，素囊必不肯让，虏王必不肯止。"

文中提到双方"争分家财"，主要是指几代顺义王和乌彦楚共有的部众、板升和市赏的争夺。博硕克图继承土默特汗位后，过去由阿勒坦汗、僧格、那木岱、乌彦楚领有的部众不少也由苏都那木掌管，连作为汗廷城的呼和浩特也成为苏都那木台吉的财产，博硕克图汗只能长年驻牧于畏兀儿沁驻牧地内的大汗夏都城内。

在争夺市赏方面，主要是对明朝的贡市市赏的争夺。载于《明经世文编》的宣大总督涂宗浚的奏疏提到当时土默特各部的贡市市赏为："虏王并各枝酋首，每年贡马五百匹，内选进上马三十匹，留边给军骑操马四百七十匹。虏王应给钦赏采段三十表里，虏妇应给采段八表里，素囊应给采段一十二表里，其虏官虏妇番僧夷使共一千三百六十八员名口，或有八表里者、或有六表里者、或有三表里者、或有二表里者，仍各有衣一套……而大同每年马价十万两，抚赏二万二千两……山西每年马

价四万两，抚赏一万四千两。"涂宗浚奏疏中提到的贡马五百匹是蒙明和议时就定下的，贡马的赏赐是马价的一倍左右，还有就是大同、山西每年抚赏银三万六千两，这也是每年贡马互市后顺义王得到的市赏，抚赏银实质就是税金。

博硕克图汗袭封顺义王后，进贡权由博硕克图汗掌握。然而，由于市口均在苏都那木驻牧地，连博硕克图在袭封顺义王当年（万历四十一年，即1613年）十二月，派往明朝进贡的二位弟弟把儿慢台吉、他儿泥大成台吉也被苏都那木台吉阻回。博硕克图汗无奈停止了入贡，而明朝因不见入贡，也停止了官市市场。在此情况下，苏都那木也无法与明朝互市卖马，在得不到抚赏又不能互市的情况下，苏都那木做出了让步。《明经世文编》记载说："万历四十二年（1614年）十月，素囊颇分与卜酋马二百匹，求伊进贡，卜酋嫌少，必求多得。"最后不了了之。

为了壮大实力，在乌彦楚去世三年后，博硕克图汗于1616年与其祖父那木岱的蒙郭勒津哈屯结婚。《全边略记》记载说："四十四年七月，巡抚汪道亨奏，卜石兔来白海子，初八日，与满冠正娘子挂撒袋合婚。夫卜、素相持已四年所矣，实利茫然。今役也，欲借明暗之兵威助其一臂，故不难自河西突如其来，结合东部。"从《全边略记》的记载中也可以看出，博硕克图所娶的这位蒙郭勒津哈屯，是那木岱第二子乌巴万达尔罕（明史籍称为毛明暗五十万打力）和第三子明安台吉的母亲。博硕克图与其结婚的目的，《全边略记》也讲得很清楚，那就是"欲借明暗之兵威助其一臂"。

在苏都那木台吉作了进一步让步后，万历四十三年（1615年）三月，博硕克图汗分两次补进了万历三十八年、三十九年的表文、贡品，使贡市得以照常进行。此后，博硕克图汗与苏都那木台吉的争夺仍然时有发生。《明神宗实录》记载，万历四十六年（1618年）七月，明兵部尚书薛三才在谈到土默特形势时说道："卜酋袭封顺义之空名，素囊据市赏之实利。方且

博硕克图居住的阿勒坦汗夏都城周边草原

构兵相争。"《明光宗实录》记载："泰昌元年（1620年）八月，虏王卜失图以贡市至边而素囊未来……自卜失图袭封，威令不行于素囊，而素囊持众抗衡卜酋。卜未来也。素欲先的市赏，卜即来也，素却故事迁延。总以争家未定，仇恨日深。"《明熹宗实录》记载，天启二年（1622年）九月，博硕克图汗又是以"补贡"的形式完成了对明朝的进贡。可见，双方因贡市而起的争夺还是经常发生。

四、土默特的败亡

明朝天启四年（1624年），苏都那木台吉去世，博硕克图汗想要收继苏都那木的大妣吉，但是遭到大成妣吉的反对，没有成功。据《全边略记》记载："天启四年二月，巡抚刘遵宪塘报虏情曰：虏王卜失兔于归化城诵经，同多摆土蛮习令台吉治兵，思得素囊妻宰生大比妓而麀聚之。忠义夫人见阻而怒，相治兵。"苏都那木台吉去世后，他的儿子习令台吉、色令台吉和另一个儿子继承了他的遗产。天启六年（1626年）五月，被明朝封为忠义夫人的大成妣吉去世，博硕克图汗收继了苏都那木台吉的大妣吉，土默特部政令统一。

天启七年（1627年）十月，林丹汗西迁，博硕克图汗与喀喇沁部集结兵力，在威宁海子（今内蒙古察右前旗黄旗海）一带与林丹汗会战。会战以林丹汗获胜结束。随后，林丹汗又向西进攻呼和浩特，守卫呼和浩特的苏都那木之子习令、色令投降林丹汗，博硕克图汗退守他继汗位后居住

的阿勒坦汗夏都城（今达茂旗敖伦苏木赵王城）。随后，林丹汗遣兵向呼和浩特东收降土默特达拉特、乌审、巴林、巴岳特部。1628年春，林丹汗征服僧格诸子各部。九月，林丹汗的部队越过大青山进攻博硕克图汗。博硕克图组织土默特残部及永谢布各部落，在夏都城南的艾不盖河流域与林丹汗的部队再次展开会战。《明史纪事本末补遗》记载这次战役说："是月，虎墩兔（指林丹汗）西击卜失兔，永召卜，败之。都令、色令、宰生、合把气喇嘛追杀袄儿都司吉能兵马之半。又屯延宁塞外，穷兵追卜失兔……（卜石兔、永召卜）一战而溃，插汉掳卜石兔阏氏与金印，各部皆远走迤西。"《明清史料》记载："如哈喇慎二三万人，永邵卜几五六万人，卜什兔之东西哨几七八万人，俱为插酋所败，死亡相枕，籍其生者，鸟兽散去，插随并诸部之赏。"可见，艾不盖河之战土默特、永谢布战死人数不少，生者四散逃走。博硕克图汗先逃往鄂尔多斯，后又逃往延（绥）、宁（夏）边外。在逃亡中，博硕克图汗于1629年去世，所余残部由其子俄木布率领，投降了林丹汗。

四代土默特汗哈屯乌彦楚

乌彦楚为阿勒坦汗的第三位哈屯。蒙明议和后，由她主管土默特和明朝的互市。阿勒坦汗去世后，她按照蒙古人的收继婚习俗，先后再嫁阿勒坦汗长子僧格、长孙那木岱、玄孙设剌克炭，对阿勒坦汗去世后土默特社会发展、蒙古佛教形成与发展有着很大的影响。

一、乌彦楚其人

乌彦楚（汉意为温柔的），卫拉特克尔古特部人，生于1550年。阿勒坦汗在1559年秋或1560年初征伐卫拉特部时，她的父亲克尔古特部首领玛尼明阿图被杀，她的母亲吉格肯阿噶把她献给阿勒坦汗作为妻子，当时乌彦楚年仅十、十一虚岁。克尔古特部在《阿勒坦汗传》中被称为克尔古特国，克尔古特也称为奇喇古特，为蒙古化的吉尔吉斯人。吉尔吉斯人也就是今我国新疆境内的柯尔克孜人。乌彦楚大约于1567年在其18虚岁时与阿勒坦汗结婚。《阿勒坦汗传》中称她为乌彦楚钟根哈屯，并称她"生而高贵，天性清静"。在明代汉籍中最早关于她的介绍是把汉那吉降明后，说她是阿勒坦汗的外甥女，已

许聘给鄂尔多斯，阿勒坦汗见其漂亮，自己娶为妻子，而把把汉那吉所聘兔扯金的女儿嫁给了鄂尔多斯，从而引起把汉那吉不满而降明。因乌彦楚是阿勒坦汗的第三位哈屯，汉籍史料称她为"三娘子"，说她曲眉秀目，聪明敏捷，精通蒙古文字，还善骑射，以美貌多才著称。而且阿勒坦汗对乌彦楚"事无巨细，咸听取裁"。明清时许多文人曾竞相为她赋诗题咏，涂以

柯尔克孜族少女

丹青诗画，流传至今。在1571年到1612年的四十多年间，乌彦楚曾辅佐阿勒坦汗及僧格汗、那木岱汗与明朝进行通贡互市，与当时一些在宣府、大同、山西任职的明朝边臣有较好的关系。她为阿勒坦汗生有博达希利、衮楚克、倚儿将逊三个儿子，于1577年和1590年先后和阿勒坦汗、那木岱赴青海。

在明朝汉籍史料中，把乌彦楚记写为阿勒坦汗长女大哑不害之女，为阿勒坦汗的外孙女，这应该是年仅十、十一岁未到成婚年龄的乌彦楚来到土默特后，为避免家庭发生矛盾，阿勒坦汗将其寄养在了自己的大女儿家。以致年久后乌彦楚从阿勒坦汗大女儿家出嫁被人们误以为是阿勒坦汗外孙女。在一些汉籍史料中，还有将乌彦楚写为宣大妓女的，这都是误传误记。

阿勒坦汗于1582年初去世后，乌彦楚于1582年农历十月和僧格彻辰汗成婚。1583年九月，乌彦楚看到把汉那吉的妻子大成妣吉拥有撒勒术特部和蒙郭勒津西哨，

强盛起来，准备让博达希利和大成妣吉结婚。但是，由于恰台吉反对而引发大板升之战，乌彦楚大动干戈，与恰台吉战于大板升，双方死伤累累，致使西哨许多部众无家可归。1586年十二月二十九日，僧格彻辰汗病逝。乌彦楚又"匿王篆及兵符"，想让博达希利成为顺义王。在明朝边臣的协调下，乌彦楚做出让步。1586年农历十月十一日，乌彦楚与新继位的那木岱汗成婚。1587年三月，乌彦楚被明朝封为"忠顺夫人"。1607年五月十五日，那木岱彻辰汗病逝。1611年五月十一日，乌彦楚与土默特第四代彻辰汗博硕克图成婚。1612年农历六月二十六日，63岁的乌彦楚去世。

二、汉籍史料中的乌彦楚

在明朝汉籍史料中，因乌彦楚主持土默特与明朝的贡市，所以在明朝也赫赫有名。汉籍史料记载她的事迹也不少。其中吴震元的《奇女子传》中有乌彦楚的传记、

冬季土默川上的牛群

乌彦楚像

瞿九思的《万历武功录》中有《三娘子列传》、诸葛元声的《两朝平攘录》中有《附三娘子篇》、明末清初查继佐的《罪惟录》中有《三娘子》、明末清初赵士喆的《逸史三传》中有《北虏三娘子传》。《两朝平攘录》记载乌彦楚说："生而骨貌清丽，资性颖异，聪俊超越流品，善书番文，通达事务，尊中国，尚翟粜，盖虏中女品之绝代者。……俺答宠甚，事无巨细，咸听取裁。早居诵经念佛外，手不释卷，出言和婉，每能豫道人意。常恨生夷中，每于佛前忏悔，求再生当居中华。"《奇女子传》中的《三娘子》记载她说："红门互市时，岢岚兵备蔡可贤者，单舆绛袍，驰虏帐中，颇与虏相狎。三娘子贻公酒，公亦贻之金币交好之……蔡寻以是构蜚语罢官去，万

历五年吴公兑总督宣大，三娘子执礼甚殷。至每绝倒怀中，盘旋舞膝下以示昵。或入公卧内，意所欣艳者辄（音哲，应为辄字，总是的意思）挟持之去，故公亦最得其欢心，即虏酋而下视三娘子颇致中国锦绮奇丽。靡不人人气夺，稽首黄屋者。""……贼哱承恩变起（投降宁夏的兀良哈蒙古人），诸部夷为贼所诱，半入内地阴断我饷道。制府魏公学曾力主抚赏，虏伴许之，独三娘子遣其酋来不儿密告曰：'诸部内犯决矣。军门抚赏用备征行牛酒可也，徒费无益。'制府不听，卒行抚赏。不三日而火真、卜失兔等八部碪我内地，调兵扑剿，烽炮夜十余至。又明日初更时，闻固原城中号哭沸天，开府沈公思孝问之，则知固原标营兵败没也。又三日而会题报捷疏至，思孝

署其下云，不与。因有'一时秦将多男子，愧杀阏氏不负恩'之句。用记其事。是时籍三娘子说行，即何至介土脑涂地，而欺安蒙祸，忠爽沦于泯泯者耶。……长卿（吴震元的字）曰，三娘子一酋妇人耳，而九边将士赖以安寝燕食者四十年，不知其功□□一蠕动，海内驿骚，九重宵旰，举朝怅怅乎莫为计，集数十万骨而歼之。呜呼，忠顺夫人者，其可死哉！"

明朝人于慎行曾在万历年间任过礼部尚书，作有《题忠顺夫人画像》诗两首，其中一首诗描写乌彦楚打猎归来的英姿：

天山猎罢雪漫漫，绣袜斜偎七宝鞍。

半醉屠苏双颊冷，桃花一片殢春寒。

与乌彦楚传有绯闻而被罢官的明朝岢岚兵备蔡可贤，曾作有《塞下曲》十首，其中一首为写乌彦楚的，其内容为：

宠冠穹庐第一流，自矜娇小不知愁。

谁知黑水阴山外，别有胡姬叹白头。

蔡可贤的《塞下曲》传到当时的社会后，明嘉靖四十一年（1562年）进士、时任吏部员外郎的穆文熙也和诗一首，诗名为《咏三娘子》，诗为：

少小胡姬学汉装，满身貂锦压明珰。

金鞭娇踏桃花马，共逐单于入市场。

明朝文学家、书画家徐渭（字文长），是时任宣大总督吴兑年轻时的朋友。在吴兑任职时，他曾到宣化住过一年，并结识了乌彦楚。他写有三首关于乌彦楚的诗，分别为：

边诗

一

女郎那复取嫘英，此是胡王女外甥。

帐底琵琶推第一，更谁红颊倚芦笙。

二

汗血生驹撒手驰，况能装态学南闺。

帪将皂帕穿风去，爱缀银花绰雪飞。

咏三娘子

汉军争看绣裲裆，十万弯弧一女郎。

唤起木兰亲与较，看她用箭是谁长。

在万历年间任明朝少詹事、吏部侍郎、礼部尚书的冯琦，也作有两首有关乌彦楚的诗：

三娘子画像

一

氍毹春暖锁芙蓉，争美胡姬拜汉封。

绕膝锦襕珠勒马，当胸宝袜绣盘龙。

二

红妆一队阴山下，乱点酡酥醉朔野。

塞外争传娘子军，边关不牧乌孙马。

上述这些明朝汉籍书中的记载和赋诗题咏，应该勾画出了一个真实的乌彦楚，那就是不仅美貌多才，还善于骑射，能歌会舞，善逢迎，能决断，并有治世之才。但是也从一个侧面反映出了乌彦楚有失国体、出卖情报的事实，并过分夸大了乌彦楚的作用。和明朝通贡互市是阿勒坦汗从青年到晚年的追求，僧格、那木岱、博硕克图继承汗位后，为了保持与明朝的通贡互市很好地延续，都积极地争取早日袭封顺义王位，甚至都舍弃了以前的妻子，与阿勒坦汗在世时就主管贡市的乌彦楚成婚，不能因为乌彦楚因主管贡市和一些明臣关系亲近，就把巩固蒙明关系，使和平互市顺利进行的功劳都算到她的头上。

北元时期土默特夏都城周边冬季的羊群——今内蒙古达茂旗敖伦苏木城一带

三、蒙古文史籍中的乌彦楚

在蒙文文献记载中，对乌彦楚的记载很少，关于她一生的事迹记载，主要是弘扬佛教方面的活动内容。

据《阿勒坦汗传》记载，乌彦楚与阿勒坦汗一起接见了阿兴喇嘛，并一同听取佛教教义，开始信奉藏传佛教。1577年，她跟随阿勒坦汗赴青海会见索南嘉措。阿勒坦汗与索南嘉措在仰华寺会面时，乌彦楚从三世达赖喇嘛处获得了"塔喇菩萨（度母菩萨）"的化身"阿利雅塔喇"的称号。阿勒坦汗去世后，她和僧格一起派人前往西藏请三世达赖喇嘛来土默特为阿勒坦汗做法事。三世达赖喇嘛到达鄂尔多斯后，她和僧格汗亲自过黄河到鄂尔多斯境内迎请，并为三世达赖喇嘛奉献了大量的供品、

布施。1585年下半年，僧格汗身体状况已经不好，由乌彦楚主持举办了有土默特、喀喇沁、鄂尔多斯部落首领参加的，由三世达赖喇嘛在呼和浩特举行的超度博尔济吉特家族诸先逝者英灵和拔除在世诸汗魔障的盛大法会，并极力支持三世达赖喇嘛在土默特的传教活动。那木岱继承汗位后，乌彦楚又与那木岱汗于1587年三月二十六日请三世达赖喇嘛火化了阿勒坦汗及伊克哈屯等人的遗骸。三世达赖喇嘛去世后，她又和那木岱迎请了诞生于那木岱汗兄弟松木尔台吉家的四世达赖喇嘛，和那木岱精心抚养了小活佛四世达赖喇嘛。她和那木岱的婚姻关系持续了二十多年。不少蒙文佛教典籍都记有他们两人主持并赞助翻译佛经。据这些佛经的"跋语"记载，她和那木岱汗、苏都那木皇台吉三人建议、赞助翻译了一百零八卷的《甘珠尔经》《妙

乌彦楚画像

法白兰花经》《贤愚姻缘经》等几十部佛经。在《贤愚姻缘经》的"跋语诗"中，有如下记载：

> 名扬天下的那木岱彻辰汗
> 与福如大海般救度佛母之化身
> 乌讷楚（乌彦楚）钟根哈屯夫人
> 又有跟随者温布洪台吉
> 再三提议翻译时
> 释迦牟尼的比丘
> 锡埒图·固什·绰尔济
> 将《贤愚姻缘经》这部经典
> 细心译之。

乌彦楚建议、赞助、主持佛经翻译也使她得到了极大的荣誉，她本人更是每天诵经念佛，为藏传佛教在土默特的传播起了不小的促进作用。

西藏纳木错圣湖

阿勒坦汗曾孙出身的
四世达赖喇嘛

　　蒙古历黄鼠年（1588 年）正月，来蒙古地区为阿勒坦汗做法事并传教的三世达赖喇嘛在前往喀喇沁途中身患沉疴，日益严重。三月二十六日，也就是阿勒坦汗被火化的一周年，三世达赖喇嘛在喀喇沁的吉噶苏台（今正蓝旗境内）地方圆寂，圆寂前，嘱咐在东方寻找他的转世灵童。

　　活佛转世制度是藏传佛教流行的一种高僧法位继承制度，创始于 13 世纪噶玛噶举派，到了 16 世纪中叶为格鲁派所采用。1546 年，三世达赖喇嘛被哲蚌寺认定为该寺寺主根敦嘉措的转世，迎入寺中奉为活佛。在三世达赖喇嘛去世第九个月后的藏历土牛年（1589 年）正月初一，僧格彻辰汗第五子松布尔彻辰楚古库尔在其领地，今内蒙古商都县东南的察罕淖尔一带生下一子，被三世达赖喇嘛去世后滞留在蒙古地方的行辕负责人管家索本楚臣嘉措等人认为是三世达赖喇嘛的转世灵童。据《四世达赖喇嘛传》记载，灵童诞生时，彩虹当空，花雨缤纷，非时令的雷声震响，未闻过的香气袭人，没听到过的各种音乐频频入耳，大地亦动摇不定，出现了许多令人惊异的征兆。索本楚臣嘉措等人专门派人给西藏方面送去书信介绍灵童的情况，信的内容为：

正蓝旗元上都城北不远处的吉噶苏台

我们从遥远的地方，极其恭敬地致书于以襄佐仁波切为首的曲杰协教，昂索协教以及长幼随侍们。近来全体师徒身体安康，正在做二规利生大事？贫僧我等仰仗遍知一切（索南嘉措）的慈悯，身体安然无恙，负责行辕，进行利生活动，特此致意。

去年十二月三十日，彻辰曲库尔的别吉穷哇（次妃）分娩一子，在他身上出现了一些吉祥瑞光。王妃将此子匿而不宣，遂致王妃昏迷不醒达三月之久。当初王妃曾梦见她向身着白色袈裟的活佛（指索南嘉措）顶礼致敬时，遇到一位白色天神。王妃醒来后觉得有妊。怀孕期间，觉着腹中空空如也，身心有一种不同寻常的安适，出现了许多兆头，但她从未声张过。在怀胎八月时，一位白色天神对王妃说："你怀的这个胎儿是达赖喇嘛的化身，往后将他扶上法座，接见部众。"于是，昂索佐莫喀哇等人对这个幼儿进行验证，将他扶上法座，顿时花雨骤降，出现了奇兆。后来，这个消息传遍蒙古诸部。在前往察哈尔时，我顺路前去访问了这个孩子。当时这孩子才出世不过十个月，的确是一个

非常奇特的幼童。他的坐姿以及饮食动作都特别。不管他是不是活佛遍知一切的转世，反正不是个凡夫俗子。我们在此的众人没有得到指示，尚未断定其真伪，只提供这些征兆。西藏方面可曾出现可信的预兆？如果没有出现，你们师徒应向护法神求示预言，打卦占卜，看会不会出现更为可信的吉兆。在这里，所有的部落中都流传着这样（关于灵童）的说法，所以我们将所见所闻禀报给你们。如果得到指示足以为信，请速作商定。再者，王妃还说了许多难以判定是非的预言，兹不赘述。

土牛年（1589年）十月十五日，于曲库尔部落牧地。

当时，西藏方面正在止贡地方进行寻找灵童的工作。根据索本楚臣嘉措等人的来信情况，立即放弃了在西藏的查访工作，转往蒙古土默特考查灵童。关于四世达赖转世的情况，《蒙古黄金史》记载："蕴丹·扎木苏的父亲是苏默尔台吉，母亲是合撒儿的后裔，大元·微清·诺颜的女儿巴里干·卓拉。她怀着胎的时候，能从肚子里清清楚楚地听见唵、嘛、呢、叭、咪、

吽六字真言的声音，房出彩虹，天降花雨，有种种佳兆。十个月之后，在土牛儿年转世，降生为达赖喇嘛。铁兔儿年（1591），土默特的可汗（那木岱）前来会面，赠给一百件细砖茶作为饮料，蒙古六大部的百姓也奉献了无数的财产。"在明朝的史籍中，四世达赖被称为"虎督度"。明朝时任宣大总督的萧大亨也从蒙古人那里听到了神奇的传闻。他在《北虏风俗·崇佛》里写道："俺答在时，往西迎佛，得达赖喇嘛归，事之甚谨，达赖每指今松木台吉所居：此地数年后有佛出焉。达赖喇嘛不一年，至万历十六年，松木之妻孕矣。"五世达赖喇嘛在记述四世达赖喇嘛诞生在阿勒坦汗后裔家族中的原因时，直言不讳地承认，四世达赖是根据三世达赖遗嘱认定的。他在《四世达赖喇嘛传》中写道："作为使佛法在蒙古地方传播开来的缘起，又因誓愿之力，使达赖喇嘛转生于成吉思汗的王

族中，掌握政教相结合的权力，成为引导有缘众生走上大乘善道的吉祥怙主，这正是达赖喇嘛不可改易的金刚遗言。"可见，三世达赖喇嘛生前已经安排好了自己的转世将在何处。当然三世达赖喇嘛的这种安排不仅仅是单纯的活佛转世，而是有其更深刻的政治含义在其中。对此，五世达赖说："像雪域西藏这样的地方，最初也难以仅用佛法进行教化，必须依靠政治的方法，这在蒙古也是同样，因此达赖喇嘛会在蒙古王族中降生。"

1592 年，四世达赖四岁时的八月间，在众多蒙、藏僧人，蒙古领主和他的父亲陪同下，四世达赖喇嘛从其驻地启程，路经白塔等地来到呼和浩特大召坐床，并于1593 年正月和其他僧人举行祈祷法会，为一切生灵利益祈祷祝愿。据《阿勒坦汗传》记载，在把四世达赖迎请到呼和浩特后，那木岱和乌彦楚依遵四世达赖之命，派席

西藏羊卓雍措圣湖

力图固什绰尔济和蒙郭勒津部的图格图达尔罕、古英台吉，畏兀儿沁部的翁固什、古苏台萨尔密里等，以及大臣官员为首的五部侦察兵，带着一千五百两银子制作的曼陀罗及各种珍宝财物等前往拉萨大昭寺献供、施舍、散茶，并请来了拉萨的迎请使团。四世达赖喇嘛在阿勒坦汗家族的诞生，也进一步强化了藏传佛教在蒙古的传播，使更多的蒙古人从内心信奉藏传佛教。四世达赖来到呼和浩特这一年，西藏方面派出三世达赖索南嘉措的大管家，被明朝封为国师，亦以囊佐僧格（狮子管家）著称的巴丹嘉措及全藏政教顶饰内邬栋大贡玛、帕木竹巴政权雅尔隆汗的代表、西藏各地大小首领的代表和格鲁派甘丹、哲蚌、色拉三大寺的僧众前来蒙古核查及迎请。迎请使团临行前，卸任甘丹池巴的西藏大学者班觉嘉措说："我已年迈体弱，不能远途跋涉去蒙古确认灵童，当今之世，在卫藏格鲁派的喇嘛中我的年龄最大，应当给夏仲仁波切（指达赖喇嘛灵童）起个名字，就叫遍识一切云丹嘉措贝桑布吧！"班觉嘉措以卫藏格鲁派喇嘛中最有权威者的身份给灵童起名这件事，实际上表明他已确认了灵童的地位。庞大的核查迎请队伍也表明了西藏各方面对达赖喇嘛转世的重视。据《四世达赖喇嘛传》记载，在核查迎请使团到达土默特后，巴丹嘉措将三世达赖喇嘛的念珠和用品与其他相仿的十一种物品混放在一起，让灵童辨认。灵童果然一一识别出来，使巴丹嘉措确信他是达赖喇嘛的转生。此后，索本楚臣嘉措和囊索噶居巴听到上述情况后，前来观察

这个小孩是不是前辈达赖喇嘛转世。小孩将手放在他们头顶上，分别叫出他们的名字，使众人瞠目结舌，油然而生敬仰之心。三世达赖的舅父密法师贡桑孜巴把三世达赖的夏帽和手铃拿出来让灵童看，也被灵童一一认出。于是，所有的人都对三世达赖喇嘛的转世灵童确信无疑，竞相顶礼膜拜，忏悔随喜。明朝的辅臣王锡爵也注意到了三世达赖的灵童转世到阿勒坦汗家族

哲蚌寺四世达赖未成年像

中这一特殊现象，并对其表现出极大的关注。他在收入《王文肃公文集》的给当时宣大总督萧大享的信中说："所谓活佛者，传闻甚怪，天生此等奇人，偏在房中，殊为可虑。或宜早结其心，使之以慈苦行教，则化妖为祥术也。高明裁之。房中活佛者，即访知是真，安知非今日之鸠摩（罗）什。天生此人，未必无意，我当尽意拊纳之。

不可与书生言也。"1592 年，明朝也像封三世达赖为"多儿只昌"（金刚持）封号一样，把这个封号也加封于四世达赖云丹嘉措。这说明，明朝廷也承认了他的地位，并与三世达赖同样对待。在四世达赖喇嘛云丹嘉措即将离开蒙古的前一年，土默特部与察哈尔部因事发生了矛盾，双方险些发生战争。云丹嘉措出面进行协调，平息了双方的冲突，这也说明年少的云丹嘉措聪明有智。据《明神宗实录》记载，1601 年，蒙古汗廷察哈尔部"遣头目告顺义王、三娘子，索宰生、小妞吉，不与则用兵抢杀，约于八月十五日会于白彦猪儿革。顺义王、三娘子住牧阿剌敖卜，令部落夷人将牛羊往匿东西僻处，遣人迎小佛僧，持礼物往遗东虏"。《阿勒坦汗传》也记载说：

将行时右翼三万户与左翼三万户多控马于桩，

两大国之政局又将动摇，

于是胜师达赖喇嘛亲自召集六万户于欢乐召释迦牟尼之前。

以等慈悲之心降不坏金刚般之旨，

以巧妙之法使彼等六万户归于和好亲善，

整治先祖所建政教之制，

立即致大国之政于平安。

四世达赖在十四岁以前，一直居住在土默特地区。"蒙古的六大部落每天向四世达赖喇嘛奉献的礼物像国王征收的赋税一样多。"这是五世达赖喇嘛阿旺罗桑嘉措在《四世达赖喇嘛传》中对四世达赖在土默特地区居住时的描述。可见，蒙古地区当时对四世达赖喇嘛的崇信程度。当四世达赖长到该拜师学经的年龄时，西藏方面希望四世达赖能尽快入藏学习，重振格鲁派在西藏的地位。而土默特方面一是其父母对孩子的留恋；二是土默特方面也一心想留住灵童，借此确立自己在蒙藏地区的权威，迟迟不让灵童上路。后经过西藏僧俗两界的再三邀请，加之熟悉蒙古人习

初春的西藏牧场

俗的三世达赖喇嘛大管家巴丹嘉措的巧妙周旋，土默特部终于同意让四世达赖进藏拜师受戒，学习佛法。在确定四世达赖进藏后，土默特及蒙古各部落纷纷前来挽留和送行。五世达赖在《四世达赖喇嘛传》中写道："这样，蒙古人阻止灵童进藏不成，又借口没有打点好送行的贶礼，于是，不分昼夜都有人送来礼物。如果不等待他们的送行，就会招致抱怨，灵童也会于心不安，或者会被认为是贪图财物，追求权势，忘记贫贱之交。最后，灵童不顾那些闲言碎语，毅然拔帐启程进藏。"

蒙古历黑虎年（1602年）九月，十四岁的四世达赖终于离开他的家乡土默特草原，和西藏迎请团前往遥远的雪域西藏。为了确保四世达赖此行的安全，那木岱汗派自己的孙子设剌克炭皇台吉，阿勒坦汗第二子宝音台吉之孙，在仰华寺剃度出家的垂尔扎木苏绰尔济台吉，博达希利之子苏都那木台吉，僧格彻辰汗第二子那木尔长子敖巴彦楚古库尔台吉等和巴格希、塔布囊与官员为首的五部侦察兵护送。护送

规格如此之高，可见土默特对此事的重视。在四世达赖喇嘛走了约十天的路程时，那木岱彻辰汗和乌彦楚又赶来饯行馈礼，和四世达赖云丹嘉措再一次作别。

明朝人也注意到了蒙古的这一动向。据《明神宗实录》记载，万历三十年（1602年）十一月，兵部复宣大总督杨时宁议称："小佛僧欲往西行，怀意已久，往年曾宣谕顺义王力止之，今报忽于九月二十日即行。盖恐其留，故行之速，据其言，虽谓佛僧，西域削发而行廉，其实原因喇嘛送回行李而去，虽带之人不多，经行不由内地。"这说明，明朝也曾告诉那木岱汗让他把四世达赖尽量留在蒙古，但对既成的事实，明朝也无奈何，只是提醒各地守将对这支送佛的队伍严加防范，并没有采取其他措施。由于土默特方面护送队伍的人数不是很多，加之西藏方面怕生变故，担心土默特人放走四世达赖后反悔，极力催促队伍赶路，因而四世达赖喇嘛一行的行动很是迅速。从土默特出发后，他们没有经过宁夏，而是从长城嘉峪关边外经过甘肃进入青海

西藏拉萨河

拉萨大昭寺

土默特火落赤的牧地，受到了火落赤的盛大欢迎和供养，并在火落赤的牧地度过了严冬和春节。在火落赤的牧地住了三个月后，四世达赖喇嘛又开始了入藏之行。火落赤为他们准备了沿途所需要的各种物资后，又奉献了种类繁多、极为丰盛的财物，将他们一直送到今青海湖南的扎陵湖与鄂陵湖之间。

四世达赖于藏历水兔年（1603年）到达拉萨，受到了隆重的欢迎。据《四世达赖喇嘛传》记载，在即将抵达雪域的中心拉萨大昭寺时，前来迎接的僧侣仪仗马队不可胜数，数以万计的人群漫山遍野，人山人海，令人目不暇接，人们议论说："我们得到如此眼福，莫不是法师的幻术。大多数人则想起遍知一切的索南嘉措贝桑布，不禁伤心得黯然泪下，念佛祷告之词，不绝于口。"四世达赖喇嘛在土默特时没有

受戒，到拉萨后，于十月初在大昭寺释迦牟尼像前削发为僧，并将自己的头发交给护送他入藏的土默特护卫使团，让他们带回家乡土默特。1607年，四世达赖赴扎什伦布寺。当时，日后的四世班禅罗桑·却吉坚赞任扎什伦布寺第十六任池巴。四世达赖在那里住了一段时间，向罗桑·却吉坚赞求法，深得罗桑·却吉坚赞的敬重。1614年，四世达赖邀请罗桑·却吉坚赞前往哲蚌寺，拜罗桑·却吉坚赞为师，"圆满无缺地接受了主要梵行具足戒，从而成为僧众和法幢之顶"。接着，四世达赖应哲蚌寺僧众之请，继任了哲蚌寺第十三任池巴，又应色拉寺僧众之请，兼任了色拉寺第十五任池巴。

四世达赖喇嘛到西藏坐床后，土默特万户和其他的一些蒙古部落出于宗教的虔诚，经常不远万里经青海赴西藏去朝拜他，

拉萨哲蚌寺

情形叵测。而火酋之子又尾多骑，阳为乞款，阴以纠构。目今草肥秋劲，胡马嘶风，顾可泄泄然而不先事为之虑耶？伏乞敕令督抚衙门严查扯库儿台吉所领千骑是否顺义王领落，因何不遵原议，不告讨明文，复来西海作何议处？火酋之子领兵于东是否构衅，务要查明并议。仍一面宣谕虏王，将前虏及节年送佛、看佛、迎佛诸酋，速令尽归原巢，不得久往西海。"这也说明，四世达赖从1603年到西藏以后，一些送佛、看佛、迎佛和礼佛的人并没有在完成任务后立即回到蒙古草原，而是有相当一部分部众因青海地区水草丰美，牲畜需要休养暂住在青海。这些暂住在青海的蒙古人和驻牧青海的火落赤等人，使青海成为西藏

有的甚至希望能说服他重新返回蒙古地区。一时间蒙古各部经青海到西藏熬茶礼佛的部落不断。1606年，也就是四世达赖进藏的第四年，那木岱汗派人前往西藏迎请四世达赖喇嘛回土默特，西藏方面没有同意。但是土默特及蒙古各部还是不断经青海到西藏朝拜他，朝拜的土默特部落和其他蒙古部落也经常游牧于青海。《明神宗实录》记载，万历四十一年（1613年），兵部尚书王象乾上疏说："甘、肃于西北诸镇最大，外直玉门、阳关，内连秦陇、朔方，一径如线，而银（银定）、歹（歹成）、火（火落赤）、永（永谢布驻青海部落）盘踞两河，先是，火落赤皈依释门，东虏以看佛僧为名，假道西牧。异日来者复来，去者不去，势必拥众挟赏。挟赏不遂，必且谋为深入嘉峪、岷（岷州）、归（归德）之间，恐无宁日。已经督抚具题奉旨宣谕禁止。今顺义王小头目扯库尔台吉乘虏王（扯力克）物故，不告讨明文，竟自统领部虏千骑托送布施为名，突往西海，迹其统众潜行，罔遵禁约，

哲蚌寺四世达赖成年像

格鲁派稳固的大后方和蒙古进藏的中转基地，使蒙古人在西藏形成一股强有力的势力。17世纪前期，格鲁派在西藏的处境并不是很好，后藏第悉藏巴汗政权与其同盟者噶玛噶举派势力正盛，时刻准备压制甚至取缔格鲁派，但由于四世达赖1603年进藏以来，蒙古看佛、迎佛、礼佛往来和留驻青海的势力强大，所以在四世达赖喇嘛在世时，尽管西藏大部分地方都被后藏第悉藏巴所吞并，拉萨地区也受到第悉藏巴和噶玛噶举派很大压力，但一直没有发生破坏性的战事。这也得益于四世达赖背后强大的蒙古势力。在四世达赖喇嘛云丹嘉措健在时，青海蒙古首领火落赤的两个儿子曾带领大批蒙古军队来到西藏，准备与后藏及其他势力展开一场决战。当他们临近西藏时，四世达赖喇嘛专门派人去联系，晓以大义，将一场迫近的战乱平息下来。在四世达赖喇嘛云丹嘉措活着的时候，西藏没有发生外族军队进行破坏的战事。

藏历火龙年（1616年）三月，明朝万历皇帝派来了以喇嘛索南罗追为首的使者，赐予四世达赖喇嘛"普持金刚佛"的封号、印信和僧官制服，向四世达赖喇嘛奉献了礼物，并且转达了万历皇帝邀请他到汉地的旨意，四世达赖接受了邀请。但《明史》等汉籍没有提到此事。

在《四世达赖喇嘛传》中，还有着对四世达赖喇嘛人品方面的不少记述，文中记载："……达赖喇嘛没有染上一点骄矜之气和嫉恨狡诈等不良行为。他为人谨慎知耻，耿直敬人。……达赖喇嘛在大庭广众之中，呼唤着第悉藏巴王臣的名字进行

西藏念青唐古拉山圣山

指责，确实具有以其巨大威力战胜敌人的大无畏性格。……对于佛经的奥意，他不畏艰难，穷究通晓；只要对那些受苦受难的众生有所裨益，他不惜牺牲自己的幸福，慷慨以赴。如果别人向他乞求，他不管其财物的价值大小，连衣物饭碗等手中的东西也毫不犹豫地施舍出去，简直可以胜过救度一切的王者（指佛陀）。他有时显得很谨慎，实际上他无所畏惧，像狮子一样勇敢。"

藏历火龙年十二月十五日，四世达赖在哲蚌寺圆寂，时年28岁。这位出生于蒙古的达赖喇嘛自1603年从土默特来到雪域西藏，共生活了短短的14年。有的藏文资料说，四世达赖是藏巴汗彭措南杰派人谋

布达拉宫内的四世达赖塑像

害的，但并无确凿的证明。

藏历火蛇年（1617年）秋末，四世达赖喇嘛的遗体经过罗桑·却吉坚赞举行续部仪轨后火化。其中头颅和心、舌、眼等没有化为灰烬，留作舍利，被喀尔喀部阿巴岱汗之弟图门肯（蒙古国赛音诺颜部的始祖）诺颜、土默特部火落赤之子罗卜藏丹律（又称作小拉尊）台吉等分别迎往各自的故乡，作为福田加以供养，并由喀尔喀图门肯诺颜担任施主，开始建造供奉灵骨的殊胜宝塔。但由于藏巴汗于1618年攻占拉萨，建造灵塔没能如愿完成。

呼和浩特大召寺的四世达赖像

1625年，土默特部博达希利的儿子苏都那木台吉担任施主为四世达赖喇嘛云丹嘉措建造灵塔。在四世达赖管家萨均哇索南饶丹的关心下，由贵杰多吉担任设计师，恰哇噶居桑杰喜饶等担任管事，诺布扎西等十五个尼泊尔人担任工匠，终于顺利地建成了灵塔。《五世达赖喇嘛传》对修建四世达赖喇嘛灵塔作了详细记载："1625年，土默特王族十四万军士的首领温布洪台吉派遣乌勒齐特昂素、多果温穷、塔布昂三人前来奉献云丹嘉措大师的银塔资金。他们贡献了供千人熬茶的大银锅以及

白银近千两、缎匹、黄金、珠宝等许多物品。由恰哇噶居和温布绛巴负责，活佛贵杰多吉设计，诺布扎西等十五个尼泊尔工匠在鲁顶建成了制作云丹嘉措银质灵塔作坊。"1626年二月，四世达赖云丹嘉措的银塔建成，罗桑·却吉坚赞主持了开光仪轨。

哲蚌寺历代达赖喇嘛法座

四世达赖是历世达赖喇嘛中唯一的蒙古人，为成吉思汗第20代孙。三世达赖喇嘛在蒙古圆寂时，无疑使其以个人威望进入蒙古地区不久的藏传佛教格鲁派继续发展产生了严重危机。三世达赖喇嘛遗嘱将自己转世于强大的阿勒坦汗家族，使危机变为了转机，使藏传佛教格鲁派在蒙古发扬光大有了保障，同时，也使当时势力还不大的格鲁派有了强大的经济、武力依靠，使格鲁派最终在蒙古人的武力支持下，成为西藏政教合一政权的执政教派。

在五世达赖喇嘛阿旺罗桑嘉措著的《四世达赖喇嘛传》中，没有四世达赖云丹嘉措1603年派迈达里呼图克图到蒙古任教主的记载，也没有1614年派多罗那他到外喀尔喀任教主的记载。

土默特部的败亡与
东西土默特部的形成

1627年十月，在1547年就已迁到大兴安岭东南、辽河西的北元蒙古汗廷察哈尔部，为躲避后金的直接攻击和抢夺右翼蒙古各部的市赏和牧地，寻找新的接受明朝市赏的市口，以武力向蒙古右翼西迁，蒙古右翼喀喇沁、土默特、鄂尔多斯三部在抵抗中失败。喀喇沁、阿速特部首领率领残余部众归降后金，永谢布部众四散，隶属于喀喇沁、土默特的朵颜兀良哈部全部归附后金。留居于土默特、鄂尔多斯本土的部众归附林丹汗。1632年四月，皇太极率领后金和归附、结盟的蒙古各部五六万大军西征林丹汗，林丹汗未经接战

就西逃。没有逃离的十万土默特部众被皇太极强迫东迁到今辽宁阜新、北票、朝阳地区，和土默特部所属归降后金的朵颜兀良哈人合编形成东土默特，在清代被称为喜峰口土默特。被林丹汗强迫带走，投附林丹汗和躲藏各处的土默特部众在1634年后金再次到呼和浩特地区征伐林丹汗时归降后金，组成新的土默特部，被称为西土默特，在清代被称为归化城土默特。

一、林丹汗西迁

1616年，当土默特部博硕克图汗和苏

大青山第二高峰金銮殿山

都那木皇台吉正在争雄时，位于北元蒙古东北，在明辽东长城外居住的满族人迅速强大，并于这年（明万历四十四年）正月初一，在赫图阿拉（今辽宁抚顺市新宾满族自治县永陵镇老城村）建立金国，史称"后金"，首领努尔哈赤称汗。努尔哈赤在阿勒坦汗去世的第二年即1583年（万历十一年），以遗甲十三副起兵，经过东征西战，南北突驰，统一了女真各部。努尔哈赤在统一女真各部时期，同时还要对付明朝辽东军队对其的围剿，要尽量忍让、迁就、克制一些和女真部落相邻并有着较好关系的北元蒙古部落对他的挑战。后来，他想出了用通婚的手段曲线与相邻的蒙古科尔沁、内喀尔喀的台吉们保持和睦、友好的关系。1612年，五十四岁的努尔哈赤迎娶科尔沁纳穆寨支系纳穆寨次子明安台吉十八岁的女儿为侧妃，成为蒙古与女真

建州部即后来的清朝统治家族的第一桩婚姻。1615年，努尔哈赤又娶纳穆寨三子孔果尔台吉的女儿齐尔拉尤为妃。在这次努尔哈赤迎娶孔果尔女儿到上次努尔哈赤迎娶明安女儿的三年多中，努尔哈赤的儿子们也已和科尔沁、内喀尔喀台吉们的女儿六次联姻。努尔哈赤与周边蒙古的关系得到改善和加强。努尔哈赤称汗后的第二年即1617年，开始将满洲贵族的女儿嫁给蒙古部落首领及其儿子。到1617年年末，部众较多、势力强大的蒙古科尔沁部的三大巨头、内喀尔喀五部中的二部首领都与努尔哈赤缔结了姻亲。努尔哈赤驻地周围大部分的蒙古部落首领成为其额驸和子婿。从1612年到清朝1644年入关的32年间，后金前后共与蒙古联姻84次。其中，娶蒙古部落之女57名，嫁给蒙古的女子27名。这种联姻，促进了蒙满首领阶层的亲密关

林丹汗

努尔哈赤

系，巩固了双方军事、政治间的关系。对没有缔结姻亲的部落，努尔哈赤则采取了用贵重礼品笼络、收买，及要挟、打击，使蒙古各部向其靠拢。

林丹汗巴图尔继位时的北元蒙古各部，由于各万户、鄂托克分封割据日久，宗亲关系越来越远，察哈尔汗廷逐渐失去了对各大万户、各大鄂托克的控制，号令失去威力。在林丹汗最初继位的十年里，蒙汉史料中很少见到他的行踪。1615年（万历四十三年），十年生聚后的林丹汗开始出现在明朝的史籍中。这年闰八月，他连续三次抢掠明边，在明朝广宁至锦州长达数百里的边界上频繁出击，声势颇为浩大，且战斗力颇强，曾一度攻陷广宁。

林丹汗的掠边，使明朝震骇，但是也提醒了明朝方面，那就是联合利用同是长城外的蒙古来对付如日中天的后金。1617年（万历四十五年），明朝以广宁（今辽宁北镇市）为市口，每年赠送白银一千两，开始与林丹汗互市。

1618年（万历四十六年），西藏佛教萨迦派（俗称花教）派遣夏尔巴（也译为沙尔巴）·达哈禅呼图克图来到蒙古地区，寻找萨迦派的支持者。据《甘珠尔》经《吉祥大印契明点大瑜祇母本续经》跋语记载，夏尔巴为"萨迦之纯洁后裔曾曾孙"，说明他是萨迦班智达、八思巴家族的直系后人。林丹汗在察罕浩特隆重地接待了他，并被夏尔巴的法术折服，放弃了之前信奉的藏传佛教宁玛派（俗称红教），改而信奉萨迦派。林丹汗封夏尔巴为"瓦察喇·达赖·呼图克图"兼国师，并接受其深奥密

清代武官的头盔

清代武官的锦甲

乘之灌顶，兴建佛殿，铸造释迦牟尼法像。

1619 年（明万历四十七年）三月，明朝倾全国之力，兵分四路向后金都城赫图阿拉进攻，企图一举歼灭后金。努尔哈赤针对明军分进合击的进攻战略，采取了集中优势兵力各个击破的反攻战略，在今抚顺大伙房水库东侧的萨尔浒地区打败明军。萨尔浒之战是后金与明军的第一次大决战，这次的胜利，使努尔哈赤增添了信心。六月，努尔哈赤乘胜攻克了明开原、铁岭，并一举击溃了前来设伏的由内喀尔喀部弘吉剌、扎鲁特部和科尔沁三部组成的联军，抓获了弘吉剌部也是联军首领宰赛和其二子及扎鲁特部首领巴克、色本，科尔沁首领明安之子桑阿尔赛等多人。这次蒙古与后金之战引人注目的是扎鲁特部和科尔沁部明安之子参加，这表明二部虽与努尔哈赤联姻，但是关系并不稳固。在当时的形势下，杀掉宰赛等人无疑会激怒内喀尔喀五部，而且连已经有良好开端的科尔沁部也会以兄弟部落加入反对派阵营。这样，努尔哈赤这些年联姻通好的努力就会付诸东流。因此，努尔哈赤采取了扣留宰赛以"饵其部落"的办法。果然，败讯传到内喀尔喀各部，诸首领大为震惊，决定遣使求和及保人。时年十月，内喀尔喀部首领卓里克图（明史籍记称为炒花）和众台吉共同致书努尔哈赤，提出乞和及结盟的要求，这几乎超出了努尔哈赤的预想效果。十一月，双方举行了隆重的会盟大会，订立了政治性、军事性的攻守同盟。内喀尔喀部有实力的贵族几乎全部到场，但同盟的原则只限于双边与明朝的关系，没有涉及对察哈尔蒙古汗廷的态度。此次事件的另一个后果，就是从此努尔哈赤与林丹汗的关系由虚与委蛇变为彻底决裂。1619 年，林丹汗在得到明朝四千两（翌年提高为四万两）抚赏银后，也开始助明抗金。1621 年，后金军攻克明朝重镇沈阳、辽阳，明朝辽河以东地区七十余城全部被后金占领。1622 年正月，后金攻占广宁，明广宁边外的达延汗第六子乌德博罗特后裔领有的乌鲁特部直接受到后金的威胁。由于林丹汗的女婿贵英霸占乌鲁特部首领的妻子，欺凌乌鲁特部妇女，同时由林丹汗任命的管理左翼三万户的特命大臣锡尔呼纳克都棱皇台吉也与林丹汗发生矛盾，惧怕林丹汗制裁，与乌鲁特部明安鄂勒哲依图台吉率领乌鲁特部三千余户于二月前往辽阳城投附后金，成为首个投附后金的蒙古部落，这也是第一个被林丹汗推向后金的宗亲。这时，东北面的科尔沁部由于后金兼并了与其关系密切的女真各部，明朝开原被后金攻占后，又失去了以福余卫之名与明朝的贸易市口，科尔沁部日常生活出现困境。科尔沁奥巴皇台吉有一匹好马杭爱，闻名科尔沁草原。奥巴非常喜爱。努尔哈赤闻之非常羡慕，希望以十副铠甲交换，奥巴皇台吉不舍，后来林丹汗派人来向奥巴皇台吉要这匹马，只给一副铠甲，奥巴皇台吉忍痛割爱把马献给了林丹汗。科尔沁部乌克善台吉有一只鹰，能横捕飞鸟。林丹汗派人索取，乌克善台吉不想给，奥巴皇台吉劝乌克善把猎鹰献给了林丹汗，但林丹汗把鹰收下后，连送鹰的人都不见。林丹汗送了一副铠甲给阿鲁科尔沁，向阿鲁科尔沁索要一千匹马，阿鲁科尔沁无奈给了林丹汗五百匹马。这些居高临下、割人所爱的做法，疏远了林丹汗与各部首领之间的感情和亲密关系，更与一见面就馈赠大量贵重礼品、笼络人心的努尔哈赤形成鲜明的对比。在科尔沁首领奥巴彷徨摇摆之际，努尔哈赤积极争取，既让科尔沁部免还被后金打败的叶赫、乌拉逃人，又允许其与后金往来贸易，使奥巴终于决定改换门庭，即在承认努尔哈赤为"威震列国、臣民慑服、普天共主之英明皇帝"的前提下，与之缔结了军事联盟。联盟内容直指察哈尔林丹汗。这是继内喀尔喀五部之后东蒙古又一大集团与后金结盟，但两者结盟的性质大不相同。其后的历史表明，内喀尔喀五部与后金结盟完全是非常形势下的权宜之计，努尔哈赤甚至不敢奢望这位盟友疏远林丹汗。科尔沁与后金的结盟就不同了，这个联盟是以反对林丹汗为前提的，意在脱离蒙古阵营。在林丹汗这位蒙古的共主看来，科尔沁此举不仅削弱了蒙古，同时还使自己增加了一个与后金比肩而立的敌人，因而是绝对不能容忍的。而且，科尔沁部还收容了许多因察哈尔内乱而逃亡的台吉和属民。但是，讨伐科尔沁并非易事，不仅征途遥远，中间还隔着内喀尔喀各部的牧地，还必须取得内喀尔喀各部的支持。1625年十月，林丹汗派出绰尔济喇嘛前往科尔沁和奥巴谈判，结果不欢而散。十一月初，林丹汗以大兴安岭南察哈尔部落为主力出征科尔沁，因内喀尔喀五部部主卓里克图（炒花）为了保住自己的势力范围，并不希望科尔沁重为林丹汗所掌握，除向科尔沁奥巴通

报林丹汗将要进攻的消息外，又抵制内喀尔喀各部出兵，内喀尔喀五部只有弘吉剌部参加了行动。奥巴得报后，一面部署守城，一面派使者前往后金求援。察哈尔大军到达科尔沁后，林丹汗首先围攻奥巴所居的格勒珠尔根城，无奈科尔沁部拼死固守，久攻不下。初十日，得到科尔沁求援信息的努尔哈赤亲率贝勒大臣驰援，抵镇北堡后改派莽古尔泰统精兵往援，抵农安塔等待消息，其实质是对林丹汗部队作战能力和林丹汗指挥能力还不了解，只是声援。当时的后金，仅有三万多兵力，还不敢轻易和拥有十万多兵力的林丹汗开战。而林丹汗却因久攻不克，恐腹背受敌，遂解围而去。这次征伐，林丹汗以失败而返，也让努尔哈赤看到了林丹汗军事指挥上的无能和软弱，以及对人数不多的后金军队的惧怕。

清代错金龙纹刀

随着时间的推移，征伐科尔沁失败带来的不利影响逐渐显露出来。1626年四月，后金已无视蒙古大汗林丹汗的存在，以内喀尔喀背盟通明为借口，举兵攻打内喀尔喀部部主卓里克图所在的乌济业特部落，攻击面覆盖了巴林部、乌济业特部和巴岳特部。受到重创的卓里克图只好率领残部和巴岳特部投奔林丹汗，结果被林丹汗乘机兼并，弘吉剌部亦被隶属。内喀尔喀一

代强酋、身经百战的英雄卓里克图最后只落了个被兼并的下场。更严重的是，林丹汗在兼并了内喀尔喀部众之后，未能妥善安抚，稳定人心。《清太宗实录》记载说："察哈尔汗攻掠喀尔喀，以异姓之臣为达鲁花，居诸贝勒之上矣。又离析诸贝勒之妻，强取诸贝勒之女以妻摆牙喇之奴矣。"这也使其他各部首领疑窦丛生，避之不及。内喀尔喀扎鲁特部由于几次截杀后金使者，后金决定惩罚扎鲁特的"背盟行为"。这年十月，努尔哈赤命大贝勒代善征讨扎鲁特，大获全胜。这时身为蒙古大汗的林丹汗不是安抚、帮助战败的宗亲下属部落，而是又乘机攻打败于后金的扎鲁特、巴林残部，并采取了"服从者收之、拒敌者被杀"的政策。这两部余众除被林丹汗杀死、收降外，其他部众投附了科尔沁。至此，强大一时的内喀尔喀五部在后金和林丹汗的交替打击下土崩瓦解。这一残酷的兼并也使本来就矛盾重重、危机四伏的察哈尔本支部落八大营二十四部人人心寒自危。1627年春，驻牧于大兴安岭南的察哈尔本支部落敖汉和奈曼两部遣使后金，想为察哈尔与后金调和，可是由于后金坚持要林丹汗亲自遣使，并以不能难为科尔沁为前提使调和失败。但此举却被林丹汗视为两部降金的开始。这年五月，后金出征明锦州、宁远等地，察哈尔部与明朝的互市贸易地也被后金阻断，后金对敖汉、奈曼二部进一步施加压力。七月初五，皇太极与敖汉、奈曼二部在辽河畔会盟，两部中一部分不愿归附后金的部落投奔了林丹汗和明朝。八月，驻地在明宁远（今辽宁兴城）

西北的察哈尔阿喇克淖特部台吉巴尔巴图鲁等率家属投降后金，察哈尔的宗本部落开始离散。至此，林丹汗陷入了十分孤立的境地，完全丧失了对本部各部的控制权。为了躲避后金的直接攻击，抢占右翼的市赏和牧地，寻求新的接受明朝市赏的边口，林丹汗与后金未经一战，于1627年十月西迁。西迁时，苏尼特、乌珠穆沁、浩齐特、阿巴嘎部因不满林丹汗的高压统治，北投漠北外喀尔喀部。十一月，留居东北的察哈尔昂坤杜陵率部归附后金；十二月，察哈尔阿喇克淖特部多尔济伊尔登也率部归附后金。1628年二月，皇太极出兵打败林丹汗西迁留下的多罗特部；五月，剿察哈尔因特塔布囊于阿喇克淖特部落驻牧地；九月，留居察哈尔原牧地的察哈尔部属被全部打败，抵抗者被杀，投降者编户。察哈尔部驻牧地全部丧失。

关于林丹汗西迁的原因，明朝的史籍中也有不少记载，在同年代较权威的《崇祯长编》中，有明人李炳所说的关于林丹汗西迁原因的记载，内容为："虎墩兔（林丹汗）嗜利好色，驭下无法，众部落如都令、色令、拱兔等咸散，于是插酋动西行之念……前因弱而让地，今渐强矣。窥卜石兔（土默特博硕克图汗）之散弱而争赏（当时明朝给林丹汗的抚赏为12万两，博硕克图汗11万两），必当执故巢（土默特地区1547年前为察哈尔牧地）为说"；"垂涎各部市赏""专市利""并得卜酋诸部市赏"；"虎（指林丹汗）辅车即失，独于强邻（指后金）。虎自揣不敌，西避而修怨于卜。欲居卜地，得卜赏，因以远患。"谈迁的《国权》分析林丹汗西迁也认为："因以建州强，惧为所并，知卜石兔弱，移牧于西。"综合这些记载，林丹汗西迁，是以返回故地为理由，实际是惧怕后金攻击兼并，寻找新的市口向明朝索取抚赏，并夺取右翼各部牧地和市赏。

二、黄旗海之战与喀喇沁部的败亡

1627年十月，林丹汗率部西进喀喇沁地区。林丹汗对喀喇沁进行侵略的借口，是搁置已久的喀喇沁部不归还布延彻辰汗时派去代管喀喇沁的把都将军率领的"把汉哈喇慎"军队和部众之事。

关于索要把都将军所率人马部众之事，《明实录》记载："……乃插酋与把汉哈喇慎一枝讲讨人马不遂，心久怀仇。俄佣兵压哈喇慎之境，诸虏情急求援。"精品白话《明史纪事本末补编·西人封贡》这样记载："当初，察哈尔部落曰把都，投靠哈喇慎营中驻牧。哈喇慎死后，他的部

落老酋长满五素。年幼的时候是插汉的父亲老王子义儿，抚养他长大成人，分别带领人马。老王子死后，满五素率领归他统管的部落，归附他父亲老把都儿。因此，插汉儿索把都所管辖的人马，和酋长白言（巴雅思哈勒长孙，喀喇沁继任昆都仑汗）交涉。白言等不给，察哈尔传调各部人马十余万，又派人进入边内讲和：'插汉只有一王子，哪有那么多王子？'张家口原为虎墩兔憨地，怎能容他人冒昧领赏！白言、朝儿诸王子、沙晕、肖那诸酋长，飞报各边镇，请兵共同抵抗察哈尔。"史料叙述了林丹汗进兵借口和透露了此次兵马多达十余万的情况，以及喀喇沁请明朝共同出兵抗击察哈尔的情况。而请明朝共同出兵抗击察哈尔的请求从后来战争看，明朝并没有同意和参加。

根据《崇祯实录》记载，天启七年（1627年）七月，土默特和喀喇沁已会兵于威宁海子（今察哈尔右翼前旗黄旗海），防备察哈尔进攻。这说明，喀喇沁和土默特早已得到林丹汗要进攻的消息，但没有想到

黄旗海

或得到林丹汗是倾全部兵力进攻的情况。十月二十日，土默特的博硕克图汗还照往年在距黄旗海不远的得胜堡与明朝进行互市。十月二十六日，林丹汗向喀喇沁和土默特发起进攻，距博硕克图汗在得胜堡互市仅为六天的时间，这也说明喀喇沁和土默特对林丹汗的进攻情况掌握得不好，在拒敌准备方面和对林丹汗进攻实力方面的估计都不够准确和充分。

两军在黄旗海一带开战，喀喇沁和土默特之兵是自1570年后近六十年未经战争的队伍，而林丹汗的队伍则是和明朝经历了不少大小战争的队伍，而且动用的是其全部兵力。战争很快以林丹汗部队胜利，喀喇沁和土默特联军失败结束，溃败的军队四散逃生。博硕克图汗逃往呼和浩特大青山后土默特夏都城，喀喇沁拉斯奇布汗（喀喇沁白洪岱汗之子）率八百多人逃往呼和浩特。从这次战争后喀喇沁部没能再组织起大的队伍和林丹汗作战看，在这次

黄旗海旁的敖包

黄旗海旁的佛塔

的黄旗海之战中，喀喇沁部受到了巨大的重创，而土默特部受到的损失不是太大。

林丹汗胜利后，占领了喀喇沁全部驻牧地，并乘胜追击，在十一月进入土默特境内，围攻并占领呼和浩特。《明史纪事本末补遗·插汉寇边》记载，林丹汗"克归化城，夺银佛寺，收习令、色令"。十一月，林丹汗"遂与习令等盟归化城，以合把气喇嘛守之，驻营独石塞外。习令、色（令）以东西两哨兵马并丰州滩大小板升俱献于插"。随后，林丹汗让大召的合把气喇嘛往土默特东北境招降土默特的巴岳特部、巴林部、达拉特部、乌审部和僧格诸子各部。

三、呼和浩特争夺战

在林丹汗东返攻击招降土默特东北境的各部落时，留2000人守卫呼和浩特。在此期间，土默特部曾一度夺回呼和浩特。关于这次呼和浩特争夺战，归附察哈尔的内喀尔喀巴噶达尔罕台吉及部众在东投科尔沁时，把这一情况告诉了科尔沁土谢图汗奥巴，奥巴写信向后金皇太极报告了这些逃来的内喀尔喀部众所述的林丹汗西征及呼和浩特争夺战的情况。《十七世纪蒙古文文书档案》记载这封信的内容为：

愿吉祥实现！

巴噶达尔罕（属下）的拜衮岱楚琥尔、察罕喇嘛、色棱洪台吉、茂古乞塔特及呼痕等逃来。（说）察哈尔汗出征右翼三万户，包围了汗阿海（喀喇沁部拉斯奇布汗）和布颜阿海二人，汗阿海和布颜阿海以八百人杀出重围，进入格根汗（指阿勒坦汗）的呼和

浩特城。（察哈尔）追击，再围温布之子和
布颜阿海。布颜阿海自绅尔济之（属下）桑
噶尔寨所守之处冲出，斩其一个诺颜，并击
杀了途中的拦截之兵。温布的二子降附，一
子逃出。（察哈尔）攻占格根汗呼和浩特，
留二千兵驻守而返时，从那一边（城南边）
来了无数军队，蜂拥而至，夺取了呼和浩特
城。在察哈尔兵的后方，图巴的三鄂托克人
从其西北攻袭而去。从其东南有（人）夺（其）
三千四马，袭杀而去。还杀了（察哈尔）其
他塔布囊们，抢走了他们的阿巴海们（妻女
们）。（察哈尔）汗追击夺三千匹马（之兵），
被击败，臣下被杀而返，从图巴塔布囊等人
背后出击，抓获喀喇沁班第台吉而归。也可
兀鲁思（大万户）未归附，布颜阿海、汗阿海、
温布等的主要古里延降附，有四十多户逃到
（科尔沁）十和硕（旗）。（察哈尔）从布
颜阿海家所获信件中，看到了前彻辰汗、嫩
阿巴嘎、阿鲁阿巴嘎、喀尔喀、右翼三万户

欲约期出征的信，说不知约在何日，此处很
不安全，然后走了。内察哈尔散布于博罗和
屯一带。这些逃来之诺颜说，北方喀尔喀已
迫近敖其尔乌鲁盖驻牧，（察哈尔）非常惊
慌。在其惊慌之际，草青之时，请你与彻辰
汗商议出征。如果在草青之时不出征，或（使
其）力量强盛，或受他们攻击。听说人们（察
哈尔人）已不愿意打仗，因为四处为敌而不
耐烦，（他们）说如浩齐特察哈尔、喀尔喀、
克什克腾及你们（后金）或我们（科尔沁）
之兵前来即归附。我所闻仅此，（你）或许
也有话奉告吧？

信中详细描述了察哈尔部西迁攻击喀
喇沁后，喀喇沁拉斯奇布汗及布颜阿海等
台吉战败后逃至土默特呼和浩特，察哈尔
兵紧追不舍，把布颜阿海及呼和浩特包围，
布颜阿海突围，温布皇台吉二子投降、一
子逃出，察哈尔留二千多兵驻守呼和浩特，
右翼各部兵一度夺回呼和浩特，嫩阿巴嘎、

呼和浩特大召菩萨殿

阿鲁阿巴嘎、喀尔喀、土默特、喀喇沁曾约共同出征察哈尔的情况。在《明熹宗实录》十一月癸巳（三十日）条下记载有："是月插汉虎墩兔憨与习令、色（令）盟于归化城，以合把气喇嘛东行降兀慎、摆腰、明暗等酋。"在十二月丁未（十四日）条下记载有："顺义王卜失兔汗贡明。"这说明，在林丹汗十一月底带合把气喇嘛东返征伐招降土默特东部部落时，右翼各部确实组织力量短暂夺回了呼和浩特，不然无法与明朝互市。

呼和浩特大召九间楼

1627年末呼和浩特争夺战的春节后，喀喇沁部开始和后金协商建立联盟事宜。七月十九日，喀喇沁拉斯奇布汗一行五百多人至沈阳，八月初三日双方盟誓，并遣使约蒙古各部征伐察哈尔，时间定于1628年九月上旬。

四、艾不盖之战与土默特、鄂尔多斯部的败亡

1628年春，呼和浩特争夺战后，林丹汗继续在土默特东部征伐土默特东部部落和喀喇沁、土默特所属的兀良哈部。三月，

林丹汗打败土默特东部僧格支系最大部落乌鲁特部，僧格次子那木尔台吉的长子敖巴彦台吉被杀，林丹汗开始往北蚕食永谢布。土默特、喀喇沁所属的兀良哈部也不断受到林丹汗的攻击，四处躲避。

这年九月初，后金召集归附、结盟的蒙古各部按规定时间东征察哈尔，但由于科尔沁部未到，只抢掠收抚东边察哈尔部落而返。

与此同时，经过一个夏天休整的林丹汗越过大青山进攻博硕克图汗。在土默特部大青山北艾不盖河北岸阿勒坦汗夏都城的博硕克图汗，联络土默特东北境的永谢布及其所属的阿速特、大畏兀儿沁、打喇明安部组成联军抵抗林丹汗，曾相约聚兵一起出征察哈尔的鄂尔多斯部、外喀尔喀部、乌珠穆沁部、浩齐特部、阿巴嘎部没有军队参加。明朝一些史籍记载了这次战争的一些情况。明《崇祯长编》记载说："顺义王卜石兔会永邵卜等众，聚于挨不哈，将与插战。宣大总督张晓以闻。"《国榷》记载："是月，插汉虎墩兔憨与卜石兔、永邵卜战。私卜五榜什妻败走，都令、色令、宰生、合托（把）气喇嘛追杀袄夷都司吉能兵马之半。又屯延、宁塞外，穷兵追卜石兔。"《明史纪事本末补遗》也记载了这次战役："是月，虎墩兔西击卜石兔、永召卜，败之。都令、色令、宰生、合把气喇嘛追杀袄尔都司吉能兵马之半，又屯延、宁塞外，穷兵追卜石兔……（卜石兔、永召卜）一战而溃。插汉掳卜石兔阏氏与金印，各部皆远走迤西。更遣精骑入套，吉囊子孙皆俯首属之。东起辽西、西尽洮

艾不盖河谷

河，皆受插耍约，威行河套以西矣。"从上述记载看，林丹汗似乎轻松赢得了胜利。然而，真正的事实远非如此。在《崇祯长编》崇祯二年十月二十八日（1629 年 12 月 12 日），大同巡抚张宗衡在给明廷的上疏中的十四可图中的第二可图提到："插精壮头目半歼于新平，半为永等所杀，止靠写气、吴刁儿计等出入讲折，肝肺已见、空虚无人。"而且，西迁时的马匹十万也因战争死亡、被盗、不服水土死亡，仅剩四万。西迁时的十多万兵丁，也仅剩不到五万，这不到五万人中还应有不少被俘和归附的喀喇沁和土默特人。可以说，林丹汗在西迁征服右翼时，本部自身也付出了巨大代价，以至在 1632 年和 1634 年后金前来征伐时，闻风而逃避，已经没有对敌的力量。在林丹汗去世后，察哈尔各部东降后金时，

各部首领所带降附的兵丁仅有三万多，可见明朝所说的不足五万也是高估。林丹汗在西迁时，不仅消灭了喀喇沁、土默特的精锐部队，也使自己的部队和将领损失十分之六多。

五、败亡后的土默特

1628 年九月艾不盖之战后，土默特全境被林丹汗察哈尔部占领。根据明朝史籍记载，林丹汗打败喀喇沁和土默特后，驻营独石塞外，并在大同得胜堡北建立库房和进行其他活动看，呼和浩特东漫瀚山以东一带土默特地区和喀喇沁全境均被察哈尔部落占据。为防止土默特人外逃外喀尔喀并割断联系，原土默特、永谢布北境也应全部被察哈尔占领。

夏季的大青山

艾不盖之战后，不少土默特部人逃往外喀尔喀、唐努乌梁海、鄂尔多斯部、青海和明朝。根据《土默特史》记载的蒙古国学者来信，土默特部有不少部众逃到了外喀尔喀部，在外喀尔喀部的历史上也发生过争夺逃人的内讧。

1634年占据青海的外喀尔喀绰克图台吉就是因争夺逃人挑起战乱而被驱逐出外喀尔喀。这些逃人中应有不少是土默特部众。清朝时的唐努乌梁海部有一个土默特苏木，应为逃亡到唐努乌梁海的土默特人组成。另有一个称为额尔克古特的苏木，应为蒙郭勒津部额尔克古特人的可能性较大。进入青海的为蒙郭勒津人，在清朝时青海有由蒙郭勒津部名演变而成的部落名，人口三百八十户；进入鄂尔多斯的土默特部众早期大部分居住于鄂尔多斯东、北今准噶尔旗和达拉特旗一带，民国时，这些进入鄂尔多斯的土默特人不少人选"土默"

的汉意"万"为汉姓；进入明朝山西、大同的土默特兵丁较多，后来的情况也不同。据《清实录》记载，在1634年五月后金招抚驻牧明边境察哈尔国诸蒙古的文告中，这样提到土默特败亡之后降明兵丁的情况："且彼先附明国之右翼土门蒙古等，穷年累月，不得家居，妻子不能相见，履为我兵所戮，其存者，明人犹驱之战，委命疆场，此皆尔等所目睹者。"在1634年闰八月中记载说："时明大同守吏欲尽杀降明之蒙古，于是蒙古八百九十五名杀其守备来归。"这条记载没有说明这八百九十五名蒙古人属于哪个部落，但应是右翼喀喇沁、土默特部战败后降明的士兵无疑，而且，多是兵丁和家属分离。博硕克图汗去世后，其子俄木布投降林丹汗，土默特部成为察哈尔林丹汗的降民。

1632年四月，后金和归降、结盟的蒙古各部征伐林丹汗。林丹汗率察哈尔部和土默特富民西逃，进入鄂尔多斯及黄河以西地区。后金于五月二十六日到达呼和浩特地区。《明史纪事本末补编·西人封贡》记载后金离开土默特地区是六月十七日，撤兵的主要原因是淫雨连绵，马匹大量死去。后金占领土默特地区共22天，在烧毁土默特地区板升后，率部东归。东归时，后金的满洲人为前锋，结盟、归附的蒙古各部为后卫，土默特被编为户口的部落人口夹在中间被迫东迁。文中特别提到敖汉部的七庆台吉，在大同一带见到明朝官员时竟然哭起来，"认为东边部落的人，地处偏远之地，不能还回我们的部落，如果驱逐察哈尔部落，使我们回到故地，和好互市如初，那该多好啊"。但在《明熹宗实录》中记载七庆台吉为阿勒坦汗之后，"桀骛自雄，不受约束久已"，从《明史纪事本末补编·西人封贡》记载其言行也可以认定其为土默特人，他的言行是不想离开故地，留恋的言行，他应是作为没有献给皇太极的敖汉部俘虏和敖汉部一起东迁。

1632年六月后金离开土默特后，根据明朝史籍记载，察哈尔部又返回了土默特地区。在《崇祯长编》崇祯五年六月二十九日条（1632年8月14日）记载中，有"大同巡抚张廷拱报，插部蟒阿儿正倘不浪至丰州滩各板升分付驻牧，诸人仍前安住，本部人马不久仍回。又报，我大清兵将各板升房屋俱烧毁，止存银佛一寺"的记载。在明朝兵部档案中，也有后金于六月东返后，林丹汗察哈尔部又返回土默特地区的记载。其中兵部崇祯六年（1633年）四月十五日行稿，据大同太监刘文忠题：三月八日，杀胡堡市口有夷人二三百名往来货卖。"密问各夷说称，我的王子先在归化城住了几日，今移住大青山后屹汉哑波地方，离边骑马行走有四五日路程。今王子一面差有马夷人，往东哨探奴酋消息，一面差人往黄河套练船防避东奴。"这说明，林丹汗在1633年的一二月间又回到了呼和浩特，但没住几天就又往北去，同时还派不少骑兵往东打探后金的消息，并派人在

武川县的农田

黄河边修理演练船只，随时准备再次撤退。另据明兵部尚书崇祯七年（1634年）六月十七日题：据宣大抚夷总兵王世忠塘报，"插酋带领部落来到张家口边外十余里驻扎。本职备礼照常迎风已经塘报外，该本职连日抵口，拟与据理严誓，无奈一夷不敢至口，实有惧怕之意。至二十六日，据守备黄忠据长哨陈耀报称，插酋已经移营往北去"。这也说明，在后金走后，林丹汗所部尽管又返回了土默特地区，但是是游击性质的。为了生存，1633年林丹汗又四次攻掠明边，但都是在宁夏、甘肃一带，没有在原喀喇沁境内和土默特境内与明朝发生战争。

六、东土默特部的形成

在清朝史籍中，早期称为东土默特部落首领的有鄂木布楚琥尔、善巴、赓格尔三人，其中鄂木布楚琥尔称台吉，为僧格彻辰汗满套儿（今河北丰宁地区）兀良哈爱马克首领噶尔图（僧格第九子，为僧格所娶兀良哈三位妃吉所生子中的老大）之子。善巴称塔布囊，为阿勒坦汗所属驻牧于讨军兔（今河北省平泉县西部）的兀良哈部首领，其祖父为莽古岱，父亲为诺木图卫征，其母为阿勒坦汗之女。赓格尔称塔布囊，详细情况不详，应为阿勒坦汗所属驻牧于青城境（今内蒙古宁城县甸子乡黑城一带）的兀良哈首领。

1627年年末到1628年春，林丹汗收降了土默特东部的乌审、巴林、巴岳特、达拉特部，打败了土默特东部僧格世系最强大的乌鲁特部后，开始寻找攻击土默特部驻牧于今丰宁一带的鄂木布楚琥尔所领兀良哈部，在双滦、平泉、宁城黑城一带驻牧的土默特兀良哈各部也不断受到林丹汗的攻击，但因这些兀良哈部都驻牧于山区，受到的损失较小。赓格尔在1628年二

秋天的漫瀚山区

月就与喀喇沁部所属兀良哈杜棱古英等一起给后金写信，请求后金出兵共击察哈尔部，并于八月和喀喇沁部一起与后金盟誓结盟。1629年六月，善巴和鄂木布楚琥尔也在受到林丹汗武力威胁下，向后金朝贡寻求保护。在1629年约五月和九月，鄂木布楚琥尔在给后金皇太极的信中也反映出鄂木布楚琥尔兀良哈部当时的处境。鄂木布楚琥尔在五月给皇太极的信中说：恶汗之鄂托克去年征东揆（指后金于1628年九月和蒙古各部出征林丹汗）时逃往北边，现又回到原处，其前锋兵日往来于我境，常与其交战。……在恶汗的攻击下，土默特、喀喇沁台吉们无一幸免。我守地险，率右翼部落平安摆脱。其他亲族势穷力竭，非常艰难。鄂木布楚琥尔在九月写给皇太极的信中说：本欲亲往朝贡，因我兄弟或被察哈尔所俘，或四处走散，自身每月与邪恶的察哈尔相遇，前往则家中空虚，无人做主、难于成行。欲迁移而去，则属民缺乏乘骑及驮载之牲畜，艰于迁移。约在1628年十月，噶尔图兄弟朝图台吉长子卓尔毕泰皇台吉也被林丹汗俘去。这都说明，土默特本部败亡后，这些居住于深山中的隶属于土默特的兀良哈部落也不时受到攻击，因山势险峻才免于被消灭，但也时时处于危险之中。因靠近土默特本部，鄂木布楚琥尔也应收留了一些逃亡而来的土默特部众。

1630年，为了躲避林丹汗的攻击，根据后金皇太极的旨谕，鄂木布楚琥尔、善巴、赓格尔率领部落东迁林丹汗西迁前的今辽宁牧地，善巴和赓格尔占据靠东面的今阜新地区，鄂木布楚琥尔占据今北票、朝阳地区。

1632年（明崇祯五年，后金天聪六年）四月，皇太极以"察哈尔汗不道"为由，亲率结盟、归附的蒙古科尔沁、奈曼、敖汉等部及喀喇沁、土默特兀良哈部及后金军五六万大军西征林丹汗。

皇太极

听到消息的林丹汗惊慌失措，立即率部西撤，并将土默特部"有牛二头以上富民，皆携之西行"。西征林丹汗的皇太极在行进中严整军纪，要求部队："凡大军所至，有拒敌败走者杀之，不拒敌者勿杀。勿离散人夫妇，勿淫人妇女，有离人夫妇及淫妇女者死，擅杀不拒敌之人及掠其衣服者，即以所得之物赏给首告之人，仍鞭责如例，所获鸡豚，宰食弗禁，羊以上不许擅宰，违者亦以所得之物赏给首告之人，仍鞭责如例，勿毁庙宇，勿取庙中一切器皿，违者死，勿扰害庙内僧人，勿擅取其财物，仍开载僧众数目具报，若系窜匿庙中人口及隐寄牲畜听尔等俘获，不许屯住庙中，违者治罪。"随后又下令："凡有拾获遗物，自马绊笼辔碗匙以上，俱收藏，听本主认取还之。"在进入察哈尔所占原喀喇沁部境地后，皇太极又下谕令补充纪律，要求："勿夺降人财物，若入其室，勿取其器皿。凡降人，择为首者二三人，令原招降主将率之而行，其余令各领家口随行，所俘妇女不许淫乱，牲畜不许宰杀。若离散人夫妇，淫乱人妇女者死，若擅杀不拒敌之人而掠其衣服及擅杀牲畜与擅夺降人财物者，即夺其所俘，给与首告之人，仍照例鞭责。"同时，还对察哈尔逃亡将帅财物、追敌都作了规定。

五月庚申，后金兵分两路，东路以贝勒阿济格为帅，领巴克什吴纳格（所领为早期蒙古八旗）、科尔沁、巴林、扎鲁特、喀喇沁兀良哈、土默特兀良哈、阿鲁科尔沁等部落蒙古兵一万人，掠大同、宣化边外一带察哈尔部民（指归降察哈尔的土默特部民）。西路由贝勒济尔哈郎、岳托、德格类、萨哈廉、多尔衮、多铎、豪格等率兵二万人，掠归化城黄河一带部民。

托克托县境内的黄河

五月甲子中午，皇太极到呼和浩特驻营。当日之内，宣化以东、黄河以西，今乌拉山一带的土默特部民除躲避者外全部被俘，反抗者被杀死，归附者被编户。

五月丙寅，一千多渡过黄河回到土默特的土默特部民全部被俘获。

六月戊辰，皇太极下令："凡军行俘获人口，各按甲士均分，其从者不与每旗执事匠役人等合编为五十户，每户给以牛一，每旗所得妇女各十口入官（仍出驴二十头给与之骑），其金银及牲畜等物，携还分给，所俘人内，有强悍难供驱策者戮之，老幼不堪者悉行纵释，各官每一备御，赏人一口，其从察哈尔西克腾部落来归诸贝勒及喀喇沁与新附虎尔哈等所获者，各听自取。"这也说明，这次后金组织的西征察哈尔，驻牧在察哈尔部原驻地西部的克什克腾部也归附后金，一些残存的喀喇沁部人也都归附，还有虎尔哈部也在这次后金西征时归附后金。

六月庚午，后金向明朝索要靠近明边境沙河堡一带逃入明朝的土默特部320人，并牲畜1440头，和原准备赏给察哈尔的绸缎布帛6490匹。

六月辛未，后金准备退回辽东，皇太极令将其谕旨悬于归化城格根汗庙（大召），谕旨内容为："满洲国天聪皇帝敕谕，归化城格根汗庙宇理宜虔奉，毋许拆毁，如有擅敢拆毁并擅取器物者，我兵既已经此，岂有不再至之理，察出决不轻贷。"同时，下令各路兵马，将土默特地区"所至村堡，悉焚其庐舍，弃其粮，各籍所俘获，以闻于上，共计人口牲畜十万有余，其金银缎

东迁——阜新关山敖包石雕，事实上的东迁并不是在亲人的恋恋不舍中东迁，而是在侵略者的逼迫下东迁

帛分给八贝勒，又每贝勒家各牛十、羊百。"土默特地区1550年后发展八十多年的房屋村落全部被烧毁，粮食被扔弃，没有躲避而被编户的人口全部被集中随同后金军队迁往辽西。秋七月辛丑，皇太极派赛穆哈、穆虎率兵八十人回沈阳，向沈阳方面传报收服察哈尔归化城等处部民捷音，兼令接济军粮。约在七月底八月初，后金西征大军回到沈阳。

后金从土默特地区东迁的这十万余人畜，在从土默特地区出发时，各部就"以闻于上"献给皇太极，成为皇太极的战利品。在1635年二月后金编审内外喀喇沁壮丁时，鄂木布楚琥尔和善巴、赓格尔共领有兵丁3837，按照一般一丁四口计算，总共部众在1.5万多人，其中鄂木布楚琥尔领有兵丁1826人，全部人口约7300多人。善巴、赓格尔领有兵丁2011人，全部人口8000多人。这也反映出这时从呼和浩特迁到今辽宁地区的土默特部落还没有归入土默特的兀良哈部，这时可能是作为附牧部落和土默特的兀良哈部在一起，但是没看

到有关记录。1637年，土默特兀良哈部被编旗，其中鄂木布楚琥尔所领右翼为95牛录，共14250丁，每个丁数包括的家庭人口为4人，共有人口5.7万多人。由善巴和赓格尔所领的左翼部落被编为79个牛录，共11850丁，全部人口4.8万多人。两旗共有人口10.5万多人，减去鄂木布楚琥尔、善巴、赓格尔原有人口1.5万多人，两旗最少新增从呼和浩特土默特带去人口9万人。土默特部在被林丹汗打败后，死亡、逃亡兵丁不少，一丁家庭平均人口应高于4人，土默特部东迁人口应为十万多人。被后金东迁的土默特大部——巴岳特部很多部民和他们所属的兀良哈人并没有全部归于东

阜新关山敖包，清朝时的东土默特左旗旗敖包

鄂木布楚琥尔到达北票后的巴颜和硕驻牧地，大凌河河谷，现已成为水库

俄木布楚琥尔到达北票后在大凌河河谷修建的惠宁寺（现整体重新拆建于河谷上的高地）

土默特两旗，有很多人被编入蒙古八旗。在科尔沁部中，也有不少没有"以闻于上"的土默特人。在清朝的喀喇沁三旗中，也有着数量很大的土默特人，在清朝时的沈阳，有土默特人演变为满族人，他们的姓氏为："土默特""旺舒特""旺古尔沁"。他们应都是1632年被后金强迫东迁的土默特人。

七、从北票、朝阳、阜新蒙古部落姓氏看两部人口构成

（一）北票、朝阳地区

北票、朝阳地区为清朝时的东土默特右翼旗，由阿勒坦汗长子僧格第九子噶尔图后裔任扎萨克。由于历史原因，北票、朝阳地区的民族语言、蒙古族姓氏不如阜新地区保存完好，但是，从现能掌握的1959年前北票、朝阳地区蒙古族姓氏中，仍可以分析出其部族来源。

1.博尔济吉特氏

博尔济吉特氏也译称为孛儿只斤氏。北票、朝阳地区的孛儿只斤氏为阿勒坦汗长子僧格的后裔。其母系为朵颜卫兀良哈人，明代时为驻牧于今丰宁地区的朵颜兀良哈人首领。1629年，这部分兀良哈人在僧格第九子噶尔图之子鄂木布楚琥尔带领下归降后金，1630年被后金安置于今北票、

朝阳凤凰山华严寺

朝阳北塔

朝阳南塔

记述惠宁寺建设的清朝石碑

朝阳地区。北票、朝阳地区的博尔济吉特氏是僧格第九、十、十一、十二、十三、十四子的后裔。

2．乌济业特氏

北票、朝阳地区的乌济业特氏，为僧格第九子噶尔图之子东土默特右旗扎萨克鄂木布楚琥尔领有的朵颜兀良哈人姓氏。

3．多罗土默部的七个部落姓氏

在北票、朝阳地区，其木德、白仞、来哈德、杭木顿、白如大、林日如大、包路处大被称为来自七个部落的七个部落姓氏。这七个部落姓，应为土默特部的多罗（汉意为七）土默特部七个部落姓氏。

4．撒勒术特部的姓氏

在朝阳地区，有着西林特德（也译写为席林特德、希拉特德、锡拉特德）这一姓氏，此姓氏大部分为阿勒坦汗从青海带回，《阿勒坦汗传》称为"锡赉兀儿"人的后裔的姓氏。他们为土默特的撒勒术特部人以部名形成的姓氏。

5．来自巴尔虎部的姓氏

在北票、朝阳地区，现发现有来自巴尔虎部的姓氏四个，分别为伊托德、兀勒巴日、索很、含图德，他们应为阿勒坦汗赴青海征伐亦卜剌带回的永谢布巴尔虎部人。

6．来自肯特山兀良哈人的姓氏

北票、朝阳地区的乌日扬斯楚惕氏是原驻牧于肯特山一带的兀良哈人，为阿勒坦汗六次征伐时归附的部民。阜新地区的乌日扬斯楚惕氏是从北票、朝阳地区迁去的。

7．来自弘吉剌部的姓氏

在北票、朝阳地区，有三个弘吉剌部姓氏，分别为敖勒古努惕、高尔罗斯、初兀日赤兀惕。

8．来自卫拉特部的姓氏

在北票、朝阳地区，有两个来自卫拉特部的姓氏，分别为明努惕、扎哈沁。

9．来自土默特其他部落的姓氏

在北票、朝阳地区，还有着六个由土

北票境内的牤牛河

北票巴颜和硕(今下府)阿勒坦汗后裔，蒙古族文学家、史学家尹湛纳希墓

默特部部落名称形成的姓氏，分别为：巴岳兀惕（巴岳特）、巴亦儒惕（巴林）、魏古惕（畏兀儿沁）、斡厄鲁惕（乌鲁特）、包各鲁惕（布格勒斯）、杭特努惕（杭锦）。这六个土默特部落名称形成的姓氏，为土默特巴岳特部、巴林部、畏兀儿沁部、乌鲁特部、布格勒斯部、杭特努惕部人形成的姓氏。

10. 来自尼鲁温、迭尔列斤蒙古部落的姓氏

在北票、朝阳地区，除上述姓氏外，还有尼鲁温蒙古的忙古惕氏、泰赤兀惕氏、锡京兀惕氏、撒勒只兀惕氏，尼鲁温蒙古分支斡特尔郭斯氏；迭尔列斤蒙古的宫固鲁兀惕氏。这些姓氏应为北元时期蒙郭勒津部人的姓氏。

11. 北票、朝阳的其他蒙古族姓氏

在北票、朝阳地区，还有一些其他蒙古族姓氏，分别是：巴格希纳尔氏、吉如兀惕氏、蒐儿各赤惕氏、汪努惕氏、阿勒塔惕氏、布各氏、扎哈沁氏、绰勒忽惕氏、萨尔图惕氏、朱勒忽惕氏、彻彻兀惕氏、玛勒沁氏、朝鲁图惕氏。这些姓氏应为北元时期蒙郭勒津部人的姓氏。

通过上述对北票、朝阳地区蒙古姓氏的分类可以看出，北票、朝阳地区的蒙古族除僧格彻辰汗后裔和他们领有的兀良哈部众外，还有土默特部的多罗土默部、撒勒术特部和一部分巴岳特、巴林、弘吉剌、畏兀儿沁、乌鲁特、布格勒斯、杭锦部人，土默特部征伐肯特山兀良哈归附的兀良哈人，阿勒坦汗征伐青海、卫拉特归附的巴尔虎人和卫拉特人，一些其他蒙古部落的人。他们应为北元时期蒙郭勒津部的西哨组成人员。

通过对上述姓氏的分析，北票、朝阳地区的蒙古族中，除僧格彻辰汗后裔和他们领有的兀良哈部众外，在清朝组成东土

默特右旗的应为土默特部多罗土默部大部分部众，撒勒术特部大部分部众，蒙郭勒津部西哨大部分部众，土默特巴岳特部、巴林部、弘吉剌部、畏兀儿沁部、乌鲁特部、布格勒斯部、杭锦部的一部分人。

（二）阜新蒙郭勒津地区

阜新地区为清朝时的东土默特左翼旗，旗民主要为土默特蒙郭勒津部人，因在东土默特右翼旗有着由阿勒坦汗在战争中收降的部民和一部分蒙郭勒津人组成的蒙郭勒津西哨，阜新地区的蒙郭勒津人应为北元早期的蒙郭勒津人，后来的蒙郭勒津东哨人。所以，清朝的东土默特左旗在被官方称为土默特左旗的同时，在民间也被称为"蒙郭勒津旗""蒙古贞旗"。1819年，东土默特左旗经历了金丹教起义的无辜杀戮，被杀一万多人，外迁科尔沁三万六千人，使一些蒙古族姓氏在阜新地区消失。现在阜新地区有16万蒙古族，蒙古族姓氏大都得到较好的保留。通过分析其中清初进入蒙郭勒津部人的部落和蒙古姓氏，可以清楚地了解阜新地区清初组成土默特右翼旗时蒙古族人口的构成。为了更好地梳理历史成因，将1959年从北票划入阜新的于寺、化石戈、紫古台地区仍列入北票、朝阳地区，蒙郭勒津部人姓氏不列，清朝入关后进入阜新地区的蒙古族姓氏不列，阜新地区清初进入蒙郭勒津部人的姓氏如下。

1. 兀良哈部人姓氏

阜新地区的兀良哈人为明代阿勒坦汗直属兀良哈部人，即蒙郭勒津的属部。清朝时该部人成为蒙郭勒津部的统治者，旗扎萨克为兀良哈部首领阿勒坦汗外甥善巴及其后裔。善巴一系及其兀良哈部属的姓氏为乌力杨海氏。

2. 旧居于阜新地区的蒙古族姓氏

在阜新地区的一些蒙古族中，口头流传着一些蒙古族早在13、14、16世纪就居住在阜新地区，但这和阜新地区历史变迁不符。他们的姓氏为：阿巴嘎那尔氏、额勒图惕氏、兀勒孛儿氏、乌者惕氏、毛郝黎氏、察哈尔氏、含图惕氏、翁尼兀惕氏。这些姓氏中，阿巴嘎那尔氏、兀勒孛儿氏、乌者惕氏、毛郝黎氏应为较早居于这一地区的居民，迁入时间应和泰宁卫迁入的时间相同，即15世纪末。其他一些姓氏则应为1547年随察哈尔部迁入，一些姓氏传说的迁入时间有讹误。较早居于阜新地区的这些蒙古姓氏人，也应参加了林丹汗的西迁，又于1632年被后金和蒙郭勒津部一起迁回了原居地。

阜新瑞应寺

3. 和蒙郭勒津部同时到达阜新的察哈尔部人姓氏

1632年后金到呼和浩特征讨林丹汗时，一些随林丹汗西迁到土默特地区居住的察哈尔部人随蒙郭勒津部被后金强迫迁到阜新地区居住。他们的姓氏为西日勒特兀惕氏。

4．从呼和浩特和蒙郭勒津部一起迁到阜新的土默特其他部人姓氏

在 1632 年后金强迫蒙郭勒津东迁时，一些其他土默特部人也随同蒙郭勒津部来到阜新地区。他们的姓氏为：巴亦儒惕（巴阿亦邻）氏，为土默特巴林部姓氏；巴岳兀惕氏，为土默特巴岳特部人的姓氏；敖勒古努惕氏、高尔罗斯氏、初兀日赤兀惕氏，为阿勒坦汗长子僧格属部弘吉剌部人的姓氏；魏古惕氏，为土默特畏兀儿沁部人形成的姓氏；包各鲁惕氏，为僧格属部布格勒斯部人形成的姓氏；杭特努惕氏，为来自蒙郭勒津部杭锦部人形成的姓氏。

5．喀喇沁部人姓氏

阜新地区的喀喇沁人大部分为 1627 年喀喇沁被林丹汗打败后归附善巴或 1632 年善巴随后金征伐林丹汗时的俘虏。另一部分为喀喇沁战败后流亡到呼和浩特，后金东迁蒙郭勒津部时和蒙郭勒津部一起来到阜新地区。来自喀喇沁部的姓氏为：哈尔努惕氏、哈日楚惕氏、额日图惕氏、何勒楚惕氏、沙日努惕氏、道伦喀喇沁氏。

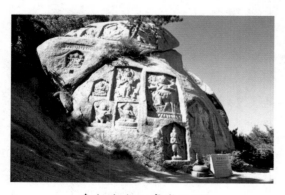

阜新海棠山摩崖石刻

6．来自鄂尔多斯部、察干塔塔尔部的姓氏

1632 年，在后金强迫蒙郭勒津东迁时，一些鄂尔多斯部人和喀喇沁部察干塔塔尔部人也随同蒙郭勒津部被东迁到阜新地区，他们分别以部名鄂尔多斯、察干塔塔尔为姓氏。

7．来自满族、锡伯族的姓氏

在阜新蒙古族自治县，有三个来自于满族的姓氏和三个来自于锡伯族的姓氏，他们应是在后金征伐其部族时流亡进入土默特的部众，1632 年后金到呼和浩特征伐林丹汗时，和蒙郭勒津部一起被强迫带回阜新地区。满族的三个姓氏为：安楚拉库氏、含札氏、瓜勒给亚氏。锡伯族的三个姓氏为：孟给亚氏、夫查氏、陶勒给亚氏。这些姓氏中，安楚拉库氏人是原来就居住在阜新地区的人。

朝阳佑顺寺

通过对上述清初进入蒙郭勒津部人姓氏的梳理可以清楚地看到，阜新地区清朝初期土默特左翼旗的组成，除土默特蒙郭勒津部东哨人和蒙郭勒津部所属土默特兀良哈人外，其他一部分为北元早期居住于此地后归属察哈尔部的别勒古台部人、兀

良哈泰宁卫人；1547年迁到此处后随林丹汗西迁到呼和浩特，又迁回此地的察哈尔人；部分老喀喇沁部人，另一部分则为1632年底从呼和浩特迁到此地的土默特部巴岳特部、巴林部、弘吉剌部、畏兀儿沁部、布格勒斯部人及流亡到土默特的察干塔塔尔部人和鄂尔多斯部人。

综合阜新、北票、朝阳蒙古族这些姓氏可以看出，成立于清初的东土默特左旗主体部众，除善巴及其领有的兀良哈人外，土默特蒙郭勒津东哨为其主要组成部分，另有一些早居于此地的其他氏族人，败亡后的察哈尔人和土默特巴岳特部人、巴林部人、弘吉剌部人、畏兀儿沁部人、布格勒斯部人。东土默特右旗则是由僧格彻辰汗后裔们领有的兀良哈人，土默特多罗土默部、撒勒术特部、蒙郭勒津部西哨大部分人和土默特巴岳特部人、巴林部人、弘吉剌部人、畏兀儿沁部人、乌鲁特部人、布格勒斯部一部分人组成。

八、呼和浩特土默特的重新形成

1634年六月，后金以多尔衮、岳托、萨哈廉、豪格为统帅，率领后金和各蒙古部落再次征伐林丹汗。为了避免新投附和俘获的蒙古人逃亡，这次征伐，皇太极下令："其大凌河蒙古及归化城俘获的蒙古与各处所获新蒙古等，不必率往。"并遣使招贴文告，招抚进入明边境内的蒙古部落降附，制定军纪，要求各部严守。

后金的这次西征途中，不断有察哈尔部人前来归降。1634年六月底，后金军

前锋兵到达呼和浩特，招抚察哈尔逃民。七八月间，林丹汗在甘肃大草滩去世，察哈尔各部纷纷东归降附后金。闰八月壬辰，后金"令鄂尔多斯济农收其部众，博硕克图汗子集土默特部落人，各驻于移营处"。这说明，在察哈尔各部归降后金时，土默特部和鄂尔多斯部也归降了后金，归降时间为1634年闰八月。

土默特被聚集归降后金的部众也就是日后组成呼和浩特土默特的主要人口。1632年，后金已把土默特地区没有躲藏的部民全部强迫东迁。所以，俄木布归降后金时能够聚集降附的应为四部分人：一是和他一起归附林丹汗的部民，这中间汗廷服务人员和博硕克图汗亲领的畏兀儿沁部人所占比例很大；二是后金到来时被林丹

1634年后金到土默特地区征伐林丹汗的统帅多尔衮

汗强迫带着渡过黄河躲避的土默特部富民，主要是各部有两头牛以上的部民；三是在后金到土默特征伐林丹汗时藏匿于深山中的部民，这部分人以沿山和在山里居住者为多；四是仍在明朝长城内躲避的部民。在《土默特志》和乌仁其其格著的《土默特蒙汉杂居村落的形成与发展研究》所载的乾隆年间不完整的土默特村名中，记载有七个以部落名称为村名和两个以土默特部落首领名称为村名的村子。七个以部落名称为村名的村子分别为左翼二甲的达拉特、乌鲁特，三甲的道伦土默特，四甲的明安；右翼首甲和左翼二甲的哈拉沁，二甲的乌审，三甲的永少布。两个以土默特首领名称为村名的村子分别为左翼首甲的台石，右翼二甲的康台吉。此外，还有今哈素海东南的哈素村为清朝初年的阿速特村，也即由阿速特部名而来的村名，后被传为"哈素""拉素"。这些部落名和首领名中，达拉特是阿勒坦汗第六子和里克后裔领有的部落；乌鲁特是僧格次子那木尔台吉（又称五路台吉）及其后裔、三子补儿哈图及其后裔领有的部落；道伦土默特就是多罗土默部，为阿勒坦汗四叔阿尔苏博罗特后裔领有的部落，隶属于土默特

康台吉村祭祀敖包

部；明安为土默特所属茂明安部落的称呼，最早为那木岱汗所属，后分给其次子毛明暗台吉（又称为毛明暗五十万打力台吉，蒙文史籍称为乌巴万达尔罕）、三子明暗台吉；乌审是阿勒坦汗三弟拉布克台吉后裔领有的部落，隶属于土默特部；哈拉沁则为阿勒坦汗四弟巴雅思哈勒领有的喀喇沁部落，为蒙古右翼三部之一；永少布即为永谢布，是阿勒坦汗六弟博迪达喇后裔领有的部落，隶属于喀喇沁部；阿速特部为阿勒坦汗六弟博迪达喇三子火落赤把都儿领有，火落赤把都儿去世后，由其七子领有，隶属于永谢布部；台石为僧格汗第八子，是僧格汗非兀良哈夫人们所生的末子，史籍中没有注明他领有的部落，但从呼和浩特台石村周围有弘吉刺部姓氏分析，他领有的应为弘吉刺部人；康台吉为阿勒坦汗的义子，明代史籍中称为恰台吉，康台吉和恰台吉均为蒙古语侍卫台吉的不同译称，他领有的部众为蒙郭勒津西哨的2000名兵丁。这八个部落和这两个首领中，只有恰台吉的部属是原驻牧于呼和浩特地区的部落，他的原驻牧地最早在今呼和浩特托克托县县城一带，后来赵全的大板升城也归他管领，因大板升城靠近大青山，后金来土默特征伐林丹汗时，居住于大板升城一带的恰台吉不少部众得以在大青山内躲避而留在了土默特。在俄木布集众降金时，因大板升城一带原为把汉那吉后裔们的领地，恰台吉的这些剩余部众被重新划拨牧地迁移。在呼和浩特土默特降金的部落中，仍在原地居住的为把汉那吉的后裔们和他们领有的撒勒术特残部，因撒勒

康台吉村祭祀敖包活动上的摔跤

术特部驻牧于今土默特右旗西北、包头市郊区黄河故道以北及大青山地区，在后金征伐林丹汗时分别在黄河南的鄂尔多斯地区和大青山内躲藏，在呼和浩特保留有不少部众。清初，他们很多人也被分到不同的佐领。俄木布亲领的畏兀儿沁部在降清初期应还在原牧地驻牧，在《清实录》中，有土默特旗成立初期外喀尔喀部巴尔布冰图抢掠土默特大青山北境部众、马匹的记载。在土默特北境划给哈撒儿后裔领有的茂明安部和外喀尔喀本塔尔所部人丁时，畏兀儿沁部全部迁入清朝重新划定的土默特境内。

流经呼和浩特市清水河县山区的黄河

乌仁其其格著的《土默特蒙汉杂居村落的形成与发展研究》中所载的云少布村，即为今呼和浩特市土默特左旗把什乡的云社堡村。云社堡村最早的住户为今村内的李姓蒙古族。据他们代代相传，村里最早设有衙门。在《古丰略》等史料中记载，今赛罕区太平庄乡五路村（即乾隆年间乌鲁特村）为僧格汗次子那木尔台吉驻牧办公地点。紧邻小黑河镇的现玉泉区桃花乡明安村（现称为民案）的原驻村民们也称他们或为僧格之子明安的后代，或有关联。土默特左旗北什轴乡的康台吉村村民们回忆，在村寺庙中也一直供有恰台吉的牌位。位于托克托县五审乡的五审村（过去译写为乌审），在《托克托县地名志》中也注明村名来源于阿勒坦汗三弟拉布克台吉所拥有的"兀慎"称号。这些以部落名而来的村名在清朝时最早不止一个村子有这样的名称，但在后来又都改为新的村名。这应是早期这些部落的一些部民到原来没有

呼和浩特和林格尔县境内的浑河

村落的地方居住时，也把部落名称作为村名，后来为了统计、查找时不重复，这些村子又新取了村名。在清初的土默特右翼四甲，有名为珠尔干巴亚德拜兴（今托克托县主力罕白彦村）的村名，这是六户巴岳特人的意思，在今包头市土默特右旗沿山一带也有巴岳特人居住，但是，在清初并没有以巴岳特部名形成的村名，这应该是该部人进入呼和浩特土默特的人数较少，没有形成一个佐领的原因。同样，在今呼

和浩特土默特左旗毕克齐镇周边，居住有不少巴林部人，在清初也没有以巴林部名形成的村名，这也应该是该部人东迁土默特的多，留在呼和浩特的人数少，没有形成一个佐领的原因。而清初那些以部落名和首领名字形成的村名，则应是管理这些部落的早期佐领所在地所形成的名称。

后金在 1634 年到呼和浩特地区征伐察哈尔部时，察哈尔部由于林丹汗死去，所属部落陆续归降后金。鄂尔多斯部、土默特残部在归降后金后，后金命鄂尔多斯部和土默特残部"安堵如故"，也就是让归降的首领们继续领有原来的部众。根据 1632 年蒙郭勒津部、多罗土默部、巴岳特部、巴林部、弘吉剌部、畏兀儿沁部、撒勒术特部、乌鲁特部、布格勒斯部大部分部民已被东迁的情况，结合土默特以部

清朝时土默川形成的湖泊——哈素海

呼和浩特托克托县大小黑河汇流后即将流入黄河的河流

名、台吉名遗留村名情况和把汉那吉后裔所领部分撒勒术特部、博硕克图子俄木布所领部分畏兀儿沁部仍留在原驻牧地的情况，可以确定1635年组成清初呼和浩特土默特的均为土默特部落，分别为：人数不多的巴岳特残部、巴林残部，他们在清初的呼和浩特地区都没有形成完整的佐领，说明留在呼和浩特地区的人口不多。留有人数较多的为蒙郭勒津东哨残部、多罗土默残部、达拉特部、乌审部、畏兀儿沁残部、撒勒术特残部、把汉那吉后裔领有的蒙郭勒津西哨残部、蒙郭勒津部西哨恰台吉残部和僧格汗诸子领有的乌鲁特部、明安部、弘吉剌等残部，另外就是古禄格降附土默特时带到土默特已成为土默特蒙古人的满族人。呼和浩特土默特境内这些部落名、首领名村名的形成时间，应是在将土默特北部、东部划给茂明安、乌拉特、喀尔喀达尔罕、察哈尔和喀喇沁、永谢布各部来到土默特时陆续形成。

　　1635年，后金在鄂尔多斯收降了林丹汗子额哲和其母及大臣之后，大部分兵力入边抢掠明朝山西一带。因贝勒岳托有病，领一千兵驻守呼和浩特。在此期间，俄木布与明朝互市的事情被人诬告为谋叛，俄木布被带往沈阳。据《清实录》记载，这起谋叛事件是有土默特人密报"言博硕克图之子遣人往阿禄（鲁）部落喀尔喀处，还时，必有与之同来者。岳托因遣阿尔津、吴巴海、喀木戚哈、尼堪四人候于途。阿禄喀尔喀百人，明使者四人，果与博硕克图子所遣人同至。时博硕克图子乳母之夫毛罕密遣人告喀尔喀人云，满洲兵在此，汝等当回。阿禄喀尔喀人闻信遂还。阿尔津、吴巴海、喀木戚哈、尼堪等兵追及之，擒毛罕所遣十人及明使四人，获骆驼五十，马四十六，貂皮四百有奇。又得乌朱穆秦部落贸易人四十六名，骆驼三十七，马一百有八，貂皮二百二十。初，毛罕私称博硕克图之子为西土格根汗，自称为吴尔隆额齐克达尔汉贝勒，称其妻为太布精，称阿南为杜棱台吉，其扎木苏等皆命以名。又杀害来归我国之察哈尔石喇祁他特、吴班札尔固齐、祁他特台吉。又与明沙河堡参将通谋，称明国为一路，喀尔喀为一路，土默特为一路。因遣人往喀尔喀，为土默特人密告，事觉，斩毛罕并其党羽"。随后，俄木布被带到沈阳，归降的土默特壮丁三千三百七十名，被分为十队，每队派官二员管辖，并授以条约。从此，阿勒坦汗家族失去了对土默特部的统治权。也就在这一年年底或1636年春，阿勒坦汗的后裔台吉们除把汉那吉一系外，全部被后金送到席勒图库伦喇嘛旗，成为席勒图库伦喇嘛旗最早的属民。1636年六月戊戌，土默特部古禄格、大诺尔布、杭古、汉谈、小诺尔布、托果巴克什、图美隆、白奇、布颜代、塞冷、喀尔察海、额参巴图鲁、多尔济塔布囊台吉、托博克达赖、兆伊乌巴三察、毕礼克托果达赖绰尔济、达尔察、通事拜都赖等十九人到沈阳朝贡。在七月乙丑土默特贡使们返回土默特时，皇太极令将顺义王印带回继续与明朝保持互市，将俄木布带回土默特管理。1696年，康熙皇帝亲征噶尔丹在呼和浩特驻留时，俄木布的寡妻曾率子击鼓喊冤，受到康熙的接见。当时康熙将俄木布之子封授为台吉，并表示回京后再彻底清查此事，然后对俄木布之子再次封授，但这只是康熙当时的

春季的大青山

敷衍之词。回京后，此事再没有被提起。俄木布的后代们也不知所终。

1638年六月丁未，呼和浩特土默特九十六人进京朝贡。六月庚申，蒙古衙门改称为理藩院。也就在这一天，清朝将前来朝贡的土默特部古禄格、杭高、陶虎、多尔济、特济、拜都喇、大诺尔布、小诺尔布等二十二人授为梅勒章京、牛录章京等世袭职务。这年秋七月，清朝派额尔德尼达尔汉囊苏喇嘛、多尔济达尔汉诺颜、艾松古等率四十人到土默特部，召集会议，颁示制度，土默特旗正式成立，并被编为左右两翼二旗，成为直隶于理藩院的内属旗。

按清朝制度，内属旗不设扎萨克，不能像扎萨克旗那样可以在旗内"君国子民"，事事不得擅专。内属旗有都统旗、总管旗及喇嘛旗之别。土默特两翼属都统旗，都统为一旗最高军政长官（清制武从一品），满语称作固山额真或固山昂邦。其职责为镇守险要、绥和军民、均齐政刑、修举武备。

冬季的大青山

土默特左翼旗被授为都统的，为1634年和俄木布一起归降后金的古禄格。古禄格出身于满洲叶赫部之主那拉氏金台什家族。叶赫部首领始祖星根达尔汉来自于蒙古部落。明宣德年间，蒙古阿鲁台所部东

移时，星根达尔汉率部灭掉女真那拉姓氏部落（故扈伦部所属），并因此改姓那拉，后移居叶赫一带（今吉林四平之南），称叶赫部。其第七世孙金台什（其父为场吉努）将其妹叶赫那拉氏嫁给努尔哈赤，为皇太极生母。不久金台什又把女儿嫁给努尔哈赤次子代善，为处理土默特俄木布谋叛事件的贝勒岳托的生母。因此，古禄格和岳托也有着姑表亲的关系。1619年（天命四年），叶赫部金台什为后金所灭。1620年，古禄格西奔归附土默特博硕克图汗。从其和俄木布一起归降后金时就为大头目看，其从叶赫带来的部属不在少数。后金1632年东迁土默特部民时，他带来的部民也应有不少被迁走。在《八旗满洲姓氏通谱》中，有一些明显的满族姓氏，却被记为祖居归化城，这应是他带到土默特的部众，在被后金带走编入满族八旗后，又改为了满族。在《清实录》中，记载古禄格姓氏原姓为土默特，但有专家考证其姓氏为浩尼沁特氏。人们怀疑，将和明朝互市诬告为谋叛的是古禄格和被任为右翼都统的杭高。《绥远通志稿》说："俄木布之失爵，实被诬而非其罪。先是，土默特部即降清，而明尚未亡，适有部人杭高与古禄格者，欲陷其主以媚清将而希宠荣，乃伪为密函，使俄木布乳母之夫茂罕，间道至明边投阿禄哈尔噶，求转达于明廷。茂罕甫行，而杭高即赴清军贝勒岳脱营告密，追茂罕还杀之，而俄木布亦坐是被革。"清初，清廷对古禄格颇为倚重，不仅授予他一等梅勒章京（1645年晋为三等昂邦章京），还将其家族编入驻京蒙古八旗正白旗。其家族

共在土默特左翼世袭都统四代，直到1736年（乾隆元年）第四代丹律子卒无后，清廷不准旁系袭职改派京员而结束。古禄格家族共统治土默特左翼达一百零一年。

土默特右翼被授为都统的为杭高。即《绥远通志稿》所记和古禄格一起诬告俄木布谋叛并前往岳托军营告密之人。这也是二人被清廷信任，而没有让阿勒坦汗后裔台吉担任都统的原因。1647年（清顺治四年），杭高之子巴桑以军务获罪削职，由托博克改任世袭右翼都统。托博克姓巴拉格特氏，康熙三十六年（1697年），托博克之孙阿弼达以不事训练罪被削职停袭。雍正元年（1723年），又把阿弼达之子根敦任为都统。根敦去世后，其子班达尔什袭都统职。乾隆十九年（1754年），班达尔什去世后，右翼都统被停袭，改由京员担任，其后代改为三等男爵。托博克世系共袭都统五代七人七次，统治土默特右翼八十六年。

秋天的大青山

九、其他蒙古部落人口融入呼和浩特土默特

在《清实录》记载的俄木布谋叛事件中，

有土默特杀害准备归降后金的察哈尔部石喇祁他特、吴班札尔固齐、祁他特台吉的记载，他们所领的部民应被留在了土默特。在现在的呼和浩特土默特人的蒙古姓氏中，能够确定来自察哈尔部的蒙古姓氏有"奇塔特氏"和"萨阿力沁氏"两个姓氏。这也证明，在林丹汗去世后察哈尔各部归降后金时，有察哈尔部人留在了呼和浩特土默特。

据《清实录》记载，1641年二月二十日，有蒙古巴图、博尔衮代、胡尔盖气、喀喇尔代等男子四百二十一人，妇女幼稚共五百人，从明朝大同阳和毁大同边墙，到呼和浩特归降。在《清实录》中没有记载这五百人的部落名称。三月乙未，这些归降人口的首领博尔衮代、喀喇尔代、巴彦代被古禄格派人送到清廷，清廷赏赐鞍马、绣缎、朝衣、帽、靴、撒袋等物，没

有到京在呼和浩特的赐银一千两。在1642年（崇德七年）二月清朝赏赐土默特朝贡使团时，赏从阳和归来的巴图等六人衣、帽、靴、带、鞍、马等物。在1643年（崇德八年）八月，清廷在赏赐土默特贡使时，有巴图所派的代表。这说明，这五百名从阳和归降土默特的蒙古人被安插在了土默特。从1632年后金带往辽宁的土默特部中没有永谢布人、阿速特人和后来呼和浩特土默特部中有为数不少的永谢布、阿速特人看，这次归降土默特并被安插到土默特的应主要是永谢布人、喀喇沁人、阿速特人。今土默特左旗的云社堡村就应是早期管理永谢布人的佐领所在地，今土默特左旗哈素村（清初称为阿速特村）为管理阿速特人的佐领所在地，今呼和浩特新城区或和林格尔县的哈拉沁村为管理喀喇沁人的佐领所在地。

呼和浩特和林格尔县夏季的浑河

秋天的漫瀚山山区

1692年（康熙三十一年）六月己丑，康熙遣内阁侍读海三岱往西宁迁归降的罗卜藏赛音台吉。驻于宁夏边外时，清廷让将其家属及部众自宁夏送至鄂尔多斯，再从鄂尔多斯送到归化城附近安插，到日再议授职。1693年二月，《清实录》有"封喀尔喀罗卜藏赛音台吉为辅国公"的记载。同月，又有"壬寅，喀尔喀辅国公罗卜藏请安进贡。赏赉如例"的记载。这应该就是从青海迁到呼和浩特安插驻牧的原喀尔喀（今蒙古国）罗卜藏赛音台吉。青海的外喀尔喀人在1631年见于记载的有阿克岱青率领的近一千人，是以礼佛护教而进入青海，1634年七八月间，被同是外喀尔喀进入青海的同族宗亲绰克图之子阿尔斯兰诱骗消灭。再就是绰克图率领的喀尔喀部人，于1637年被固始汗的卫拉特军队和部分喀尔喀军队打败。史料没有记载这两个

进入青海先后被打败的喀尔喀部落最后的情况，但残存部众应该归附了以后占据青海的卫拉特部。这个归降清朝的罗卜藏赛音台吉应为阿克岱青后裔的可能较大。在土默特的史料记载中，没有看到这个罗卜藏赛音台吉的记载，应该是其部属被安插于土默特后，他本人成为驻京的辅国公。罗卜藏赛音台吉部众有多少，当时安插到呼和浩特什么地方驻牧没有看到记载，现在呼和浩特地区取汉姓"刘""梁"为姓，蒙古姓氏为"萨如勒氏"的蒙古族可确定为是罗卜藏赛音台吉属部的后裔。

1692年（康熙三十一年）十二月，清廷为防备卫拉特噶尔丹内侵，加强呼和浩特军备，以浩齐特郡王达尔玛吉里迪旗下人丁，以三丁合披一甲，编甲一百五十四名，编为三佐领，所余三百零八人作为附丁，选择才干善于约束之台吉头目，授以佐领、

骁骑校，附归化城土默特两旗，在归化城四周游牧。1694 年，清廷又将这三个佐领中的两个佐领编入土默特两旗，兵丁和家属共一千二百余人。这些浩齐特人后成为土默特部民。

在 1696 年至 1697 年康熙亲征噶尔丹时，因呼和浩特为西北到北京的通道，很多噶尔丹所属的卫拉特人在归降清朝时都经过呼和浩特。这些归降的卫拉特人绝大部分被送到张家口边外察哈尔部安置，但也有一些留在了呼和浩特安插。1696 年十月康熙离开呼和浩特时，就"谕内大臣等，归化城当留一大臣受厄鲁特人，完其夫妇，给以衣食"。1697 年二月戊午，"抚远大将军伯费杨古疏报，厄鲁特达喇什等率男妇一百余人来降，将达喇什解赴御营，其余男妇俱送交归化城副都统阿弟料处"。闰三月辛卯，"理藩院侍郎满丕疏言，厄鲁特扎木素等来降……将扎木素同格垒沽英，曼济及其妻子并马驼什物，俱交驿站递送至归化城，发副都统阿弟安插"。疏中的格垒沽英，为噶尔丹重要臣属，曾作为噶尔丹使者到康熙行营，这次见到康熙后被任命为散秩大臣，其子吴巴什被任命为一等侍卫，后应到京任职了。而扎木素所领部落和格垒沽英的一般部下就可能留在了土默特。在土默特现能了解到的蒙古姓氏中，有着属于卫拉特的蒙古姓氏，又为东土默特部中所没有，这些人应该就是清朝征伐噶尔丹时进入土默特的卫拉特人。

1707 年（康熙四十六年）十二月丙申，"先是，建威将军兼理归化城将军事务宗室费杨固等疏言，归化城附近之处居住喇嘛

所属人丁甚众，请将伊等编作佐领，以便差遣。奉旨，此事著蒙古都统苏满前往会查，确议具奏。至是，苏满复奏，臣遵旨会同右卫将军等，查归化城附近喇嘛属下人丁，共三千五百八十余口，除附丁老病丁口之外，见存两千五百五十人。应照土默特例，以二百丁编一佐领，其编作十三佐领。其参领、佐领、骁骑校等官，并请照例增设。从之"。在这三千五百八十多喇嘛属下人丁中，根据清朝时土默特藏传佛教从西藏、青海认养活佛，请大师等情况，也应有这些活佛、大师们从西藏、青海带来的藏族人。

至此，呼和浩特土默特部形成，其组成部众为原土默特蒙郭勒津部左右翼残部、多罗土默部残部、畏兀儿沁部残部、撒勒术特部残部、达拉特部、乌审部、僧格后裔各部残部及人数不多的巴岳特部人、巴林部人、满族叶赫部人，部分蒙古左翼察哈尔部人，蒙古右翼永谢布、喀喇沁人，清朝进入土默特的卫拉特人、蒙古浩齐特部人、蒙古外喀尔喀部人。

十、阿勒坦汗后裔们的结局

土默特部被林丹汗打败后，土默特三支十二部的台吉们除在战争中死亡外，都和博硕克图汗之子俄木布一样最终降附于林丹汗。在 1632 年后金征伐林丹汗时，林丹汗下令归化城有二牛以上的富民和他一起西逃，土默特大部分台吉应都安全躲过了这次后金的征伐。1634 年七八月间林丹汗去世后，察哈尔各部纷纷归降后金时，土默特和鄂尔多斯部也归降了后金。然而

在清朝的封授中，土默特部仅能见到阿勒坦汗第三子铁背台吉后裔们的记载，连1636年被清朝从沈阳送回土默特居住的俄木布后裔也在被康熙封为台吉后不知所终，子孙繁茂的阿勒坦汗后裔们大都下落不明。

根据蒙汉各种史籍记载，阿勒坦汗共有9个儿子，长子僧格有14子，次子宝音台吉有1子，三子铁背台吉有1子，四子兵都台吉有3子，五子依勒登台吉有7子，六子和里克台吉有1子，七子博达希利有1子，八子衮楚克台吉和九子倚儿将逊台吉早逝无后，阿勒坦汗共有孙子28人。

那木岱彻辰汗于1607年去世后，由于博达希利和大成妣吉之子苏都那木台吉的极力阻挠，已继承蒙古右翼和土默特汗位的博硕克图汗的顺义王位袭封久拖不决，使土默特部的经济社会生活秩序遭到破坏，各部落领主的利益也受到损害。为了消除内讧，尽快恢复正常秩序，1611年（万历三十九年）正月，僧格彻辰汗次子那木尔台吉再次出面干涉。《明经世文编》记载："兀鲁台吉纠合七十三台吉、大集夷兵、以与素囊为难。"从当时那木尔台吉所处地位分析，他所纠合的这七十三名台吉，应是土默特部阿勒坦汗和其四叔阿尔苏博罗特、三弟兀慎打儿汗拉布克三支的孙子和曾孙。

在明王士琦记事止于1613年的《三云筹俎考·大同丰州滩顺义王系派部落》中，记载僧格彻辰汗在土默特驻牧的八个儿子就有孙23人，宝音台吉有孙6人，铁背台吉有孙2人，兵都台吉3个儿子和依勒登台吉的6个儿子在青海孙辈不详，依勒登台吉在土默特驻牧的唯一儿子着力图台吉

有子2人，孙不详，和里克台吉有孙4人，博达希利有孙1人（有2孙未记），阿勒坦汗仅在土默特驻牧的诸子就有孙40人。土默特乌审部拉布克台吉有孙9人，土默特多罗土默部阿尔苏博罗特有孙7人、曾孙36人，其中在土默特本部驻牧的30人。在1628年9月土默特败亡时，按照当时早婚计算，已基本又有一代人出生。仅按每人2子计算，乌审部拉布克台吉曾孙应有新出生台吉18人，多罗土默部应有新出生台吉60人，阿勒坦汗在土默特本部驻地的后裔应有新出生台吉八十多人。三支合计最少新增台吉120人左右。连其在世的父祖辈及1591年和1612年从青海回来的兵都台吉和依勒登台吉后裔粗略估算，1627年时土默特三支十二部最少应有台吉150人。在土默特与林丹汗的战争中，明朝史籍中有那木尔台吉长子敖巴彦楚格库尔台吉被杀的记载。其他乌审、巴林、巴岳特、达拉特等部均为降附，台吉们也应都得到保全。占据呼和浩特的苏都那木台吉3子中，当时的情况是2子出降，1子逃走。据此，土默特部归降林丹汗后三支台吉人数不会少于100人。1632年后金来土默特征伐林丹汗时，因富民们都被林丹汗带过黄河，台吉们也应都较好地躲避，只看到有七庆台吉被后金带走，被后金带走的台吉应该不多。1634年闰八月，土默特部归降后金，一年后的1635年八月，博硕克图汗之子俄木布被后金以谋叛罪削职，并押送盛京。在《明朝兵部档案》崇祯八年（1635年）八月十六日条下有"有卜子习令台吉，仍在新城驻牧"的记载。这里的习令台吉为

苏都那木台吉的长子，"卜子"应为误记。这也说明，苏都那木台吉的三子在经历了林丹汗的战乱后，最少有一子活了下来，同时也说明迟至 1635 年八月十六日，土默特归降后金的台吉们仍在土默特。在《清朝太祖太宗世祖实录蒙古史史料抄》中，有 1635 年十一月皇太极赐土默特部托博克、达赖、古禄格、塞冷、喀尔札海、额参巴图鲁、多尔济塔布囊雕鞍马匹、撒袋、貂镶朝衣、靴、帽、弓、刀、白金的记载。这是 1634 年闰八月土默特部归降后金后的首次朝贡，托博克就是日后继杭高后裔成为土默特右翼都统的托博克，古禄格为土默特左翼都统。其他人不详，但没有一人有台吉称号。在 1636 年六月的朝贡中，有了把汉那吉的后裔诺尔布。这也说明，在 1635 年八月俄木布被削职后，土默特所有台吉都受到怀疑，以至在当年的朝贡时一名台吉都没有。到 1636 年六月，阿勒坦汗的后裔台吉和土

默特乌审部、多罗土默部的台吉绝大部分已离开土默特，不能再参与土默特的政治活动。根据呼和浩特土默特史料日后的记载，仍留在土默特的阿勒坦汗后裔仅为把汉那吉的后裔（今和林格尔县阿勒坦汗后裔支系不清），把汉那吉的后裔应是因其领地历来就在今包头境内并保有不少部众而被留下。除把汉那吉后裔和东土默特右翼的噶尔图兄弟六人后裔外，清朝的史籍中没有关于土默特这三支一百多名台吉去向的记载。

然而，透过历史的尘埃，在信息高度发达的今天，我们最终还是了解到了土默特部众多台吉的下落。

1628 年，皇太极在盛京（今沈阳）建实胜寺，寺内供奉曾归于林丹汗的元世祖忽必烈时用一千两黄金铸成的护法神嘛哈噶喇，并召集一批蒙古和藏族喇嘛在寺内居住，成为后金推崇利用藏传佛教笼络羁

库伦旗三大寺之一的兴源寺佛殿

库伦旗三大寺之一的福缘寺

縻蒙古的第一步。

1629 年至 1630 年间，被阿勒坦汗尊赐为"额齐格（父亲）喇嘛"的阿兴喇嘛被皇太极迎至盛京。由于阿兴喇嘛有着被阿勒坦汗授予的"额齐格喇嘛"称号和土默特部题请明朝授予的"都纲"僧职，受到了皇太极的尊崇。1632 年，阿兴喇嘛要求回到蒙古地方居住，皇太极表示凡其所统治区域均允许阿兴喇嘛前往居住。于是，阿兴喇嘛和其从故乡安多巴州扎拉散巴尔喀（今青海省民和回族土族自治县）带来的亲属们移居法库山居住。他在法库山只住了一年的时间，于 1634 年又迁至今库伦旗境内定居，因阿兴喇嘛有"曼殊希礼喇嘛"的称号，这里便被人们称为"曼殊希礼库伦"。1635 年底到 1636 年初，土默特部的这一百多名台吉和为数不少的塔布囊们各自带着几户属民来到库伦旗居住，成为阿兴喇嘛的俗民。进入库伦旗的土默特台吉、塔布囊们，世袭特权及称号都被取消，和依附于他们的阿勒巴图成为一样的身份，都成了曼殊希礼库伦旗的普通俗人，

所以锡勒图库伦喇嘛旗有了"一万个俗人为一万个台吉"的谚语。也就在这一年，阿兴喇嘛上奏皇太极，推说自己年迈体衰不久于人世，请求退休。为此，皇太极遣察罕绰尔济给他送来黄帽、貂皮披肩和银壶等物，以示挽留，但阿兴喇嘛执意退休。之后，阿兴喇嘛离开库伦旗到一个叫作洪和硕的地方休养，于第二年即 1636 年八月十七日在洪和硕去世。这位被阿勒坦汗尊赐为额齐格喇嘛的阿兴喇嘛在自己选定的地方修行，又在第二年决定退休，并离开亲族们共同居住的地方，应和看到这些昔日强大的阿勒坦汗后裔有关。1627 年初，

库伦旗三大寺之一的象教寺佛殿

库伦旗吉祥天女庙

这些台吉还都是阿兴喇嘛尊敬的施主，在七八年后，却成为为他纳贡赋役的属民，在感情上这也一定不是他想看到的事情。

阿兴喇嘛去世后，他的兄弟囊素喇嘛被后金赐予"锡勒图达尔罕绰尔济"称号，继承坐床。曼殊希礼库伦改称为"锡勒图库伦"，锡勒图库伦喇嘛旗从此形成。从1636年起到1638年的三年间，后金又从漠南蒙古一些部落迁来若干户牧民。从后来的实际情况看，东部蒙古各旗仅有四五个旗有牧民迁入，更多的是来自于呼和浩特，台吉们更是以土默特部台吉为主。1675年，清朝政府镇压布尔尼反清，收回其驻牧地义州，于1677年把公主府所属寺庙的七十人和一百户察哈尔人交给锡勒图

库伦喇嘛旗安置。这一百户察哈尔人中也有一些察哈尔部台吉。可见，来到锡勒图库伦喇嘛旗的台吉和塔布囊们，大都是昔日强大，影响力也较大，后来衰败的台吉、塔布囊。他们或因在与林丹汗的战争中归降林丹汗而不被清廷信任，或因不服和反抗清朝，以致被剥夺和丧失其原有的特权来到锡勒图库伦喇嘛旗。这些人来到锡勒图库伦喇嘛旗时，基本都带有一些依附于他们的阿勒巴图。但在进入锡勒图库伦旗后，他们之间的人身依附关系即告解除，阿勒巴图们跟他们原来的主子一样成为为喇嘛纳贡服役的平民。据研究者们的保守估计，在现在库伦旗的11万多蒙古族中，来自土默特的蒙古族最少占30%以上，也就是最少在3.4万人以上。在库伦旗各村、嘎查中，大部分都有由博尔济吉特氏演变为包姓的蒙古族居住。包姓为库伦旗第一大姓，祖上大部分来自呼和浩特土默特部。这些包姓人中，阿勒坦汗的后裔们应占有多数。据估计，库伦旗的土默特台吉后裔有七八千人。由于库伦旗形成时土默特部人较多，库伦旗的蒙古语属于内蒙古方言土默特、喀喇沁土语。

库伦旗的沙漠

土默特部人的蒙古姓氏

姓氏是记录人类社会家族渊源的标志，是社会文化的一种表现，是社会发展到一定阶段的产物，是社会结构中血缘关系的标志，以表达自己是哪个宗族或家族的后人。

蒙古族的姓氏与世界上绝大多数民族一样都既有姓也有名。古老的蒙古姓氏在漫长的历史长河中，随着社会发展，人口繁衍，新的民族集团的形成，部族迁徙以及与其他民族的交往和融合，同样也发生着变化。

蒙古姓氏的演变中，不仅记录了某一家族、某一部族的兴衰史，其深邃的历史文化内涵也反映了整个蒙古民族所经历的历史沧桑变幻，从而成为蒙古史的重要组成部分。土默特的蒙古族也都有着从古传承的姓氏，但由于东、西土默特部都靠近汉族居住地区，农业开发较早，在历史演变过程中，民族语言多元化和改变以及民族歧视与压迫，使他们在民国时期逐渐大都有了汉式姓氏。

因为蒙古人的姓氏在形成过程中伴有多种复杂原因，一大部分蒙古人仍然保留了传统从古传承的姓氏，而一部分蒙古人则在经历了长期分化、合并变异后又形成新的姓氏，使姓氏五花八门，形成了图腾姓、官职姓、乡土姓、相貌姓、部落姓、万物姓、特权姓、宗亲姓、职业姓、颜色姓等等。有的姓氏还带有远古神话传说的色彩，又因蒙古人撰写家谱的很少，姓氏的传递主要靠口头相传，日久年多，姓氏的音义之间出现差异，又形成了新的姓氏。

一、呼和浩特土默特部人的蒙古姓氏

呼和浩特土默特蒙古姓氏在清末时就已很少使用，在使用汉式姓名后，使原有蒙古姓氏逐渐失传，现能掌握的蒙古姓氏有 70 多个。这些姓氏在演变成汉姓时大多取姓氏第一音节读音汉字来表述，或取蒙古姓氏之意，选一个同义的汉字表述，形成了汉式姓氏，现将可以基本确认的姓氏摘录如下。

（一）土默特部人的蒙古姓氏

博尔济吉特氏　也译称为孛儿只斤氏，尼鲁温（意为主干，也译写为尼伦，是指成吉思汗十一世祖朵奔蔑儿干去世后，其妻子阿阑豁阿感天光所生三个儿子发展而成的近 30 个氏族，尼鲁温的意思是"腰"，表示他们出自阿阑豁阿的纯洁之腰，是不

平凡的人）蒙古姓氏，当地人发"包勒吉德"音，这是成吉思汗黄金家族的姓氏，在取用汉式姓时，该姓氏人以姓氏首音取"包"为姓，个别演变为"肖"，为阿勒坦汗的直系后人。此外，呼和浩特现在的博尔济吉特氏人还有清朝时进入土默特居住的外喀尔喀（今蒙古国）部土谢图汗的儿子敦多布多尔济的后裔。在取用汉式姓时，他们不少人以博尔济吉特氏最早的氏族称呼"乞颜"的首音取"祁"为姓，后大都改为"云""佛"等姓。

汪古特氏　"汪古特"即为历史上的白鞑靼"汪古部"人，"特"为复数后缀，有着汉语"很多""们"的意思。"汪古"的书面语原称为"额尔古彻库特"，意为"被抬举的人""有依靠的人"，口语原称为"厄尔扈特"。土默特部核心主要部落"蒙郭勒津"的称呼即因他们而来。该氏族一部分人皮肤较好，和该氏族人通婚的后裔很多人也有着较好的皮肤，该氏族另有一部分人有着维吾尔族人的外表。在取用汉式姓时，该姓氏很多人以姓氏首音"王"为姓。

乌勒德氏　也译写为"乌勒图德""乌勒腾""兀勒屯"等，意为天上的云彩，蒙古汗国时该姓氏人是成吉思汗近卫军中的成员之一。在取用汉式姓时，该姓氏人以"云""荣"为姓。

哈塔斤氏　尼鲁温蒙古姓氏，也译写为"哈达很""韩达亨"等，成吉思汗十一世祖母阿阑豁阿感光而生长子不忽合答吉后裔组成的氏族。在取用汉式姓时，该姓氏人以姓氏首音取"韩"为姓。

亦拉特氏　民间称其为"西人"，亦拉特汉意是"近"之意。在客列亦惕部中有亦拉特部落，但土默特的该姓氏人也有来自卫拉特的可能。在取用汉式姓时，该姓氏人按姓氏汉意"近"的谐音取"金""景"为姓。

朱力恒氏　尼鲁温蒙古姓氏，也译为"主儿乞""主儿勤""月儿斤"，蒙古旧姓之一，是成吉思汗的曾祖父蒙古第一位大汗合不勒汗大儿子的后裔们的姓氏。在取用汉式姓时，此姓人以姓氏首音取"朱"为姓。

那颜沁氏　尼鲁温蒙古姓氏，也译写为"敖雅很""那牙勤"，"那颜"为官长的意思，"沁"为后缀。该姓氏人来源于成吉思汗八世祖篾年土敦后裔。《蒙古秘史》记载篾年土敦的儿子哈臣的儿子名叫"那牙吉歹"。那牙吉歹性格、行为举止如官长，后来其后裔形成"那颜沁"氏。取用汉式姓时，以"王"为姓。

客烈努特氏　客烈努特也译写为"客列亦惕""何若特""何热特"等。姓的来源与黑色有关，历史上信仰景教，他们是北元时期蒙郭勒津部形成时的组成部落。在取用汉式姓时，以"何""贺"为姓。

乌济业特氏　迭尔列斤蒙古姓氏，在史籍中，他们被称为草原兀良哈人。呼和浩特土默特的乌济业特人来自北元时期阿勒坦汗和僧格、宝音台吉在东北的朵颜兀良哈属部。在取用汉式姓时，该姓氏人以姓氏首音取"吴""武"为姓，有的后改为"云"姓。

扎哈沁特氏　汉意为守边界或站岗放哨的人，卫拉特准噶尔部有扎哈沁特部。

土默特的扎哈沁特人，来源有三个可能：一是由北元时守边界和互市关口，被明朝人称为"守口夷"的人形成，二是阿勒坦汗征伐卫拉特时带回的降附人员，三是清朝平定准噶尔部时迁到呼和浩特土默特的卫拉特准噶尔部扎哈沁特人。他们最早取汉式姓"尹""伊"为姓，后也有改姓为"云"的。

查干格沁　其原意为"白"，内含意思为"来自他乡之人""流民"，是以祖先当时处境为姓。在取用汉式姓时，以"查干"的汉意"白"为姓，后不少人改为"云""王"姓。

呼和努特氏　是蒙古汗国时扎成吉思汗蓝旗人形成的姓氏，原称为"呼和图克坦"（蓝旗手）。这些人的后代形成呼和努特氏。在取用汉式姓时，该姓氏人以姓氏"呼和"（汉意"青""蓝"）的汉意取"蓝""兰"为姓，后许多人改姓"李""张"。

明噶特氏　也译写为"明安""明阿"，是"千"的意思，也指"千户"，"特"是千的复数形式，土默特此姓来源于卫拉特"中心明安"（《阿勒坦汗传》中的额尔克楚特部，今土尔扈特人）和"茂明安"部。在取用汉式姓时，该姓氏人以姓氏首音取"明""闵"和按姓氏汉意"千"取谐音"钱"为姓。

锡勒努德氏　"锡勒努德"汉意为"黄"，"努德"为复数形式。此姓来源有两种说法。一是古代蒙古人敬天为父，尊地为母。在他们看来，万物的生存与发展，全赖大地养育，继而认为"黄"是代表大地的颜色，产生崇黄心理，并把这种认识用于宗族代号，出现了锡勒努德氏。二是以自身体能特点，如黄皮肤、黄发、黄睛、黄胡须的特征取姓。卫拉特、兀良哈、奈曼部都有该姓氏人，维吾尔人融入蒙古也称为"锡勒努德"人，呼和浩特地区的锡勒努德氏人包含卫拉特人、奈曼部人、兀良哈人，但大部分为从青海迁回的撒里畏兀儿人，也就是《阿勒坦汗传》中的锡赉兀尔人。进入土默特部后，他们组成"撒勒术特"部，成为阿勒坦汗三子铁背台吉及其后裔的属部，驻牧于今包头昆都仑河以东的包头市区和郊区、固阳县地区。清初时，没有被后金迁到辽宁地区的撒勒术特部人，一部分人仍为铁背台吉后裔们的属部，一部分被分到当时的土默特左右两翼。在取用汉式姓时，该姓氏人以"黄""金""谢""云"为姓。

墨尔格特氏　也就是蔑儿乞人，蔑儿乞是成吉思汗时期的古老部落名，土默特部的"墨尔格特"也被译称为"马尔格特"。该姓氏后人以祖先的部族名称为姓。土默特的蔑儿乞人为蒙郭勒津部组成时的重要组成部族，成吉思汗在把三女儿阿剌海别吉嫁给汪古部首领阿剌忽失的吉惕忽里的长子部颜西班时，主要陪嫁人员即为蔑儿乞人。在取用汉式姓时，该氏族人以姓氏首音取"马"为姓。

肖德氏　"肖德"在呼和浩特土默特译写为"乔登"，为林丹汗后裔形成的姓氏，该氏族人相传他们的祖先是监督土默特人的。他们应为林丹汗的直系宗亲，土默特部归降林丹汗后，他们被派到土默特部监督土默特部的行动。在取用汉式姓时，

该姓氏人以姓氏首字音取"肖""乔"为姓。

索伦嘎斯氏 1204 年，蔑儿乞人答亦尔兀孙向成吉思汗献女忽兰时，陪送布哈斯、索伦嘎斯两个部落的人，索伦嘎斯意为"彩虹"，土默特汉语方言称雨后彩虹为"降"。在取用汉式姓时，该姓氏人按"降"的谐音取"姜"或"蒋"为姓。

巴勒努德氏 又译写为"巴尔楚特""巴尔速惕""巴日努德""巴尔合特"。"巴勒""巴尔""巴日"都是蒙古语的书面语巴日斯（虎）的派生词。"努德""楚特""速惕""合特"是复数形式。据传，该姓氏人祖先以猎虎为业，后人以祖先职业为姓。在选用汉式姓时，该姓氏人以姓氏汉意"虎"的谐音取"胡"为姓。

苏和沁氏 也译称为"苏和德""苏和很""速客虔"等，意为用斧子的人，蒙古古代姓氏之一，传说是成吉思汗四世祖屯必乃之奴斡黑答的后裔。因其祖先经常使用斧子干活，其后裔遂按祖先使用器具名称为姓。在选用汉式姓时，该姓氏人一是选用姓氏"苏和沁"的首音"苏"为姓，二是按"苏和沁"的首字谐音取"孙"为姓。

高勒图德氏 "高勒"意为"河"，"图德"是复数形式，即其他蒙古部内的高尔罗斯氏（也译写为郭尔罗斯、豁罗剌思），为迭尔列斤蒙古姓氏弘吉剌氏族分支。传说是弘吉剌部人迷薛儿·玉鲁生有一子名叫豁罗剌思，他组织了豁罗剌思氏族，其后人以豁罗剌思为姓氏。在选用汉式姓时，土默特的高勒图德氏按姓氏的首音取"高"为姓。

台格木德氏 "台格木德"意为茂密的森林。台格木德这一姓氏在蒙古其他部落和东土默特没有见到，应为其他姓氏派生或呼和浩特土默特部清朝时形成的姓氏。相传，台格木德氏祖上是做法事占高位的人。祖先是从东山高处走下来的官人。在取用汉式姓时，台格木德氏人以其来历，取"高"为姓。

赤那郭勒氏 "赤那"是蒙古语"狼"的意思，"郭勒"是蒙古语"河"的意思，赤那郭勒就是"狼河"的意思。蒙古其他部落和东部土默特都没有发现此姓氏，应为呼和浩特土默特在清朝时形成的蒙古姓氏或兀良哈人、撒勒术特部人的姓氏。此外，土默特乌审部有"赤那呼德"氏族人，也有来自此氏族的可能。在土默特蒙古语方言中，将赤那郭勒称为"常宁高勒"。该氏族人在取用汉式姓时，按常宁高勒的首音取"常"为姓。后来大部分常姓人又改姓"云""李""张""王"等姓。

赖哈图惕氏 也译写为"兰赫特"，姓氏由来尚不清楚。在取用汉式姓时，该姓氏人以姓氏首音谐音取"兰"为姓，后大多改为其他姓。

乌瑞杨海氏 乌瑞杨海是蒙古语"乌瑞""杭盖"的变音，"乌瑞"意为高原，"杭盖"意为山林，即高原山林部落。乌瑞杨海就是漠北森林兀良哈部人的姓氏，被后金迁到北票、阜新地区的该姓氏人称为"乌日扬斯楚惕氏"。成吉思汗去世后，该部人世代守卫蒙古黄金家族在肯特山的陵墓，享有许多豁免权。由于他们的体貌特征为黄须、黄发、黄眼睛，明朝史籍称他们为黄毛，《元典章》称他们为兀里羊罕。北元时期，由于他们多次侵犯蒙古别部利益，不服从汗廷约束，阿勒坦汗曾六次征伐他们并带回不少归附部众，他们后成为北元时期蒙郭勒津部西哨部民。被后金迁往辽西的乌瑞杨海人除被编入东土默特左右两旗外，还有不少人被编入由喀喇沁部兀良哈人组成的喀喇沁旗。在取用汉式姓时，该氏族人以姓氏首音取"武"和"吴"为姓，后不少人改姓"云""李"。

伯速特氏　也译写为"别速惕""别速台""博硕"等，尼鲁温蒙古姓氏，成吉思汗六世祖海都的长子伯升豁尔多黑申去世后，其弟察剌孩领忽纳娶了他的妻子，并且生有一子，名为"别速台"（意为不是我的，是亲兄的），其后裔以祖先名字为姓。在取用汉式姓时，该姓氏人多以姓氏首音谐音取"白"为姓。

萨尔图勒氏　本姓氏来源一说源于蒙古族对来自亚细亚、伊朗等伊斯兰国人的统称，原意为"商人"；一说该词的原意为"月亮"，是"有月亮的国家"（指伊斯兰教寺院标记）之意。该姓氏人随着历史发展与演变，逐步融合为蒙古族。在取用汉式姓时，该姓氏人根据"月亮"发光的颜色取"白"为姓。

召兀图惕氏　"召兀图惕"汉意为百户长。此姓在呼和浩特土默特分布较广，人数较多，是土默特的大姓之一。在取用汉式姓时，该姓氏人以姓氏首音取"赵"为姓，一些人自称来自西北。

晃豁坛氏　也译写为"晃合丹""宏豁""黄古台"等，尼鲁温蒙古姓氏，是由成吉思汗的六世祖海都的儿子后裔组成的部落。部落名称来源有两个，一是说晃豁坛为海都的长子，由于鼻子大而被称为晃豁坛，意为"大鼻子的"；二是说晃豁坛为海都的次子，他腿快，行路如飞，喘息鼻声如摇铃，由此得名"晃豁台"。他组织了晃豁坛氏族，其后人以晃豁坛为姓，该姓氏人取汉式姓情况不详。

奇塔特氏　也被译为"吉塔特""乞塔"，是契丹人融入蒙古的姓氏，北魏以来契丹在今辽河上游一带游牧。唐末，迭剌部首领阿保机统一契丹及邻近各部，建立辽朝，与五代和北宋并立。1125年，契丹为金所灭。契丹人多与汉人、女真人相融合。另有契丹贵族耶鲁大石率领部分契丹人西迁建立西辽（1124—1211），又称黑契丹（哈拉乞塔）。1211年，西辽政权被乃蛮屈出律夺取，1218年乃蛮屈出律被蒙古所灭，部分部众融于蒙古。呼和浩特土默特的奇塔特氏人来自察哈尔部，在察哈尔各部归降后金时留在土默特，取汉式姓情况待考证。

阿勒塔沁氏　呼和浩特土默特的阿勒塔沁人来源有两支，一支为土默特部的阿勒塔沁人，一支为来自科尔沁的阿勒塔沁人。蒙古部族中的阿勒塔沁人有三种：一种为由掘金人后裔形成，一种为塔塔尔部中的阿勒塔部人形成，还有一种为被蒙古俘虏的金朝女真人形成。在取用汉式姓时，该姓氏人以姓氏汉意"金"为姓。

奈曼氏　也译写为"乃莫""乃蛮"，"奈曼"汉意为"八"，因其部落内分为八部而得名。奈曼人原居乞儿吉思地区，辽时移牧于阿尔泰山和杭爱山之间，经济和文化发展较早，很早就使用文字和印玺，

政治制度也比较健全，在成吉思汗征服之前已形成为国家类型的集团。奈曼部历史上和蒙郭勒津部的前身汪古部为姻亲部落，奈曼部在约汪古部攻打蒙古时，汪古部把这一情况报告了成吉思汗，并出兵和蒙古军队一起攻灭了奈曼部。在这次战斗中，汪古部立有大功，战斗结束后，应有不少的奈曼人被分到了汪古部。奈曼人除融入蒙古人外，另有一部分成为今哈萨克斯坦的主要组成部族。该姓氏人取汉式姓情况待考证。

额勒济格沁氏 弘吉剌部分支姓氏，"额勒济格"汉意为"驴"。据传弘吉剌部驻地邻近契丹时，有一人娶契丹人为妻，新媳妇带来一头驴饲养，周围人视驴为罕见，故称此户为"额勒济格沁"（养驴者）。该姓氏人以祖先的这一特征为姓。成吉思汗时代，该氏族人主动参与蒙古汗国的统一事业，是成吉思汗的十三古列延之一，取汉式姓情况待考证。

杭盖氏 也译写为"杭干""杭爱"。从前，该姓氏人祖先在蒙古杭爱山一带驻牧，其子孙以祖先故土之名取为姓氏，是蒙古后期产生的姓氏之一。该姓氏人取汉式姓情况待考证。

叶赫那拉氏 相传叶赫那拉始祖为蒙古人星根达尔汉，他到扈伦部居住地叶赫后，被招赘在那里。叶赫为大地之意，那拉的意思是爱。他领有其地后，成立一国，称为叶赫那拉。1619 年叶赫那拉被后金攻灭后，一部分叶赫那拉部人在古禄格率领下投附土默特部。在民国取用汉式姓时，他的支系以"叶赫"为"大地"的意思，把大地引申为"田地"，选"田"为姓。有研究认为古禄格的原姓为浩尼沁特。

章佳特氏 也译写为"张佳特氏""章佳氏"，早期为满族姓氏，在蒙古族中仅在扎鲁特旗、呼和浩特土默特有此姓氏。土默特的章佳特氏应是 1620 年随古禄格来到土默特的满族人。来到土默特后，他们把自己的身份改为蒙古人。在取用汉式姓时，章佳特氏人以姓氏首字音取"章""张"为姓。

李佳氏 原为满族姓氏，世居地为东北，蒙古各部仅扎鲁特和呼和浩特土默特有此姓。土默特的李佳氏应为 1620 年古禄格带到土默特的满族人，他们在归附土默特后，把民族改为了蒙古族。该姓氏的满族人取汉式姓"李"为姓，呼和浩特土默特的该姓氏人取汉式姓情况不详。

珠佳氏 原为满族姓氏，世居地为清朝时的吉林乌喇、叶赫、崇果济巴布三处地方，蒙古各部中只有呼和浩特土默特有此姓氏，应为 1620 年古禄格归附土默特时带入土默特的满族人。归附土默特后，他们把民族改为了蒙古族。该姓氏的满族人后取汉式姓"朱"为姓，呼和浩特土默特的该姓氏人取汉式姓情况不详。

（二）由土默特部落名称形成的蒙古姓氏

清初，原居于今巴彦淖尔市、包头市达茂旗、乌兰察布市、锡林郭勒盟西南部、河北省尚义县、康保县、张北县、沽源县，没有被后金迁到阜新、北票、朝阳地区的土默特各部人被迁到今呼和浩特市和包头市郊区、土默特右旗、达茂旗南部、固阳县居住。在迁到呼和浩特和包头地区后，这些土默特各部人中很多人把过去的部落名称作为了姓氏，以表示自己的所出和来源，这些由部落名称形成的蒙古姓氏如下。

畏兀儿沁氏 畏兀儿沁意为"类似维吾尔人"，也译写为"畏兀慎""维古特""委兀儿慎""委兀儿趁""卫郭特""唯古尔沁"等。该氏族人出自哈密北山的野乜克力部，《史集》记载他们为"别克邻""蔑克邻"，说他们的营地在畏兀儿斯坦的险峻山岭中。他们既非蒙古人又不是畏兀儿人，因为他们生活于山岭特别多的地区，所以他们惯于走山路，全部擅长攀登崖壁，在成吉思汗时代归附于成吉思汗。大约在15世纪以后，因他们的首领、贵族们为窝阔台汗或察合台汗的后裔，达延汗及其后裔把他们称为"雅斯屯"（意为同骨、支系）部，后传称为"永谢布"。永谢布也成为畏兀儿沁人所属十个部落的共同部落称呼。1510年，永谢布首领畏兀儿沁人亦卜剌叛乱后，一部分畏兀儿沁人被他带到青海，留在河套地区的畏兀儿沁人一部分仍留在残存的永谢布部落，一部分被分到蒙郭勒津部和鄂尔多斯部。分到蒙郭勒津部的畏兀儿沁人后成为阿勒坦汗长子僧格和四子兵都台吉的属部。兵都台吉领有的畏兀儿沁人驻牧于今内蒙古达茂旗一带，后迁到青海驻牧，亦卜剌带到青海的畏兀儿沁人后都进入该部。分给僧格的畏兀儿沁部后成为其长子那木岱及其后裔的属部。那木岱所属的畏兀儿沁人在阿勒坦汗为乌彦楚所生三子分封时，被分到今内蒙古达茂旗原兵都台吉畏兀儿沁部牧地驻牧。1591年那木岱从青

海回归土默特和那木岱长孙设剌克炭成为土默特博硕克图汗时，驻牧青海的土默特畏兀儿沁人大部分回到土默特原驻牧地，和博硕克图汗所领的畏兀儿沁人合在一起，成为土默特大汗直属部落。土默特部被林丹汗打败及博硕克图去世后，畏兀儿沁部人在博硕克图的儿子俄木布带领下归降林丹汗。后金来土默特征伐林丹汗时，他们一部分部民被带到阜新、北票、朝阳地区。清初，又有一部分部民被外喀尔喀部杀掠，余部后被迁到今呼和浩特、包头地区，成为当时土默特左右两翼旗的旗民。因为他们在那木岱汗和博硕克图时代都为土默特大汗直属部落，在取用汉式姓时，不少人把"汗"引申为"王"，以"王"为姓，也有一部分人以他们原有称呼"永谢布"部名首字音的谐音"云""荣"为姓。畏兀儿沁人中的窝阔台或察合台后裔姓氏为"乞颜·维古特"，因战乱进入鄂尔多斯的土默特畏兀儿沁人被称为"巴嘎蒙郭勒津人"意为"小蒙郭勒津人"。在取用汉式姓时，这些人中不少人取"毛"为姓。

巴岳特氏 也译写为"巴雅兀德""巴雅兀惕""巴雅固特"等。土默特的巴岳特氏是由土默特巴岳特部部名演变而来的姓氏。巴岳特人原为贝加尔湖沿岸狩猎部众，支系较多，后大部分移居于肯特山一带，以游牧为业，形成札台巴岳特和色楞格河巴岳特两支。蒙古部落中的巴岳特人，被认为是迭尔列斤蒙古氏族，在卫拉特部中也有巴岳特部人。蒙古部落中的巴岳特人较早归附成吉思汗，并参加了统一蒙古诸部的战争，蒙古汗国建立时被划为千户，

由汪古儿任千户长。北元达延汗去世前后，蒙古部落中的巴岳特部人被分成两支，一支由达延汗第三子巴尔斯博罗特领有，一支由达延汗第六子纳勒楚博罗特领有。由巴尔斯博罗特领有的巴岳特部，后成为阿勒坦汗属部，由阿勒坦汗次子宝音台吉领有，为土默特大部，原驻牧于今锡林郭勒盟西南。1632年，后金到呼和浩特地区征伐林丹汗时，巴岳特人一部分归于满族贵族，后进入满洲八旗；一部分进入随后金征伐的蒙古各部；一部分被编入东土默特左右两旗。清初时，一些仍留在锡林浩特西南原驻牧地的巴岳特部人被迁到今呼和浩特市、包头市境内居住。在取用汉式姓时，巴岳特人一部分人取"巴岳特"的首字谐音"白"为姓；一部分人因土默特地区汉语的普及，把巴岳特误译为"巴彦"，以"巴彦"的汉意"富"为姓；也有的按"巴岳特"的首音取"巴""卜"为姓。

巴林氏 也译写为"巴阿邻""八邻""白仁"等，尼鲁温蒙古姓氏。成吉思汗十世祖孛端察儿与掳来的妻子兀良哈真生的儿子，名为巴阿邻岱，他的后裔形成巴阿邻姓氏。北元达延汗时期，巴林部被分给达延汗第三子巴尔斯博罗特和第六子纳勒楚博罗特。分给巴尔斯博罗特的巴林部人在巴尔斯博罗特去世前后归属于阿勒坦汗，后成为阿勒坦汗第五子依勒登台吉的属部，驻牧于今内蒙古四子王旗一带。1632年后金到呼和浩特征伐林丹汗时，残存没有躲避的巴林部人大部分被后金带到今辽宁阜新、北票、朝阳地区，后成为东土默特左右两翼旗的旗民。在取用汉式姓时，该姓氏人以部名"白仁"取"白""任"为姓。

达拉特氏 "达拉"为"肩胛骨"之意，"特"为复数后缀。达拉特是鄂尔多斯供奉窝阔台汗崇拜物的部落，组建于1241年。巴尔斯博罗特去世前后，达拉特部人被分为两部，一部留在鄂尔多斯部，一部被分到蒙郭勒津部，后成为阿勒坦汗第六子和里克台吉及其后裔的属部。到1590年时，该部有兵丁不足一千人，驻牧于今乌兰察布市境内。土默特部被林丹汗打败时，该部的损失也应很大。清初呼和浩特土默特被编旗时，他们被迁到呼和浩特地区编入土默特左翼，部民当时主要被分到左翼二甲，取用汉式姓氏情况待考证。

乌审氏 乌审为部落名称。乌审的来源有四种说法：一为用网套的人；二为古乌孙族后裔形成的部落；三为来源于迭尔列斤蒙古许慎部落；四为来源于蔑儿乞部落的兀洼思部。北元达延汗去世前后，乌审部分为两支，一支归属鄂尔多斯部，一支归属阿勒坦汗三弟拉布克，隶属于阿勒坦汗，驻牧于今内蒙古乌兰察布市东部。清初，残存的土默特乌审部被迁到今呼和浩特地区托克托县居住，取用汉式姓氏情况待考证。

多罗土默氏 "多罗土默"意为"七万户"，由乞颜、包路处大、白仞、赖哈图德、杭木顿、白如大、林日如大七部组成。达延汗析产分封时，该部被分给其四子阿尔苏博罗特。阿尔苏博罗特去世后，该部成为其后裔领有的部落，后成为阿勒坦汗的属部，为土默特属部中最大的部落，驻牧于今内蒙古巴彦淖尔市地区。土默特部和林丹汗的战争中，该部受到的损失也应很大。后金来呼和浩特征伐林丹汗时，该部幸存没有躲避的部民被后金强迫迁到今辽宁北票、朝阳地区，成为清朝时东土默特右旗的组成部族。仍留在原驻牧地的部民在清初被迁到今呼和浩特附近，后被分到当时土默特左右两翼旗，取用汉式姓氏情况待考证。

杭特努惕氏 也译写为"杭锦""杭锦楚特""杭特尔""康邻""康里""奇卜察克""杭里"，历史上为钦察别部，又称东部钦察，是古代高车人后裔。《南村辍耕录》把他们列为色目人。1237年春，拔都率大军攻打奇卜察克（杭里）。夏天，蒙哥汗举兵追杀杭里部首领巴赤玛拉之后，杭里部归附于蒙古。从此，杭里部成为今蒙古民族成员，现在称为"杭锦"。土默特部中早期的杭锦人很多，亦卜剌叛乱后被分出不少，没有成为独立的大部，留在土默特部的杭特努惕氏人应为蒙郭勒津部部民。杭特努惕人中也有不少人被后金迁到辽宁阜新、北票、朝阳地区。在取用汉式姓时，该姓氏人以姓氏首音取"康"为姓。

茂明安氏 也称为"毛明暗""毛明安"，意为"坏明安"。茂明安为卫拉特早期的四个明安（千户）之一，为蒙郭勒津部早期大部。阿勒坦汗时期，茂明安部归属阿勒坦汗长子僧格，后成为那木岱及其后裔的属部。后金来到呼和浩特征伐林丹汗时，该部没有躲避的部民都被带到东北，除进入日后的东土默特左右旗外，有不少人被分到由喀喇沁部兀良哈人组成的喀喇沁旗。在取用汉式姓时，该姓氏人和"中心明安"

人一样，以姓氏首音取"明""闵"和按姓氏汉意"千"取"千"的谐音"钱"为姓。

弘吉剌氏 迭尔列斤（也译写为迭尔列勤，意为一般蒙古人，指源出于曾经遁入额儿古涅昆的捏古思和乞颜两个蒙古部落非阿阑豁阿感光而生的所有蒙古人及其支系，共有20多个姓氏）蒙古姓氏，也译写为"王吉剌""洪吉拉""翁吉拉"等，为蒙古部落名称形成的姓氏，其分支姓氏有敖勒古努惕氏、孛思忽尔氏、也里吉斤氏、楚兀日初德氏、朱日其德氏、额勒济格氏、居古日沁氏等，传说他们的祖先是从金器中出生的三个兄弟的后代。北元时期的弘吉剌部分别归属土默特的僧格和内喀尔喀部。僧格所属的土默特弘吉剌部驻牧地在今内蒙古乌兰察布市和今河北省张北县、尚义县、康保县一带，清初时没有被后金迁到今辽宁地区的弘吉剌部人被迁到今呼和浩特地区。在取用汉式姓时，该姓氏人以姓氏首音取"洪"为姓。

乌鲁特氏 尼鲁温蒙古姓氏，"乌鲁特"为成吉思汗四世祖屯必乃汗的长子扎黑速的儿子们形成的三个蒙古姓氏之一，除"乌鲁特"外，另两个一个为"那颜沁"，一个为"忙忽惕"。"乌鲁特"也译写为"乌日鲁古特""兀鲁惕""兀鲁兀"等，清代译称为"乌鲁特"。北元时期达延汗析产分封诸子时，乌鲁特部分别归属达延汗第三子巴尔斯博罗特和达延汗第八子格呼博罗特，归属巴尔斯博罗特的乌鲁特部后分给阿勒坦汗，最早由阿勒坦汗长子僧格领有，后由僧格次子那木尔台吉和三子补尔哈图等领有，并发展成为土默特部的强部，驻牧于今内蒙古兴和县东部、察右后旗、商都县、化德县一带，清初时被迁到土默特左翼二甲。在取用汉式姓时，一部分该姓氏人把清朝的译称"乌鲁特"误为"乌勒腾"，即汉意"云"，并以"云"为姓；另一部分人取汉式姓情况待考证。

（三）职务、职业、身份名称形成的姓氏

北元时期，土默特部随着阿勒坦汗称汗，从军旅、汗廷乃至生活起居等诸方面，都设置了许多专门机构，一些被信任和有着专长的人从土默特各部进入汗廷服务，他们都被授予了蒙古传统使用的官职名称和身份名称。这些人中很多人的职务不仅是终身的，有的还子承父业，世代相继。由于这些人长期远离原来的部族，一些人把父祖身份职业名称作为姓氏。土默特被林丹汗打败时，由于这些人都为后勤保障人员并一直跟随博硕克图汗，受到的损失较小。博硕克图汗去世后，他们在俄木布带领下归降林丹汗。后金1632年到土默特地区征伐林丹汗时，这些人作为汗廷组成人员和俄木布一起躲避，大都留在了呼和浩特地区。1634年俄木布降清后，这些人被安置于土默特地区。在被重新安置后，他们很多人把身份、职务名称形成的姓氏作为村名。这些人中，不排除蒙元时期和北元早期就在汗廷服务，而把职业、职务、身份名称作为姓氏的人的后裔。此外，在清朝时也有土默特人把祖上的职务名称作为姓氏，并逐渐忘记了原有的蒙古姓氏。

巴拉格特氏　在蒙古文史籍中，有达延汗幼年时由"巴拉格沁"氏族人巴亥抚养的记载，在阜新蒙古族自治县有由"巴拉格沁"变音的"巴亦拉黑赤"人，呼和浩特土默特的巴拉格特人应为蒙文史籍中的"巴拉格沁"人。"巴拉格"有汉意"边"的意思，他们应为守边人后裔形成的姓氏。在取用汉式姓时，巴拉格特氏人大都以姓氏首音取"巴"为姓。

塔勒比齐克氏　也译写为"他哈比已特"。"塔勒比齐克"为"献祭"的意思，该姓氏人祖先为筹备供奉祭祀用品的人，其后人以祖先职业名称为姓。据《八旗满族姓氏》记载，土默特的塔勒比齐克氏人有人已成为满族人，并以汉式姓"白""李"为姓，仍留在呼和浩特的此姓氏人取汉姓情况待考证。

萨阿力沁氏　"萨阿力沁"为汗廷管理奶食者的官职名，原意为"挤奶者"或"挤乳者"，蒙古汗国窝阔台时就已有这个官职名。北元时期，蒙古族的食物仍主要为红食（肉食）和白食（奶制品），加工制作、保存奶食品在日常生活中占有相当重要的地位。"萨阿力沁"为承担这些工作的官职，其后人以祖先的这一官职名作为姓氏。现呼和浩特土默特地区的萨阿力沁人有一部分来自察哈尔部，该姓氏人取汉式姓情况待考证。

胡雅格沁氏　"胡雅格沁"为汗廷照料、管理"锁子甲"的官职名。"胡雅格"是"锁子甲"之意，"沁"为"者"，也译写为"忽日格沁""胡雅古沁"。该官职的后人以祖先的这一官职名称作为姓氏。清朝乾隆初年，呼和浩特土默特右翼有此姓氏形成的村庄五六个，这些村庄名称后被误传为"忽拉格气"（意为土匪强盗或不守信用者）。

该姓氏人取汉式姓情况待考证。

陶高沁氏　"陶高"为"锅"之意，"陶高沁氏"的祖上是军营或汗廷、寺院从事厨师职业的人。其后人以祖先职业为姓，取用汉式姓情况待考证。

玛勒沁氏　"玛勒"意为"马"，"沁"意为"者"，"玛勒沁"为掌管车马的官职，蒙元时期都有这一官职。其后人以祖先的这一官职名为姓，取用汉式姓情况待考证。

珠拉沁氏　也译写为"珠勒其德"，北元时期的一些蒙古权贵死后，其后人要建造陵墓安放遗体，定时供奉祭品，还要定时派人进去点燃油灯，为死者照明。珠拉沁氏就是世代为死者点燃明灯职业人形成的姓氏。在取用汉式姓时，该姓氏人一部分人把大汗首领引申为"王"，以"王"为姓；一部分人把为死者点灯引申为"照明"，并以"照"取"赵"为姓。

毕切沁氏　也译写为"笔写契""毕前气""毕斜气""毕气克气""毕克气"，为官职称呼。蒙元时期，为汗廷、官员、首领书写文书的人被称为"毕切沁"。在呼和浩特土默特以"毕切沁"为原音的村庄中，又有的在前面加上了"王"字，这应该是把土默特的大汗、各部首领引申为"王"，把"王"加到"毕切沁"前，表示他们是大汗和各部首领的"毕切沁"，以区别于其他官员、首领们的"毕切沁"。其后人把祖上的这一官职称呼作为姓氏，以"王毕切沁"为姓氏者在取用汉式姓时，以姓氏首音取"王"为姓，以"毕切沁"为姓氏者取汉式姓情况待考证。

绍卜沁氏　又译写为"失保嗔""昔宝赤""锡布沁""什不沁"等。"绍卜"意为鸟类，这里特指鹰类，"绍卜沁"则指驯鹰人。从广义上讲，凡是驯鹰者均可称为绍卜沁。但该姓氏的人多是来自汗廷的驯鹰人。这些驯鹰人的后代把祖先的职业称呼作为了姓氏。在取用汉式姓时，该姓氏人以姓氏首音取"赵"为姓。呼和浩特地区的该姓氏人也有来自永谢布部落"锡布沁"部的可能。

努木沁氏　此姓氏人祖上是制作弓箭的人或管理弓箭的家族。"努木"即"弓"。"沁"是"者"或"人"的意思。在取用汉式姓时，该姓氏人以姓氏的汉意取"弓"为姓，后有的又改姓"云""李"。该姓氏人也有来自永谢布部落"努木沁"部的可能。

布拉格努德氏　布拉格意为"泉""水泉"，因祖上是管理泉水的人而得姓。在取用汉式姓时，该姓氏人以姓氏汉意"泉"的谐音取"全"为姓。

孟克沁氏　意为制造银器的匠人。"孟克"汉意为"银"，该姓氏后人以祖上的职业作为姓氏。在取用汉式姓时，该姓氏人以姓氏首音选"孟"为姓。

浩尼沁特氏　蒙元时期官职名，《元史》写为"郝尼赤"，《蒙古秘史》写为"郝尼沁"。该姓氏祖先为管理羊群的人，其后人以祖先的官职为姓。在取用汉式姓时，该姓氏人以姓氏汉意"羊"的谐音取"杨"为姓，后多改为"云""李"姓。

巴格希纳尔氏　蒙古社会对教书育人的职业十分敬重，都以官长或先辈相待。"巴格希纳尔氏"是教师的后人以祖先的职业

形成的姓氏，北元时期土默特汗廷和各部首领们的老师称为"王巴格希"。该氏族人取汉式姓情况待考证。

白兴格沁氏 在呼和浩特土默特也译写为"板升齐"，白兴也就是板升的意思，白兴格沁，为造房子或管理板升的人。在取用汉式姓时，该姓氏人以姓氏首音取"白"为姓，有的在民国时又改为"云""李"姓。

札兰努德氏 土默特方言称为"甲兰努德"，从17世纪中期开始，清廷把归顺的蒙古诸部改部为旗，旗内男丁150人为一个佐领，五个佐领之上再设一个官员叫札兰。札兰为满语，含"层次""关节"之意，是旗内中层官员的意思。札兰的汉语称呼为参领，是旗扎萨克的派出官员，对各佐领的军事活动有督查指挥权。这个职务的一些后人有的把祖先的这一官职名作为姓氏。在取用汉式姓时，该姓氏人以土默特地区对该职务的称呼"甲兰"的首音取"贾"为姓。

章盖氏 姓此姓氏者已经忘记了清朝之前的蒙古姓氏。章盖是清代旗属参领下面佐领的蒙古语称呼，土默特地区清朝时共设60名章盖，其中一部分为世袭。这些任过章盖的后人有的把祖上这一官职名称作为姓氏，在取用汉式姓时，以"章盖"的首音取"章""张"为姓。

此外，在清朝时的土默特地区，还有一些职务、职业、身份名称形成的村名，它们可能为居住人以职业形成的村名，但也有可能为以祖先职务、职业、身份姓氏形成的村名。这些以职务、职业、身份名称形成的村名分别为察苏沁（造纸、管理纸的人）、齐老沁（石匠）、阿尔嘎力沁（捡牛粪的人）、额色给沁（裁缝）、额莫勒沁（做马鞍的人）、阿雅格沁（做木碗的人）、波勒可沁（意为说吉庆话、祝颂人）、雨施格沁（做毡子的人）、得苏沁（做麻绳的人）。

（四）清初进入土默特部的喀喇沁部人蒙古姓氏

1641年二月二十日，1628年被林丹汗打败后逃往明朝，被明朝安置在河北孟县一带的喀喇沁、永谢布各部男子四百二十一人，妇女儿童八十多人，共五百多人从大同阳和到呼和浩特归降清朝。这些人后来都被安置到呼和浩特土默特。在来到呼和浩特土默特时，他们有成丁四百二十一人，妇女儿童仅有八十余人，这说明他们逃往明朝时大部分为单身战士。他们从1628年逃到明朝，到1641年初来到呼和浩特归降清朝，已时隔十四年，这四百二十一人中，这时应已有很多人错过了结婚年龄，日后有后代的应不足三百人。1635年时，土默特共有兵丁三千三百人，这些进入土默特的喀喇沁部人人数占当时土默特人口的十二分之一。从土默特地区以喀喇沁部落、姓氏形成的村名推断，来到土默特的喀喇沁直属部落人不多，主要为永谢布部落的塔布乃麻、打喇明安、阿速特部人和畏兀儿沁人，现能掌握到的他们的蒙古姓氏如下。

哈日努德氏 意为"黑的"，迭尔列斤蒙古姓氏弘吉刺分支姓氏，蒙古族大姓之一。呼和浩特土默特的哈日努德氏人来自于喀喇沁部。在取用汉式姓时，该姓氏人以姓氏首音取"韩""郝"为姓，后改姓"云"者较多。

博罗努惕氏　土默特方言为"宝勒诺德"。此姓是北元喀喇沁万户的非贵族大姓，源于吉尔吉斯人中的博罗努特部落。今土默特地区的宝姓、部分卜姓、紫姓都从此姓氏演变而来。

博罕岱氏　该姓氏为北元时期喀喇沁部博罕岱氏族人的姓氏，为喀喇沁部大姓，也译称为"伯罕岱氏"，在呼和浩特土默特译写为"补还岱"。该氏族人源自于古突厥阿史那联盟中的阿史那·博罕，阿史那·博罕为阿史那联盟中的酋长。在成吉思汗统一蒙古草原时，他的后代融入蒙古，并以其先祖阿史那·博罕的名字为姓氏，称"博罕岱氏"。"岱"在蒙古语中是"特别""非常""高峰"的意思。在选用汉式姓时，该姓氏人以姓氏首音取"补"为姓，后有不少人改姓"王""李"。

永谢布氏　永谢布为北元蒙古部落名称，原蒙古姓氏没有此姓。永谢布形成时牧地在今鄂尔多斯地区，晚期时在今锡林郭勒盟西北部。早期组成部落为畏兀儿沁、喀喇沁、西剌努特、晃豁坛、打喇明安、巴尔虎、塔布乃麻、努木沁、布里亚特、什报沁、阿速特，晚期组成部落主要为畏兀儿沁、打喇明安、巴尔虎、阿速特部人，以及部分塔布乃麻、努木沁、什报沁部人。1628年土默特部和永谢布被林丹汗打败后，流落到其他部落的永谢布人以永谢布部名为姓。永谢布部落人在清朝初年和喀喇沁部人同时进入土默特部。取用汉式姓时，很多人以部名首音取"云""荣"为姓。

多罗特氏　也译写为"道劳德""当刺特""倒拉特"等，为北元时期永谢布部落驻牧河套地区时的十部之一"当刺儿罕"部，"多罗""当刺"意为"七"。永谢布成为喀喇沁部属部后，该部一直留在永谢布内，改称为"当刺明安"，部名来源有的专家认为与西夏党项遗民有关，具体情况不详。在取用汉式姓时，该氏族人大多以永谢布的首音取"云"为姓。

塔布特氏　塔布特即永谢布驻牧河套地区时十部之一的"塔布乃麻"部。"塔布"为蒙古语"五"，"乃麻"为"艾马克"（意为部落）的译写。"塔布乃麻"即"五部"的意思，"特"为复数形式。据传，塔布特是由卫拉特塔黑勒汗的五个儿子后裔组成的部落。塔布特部曾是守卫成吉思汗"金棺"的部落，北元时期叛乱的鄂尔多斯部首领满都赉阿哈勒呼就是塔布特人。在取用汉式姓时，该部人大多以他们为永谢布属部，以永谢布的首音取"云""荣"为姓。

阿速特氏　"阿速特"意为"守卫"，史籍中也称为"阿思""阿兰""阿苏特""阿速惕"。阿速特人属波斯的斯基泰—萨尔马提亚人，原居高加索以北顿河下游的库班和捷别克，后移居到捷尔宾特伏尔加河口，说波斯语，信奉东正教。1221年成吉思汗西征时，速不台率军大败当地的萨尔马提亚等部联军。1239年，蒙哥率师征服了萨尔马提亚部落。1253年，蒙哥汗派人将不少萨尔马提亚人户迁往蒙古地区，后成为元朝皇帝亲军的主体，被称为"阿速"。他们卷发碧眼，中国人也称他们为"碧眼回回"或"绿眼回回"，在当时是色目诸

族之一，后逐渐融入了蒙古族。阿速特留在欧洲的部分，逐渐发展成为今天的奥塞梯人，主要分布在现俄罗斯的北奥塞梯共和国和格鲁吉亚的南奥塞梯共和国。融入蒙古的阿速特人在北元达延汗时成为永谢布所属部落，达延汗析产分封时成为达延汗第七子阿尔博罗特属部，后又成为阿勒坦汗六弟博迪达喇属部。博迪达喇去世后，该部由其三子火落赤及其后裔领有。1628年九月，阿速特部与土默特部和永谢布部一起在艾不盖之战中被林丹汗打败，大部分部众向东投奔所属朵颜兀良哈部，途中被阿巴嘎部（别勒古台部或科尔沁部）截杀俘虏不少，残留部众后来降附后金，被编入满洲八旗，一部分投向鄂尔多斯、察哈尔和明朝，清初时一部分阿速特人进入土默特。在取用汉式姓时，该部人以祖先名字福林嘎的第一音节取"伏""佛""福"为姓，后大多改姓"云""张""王""李"，今内蒙古土默特右旗萨拉齐北山下各村"云"姓，原有不少人以"伏""佛""福"为姓。

（五）清朝时进入土默特部的其他蒙古部族人的蒙古姓氏

呼和浩特土默特部从1638年被后金编旗以来，1641年将从明朝归降的五百喀喇沁部人安置在呼和浩特地区。在1681年冬征伐吴三桂结束后，又将1652年安置在乌拉特东公旗，在土默特地域内"借牧"的一部分征伐吴三桂立功的科尔沁人安置到土默特地区。1692年，外喀尔喀部（今蒙古国）率部到青海的罗卜藏赛音台吉归附清朝。罗卜藏赛音台吉被封为镇国公留居

北京，其所领部民被安置到呼和浩特地区。清朝征伐噶尔丹时，呼和浩特成为噶尔丹部人归附清朝的受降地和集中地点，归降的这些噶尔丹部人后来绝大部分被安置到张家口北的察哈尔各部，也有一些人被安置在呼和浩特地区。这些进入土默特的其他蒙古部族人逐渐融入于土默特部，成为土默特部人，现能掌握到的他们的蒙古姓氏如下。

浩齐特氏 蒙古古部族名，也译写为"好陈察罕儿""胡奇德"，北元时期属察哈尔万户，清初时驻牧于今西乌珠穆沁旗以西地区和今锡林河下游流域。1692年，清廷为防备噶尔丹内犯，加强土默特地区的防务，将浩齐特郡王达尔玛吉里迪旗下人丁编为三个佐领，在呼和浩特四周驻牧。1694年，将浩齐特三个佐领中的两个佐领编入土默特，每个佐领甲士五十名，附丁一百名。两个佐领共有披甲一百人，附丁二百人，共三百人。这三百浩齐特人及家属后被以"归化城"之名编入左翼首甲五佐、二甲二佐，右翼首甲二佐、三佐，二甲三佐，四甲三佐、五佐，五甲五佐。在取用汉式姓时，浩齐特人一部分按"浩齐特"的意思"陈旧"，取首字音"陈"和"成"为姓，一部分以姓氏"胡奇德"的首音取"胡"为姓，后有不少人改为"云"姓。

阿勒塔沁氏 呼和浩特土默特的阿勒塔沁人来源有两支，一支为土默特部的阿勒塔沁人，一支为来自科尔沁的阿勒塔沁人。来自科尔沁的阿勒塔沁人为清朝时借牧土默特固阳牧地的科尔沁人，他们在参加征伐吴三桂后迁到土默特地区。蒙古部

族中的阿勒塔沁人有三种：一种为由掘金人后裔形成，一种为塔塔尔部中的阿勒塔部人形成，还有一种为被蒙古俘虏的金朝女真人形成。在取用汉式姓时，该姓氏人以姓氏汉意"金"为姓。

乌兰氏 也译写为"乌兰干努德"，"乌兰"为"红"之意。呼和浩特土默特的乌兰氏相传来自于科尔沁南部的苏鲁克旗，祖上是专为朝廷饲养红马、红牛的部族，在取用汉式姓时，以姓氏之意取谐音"洪"为姓，他们应为清朝时借牧土默特固阳牧地的科尔沁人。

巴图特氏 巴图特是卫拉特部落名，是卫拉特联盟最早的成员，其部众后来大多融入了和硕特部中。进入土默特的巴图特氏在选用汉式姓时，以姓氏的首字音取"巴"为姓。

萨如勒氏 也译写为"沙绕拉""沙勒高沁"，原意为"光明""明亮"，该姓氏人原居住在今蒙古国，后到青海，1692年随外喀尔喀台吉罗卜藏赛音在青海降附清朝，被安置到呼和浩特地区居住，为外喀尔喀人后裔。"萨如勒"为他们祖先在蒙古国居住的地名。在取用汉式姓时，该姓氏人一部分以姓氏原意"明亮"的"亮"的谐音"梁"为姓，另一部分以他们原为外喀尔喀部人，"留"在了土默特，取"留"的谐音"刘"为姓。

古列延惕氏 "古列延"意为"圆圈"，"惕"为复数后缀。"古列延"源于古代蒙古人游牧或者战时所采取的圆圈状阵型——"营"。外喀尔喀有此部族名称，呼和浩特地区的古列延惕氏人应为1692年从青海迁到呼和浩特的外喀尔喀部人。在取用汉式姓时，该姓氏人以姓氏汉意"圆圈"的"圆"音取"袁"为姓。此外，呼和浩特地区有清朝时山西汉族"袁"姓人来到呼和浩特改为蒙古族的人，他们仍以"袁"为姓。

二、土默特部东迁到阜新的蒙古姓氏

1632年，土默特蒙郭勒津部左翼和一部分土默特畏兀儿沁部、巴岳特部、巴林部、僧格诸子部人，被后金强迫迁到今阜新地区居住，成为1630年迁居到这里的阿勒坦汗所属朵颜兀良哈部人的属民，领主即为阿勒坦汗外甥善巴，1637年被清朝正式编为东土默特左旗。在清朝时，由于清朝有蒙古人不准有汉姓的禁令，蒙古人一直没有汉姓。清朝灭亡后，清朝的各种禁令取消，在民族语言多元化及国民党民族压迫和歧视下，蒙郭勒津部人逐渐开始取用汉式姓氏，到20世纪30年代前后全面取用了汉式姓氏。为较好分析阜新地区的蒙古姓氏和主要部落组成，此处所列姓氏全部为清初阜新土默特左旗成立时即有的姓氏，清朝时又迁入的其他部人姓氏未列。

（一）蒙郭勒津部左翼人的蒙古姓氏

蒙郭勒津部左翼即蒙郭勒津部东哨。蒙郭勒津部分为左右翼时，左翼由阿勒坦汗和第三夫人乌彦楚掌管，后分出大部成为阿勒坦汗与乌彦楚所生三个儿子的属部。从姓氏来源对照有关资料，可以确定阜新蒙古族自治县的蒙古族主要为土默特部的

蒙郭勒津部左翼人，也就是蒙郭勒津部东哨人。这些蒙古姓氏如下。

齐木惕氏 "齐木惕"即"乞颜"氏，为成吉思汗家族的姓氏，他们较早归附善巴，是善巴早期所属非兀良哈部属，本氏族人口众多，是蒙郭勒津地区较大氏族之一。蒙郭勒津地区的齐木惕氏是被蒙郭勒津王公信任的氏族。王公生子，须由本氏族中征选奶妈保育。他们应为土默特1628年败亡之后投附善巴或1632年善巴随后金征伐林丹汗时带回的土默特人。在取用汉式姓时，他们取姓氏的首字音汉字"齐"和近似音"陈""秦"为姓。

阿拉克楚惕氏 蒙古后期的派生姓氏，由部落名称而来，又译写为"阿拉格楚惕""阿拉克努特""阿拉克阿吉日嘎坦""阿拉格奇高德"等。"阿拉克楚惕"即阿拉克阿吉日嘎坦，意为"花斑毛色马"，为图腾姓氏，北元早期时为察哈尔万户北部右翼部落之一。在取用汉式姓时，该姓氏人采取意译法，取姓氏汉意"花"为姓，后来改为"华"字。

伊德兀惕氏 《蒙郭勒津姓氏及村名考》说伊德兀惕为部落名称，是草原部落"伊德津"的转音。在取用汉式姓时，该姓氏人按姓氏首音取"伊"为姓，也有取"倪""白"为姓者。

乌日扬斯楚惕氏 由于语音变化，乌日扬斯楚惕氏均习惯地被称为"乌日梁斯"，为阿勒坦汗六征漠北兀良哈时归附的兀良哈人姓氏。在取用汉式姓时，该姓氏人以"乌日梁斯"第三音节取"梁"为姓。该姓人大部分在北票、朝阳地区，有一部分迁到

阜新。

乌苏惕氏 由古代乌孙国演变而来，乌孙国在我国西汉时为西域强国，人口达60多万，以游牧为主，产良马，考古考证其主体为欧洲人种特征，后被鲜卑所灭。乌孙历来被认为是哈萨克族的先民，是组成哈萨克族的主体部落。一部分乌孙人在蒙古西征时归附蒙古，后逐渐融入了蒙古族。《多桑蒙古史》记载乌儿苏惕部原居住地在乞儿吉思（今吉尔吉斯共和国）、谦谦州（今俄罗斯图瓦共和国）的森林，并说他们熟悉蒙古药剂，以用蒙古方法很好地治病闻名于世；融入蒙古后，形成乌苏惕氏。在取用汉式姓时，该姓氏人把姓氏"乌苏"作为蒙古语的"水"引申取意，取"白"为姓，以表明其系由水而来。水是洁净的，故而取"白"为姓。

布各氏 "布各"为"布哈"的变音，由蔑儿乞部落布噶斯演变而来。"布噶斯"即《蒙古秘史》中的"兀洼思"。在取用汉式姓时，该姓氏人以姓氏首音的近似音"包"为姓，后来为了同其他包姓相区别，改用"暴"为姓。

包拉格楚惕氏 是从古代狩猎水獭者的工种名称"包拉格沁"演化而来的姓氏。在取用汉式姓时，该姓氏人以姓氏首音取"鲍""包"为姓。

布忽图惕氏 是迭尔列斤蒙古氏族部落中的不忽讷惕氏。成吉思汗的第十一世祖朵奔蔑尔干和阿阑豁阿生育了两个孩子，长子名为"不忽讷惕"，其后裔以他的名字作为姓氏，由于方言的差异，变音为"布忽图惕"。在取用汉式姓时，该姓氏人按

姓氏首音取"鲍"为姓,另有一部分人取"卜"为姓。

海勒图惕氏 也译写为"海拉图德",在鲍玺的《蒙古姓氏》中,有海拉图德为奈曼友邻部落姓氏的记载,在《蒙古黄金史》中,有鄂尔多斯部有海勒忽津部的记载,该姓氏应为早期蒙郭勒津部组成氏族。在取用汉式姓时,该姓氏人按姓氏首音取"海"为姓。

噶赤克兀惕氏 此姓氏是伊德兀惕氏的分支姓氏。从前伊德兀惕氏的一部分人迁居蒙郭勒津时,生活很贫困,蒙语称"噶赤克"。他们为了不忘过去,自称为噶赤克兀惕(贫困人),久而久之,便成为姓氏。在取用汉式姓时,该姓氏人以姓氏首音取"甘"为姓。

锡勒只兀惕氏 尼鲁温蒙古姓氏,也译写为"山只昆""散只兀""撒拉只兀惕氏",是成吉思汗第十一世祖母阿阑豁阿感光而生第二子布和图撒勒只后裔形成的氏族,本氏族人以祖先名为姓。在取用汉式姓时,该姓氏人按姓氏首音取"谢""邢"为姓。

答尔忽惕氏 也译写为"答儿合惕""达尔哈惕"。公元1206年蒙古建国时,成吉思汗把对其本人或是其子有救命之恩的人,授以"答剌罕"(今译达尔罕)之号,意为"自由自在的人"。这些人的后裔形成了"答尔忽惕"部落,并以"答尔忽惕"为姓氏。在《史集》中已有这个氏族为部落的记载。在取用汉式姓时,该姓氏人按姓氏首音取"戴"为姓。

斡托儿氏 尼鲁温蒙古姓氏,是成吉思汗的六世祖海都的孙子斡罗纳儿的后裔组成的氏族。由于斡罗纳儿是个斜眼,斡罗纳儿又被称为乞里克讷惕。斡托儿氏族人数很多,并有分支部落。北元时期的土默特部和喀喇沁部都有斡托儿氏人。斡托儿氏人遍及蒙郭勒津各地,相互不易取得联系,在取用汉式姓时,因方法各异,用字也各有不同,有"武""吴""伍""包""白""岳"六姓。

杜兀如惕氏 杜兀如惕为汪古部"都兀如德"部落的变音,也译写为"都如德"。在取用汉式姓时,该姓氏人一部分以姓氏首音取"杜"为姓,另一部分人取"霍"为姓。

朱儿斤氏 尼鲁温蒙古姓氏,也译称为"主儿勤""月儿斤""禹儿乞"等。朱儿斤意为心,是成吉思汗祖父把儿坛把秃儿之兄斡勒巴儿合黑的后代。斡勒巴儿合黑之子主儿乞,其子撒察别乞、台出,他们的后代形成朱儿斤氏族,即主儿乞。在取用汉式姓时,该氏族人采用意译,以"心"为姓,后改为"辛"。

鲁路斯氏 姓氏来历尚不清楚。在取用汉式姓时,该姓氏人按姓氏首音取"刘"为姓。

额儿各兀惕氏 是"额尔克兀惕"的变音,该姓氏来源于额尔克彻古特,应为来自汪古部贵族后裔的姓氏,历史上信奉景教。在取用汉式姓时,该姓氏人选取"依"为姓。此姓氏人为蒙郭勒津部最早的主要组成部族。

何出兀惕氏 也译称为"忽出兀惕",奈曼部分支部落名称演变形成的姓氏,历史上信奉景教。他们在取用汉式姓时,以姓氏的首音取"何"为姓。此姓氏人为蒙

郭勒津部早期的组成部族。

敖恩古惕氏 敖恩古惕为守护神之意，为信奉景教的汪古人部落名称演变形成的姓氏，为早期的蒙郭勒津部主要组成部族。在取用汉式姓时，该姓氏人以姓氏首音取"敖"为姓。

敖恩古律氏 该姓氏由客列亦惕分支部落汪豁津演变而来，客列亦惕为早期信仰景教的部落，他们为最早的蒙郭勒津部组成部族。在取用汉式姓时，以"汪"为姓。

必狄兀惕氏 奈曼部分支部落名称演变形成的姓氏，历史上信奉景教，为最早组成蒙郭勒津部的部族。在取用汉式姓时，他们取姓氏的第二音节汉字"狄"为姓。

敖儿多斯氏 应为鄂尔多斯人以部落名形成的姓氏，在后金征伐林丹汗时，该姓氏人祖上随土默特被带到阜新地区，为了不忘来源，以部落名为姓。在取用汉式姓时，他们选鄂尔多斯的首字"鄂"的谐音字"敖"为姓。

何日出惕氏 何日出惕是蒙古古部落，也译称为"何日兀惕"。在取用汉式姓时，他们以姓氏首音取"何"为姓。

明努惕氏 "明努惕"为"明安""明嘎"的变音形式，意为"千"，也指代"千户"，"惕"为复数后缀。土默特的明努惕姓氏来源于卫拉特中心明安(今土尔扈特)和茂明安部。土默特的不少该姓氏人在清初被东迁后分到喀喇沁部兀良哈部人为扎萨克的喀喇沁旗。在取用汉式姓时，该姓氏人一部分以姓氏汉意"千"取谐音"钱"为姓，另一部分以"白"为姓。

速客很氏 也译称为"速客虔""苏和沁""苏和很"，此姓氏为蒙古古氏族。"速客""苏和"都是"斧子"的意思，"很""虔""沁"都是复数。该姓氏人始祖斡黑答被成吉思汗四世祖屯必乃虏获为奴，并经常用斧子干活，其后裔遂按祖先经常使用的器具名称为姓。在取用汉式姓时，该姓氏人按姓氏首音取"宋"为姓。

石郎中氏 据此姓人传称，他们原籍是河北省石家庄郎中台村人，其祖先是元朝的将军。后来，他的后代来到阜新居住。此姓人以原籍地名石(家庄)郎中(台)作为姓氏。在取用汉式姓时，他们以姓氏第一个字"石"为姓。

巴亦拉黑赤氏 此姓为蒙古古部落"巴勒格沁"的变音形式。在取用汉式姓时，该姓氏一部分人因其姓氏词根近似汉文的"边"字音，取"边"为姓；另一部分取"傅"和"蒲"为姓。

乌合日沁氏 此姓氏由四户为王爷放牧牛群的乌合日沁(牧牛人)后代组成。在取用汉式姓时，该姓氏人按姓氏首音取"吴"为姓。

巴格希纳尔氏 "巴格希"为老师之意，指教书者。蒙古社会对教书育人的职业十分敬重，都以官长或长辈相待。"巴格希纳尔氏"是教师的后人以祖先的职业形成的姓氏。在取用汉式姓时，该姓人采用了意译的方法，取"巴格希"的汉意"师"为姓。

贺什克腾氏 是由皇帝近卫侍从执事人员的总称——贺什克腾演化而来的蒙古后期分支姓氏。在取用汉式姓时，他们按姓氏首音取"贺""何"为姓。

何赤兀惕氏 本姓氏人对其姓氏来由不甚清楚。在取用汉式姓时，以姓氏首音取"何"为姓。

宫固鲁兀惕氏 为迭尔列斤蒙古姓氏，是迭尔列斤氏族部落名称形成的姓氏。在取用汉式姓时，该姓氏人以姓氏首音取"宫"为姓。

赖哈图惕氏 此姓氏的由来尚不清楚。在取用汉式姓时，该姓氏一部分人以姓氏的首音取"赖"为姓。另有一部分人取"赵"为姓，原因尚不清楚。

萨日他勒氏 也译称为"萨日图勒"，部族来源于秦汉时游牧于敦煌、祁连山之间的"月氏"人。该氏族人最早以"月亮"为图腾信仰。后来，一部分部族融入蒙古，成为蒙古人。在取用汉式姓时，此姓人采取意译法，将姓氏的词根首意"萨日"汉意月亮进一步引申为白色的，于是取"白"为姓。

泰西兀惕氏 也译称为"泰西克"。此姓人称，成吉思汗之女生有二子，因二子之父西征阵亡，二子与其母共居宫帐，整日持皮鞭游戏。一天，成吉思汗见之曰："好一个泰西兀日沁（司鞭）是矣！"故此，他们的后代称其本族人为泰西兀惕氏族。在取用汉式姓时，该氏族人按姓氏首音取"邰""泰""太"为姓。

万沁氏 《蒙郭勒津姓氏及村名考》注释该姓氏词源来自藏语"汪沁"，意为"大人"，是后期以祖先名字命名的分支姓氏，但也有来自汪古部"王的属民"之意。在取用汉式姓时，他们以姓氏首音取"万"为姓。

脱郭沁氏 此姓氏由工种名称而来。一部分说是成吉思汗时期在军营中从事脱郭沁（炊事人员）的后代，将本氏族人称为"脱郭沁氏"；另一部分说为蒙郭勒津寺庙伙夫的后代，演化成为脱郭沁氏。在取用汉式姓时，该族人以氏族姓氏汉意"锅"字为姓，后来改用了"郭"字。

朵豁剌惕氏 尼鲁温蒙古姓氏，是成吉思汗的四世祖屯必乃汗的第八个儿子不勒扎儿后裔的分支姓氏。此姓氏人有不少人在察合台汗国。察合台临终前将蒙兀儿斯坦的广大地区赐给了朵豁剌惕家族。朵豁剌惕家族是最早皈依伊斯兰教和维吾尔化的蒙古部族之一，后成为哈萨克斯坦和我国哈萨克族中的主要组成部族。在哈萨克人中，他们被称为"杜拉特"人。在取用汉式姓时，该姓氏人按姓氏的首音取谐音"徒"为姓。

扎哈沁氏 本氏族原为卫拉特蒙古部落之一。在取用汉式姓时，采用意译法。其姓氏词根意为"域"，故取"域"为姓，后来改用近似音"于"为姓。

朱勒忽惕氏 本氏族来源尚不清楚。在取用汉式姓时，该姓氏人一部分按姓氏首音取"朱""周"为姓，另一部分将姓氏首音译为"猪"，取"猪"的食物"糠"的谐音"康"为姓。

朱儿赤惕氏 朱儿赤惕为古女真人的别名。因历史的演变，一部分朱儿赤惕（女真人）融合为蒙古族，他们应为汪古部随成吉思汗攻打金国时成为汪古部属民的女真人，后来和汪古部人一起演变为蒙郭勒津部人。此姓氏人在取用汉式姓时，采用取意引申法。

因朱儿赤惕是满族的前身，故取清朝康熙皇帝的"康"为姓。

阿勒塔惕氏　阿勒塔汉意为"金"，阿勒塔惕即阿勒塔沁的复数形式，姓氏来源和呼和浩特土默特的阿勒塔沁氏相同。此姓氏人在选用汉式姓时，采取意译法，即以姓氏汉意"金"为姓。

阿都沁氏　是蒙古后期的派生姓氏，从蒙古社会的工种阿都沁（牧马人）而来，其后人以祖先工种为姓。在取用汉式姓时，他们采取意译法，取姓氏汉意"马"为姓。

切哈儿氏　也译称为"切哈儿赤惕"。此姓人是克什克腾（宿卫）的一种"切哈儿赤"（掌燧石）的后代，以祖先职务名称作为姓氏。在取用汉式姓时，他们以燧石色白，取"白"为姓。

彻彻兀惕氏　也译称为"查干彻彻克"。氏族来源尚待考证。在取用汉式姓时，取姓氏"查干"的汉意"白"为姓。

朝鲁图惕氏　"朝鲁图"为砾石较多的意思，后来演化为地名，久居这一地带的人形成朝鲁图惕氏。在取用汉式姓时，本氏族人按姓氏首音选"乔""朝""晁""曹"等为姓。

绰勒忽惕氏　据此姓人的长辈记称，他们是明代的内地人，后被驱逐流放到长城外，后人为了不忘过去祖辈受辱的历史，故取用了"绰勒忽惕氏"，意为驱逐流放。在取用汉式姓时，此姓人按姓氏首音取"邱""褚""初""陈"等为姓。

另外，还有刘、项、姚、连、潘五姓从呼和浩特地区来的蒙古人记不清楚祖姓。

（二）从呼和浩特迁到阜新的土默特其他部落人的蒙古姓氏

1632年，土默特部十万人被后金强迫东迁到阜新、北票、朝阳地区，除蒙郭勒津部左翼定居阜新地区外，还有其他土默特部人也定居于阜新地区，并大都以部名作为姓氏。他们的蒙古姓氏如下。

魏古惕氏　"魏古惕"即"维古特"的异写，"维古特"为土默特部和鄂尔多斯部人对畏兀儿沁人的称呼。在成吉思汗时代，畏兀儿沁人驻牧于哈密北的巴尔斯库勒地区（今巴里坤哈萨克自治县），16世纪初到河套地区驻牧，后因其首领亦卜剌叛乱，一部分人被分到土默特部和鄂尔多斯部，被亦卜剌带到青海的畏兀儿沁人后来也都成为土默特畏兀儿沁部人。1632年，该部不少人被后金强迫带到今阜新、北票、朝阳地区，成为东土默特左右两旗的旗民。在取用汉式姓时，该姓氏人按姓氏首音取"魏"为姓。

巴牙兀惕氏　巴牙兀惕氏为土默特巴岳特部人以部落名称形成的姓氏。1632年，巴岳特部人被后金从土默特驻地迁到阜新、朝阳、北票地区，并把部落名作为姓氏，在取用汉式姓时，以部落名首音取"白"为姓。

巴亦儒惕氏　此姓为尼鲁温蒙古姓氏"巴阿邻"的变音形式。巴阿邻是古代蒙古氏族之一，也就是巴林部。清朝时的呼和浩特土默特没有以巴林部名形成的村庄，也说明他们绝大部分人和蒙郭勒津部一同被后金强迫东迁了。该姓氏为土默特部巴林部人演变形成的姓氏。在取用汉式姓时，该姓氏人按姓氏首音取"白"为姓。

敖勒古努惕氏　此姓系迭尔列斤蒙古弘吉剌部分支部落名称形成的姓氏，此姓氏人略晚于蒙郭勒津部迁到阜新地区，早期应是先从呼和浩特迁到北票、朝阳地区，又从北票、朝阳地区迁到阜新。在取用汉式姓时，该姓氏人一部分以姓氏首音取"敖"为姓；另一部分因其原驻地为召（坡）地故自称为"召敖勒古努惕"，所以以"召"音为依据，取汉字近似音"找"为姓，后来又改用"赵"字为姓；还有一部分取"王"字为姓，原因待考证。

高尔罗斯氏　迭尔列斤蒙古弘吉剌部的分支姓氏。在取用汉式姓时，他们以姓氏首音取"高"为姓。

初兀日赤兀惕氏　迭尔列斤蒙古弘吉剌部分支姓氏，也称为初兀日楚德氏。在取用汉式姓时，该姓氏人以姓氏首字音为依据取"常"为姓，另一部分以"阎"为姓。

包各鲁惕氏　也译写为"布格勒斯"，土默特部部落名，部名来源不详，北元时期为阿勒坦汗长子僧格属部，后由僧格第五子松木尔台吉及其后裔领有，在今内蒙古商都县东、兴和县北一带驻牧。在取用汉式姓时，他们取"包""鲍""傅""蒲"为姓。

杭特努惕氏　也译写为"杭锦""杭锦楚特""杭特尔""奇卜察克""康里""康邻""杭里"等，历史上为钦察别部，又称东部钦察，是古代高车人后裔，后融入蒙古。鄂尔多斯市杭锦旗的"杭锦"与上述称呼同义。北元时期蒙郭勒津部中曾有人数众多的杭锦部人。阜新的杭特努惕人应为最早组成蒙郭勒津部的"杭锦"人，1632年被后金东迁到阜新地区。在取用汉式姓时，该姓氏人以姓氏首音取"杭"和近似音"康"为姓氏。

（三）原居于阜新地区的蒙古族人姓氏

在阜新县的蒙古族人中，有一些蒙古族根据祖上口头相传，说他们在13、14、16世纪就已在此地居住。但根据阜新地区的历史变迁，口头相传13、14世纪就在阜新地区居住这一说法不可靠。1368年明朝建立后，这里的蒙古族一部分迁移，一部分在明朝的军事打击下归降明朝，被明朝迁往内地，这里成为明朝的领土。15世纪中叶，泰宁卫占据此地后，这里才又有了蒙古人居住。16世纪30年代末，泰宁卫被内喀尔喀吞并，这里的蒙古族又被迁走。1547年底，察哈尔部驻牧此地，1627年又举部西迁。较早居于阜新地区的居民应是1547年底随察哈尔部驻牧此地，又于1627年随察哈尔西迁宣化、大同以北地区，1632年后金西征林丹汗时，这些人由于没有随林丹汗过黄河躲避，而随蒙郭勒津部又被后金带回阜新地区。这些口头相传较早居于阜新地区的姓氏如下。

阿巴嘎那尔氏　该姓氏人是成吉思汗异母弟别勒古台部人后裔。因别勒古台是成吉思汗的兄弟，所以，人们将其族系部众尊之为阿巴嘎那尔，意为叔父们。在取用汉式姓时，该姓氏人一部分按姓氏首音"阿"的谐音取"安"为姓；另一部分按姓氏的第一音节语意取"要"为姓，后来又改用"岳"姓。

额勒图惕氏 本氏族人称，他们到阜新地区已有六百年的历史，但对姓氏的来源说不清楚。在取用汉式姓时，该姓氏人取"胡""白"为姓。

兀勒孛儿氏 是以所居地形地貌形成的氏族。此姓人的老者称，从前在原籍博尔套海地区时，居住于山的南侧，所以人称兀勒幹孛儿爱玛克（山南部落），后来按口语简化为"兀勒孛儿"。他们到阜新已有五百年的历史。在取用汉式姓时，他们采用意译法，取姓氏汉意"山"的近似音"单"为姓，另一部分取"敖"为姓。另据鲍玺《蒙古姓氏》记载，"兀勒孛儿"为巴尔虎姓氏。从他们的姓氏全称兀勒幹孛儿爱玛克（山南部落）分析，他们有可能原是泰宁卫兀良哈属民。

含图惕氏 《蒙郭勒津姓氏及村名考》记载"含图惕"即"哈努惕"的变音形式，以部落名称作为姓氏，是尼鲁温蒙古姓氏。此姓氏人在1547年随察哈尔部到阜新地区驻牧。在取用汉式姓时，以姓氏首音取"韩"为姓。另据鲍玺《蒙古姓氏》记载，巴尔虎部有"含图德"部落形成的姓氏。

固兀日氏 《蒙郭勒津姓氏及村名考》记载该姓氏为察哈尔的分支姓氏，他们祖先七人于四百年前随察哈尔部迁到阜新地区居住。他们兄弟七人的老大名叫"固兀日"，他的后代即以"固兀日"为姓氏。在取用汉式姓时，他们一部分人把察哈尔意译为"白"，取"白"为姓。另一部分人以姓氏首音取"顾"为姓。还有一部分人因固兀日祖先是牧马人，为怀念祖先的善骑善猎，取汉字"马"为姓。另据鲍玺《蒙古姓氏》记载，"固兀日氏"为汪古部分支姓氏。

毛郝黎氏 该氏族人称他们为"毛郝黎"（指木华黎后裔那哈出）的后代。明朝时那哈出战败降明后，有一部分人在阜新地区居住繁衍下来。在取用汉式姓时，该姓氏人因"毛郝黎"和"木华黎"中都有"黎"音，所以取"黎"的近似音"李"为姓。

苏尼惕氏 来自于蒙古古部落苏尼特部，他们于1547年随察哈尔部东迁到阜新地区驻牧。在取用汉式姓时，该氏族人根据姓氏首音以"苏""孙"为姓。

察哈尔氏 以察哈尔部落名称形成的姓氏，他们为1547年随察哈尔部迁来的察哈尔人。在取用汉式姓时，该氏族一部分人把察哈尔一词释为白色，取"白"为姓；另一部分人以姓氏首音取"常""陈"为姓。

乌者惕氏 是明代泰宁卫兀良哈人由乌济业特派生的姓氏。据该姓氏人传称，他们约在14世纪就迁到阜新地区居住。在取用汉式姓时，他们以姓氏首音取"武"为姓。

翁尼兀惕氏 翁尼兀惕为部落名称，是由成吉思汗三弟哈赤温之子猛可查干长子巴雅岱洪格尔所属部落形成，他们约在16世纪中叶从呼和浩特地区迁到阜新地区驻牧。在取用汉式姓时，以"包""敖"为姓。

塔塔尔氏 塔塔尔是12世纪蒙古语系各部落中的一个强盛部落，自古栖居呼伦贝尔附近，以贝尔湖为中心。成吉思汗统一蒙古时征服了塔塔尔部。在取用汉式姓时，该姓氏人以姓氏首音取"塔"为姓。

（四）善巴本部及喀喇沁部人的蒙古姓氏

善巴为阿勒坦汗外孙，其所领兀良哈人即为阿勒坦汗所属的兀良哈人，也即蒙郭勒津部的兀良哈部。黄旗海之战和艾不盖之战后或1632年随后金征伐林丹汗时，善巴的兀良哈部内除新增了齐木惕、答尔忽惕、包各鲁惕三个蒙郭勒津部人姓氏外，还新增了喀喇沁部四个姓氏。在后金1632年强迫蒙郭勒津部东迁时，有两个流落到呼和浩特的喀喇沁部人也随着蒙郭勒津部一起来到阜新地区，他们的蒙古姓氏如下。

乌力杨海 乌力杨海是东土默特左旗扎萨克及其领有的兀良哈人姓氏，遍布于阜新各地。在取用汉式姓时，该姓氏人以姓氏首音取"乌""吴"为姓。

哈尔努惕氏 是善巴早期的非兀良哈部属，哈尔努惕是迭尔列斤蒙古弘吉剌部的一个氏族部落。阜新地区的哈尔努惕人为喀喇沁所属的哈尔努惕，是善巴早期接收的喀喇沁败亡后的喀喇沁部众或1632年随后金西征林丹汗带回的喀喇沁部人。在取用汉式姓时，该姓氏人以姓氏首音取"韩"为姓。

哈日楚惕氏 此姓人对自己氏族的由来不甚清楚，也为喀喇沁部落人，应和哈尔努惕氏人一样归于善巴。在取用汉式姓时，也以"韩"为姓。

何勒楚惕氏 善巴早期非兀良哈部属，来自喀喇沁部，氏族由来待考证。该姓氏人为喀喇沁败亡后投附善巴的喀喇沁部人或善巴1632年随后金西征林丹汗带回的喀喇沁部人。在取用汉式姓时，以"宦"为姓，

来历依据不明。

额日图惕氏 善巴早期非兀良哈部属，为原喀喇沁部额日图惕氏族人。在取用汉式姓时，因为他们听说喀喇沁的额日图惕人均以"张"为姓，故也取"张"为姓。此外，阜新地区另有一支1627年喀喇沁被林丹汗打败后流落到呼和浩特的额日图惕氏人，在后金1632年征伐林丹汗时被从呼和浩特带回阜新地区。

沙日努惕氏 为善巴早期非兀良哈部属，本姓氏应为永谢布早期十部之一的舍奴郎（锡拉努特）部人的姓氏。喀喇沁被林丹汗打败后，他们投附善巴，或是善巴在随后金西征林丹汗时收降的喀喇沁部众。他们在选取汉式姓时，以"沙日"的汉意"黄"为姓。

道伦喀喇沁氏 此姓氏人为喀喇沁部落人。据此姓氏人相传，1627年喀喇沁被林丹汗打败后，他们流落到呼和浩特一带居住。后金1632年征伐林丹汗时，七户喀喇沁人被从呼和浩特带回，和蒙郭勒津部一起来到阜新地区居住，得名道伦（七）喀喇沁氏，在取用汉式姓时，以"道伦"的汉意"七"为姓，后来改用"七"的近似音"齐"为姓。在喀喇沁的永谢布部落中，有"打喇（道伦的不同音写）明安"部，他们也有可能来自此部。

（五）蒙郭勒津部的满族、锡伯族姓氏

在阜新蒙古族自治县的蒙古族中，还有一些满族和锡伯族姓氏。据传，他们父系过去都是满族和锡伯族，后来演变为蒙古族，但是详细情况已都不清楚。土默特部大部分部众在1632年时即被后金带到今

辽宁的阜新、朝阳、北票一带，随后成为大清子民。在这以后是不可能出现作为一等国民的满族人改为蒙古人的事情的。蒙郭勒津部中的这些演化为蒙古人的满族人和锡伯人，应都是在1632年后金到土默特征伐林丹汗时，和蒙郭勒津部一起被强迫迁到阜新地区的。他们大部分应是古禄格带到呼和浩特归降博硕克图汗的满族人，到达土默特后和古禄格一样成为蒙古人。他们的姓氏如下。

安楚拉库氏 该姓是以满洲的部落名称安楚拉库为姓氏，在历史的演变中融合为蒙古族。在取用汉式姓时，该姓氏人按姓氏首音取"安"为姓。

含扎氏 此姓人以满语"含扎"为姓氏，"含扎"意为洁净、廉洁。该姓氏人在取用汉式姓时，以姓氏首音取"韩"为姓。

瓜勒给亚氏 为满族部落姓。在取用汉式姓时，该姓氏人以姓氏首音为依据，取近似音"关"为姓。

何耶儿氏 族源系锡伯族，该姓氏族源和满族有一定关系，后演变为蒙古族，在取用汉式姓时，以姓氏的首音取"何"为姓。

孟给亚氏 族源系锡伯族，该姓氏族源和满族有一定关系，后演变为蒙古族。姓氏为锡伯族姓氏。在取用汉式姓时，该姓氏人以姓氏首音取"孟"为姓。

陶勒给亚氏 族源系锡伯族，该姓氏人族源和满族有一定关系，后演变为蒙古族，姓氏为锡伯族姓氏。在取用汉式姓时，该姓氏人以姓氏首音取"陶"为姓。

夫查氏 族源系锡伯族，该姓氏族源和满族有一定关系，后演变为蒙古族，姓氏为锡伯族姓氏。在取用汉式姓时，该姓氏人按姓氏首音取"傅"为姓。

三、土默特部东迁到北票、朝阳的蒙古姓氏

北票、朝阳均为清朝时的东土默特右旗，清代的扎萨克为阿勒坦汗长子僧格彻辰汗与所娶兀良哈妻子所生第九子噶尔图的后裔。1629年噶尔图之子鄂木布楚琥尔归降后金后，根据后金皇太极的旨谕迁到北票、朝阳地区，所属部众为今丰宁一带属于僧格彻辰汗的"兀爱营"兀良哈人。1632年底，被后金强迫从呼和浩特东迁的土默特蒙郭勒津部右翼、多罗土默部、撒勒术特部大部和一部分畏兀儿沁、巴岳特、巴林、弘吉剌、乌鲁特、布格勒斯部落人到北票、朝阳地区居住，归属于鄂木布楚琥尔所领的兀良哈部，组成了东土默特右旗。北票、朝阳地区的农业开发和汉族进入较早，取用汉式姓情况和呼和浩特土默特、阜新情况一样。为较好分析阜新、北票、朝阳地区的部落组成情况，此处所列姓氏为1949年前北票、朝阳区域内的姓氏。由于北票、朝阳地区蒙古姓氏的研究成果较少，此处所列的仅为目前掌握的姓氏。

（一）僧格后裔所属的兀良哈部人姓氏

博尔济吉特氏 也译写为孛儿只斤氏，此姓氏为阿勒坦汗长子僧格后代姓氏。在取用汉式姓时，该氏族人以姓氏首字音取"宝""包""鲍"为姓。

乌济业特氏 也译写为兀济业特，此姓氏为僧格与兀良哈夫人们所生诸子领有

的兀良哈人的姓氏。在取用汉式姓时，该姓氏人以姓氏首字音取"吴"为姓。

（二）土默特各部东迁到北票、朝阳的蒙古姓氏

其木德氏　北票、朝阳的其木德为多罗土默七部之一，"其木德"就是"乞颜"氏族的姓氏，也译写为"奇颜""怯特""齐渥温""其莫额德""齐默德"等，乞颜是蒙古部落的始祖之一。随着氏族人口不断增加，乞颜氏族出现了分支氏族，新增加的氏族名称又成为本氏族成员的血统标记，只有一部分人仍保持乞颜姓氏，乞颜姓氏是蒙古姓氏中最古老的姓氏，至今已有2000多年的历史，并以姓氏作为部名。在取用汉式姓时，该姓氏人以姓氏首音取"齐""陈""秦"为姓。

白仍氏　多罗土默七部之一的白仍部人以部名形成的姓氏。白仍部应为从卫拉特部中的"巴润"（意为西）或"巴林"部的别称"白仁"演变而来。在取用汉式姓时，该姓氏人以姓氏首音取"白"和"常"为姓。

来哈德氏　多罗土默七部之一的来哈德部人以部名形成的姓氏，也译写为"来哈图德"，该姓氏人以部名为姓，部名来源尚不清楚。在取用汉式姓时，该姓氏人以姓氏首音取"赖"为姓。

杭木顿氏　多罗土默七部之一的杭木顿部人以部名形成的姓氏，部名原意尚不清楚。在取用汉式姓时，该姓氏人按姓氏首音取"杭"和"韩"为姓。

白如德氏　多罗土默七部之一的白如德部人以部名形成的姓氏，也译为"白如

德"，部名原意尚不清楚。在取用汉式姓时，该姓氏人以姓氏首音取"白"和"常"为姓。

林日如大氏　多罗土默七部之一的林日如大部人以部名形成的姓氏，部名原意尚不清楚。在取用汉式姓时，该姓氏人以姓氏首音的谐音取"李"为姓。

包路处大氏　多罗土默七部之一的包路处大部人以部名形成的姓氏，部名原意尚不清楚，似应为掌管号筒或司号的人。在取用汉式姓时，该姓氏人取"佟"为姓。

西林特德氏　也译写为"席林特德""锡日勒图德""席日勒特德"，主要为土默特撒勒术特部人形成的姓氏。在取用汉式姓时，该姓氏人以姓氏首音取"席"为姓。

魏古惕氏　"魏古惕"即"维古特"的异写。"维古特"为土默特部和鄂尔多斯部人对畏兀儿沁人的称呼。成吉思汗时代，畏兀儿沁人驻牧于哈密北的巴尔斯库勒地区（今巴里坤哈萨克自治县），16世纪初到河套地区驻牧，后因其首领亦卜剌叛乱，一部分人被分到土默特部，被亦卜剌带到青海的畏兀儿沁人后也都成为土默特畏兀儿沁部人。1632年，该部人被后金强迫带到今阜新、北票、朝阳地区，成为东土默特左右两旗的旗民。在取用汉式姓时，该姓氏人按姓氏首字音取"魏"为姓。

敖勒古努惕氏　此姓氏为弘吉剌部分支姓氏，成吉思汗母亲诃额仑即出自该部落，北票、朝阳地区的敖勒古努惕氏人为土默特弘吉剌部人的姓氏，17世纪中期该姓氏有人迁到阜新地区。在取用汉式姓时，该姓氏人以姓氏首音取"敖"为姓。

高尔罗斯氏　此姓氏为弘吉剌部分支

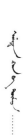

姓氏，应为土默特弘吉剌部人姓氏。阜新地区和北票、朝阳地区均有此姓氏。在取用汉式姓时，他们按姓氏首音取"高"为姓。

初兀日赤兀惕氏　为弘吉剌氏族分支部落形成的姓氏，也称为初兀日楚德氏，阜新地区也有此姓氏人，该姓氏人应为土默特弘吉剌部人的姓氏。在取用汉式姓时，他们一部分人以姓氏首音为依据选"常"为姓，另一部分人将姓氏汉意"掌门锁"引申为"严"，取"严"的同音"阎"为姓。

巴牙兀惕氏　也译写为"巴岳特""巴雅特"等，土默特部和内外喀尔喀部都有此部。此姓氏为迭尔列斤蒙古的一个分支部落，阜新地区也有此姓氏人。北元时期，土默特的巴岳特部由阿勒坦汗次子宝音台吉及其后裔领有，阜新、朝阳、北票地区的巴牙兀惕氏为土默特巴岳特部人以部名形成的姓氏，在取用汉式姓时，以姓氏首音取"白"为姓。

斡鲁惕氏　迁到阜新地区的该姓氏被译写为"斡厄鲁惕"，此姓氏由北元时期阿勒坦汗长子僧格属部"乌鲁特"部变音形成，后由其次子那木尔和三子补儿哈图台吉及其后裔领有，尼鲁温蒙古姓氏，为成吉思汗四世祖屯必乃汗的长子札黑速的儿子后裔形成的姓氏，也译写为"乌日鲁古特""兀鲁惕""兀鲁兀"等。在取用汉式姓时，该姓氏人以姓氏首音取"王"为姓。

包各鲁惕氏　也译写为"布格勒斯"，土默特部部落名形成的姓氏，部名来源不详，北元时期为阿勒坦汗长子僧格属部，后由僧格第五子松木尔台吉及其后裔领有，

在今内蒙古商都县、兴和县北，河北尚义县北一带驻牧。在取用汉式姓时，他们取"包""鲍""傅""蒲"为姓。

巴亦儒惕氏　以部名形成的姓氏，也译称为"巴阿亦林""巴林"等，为巴阿邻的变音形式，尼鲁温蒙古姓氏。北元时期内喀尔喀部和土默特部都有此部落，土默特的巴林部由阿勒坦汗的第五子依勒登台吉及其后裔领有，1632年巴林部人被后金强迫东迁，在阜新地区和北票、朝阳地区都有此姓氏人。在取用汉式姓时，巴林部人以部名为姓氏取姓，并按部名首音取"白"为姓。

杭特努惕氏　也译称为"杭特努特"，阜新地区也有此姓氏，为早期蒙郭勒津部中的杭锦人姓氏。在取用汉式姓时，该姓氏人以姓氏首音取"杭"和近似音"康"为姓。

（三）迁到北票、朝阳的蒙郭勒津部右翼人蒙古姓氏

蒙郭勒津部右翼也即蒙郭勒津部西哨，蒙郭勒津部分为左右翼后，右翼由阿拉坦汗的大哈屯莫伦掌管，莫伦去世后，由其所生的独子铁背台吉后裔掌管。部民由一部分蒙郭勒津人和阿勒坦汗征伐归降人员组成。

宫固鲁兀惕氏　此姓氏是迭尔列斤蒙古的一个氏族部落，阜新地区也有此姓氏。在取用汉式姓时，该姓氏人以姓氏首音选"宫"为姓。

蔑儿各赤惕氏　由"蔑儿乞"部落名称演化而来，汉意为"智者"，为最早组成蒙郭勒津部的部族，呼和浩特土默特、鄂尔多斯、科尔沁、阜新都有此部落人，

也称为"莫尔格特"或"墨尔格特"。蔑儿各赤惕即"蔑儿乞惕"的变音形式。在取用汉式姓时,该姓氏人取"孟"为姓。

撒勒只兀惕氏 也译写为"萨勒只兀惕""锡勒只兀惕",为尼鲁温蒙古姓氏。成吉思汗十一世祖母阿阑豁阿感光而生的第二个儿子叫布和图撒勒只,其后人以撒勒只兀惕为姓。在取用汉式姓时,该姓氏人以姓氏首音取"谢""邢"为姓。

吉如兀惕氏 本氏族是蒙古的一个分支姓氏。在取用汉式姓时,该姓氏人取"包""季""纪"为姓。

汪努惕氏 为"汪古部"的王族姓氏,这里的"汪"即为"王","努惕"为复数后缀,表示"属于王等级的人"。他们为汪古部历代王的后裔形成的姓氏,为最早的蒙郭勒津部主要组成部族。在取用汉式姓时,该姓氏人以姓氏首音取"王"为姓。

阿勒塔惕氏 阿勒塔汉意为"金",姓氏来源和呼和浩特土默特的阿勒塔沁氏相同。在取用汉式姓时,该姓氏人以姓氏汉意"金"为姓。

乌日扬斯楚惕氏 此姓氏为原驻牧于漠北的兀良哈人姓氏,在阿勒坦汗六次征伐兀良哈时归附阿勒坦汗,成为土默特部蒙郭勒津部西哨人。1632年底,此姓氏人被安置在北票、朝阳地区后,有一部分迁至阜新地区驻牧。蒙古姓氏"乌日扬斯"因后来语音有所变化,又称为"乌日梁斯"。在取用汉式姓时,该氏族人采用姓氏中第三音节"梁"为姓。

斡特儿郭斯氏 尼鲁温蒙古姓氏分支姓氏,《史集》记为斡托尔嫩真,是成吉思汗的六世祖海都的孙子斡罗纳儿氏族的分支,也译写为乞里克讷惕嫩真。在取用汉式姓时,此姓氏人取"金"为姓。

巴格希纳尔氏 "巴格希"为老师之意,"巴格希纳尔氏"是教师的后人以祖先的职业形成的姓氏。阜新地区和北票、朝阳地区均有此姓氏。在取用汉式姓时,该姓氏人取姓氏汉意"师"为姓。

布各氏 此姓氏是蔑儿乞部落布噶斯演变而来的姓氏,为蒙郭勒津部最早组成时的部族。阜新地区也有此姓氏。在取用汉式姓时,该姓氏人以姓氏首字音"布"的近似音"包"为姓。

忙古惕氏 也译称为"忙努惕氏",尼鲁温蒙古姓氏,成吉思汗八世祖篾年土敦第七子纳臣把阿秀儿之子忙忽台组建了忙古惕氏族,其后人以忙古惕为姓。在取用汉式姓时,该姓氏人把首字音的"忙",识以汉字的"蟒",再解其性情类似鳄鱼,故取"鳄"为姓,后来感到此字不雅,便改用"鄂"为姓。

萨尔图惕氏 本姓氏由来,一说源于蒙古族对来自亚细亚、伊朗等伊斯兰国人的统称,原意为"商人";一说该词的原意为"月亮",是"有月亮的国家"(指伊斯兰国家)之意。该氏族人随着历史演变与发展,逐步融合成为蒙古人。在取用汉式姓时,他们按姓氏首音"萨",取近似音"蔡"为姓。

锡京兀惕氏 也译称为"锡只兀惕""昔只兀惕",尼鲁温蒙古姓氏。成吉思汗六世祖海都的幼子抄真斡儿帖该的后裔以"抄真"作为姓氏,后传称为"锡京""锡只"。

在选用汉式姓时，他们以姓氏第二音节的"京"取"金"为姓。

扎哈沁氏 此姓氏为卫拉特蒙古部落姓氏，阜新地区也有此姓氏。在取用汉式姓时，他们以姓氏汉意"域"为姓，后来改用近似音"于"为姓。

朱勒忽惕氏 本氏族来源尚待查明。在取用汉式姓时，该姓氏人以姓氏首音取"朱"和"周"为姓，还有的以朱的谐音"猪"的食物"糠"的谐音"康"为姓的。

彻彻兀惕氏 也译称为查干彻彻克，本姓氏来源尚待考证，阜新地区也有此姓氏。在取用汉式姓时，他们以姓氏汉意"白"为姓。

朝鲁图惕氏 "朝鲁图"为砾石较多的意思，后来演化为地名，久居这一地带的人形成朝鲁图惕氏。阜新地区较北票、朝阳地区此姓人多。在取用汉式姓时，该姓氏人以姓氏首音取"乔""朝""晁""曹"为姓。

绰勒忽惕氏 此姓氏人的长辈忆称，他们是明代内地的一部分人，后被驱逐流放到长城外，后人为了不忘过去祖辈受辱的历史，故取用了"绰勒忽惕"作为姓氏。"绰勒忽"意为驱逐流放。该姓氏人在取用汉式姓时，按姓氏首音取"邱""初""褚""陈"为姓。

泰赤兀惕氏 也译称为"泰亦赤兀惕""岱齐郭特"等，泰赤兀惕氏族是由成吉思汗六世祖海都曾孙俺巴孩等多人合建，曾联合扎答兰等部发动"十三翼之战"，进攻成吉思汗，被打败后，部众归附乃蛮部。乃蛮部被击败后，该部余众并入蒙古部。在取用汉式姓时，他们以姓氏首音取"邰"

为姓，他们也应为较早的蒙郭勒津部组成部族。

伊托德氏 "伊托德"也译写为"伊图德"，巴尔虎部人姓氏，他们应为随亦卜剌到青海的永谢布巴尔虎部人，在阿勒坦汗到青海征伐亦卜剌时归附阿勒坦汗，成为蒙郭勒津右翼属民。在取用汉式姓时，该姓氏人以姓氏首音取"伊""倪"为姓。

索很氏 巴尔虎部人姓氏，他们应为随亦卜剌到青海的永谢布巴尔虎部人，在阿勒坦汗到青海征伐亦卜剌时归附阿勒坦汗，成为蒙郭勒津部右翼属民。在取用汉式姓时，该姓氏人以姓氏首音取"宋"为姓。

含图德氏 巴尔虎部人姓氏，他们应为随亦卜剌到青海的永谢布巴尔虎部人，在阿勒坦汗到青海征伐亦卜剌时归附阿勒坦汗，成为蒙郭勒津部右翼属民。在取用汉式姓时，该姓氏人以姓氏首音取"韩"为姓。

固兀日氏 汪古部姓氏。在取用汉式姓时，该姓氏人以姓氏首音取"顾"为姓。

玛勒沁氏 "玛勒"意为"马"，"沁"意为"者"，"玛勒沁"为掌管车马的官职，蒙元时期都有这一官职，其后人以祖先的这一官职名为姓。在取用汉式姓时，该姓氏人以姓氏首音取"马"为姓。

四、土默特部人东迁到库伦旗的姓氏

1635 年末到 1636 年，阿勒坦汗的后裔们除把汉那吉的后裔外，全部被后金东迁到锡勒图库伦喇嘛旗。随同阿勒坦汗后裔台吉们到达库伦旗的，还有各台吉的一些属民。进入库伦旗后，台吉们与这些属民的人身依附关系即被解除，都以平民身份作为喇嘛的哈力亚图（属民）纳贡赋役。在历史发展中，由于锡勒图库伦喇嘛旗接近于阜新、朝阳、北票地区，在民国时，也和阜新、北票、朝阳地区一样，开始取用汉姓。由于历史上的库伦旗只有喇嘛与俗人之分，他们对门第出身并不重视，极少有人保存其系谱，所以在姓氏的来源与流传上不如阜新、朝阳、北票地区的土默特部人。

由于进入库伦旗的蒙古族都是各蒙古部落分开进入，所以基本上都是聚族而居，后来随着人口的自然增长和经营牧业转向经营农业，人口流动逐渐增加，但在总体上还是居住在同一地区。

据统计，库伦旗蒙古族现有 37 个汉式姓氏，能够确定为从土默特迁往库伦旗的土默特蒙古族共有汉式姓氏 16 个，其中有 4 个姓氏的人知道他们的蒙古姓氏。通过这些进入库伦旗的土默特人的蒙汉姓氏，也可以简略地分析出这些进入库伦旗的土默特人的情况。

博尔济吉特氏　库伦旗的博尔济吉特氏主要为土默特台吉的后裔。在取用汉式姓时，他们也和其他地方很多的博尔济吉特氏一样以"包"为姓，现在库伦旗的包姓为库伦旗蒙古族第一大姓。中华人民共和国成立前的锡勒图库伦喇嘛旗有将近一半的村子有包姓人居住，可见人数之多。库伦旗的包姓由四部分人组成，除土默特部人占大多数外，第二部分为来自苏尼特、敖汉、巴林、外喀尔喀、科左后旗的成吉思汗、哈撒儿的后裔，但人数不多；第三部分为随博尔济吉特氏来到库伦旗的属民们，这些获得人身自由的属民在选取汉姓时，按原来的依附关系跟他们昔日的主人取用了包姓；第四部分包姓人为原来的蒙古姓氏失传，为了表示自己是蒙古人而选择了成吉思汗后裔所选用的"包"姓。此外，库伦旗的博尔济吉特氏人还有来自呼和浩特土默特的察合台后裔。

西尔努特氏　也译写为"希日努特""沙日努特""席尔努特""锡拉努特"等，汉意都为"黄"。据称他们来自呼和浩特北六十里开外的地方，应为土默特撒勒术特部人。此姓人一部分在选择汉式姓时，选择了台吉们的"包"姓，另一部分以姓氏汉意"黄"为姓。

明阿特氏　"明阿"也译写为"明安"，汉意为"千"，也指代"千户"，源自卫拉特部的姓氏，应为土默特部中心明安（即额尔克彻库特，今土尔扈特人）或茂明安部人的姓氏。据传，到库伦旗前，他们在呼和浩特大青山北居住，此姓人随台吉们到达库伦旗后即与台吉们解除了人身依附关系，但在选择汉姓时，选择了和台吉们一样的"包"姓。

白雅古特氏　此部族有人说他们源于藏族白姓家族，跟随祖先和阿兴喇嘛来到库伦旗定居，其实应为土默特巴岳特部民。在取用汉式姓时，他们取"白"为姓。

王姓　王姓为库伦旗蒙古族居第二位的大姓，散居在全旗各地，共有二十多个宗族。这二十多个宗族中，一部分为蒙古族，以前有蒙古姓氏，后取汉姓王；一部分源于汉族而保留了汉姓。从土默特到库伦旗

的王姓，祖籍河北省井陉县。明代后期，他们来到呼和浩特土默特部，应是阿勒坦汗时期逃到土默特谋生或被掳到土默特的汉族，后来成为土默特板升人口，清初随土默特的台吉们迁居库伦旗。在到达库伦旗前，他们也已开始信奉喇嘛教，据传他们是带着一部《金光明经》到库伦旗的。

白姓　白姓为库伦旗蒙古族第三大姓，分为四五大支，主要为从呼和浩特土默特迁居到库伦旗，但他们已记不清以前的蒙古姓氏了。

赵姓　从呼和浩特迁到库伦旗居住的赵姓在库伦旗的五六个村子集中居住，一说原本是土默特蒙古族，忘了蒙古姓氏，后以汉式姓赵为姓；一说原系汉族，本身姓赵。如果真是原系汉族姓赵，那么就应该是阿勒坦汗时期的板升人口。

吴姓　和土默特有关系的库伦旗吴姓来历有两种说法，一种说法是雍正年间从东土默特左旗（今阜新地区）迁到库伦旗，为兀良哈人，是者勒篾的后裔；另一种说法是来自呼和浩特土默特的包姓。清嘉庆年间，锡勒图库伦喇嘛旗与东土默特左旗之间发生纠纷，东树屯村一个名叫吉木彦的人挺身出去打官司，历时几年，终于打赢这场官司。在打官司时，他认识了一位东土默特左旗的塔布囊诺颜，拜做义父，从此改姓吴，其后代一直沿用至今。

马姓　库伦旗的马姓来历存在三种不同说法：一说源于汉族，来自山西；二说来自呼和浩特土默特；三说来自义州，也就是察哈尔部人。综合这三种说法，应是源自山西的汉族，阿勒坦汗时期被抢掳到

土默特，林丹汗攻占土默特后，成为察哈尔部属民，林丹汗去世后各部归降后金。因他们原本不是土默特部众就没有留在土默特，而是跟随林丹汗之子额哲到达义州。布尔尼造反被清朝镇压后，他们作为被迁居的一百户察哈尔人迁居到库伦旗。如果他们是来自呼和浩特的蒙古族，那他们就应该是墨尔格特氏人，即蔑儿乞人。

佟姓　库伦旗的佟姓清初来自于东土默特右旗（今辽宁省北票、朝阳地区），由蒙古姓氏包路处大演变而来。

金姓　民国时从东土默特左旗迁到库伦旗，原蒙古姓氏已记不清楚。

田姓　在库伦旗，有两个村子有呼和浩特迁来的田姓人居住，是这两个村子最早的居民。他们应是清初和阿勒坦汗的后裔们一起来到库伦旗居住的。在呼和浩特土默特，以原有蒙古姓氏取用汉式姓田姓的仅为一家，如果库伦旗这支土默特田姓人的姓氏和祖姓有关，那就应是古禄格同族的族人。

石姓　据说该姓氏人先到东土默特右旗居住，约于清道光年间来到库伦旗居住。在取用汉式姓时，以"石"为姓，他们为东土默特右旗的西林特德姓氏人的可能性较大。

陈姓　该姓氏人自称于一百多年前从呼和浩特土默特迁到库伦旗，已不记其原来的蒙古姓氏。

杨姓　在库伦旗的杨姓蒙古族中，有一部分来自东土默特左旗（阜新），他们到库伦旗的时间较晚，原蒙古姓氏尚待查考。

此外，库伦旗还有较早到达的张姓、

唐姓，来历尚待查考，他们自称源自汉族。从明末土默特部有汉族，并有不少来到库伦旗推断，他们来自呼和浩特土默特的可能性较大。

五、土默特蒙古姓氏的演变

土默特蒙古族迁居于辽宁东土默特地区已380多年，生息于呼和浩特西土默特地区已有460多年的历史。在历史发展进程中，由于受历史因素影响，姓和名经历了蒙古姓氏蒙古名字，蒙古姓氏藏语名字，蒙古姓氏满语名字，满式名字和蒙古名字并存，蒙、满、汉、藏名字并存到以汉语姓名为主的历史过程。

（一）土默特蒙古姓、名变迁和采用汉式姓氏的由来

16世纪70年代以前，土默特蒙古族的人名，完全是蒙古式的，不受其他民族或其他文化的影响。如土默特部首领阿勒坦，其弟拉布克、巴雅斯哈勒，其子僧格、宝音，其孙那木岱、把汉那吉，等等，均为蒙语名字。一些出边投奔土默特的汉人，也纷纷改为蒙古语名字。如李自馨改为把汉笔写气，张彦文改为羊勿厂。以后，土默特蒙古人的姓名分别受到藏、满、汉族的影响，姓氏经历了三次大的变化。

第一次大的变化始于16世纪80年代，以阿勒坦汗为首的土默特部皈依藏传佛教后，藏传佛教逐渐成为蒙古全民的宗教信仰。孩子出生后，多有请喇嘛起名者，于是土默特蒙古人中开始出现藏语人名，如道尔吉、扎布、扎木苏等等。年深日久，

一些人甚至把这些藏语名字误作为蒙语给自己孩子起名。这种情况一直延续到20世纪初。

第二次大的变化始于17世纪30年代东西土默特形成被清廷编旗以后。土默特被清廷编旗后，完全按清制设官管民，成为清朝的附庸。在清朝统治土默特的270多年里，满族在政治、经济、文化各方面对土默特蒙古人的影响相当深刻。清初，土默特蒙古人除官员穿满服外，一般人着蒙古袍服。其后，服饰渐趋满化，方领变为圆领，窄袖变为箭袖，妇女的发式改链椎为两瓣头，鞋改蒙古靴为"高底鞋"，连礼仪也改为了满式请安。在呼和浩特，大量的满语词汇代替了蒙语词汇，如将"必力更"（嫂子）改为姐吉，称姐姐为"格格"（再后简称为"格"），等等。很多满族日常用语一直使用到现在。受满族语言和统治影响，土默特蒙古人在保留不常使用的姓氏时，开始起满语名字，如阿慎阿、伊精额、札格胜阿等等，更多的则起满式汉语名字，如泰顺、锡龄、国安、吉祥、瑞恒、风林、瑞春等等。同时，蒙古族名字、藏语名字也在使用，这种情况一直保持到清末。

第三次大的变化为民国时期。从康熙、雍正两朝开始，逐渐开垦东西土默特牧场，乾隆时开垦达到高潮，大批长城内的汉族出边垦殖、经商，从早期春来秋回的"雁行"到逐渐定居，人口越来越多，为东西土默特蒙古人的十数倍，东西土默特地区逐渐成为蒙汉杂居区。清末，除个别蒙族居住较多和纯蒙族村外，呼和浩特和北票、朝阳大部分地区交际交流几乎完全使用汉语。

进入民国后，土默特蒙古人在政策上变为下等公民，尽管有着自己的旗政府，但国民党当局对蒙古族歧视、压迫，蒙古人出入城门、关卡，凡向清朝一样自报"蒙古某某"或出示旗政府证件的，都受到种种刁难，有的还遭受侮辱、殴打，甚至被关押。为免受欺凌，不少人出门不得不掩饰蒙古族身份，而以某村某姓某人自述。而且，东西土默特地区与旗并存的各县主张蒙汉一体遍查户口，欲将蒙古族置于县政府的管辖之下。在一些地区，强行登记蒙古族户口，要求蒙古人和汉人一样"有名有姓"，令蒙古族择定姓氏或随意将某个汉姓塞给蒙古族。尽管县管蒙古族的主张因土默特各旗反对而未实现，但部分蒙古族却因此有了汉姓。到1920年左右，东西土默特蒙古族有汉式姓氏的越来越多。到1931年，呼和浩特土默特职官表共列111人，其中有汉式姓氏的36人。到1940年后，汉姓或汉式姓氏已在东西土默特蒙古人中普及，无汉姓者已成为少数。

据不完全统计，东西土默特蒙古族的汉式姓氏有一百一十多个。那么，如此众多的姓氏是怎么被采用的呢？主要有以下几种情况。

1．以姓氏和部落名称首音为姓

在清代很多有关土默特的文献中，都有着土默特部蒙古姓氏的记载。在最初选择汉式姓氏时，土默特部很多人都以姓氏的首音选同音汉字姓作为姓氏，以表示是在延续祖姓。而一些在战乱时进入土默特部的其他部族人，则在进入土默特部后就把祖先所在部落名作为姓氏。在取用汉式姓时，他们又以部落名形成的蒙古姓氏首音选汉式姓作为姓，以表示其来源。

2．以姓氏语意取姓

在取用汉式姓时，也有一些姓氏人没有以姓氏首音选姓，而是以姓氏的语意取姓，有的则是把姓氏语意引申为某个事物以后以事物名称取姓。

3．以父、祖之名首字音取汉字为姓

在呼和浩特土默特，蒙古族以父、祖名字的首字音取汉字同音字作姓氏的也不少。这其中有一部分是祖姓不准确或者没有传下来，有的是直接把父祖的名字首字音作为姓氏。

4．因职业而定姓氏

在社会生活活动中，也有一些人为了应急随便找姓，把自己或祖上从事的职业作为姓氏，如祖先长期从事牧畜交易的，其后代取"马"为姓，祖上为银匠的，取"孟根"（汉意为银）的"孟"为姓。

5．因讹传而定姓氏

在选择汉式姓氏时，呼和浩特一些蒙古族有的把讹传当成真实情况选定姓氏，如阿勒坦汗之孙把汉那吉的后代，因听信美岱召琉璃殿为辽萧太后的梳妆楼，误以为自己是萧太后的后人，竟以萧的同音字"肖"为姓。还有一些人听信"云"姓为土默特蒙古人族姓的讹传，取"云"为姓，并引发了不少把以蒙古姓氏首音所取的汉式姓弃而不用，改姓为"云"。

6．相互影响确定的姓氏

民国初年，呼和浩特土默特蒙古族有的已有了汉姓或汉式姓氏，有的则还没有汉式姓氏，在读书上学、当兵及要求有名

有姓时，一些没有汉式姓氏的人则以亲属已有的汉式姓氏和自己的汉族朋友的汉姓作为姓氏。

7．因特殊需要另取姓氏

这类情况多发生在中华人民共和国成立前参加革命和在外当兵的人中，在战争年代，因工作需要和怕连累家属等原因，改换姓氏的也有很多。更多的人随便取姓，后以此为姓。

8．以官职首字为姓氏

清代呼和浩特土默特两翼职官中的佐领，民间称之为章盖。在民国初年蒙古族取用汉姓或者汉式姓氏时，部分世管佐领的后人取章盖的首音"章"为姓。

9．其他情况下汉式姓氏的形成

除上述诸种情况外，还有一些特殊情况。如民国以来有抱养他人婴儿为子嗣者，个别人长大后有以生父之姓为姓氏的。还有一些替无后亲属顶门子改姓的，还有一些穷苦蒙古人被迫顶替富家子弟充当壮丁，最后以被顶替者的姓氏为姓。

综上所述，东西土默特蒙古族有汉姓或汉式姓氏，开始于清末民初，在四十余年中逐渐形成。有的姓氏尚能了解来源，有的则难以考察清楚。众多汉姓或汉式姓氏，是在蒙汉杂居和民族压迫下产生的。呼和浩特大青山后过去属于土默特的绝大多数牧民，亦为土默特蒙古族，他们由于仍保持了传统的生活方式、传统习惯和语言，绝少取用汉姓或汉式姓氏，这与农耕化的土默特蒙古形成了鲜明对照。阜新地区的蒙古族在取用汉姓或汉式姓氏后，因民族语言保持较好，蒙古姓氏也较好地流传下来。

（二）关于呼和浩特土默特部中的"云"姓

在呼和浩特土默特蒙古族中，云姓的蒙古族不少，有个别研究者甚至说"云"姓是土默特部的族姓，在一段时间里也使一些人误认为"云"姓就是土默特部蒙古人正宗的汉式姓氏，甚至是贵族姓氏，其实真实的情况远非如此，呼和浩特土默特蒙古族"云"姓形成有如下情况。

1．由"永谢布"部落名演化而来

永谢布也译写为永硕布、永昭卜等，是北元蒙古早期驻牧河套地区的三个部落之一，后分化成阿勒坦汗五弟博迪达喇及其后裔的部落，驻牧于今锡林郭勒盟苏尼特左右旗北部、阿巴嘎旗北部、西乌珠穆沁旗西北部部分地区。1628年九月，土默特部和永谢布部联军在今达茂旗艾不盖河与林丹汗进行决战。战斗以土默特、永谢布联军失败结束，活下来的部众四处逃散。有据可查的永谢布人最终分别进入了土默特、鄂尔多斯、青海、西藏、外喀尔喀和以兀良哈人为主形成的喀喇沁旗。进入清朝，分散各处的不少永谢布人都以部名"永谢布"为姓。清末民国，土默特蒙古族开始采用汉式姓氏，居住于土默特地区的永谢布人和其他地区的永谢布人一样大多以永谢布的首音取"云""荣"为姓。这个"永谢布"的部落姓，也被一些人误传为土默特族姓，而被更多的土默特人使用。今呼和浩特土默特左旗的蒙古族"云"姓不少为来自永谢布各部，包头市土默特右旗沿山一带的不少"云"姓蒙古族为永谢布部的阿速特部人，他们最早根据其祖上福林嘎的名字首音取"佛""福""伏"为姓，后有不少人改为"云"姓。

2. 由乌勒腾姓氏而来

在土默特部中，有蒙古姓氏"乌勒腾"姓氏人，"乌勒"意为"云"，"腾"同"特"表示领属的后缀。在取用汉式姓时，该姓氏人以姓氏汉意"云"为姓。

3. 由乌鲁特误传而姓"云"

乌鲁特部为阿勒坦汗长子僧格的属部，人数众多，清初时没有被后金带到东北的乌鲁特部人被安置于呼和浩特南、东一带。在取用汉式姓时，一些人把"乌鲁"误译为"乌勒"，汉译成"云"，以"云"为姓。

4. 不能确认祖姓而姓"云"

在呼和浩特土默特左旗，有很多由职务、职业、身份名称姓氏形成的村庄，随着汉语的普及和村名原称被误传，一些人已经不知道所住村名即是自己的姓氏。在取用汉式姓时，这些人也以"云"为姓。

5. 以父、祖之名首字为姓

土默特蒙古族的"荣""云"姓氏人中，有的系取自父、祖名字的首字音。

6. 取汉族家谱"容"同音字云、荣为姓

进入民国后，清朝时占据统治地位的蒙、满族开始没落，旗权日削。清朝时所设的"道""县"等原由满、蒙族担任主管的衙门都改为汉官，大汉族主义的民族歧视和欺凌开始，蒙汉纠纷日益增多，两族间不断产生矛盾。本地汉族的习俗之一，是要在年节时供奉祖宗家谱，家谱俗称"容"，年节期间将"容"悬挂室内，供子孙叩拜。本地区口音"容""云"同音，部分蒙古族愤而以"云""荣"为姓，以表示为其祖。

7. 相互影响，云姓渐多

清编呼和浩特《土默特旗志》的职官表共列144人，无一姓云者。民国以后，云姓渐多。1923年，在北京蒙藏学校就读的土默特青年共43人，其中以"云""荣"为姓的15人。到1935年，土默特呈报蒙藏委员会的《职官表》共列134人（兼职重名者不计），有汉姓者67人，其中云姓22人，可见时代愈晚，云姓增加愈多，这和一些人误以为"云"为族姓的传播和与亲属朋友"借姓"有关。

8. 以古地域名为姓

清末，土默特地区已以汉学为主，土默特一些古郡地名"云中""云内"等也在人们中流传。一些蒙古人为了表示自己是这里的先民，取"云"为姓。

上述这些，都是造成呼和浩特土默特地区云姓较多的原因。

东西土默特蒙古族的汉姓或汉式姓氏，完全是由从经济到文化被汉化和民族压迫政策的结果，所以不像汉族那样对姓氏恪守不渝。汉族视改换姓氏为叛祖行为，故而其姓氏历久不变。而蒙古族的汉式姓氏在采用时就有其不准确性，所以继承性不强，稳定性亦弱，因而父子异姓，同一家族数姓的现象很多。有的又将父辈的汉姓舍弃，另起蒙语名字。这也就是土默特蒙古族姓氏发展演变的历程。

北元时期的土默特风俗

北元时期的蒙古社会和土默特风俗，蒙文史籍中没有留下专门的记载，仅可从《阿勒坦汗法典》中了解到一些。明朝人记述北元蒙古和土默特的著作很多，但多是记载明朝与蒙古及土默特政权的关系、军事冲突、通贡互市等情况，对蒙古及土默特社会内部的详情，特别是风俗习惯方面很少涉及。在现在能够看到的北元时期明朝史籍中，仅有萧大亨的《北虏风俗》和苏志皋的《译语》中有北元时期蒙古风俗的记载，其中萧大亨的《北虏风俗》成书于1594年，为专门记载北元时期蒙古风俗和世系的书籍。萧大亨生于1532年，去世于1612年，历任山西参政、宁夏巡抚、宣府巡抚、宣大山西总督，在明朝与北元蒙古右翼边疆任职二十多年。他通过考察当时北元蒙古右翼情况，把蒙古人的生活风俗及首领世系写成了《北虏风俗》，成为明朝人记述北元右翼蒙古人生活习俗的重要著作。这部书不仅记载了北元右翼蒙古人的衣食住行等生活方面的习俗，而且对北元右翼蒙古人的生产、战争、贡市等方面都有所叙述，是北元蒙古社会宝贵的资料，是一部有助于全面研究北元蒙古历史、社会、经济、文化和风俗的著作，是

明代北元蒙古右翼的一篇民族志。《译语》的作者苏志皋生于1488年，1532年中进士，曾任雁门等关兵备副使、陕西左参政、山西按察使、左布政使、宣府右参议、辽东巡抚等职，对蒙古左右翼情况都有所了解。他以峨眉山人之名著有《译语》一书，内中记载有不少蒙古风俗。以《北虏风俗》参考《译语》和《阿勒坦汗法典》，可以了解不少北元阿勒坦汗时期土默特风俗。《北虏风俗》共分为二十个部分，现将这二十个部分中除贡市外的十九个部分的内容介绍如下。

一、婚姻

在《北虏风俗》的记载中，北元土默特蒙古人的嫁娶，是不需要媒妁和父母包办的，主要以男女青年满意，就可以订婚约成婚，但一般讲究门当户对。成婚前男方要给女方送聘礼，聘礼主要为牛马诸畜。聘礼的多少取决于男方家庭的贫富，贫者少给，富者多给。《阿勒坦汗法典》规定，父母哄骗女儿出嫁，罚牲畜九九，女儿逃回家无罪。父母强制女儿嫁人以犯罪论处，也从法律上保证了只有当事男女双方乐意

才能结为夫妻。《北虏风俗》记载土默特人婚礼说："其成亲，则婿往妇家，置酒高会，先祭天地，随宴诸亲友。妇家预置一帐房，竖于所居之侧，如贰室然。宴毕，诸亲友皆已散去，时将昏矣。妇则乘马避匿于邻家，婿亦乘骑追之。获则挟之同归妇家，不然，即追至数百里、一二日不止也。倘追至邻家，婿以羊酒为谢。邻家仍赠妇以马，纵之于外，必欲婿从旷野获之（应为从古代抢婚发展而来的习俗）。其至妇家也，诸妇女拥抱推送入幕中，婿与妇将羊骨互相捧持，然后交拜天地。妇之衷衣，必以马尾辫维系之固，婿以小刀断之。其始配如此。贫者则随意资送（指陪嫁），同归婿家矣。归时，妇披长红衣，戴高帽，妇女前导。至幕中，妇持羊尾油三片，对灶三叩头，即以油入灶焚之，与祭灶无异。次则拜公姑伯叔，礼成，各送一衣，似亦为贽（音置，初次拜见长辈所送的礼物）。然亦终避匿不相见，别嫌不亲授受，未尝以蒸报聚麀而废也。"《北虏风俗》的上述记载，是对一般蒙古人婚俗的记载，另外还有对大汗及台吉之女婚俗的记载。大汗及台吉嫁女没有女婿追妇这一习俗，而且大汗及台吉之女不让女婿进帐，女婿不能随便进帐。婚后，女婿也要住在女方家中。大汗与台吉的女婿称为塔布囊，一般都是世代婚姻，等到生下子女后才回到自己家中。在回自己家中时，大汗及台吉要赠送帐房、马驼、衣服、男女奴仆等，都数以百计。在明朝史籍中，有阿勒坦汗嫁女向明朝边臣索要陪嫁物品的记载，物品及数量也确实惊人。婚后，如果大汗或台

吉之女与塔布囊关系不好，塔布囊另娶妻妾的，女方则会杀掉所娶之妾，把其马驼赶回。如果大汗或台吉之女不满意所嫁的塔布囊，则可以随意另嫁，塔布囊不敢阻拦。如果台吉与妻子不和，台吉则可以把妻子送给所属部众，如果生有子女，则给予家产，与其子女在别处居住，无子则独自居住，台吉不让其嫁人就不能嫁人。父亲死后，儿子要娶其后母，兄或弟死后，活着的兄或弟则要娶其妻子，这也是历史上北方很多民族共有的"收继婚"习俗，是为了保持家庭和财产的稳定性，不致因寡妇另嫁而使财产流向其他家庭和家族。在《阿勒坦汗法典》中，还有致孕妇流产者，按怀胎月数，每月罚九畜；丈夫揪妻子发辫者，罚五畜；男女乱搞性关系者，罚牲畜七九；诱拐姑娘者，罚牲畜三九；鞭抽拳打、脚踢者，罚牲畜一九；妻子秽言伤害丈夫者，罚牛一头；男大当婚，女大当嫁；调戏妇女，撕乱衣服者，以牛马赔偿的规定。这也从制度上要求男女适时婚嫁，不准诱拐妇女，不准调戏妇女，不准乱搞男女关系，不准殴打妇女，夫妻双方互相尊重。从法律上也可以看出，北元时期的土默特妇女在社会和家庭中有着较高的地位并受到尊重。

二、生育

北元时期的土默特妇女生育，在生下孩子后即裹以皮或毡，到第三天时给孩子洗澡，这天还要杀牛置酒，召集亲戚邻里庆贺，称为"米剌兀"。产妇自初产时饮食仍和平常一样，并不避风寒。蒙古人的

刚强气质也是从婴儿养育时期的养育方式培养出来的，刚产下的婴儿亦不避风寒，母亲也不久抱，儿饥则乳，吃饱后即放于摇车之内，置于蒙古包内或包外，通过适应艰苦的草原生活，成为不惧风寒，能够适应恶劣气候的蒙古人。在接生时，有专门的接生妇女，婴儿的脐带以箭断之。生下婴儿后，无论男女，均把红布和腰刀挂于门上。但一般生男孩时，挂腰刀或弓箭，以表示男孩的勇武；生女孩时，则挂红色布条，以表示心灵手巧。

三、分家

北元时期土默特人分家，都要给长子和幼子多分。如果家里有四个儿子，财产要分为六份，长子和幼子各分二份，三子和四子各分一份。如家里有女儿已聘人而未出嫁者，如父母去世，也要一样分给家产，如果女儿已出嫁，只分给一点。如果没有儿女而绝户的，家产都归于台吉，其妻子给别的部属；如果有认领的养子和义子，曾经向台吉报名并代替当差的，家产则可以归于养子或义子。

四、治奸

北元时期的土默特，以奸情为重，所以处治也最严。如果部落首领之妻与一般部众有奸情被发现，即以弓弦缢死其妻，当事的男子父子兄弟，止存一人，其余全部杀掉。其妻女、蒙古包及畜产之类全部分给别人。一般部民有奸情的，仅把奸夫

一人处死，如奸夫逃跑的，罚畜产以七九之数。其有奸情的男女一起私逃，被抓回则把妇女送回，奸夫处死。奸淫幼女者被抓获后，则痛打其人，送到其家，等待其死，如其家置之于死，则结束此事，不然则罚以牲畜九九之数，若家贫没有九九牲畜的，以其妻子、奴隶代替。至于叔伯兄弟之间有奸情者，一般不做处置。在《阿勒坦汗法典》中，对于奸情的规定没有萧大亨所记这么严格，仅有"男女乱搞性关系者，罚牲畜七九；诱拐姑娘者罚牲畜九九，并受杖责"的规定，没有关于部落首领和台吉之妻有奸情的有关处置规定。这应是这类事情发生较少的原因，但是如果真的发生被发现，受到的处罚会相当严酷。如僧格的第三妻吉桃松寨与人有奸情出逃明朝后，土默特曾出兵围攻左卫，在抓获桃松寨及其奸夫后，两人都被杀死。僧格还要求其他妻吉喝桃松寨的血，以示警诫，可见在部落首领和台吉之妻与一般部众有奸情被发现时会受到相当严酷的处罚。这一方面是维护首领和台吉们的尊严，另一方面也是在维护血脉的纯洁。

五、治盗

北元时期的土默特，对偷盗的惩罚相当严厉，这应和当时土默特物品缺乏有关。如果哪家被偷盗者偷走物品，则会对被盗人的生产生活产生很大影响。《北虏风俗》在记载土默特治盗时说："过去有盗牛羊驼马的，止罚七九或三九之数，今新法一行，且剔其目，断其手，仍罚一九之数。

盗一匹马的马尾，新法要截其一指。如果有人走失畜产，首领知道后，在二三年外，仍命人执旗在部落中遍访。如果得到牲畜者自首交出牲畜，则恕其无罪，如果私自隐藏不报，在被发现后仍剜其目，断其手。唯有外甥盗母舅之物，则不管不问。即使奸其舅母也不会得到一点处罚。"在《阿勒坦汗法典》中，关于对偷盗物品的处罚条例达到32条，占到《阿勒坦汗法典》总条例的四分之一多。这32条中，盗窃财物及马、牛等较大的财物、牲畜的，要以一人顶替并罚牲畜九九，盗窃小的如三腿绊、二腿绊的也要分别罚马三匹和二匹，盗窃绵羊毛做的缰绳也要赔偿绵羊一只，可见对盗窃的处置相当严厉。而且法典条例涉及的物品几乎涵盖了所有的生活、生产用品。《阿勒坦汗法典》中没有萧大亨《北虏风俗》提到的身体刑，应是萧大亨得到的情况有不确切的地方，但也有可能在阿勒坦汗去世后，僧格汗或那木岱汗又重新制定了法典。

六、听讼

听讼就是现在所说的打官司。萧大亨的《北虏风俗·听讼》中说："夷人杂居沙漠，喜则如马之交颈相靡，怒则分背相踶，而其处分亦无定律。"萧大亨认为蒙古社会中没有固定的处理纠纷的法律，这也与他前引内容不符，不够确切，因为蒙古不但有从元朝传下的法律，而且还有从成吉思汗时就传下的很多习惯法，阿勒坦汗也是通过法令来维持社会秩序。《北虏风俗·听讼》记载的当时土默特人打官司的情况是：如果两台吉不和，虏王则令众台吉断其二人对错，错的一方要罚牛羊以千计、驼以百计，分给众台吉，如果一般部众不和，听台吉处置。从以上可以看出，台吉之间闹矛盾时，要蒙古首领们调解，区分对错，对理亏者罚以财产；普通蒙古人之间闹矛盾时，台吉作为法官区分对错。但在很多蒙汉文史籍中，都记载蒙古各部有专门断事的首领。《北虏风俗》单纯记为由台吉断案不够确切，应该是由负责断事的台吉或首领对案件区分对错。《北虏风俗》记载的普通蒙古人打官司的情况是：如散夷不和，则听台吉处置。其富者先奉以羊酒，然后诉说其事，对错分辨清楚后，则令错者给对者敬酒赔罪。次日，对者也给错者还礼敬酒，于是两人和好如初。如果有错一方错误较大，则罚牛羊数头，给予对方。有置人于死者，则杀其人以抵命。其人已逃，则尽掠其家财男女而后止。若两妇相争，至于伤命，则在审明伤人一方与死去妇女之夫没有关系的情况下，把伤人的妇女判给死去妇女之夫。土默特部中的汉人和别族的被掠者，其子及孙世代为奴仆，而不能改变，他们中有智勇、有能力之人，也有让管事的，如同首领一样，如果此人被杀，则与杀蒙古人一样同罪。如果汉人和别族的为奴者杀死蒙古人，要杀死其人，夺其财产。汉人和别族的为奴者被蒙古人所杀，罚牛羊九给其妻，无妻者给其主。如果奴仆新来，为人所杀，罚羊一只给其主。在《阿勒坦汗法典》中规定，一般平民杀死平民，要受杖责三次，罚头等牲畜一九，以一人顶替，或罚头等牲畜五头，以一人顶替。其他原因致人伤亡也都是以一人顶替。如系诺颜好臣民或好佣人，则依蒙古习惯处理；奴仆致他人死亡者，抄没全部家资，如更犯盗窃罪，则处以死刑。

七、埋葬

在《北虏风俗》中，记载土默特蒙古人生病后不吃药。通贡以后，明朝也经常送药给土默特，但疗效都很一般。萧大亨把其总结为生活习惯不同造成身体状况不同，导致药不能达到效果。萧大亨还记载土默特人"往往夭促其天年，鲜能以寿终者"。这也说明当时很多土默特人寿命不长。从达延汗及其诸子都年龄不大即去世可以看出，平民的去世年龄更小。大汗和台吉们去世后，都有棺材，其平常所喜爱的仆妾、良马都要杀掉殉葬。其生平衣服、甲胄之类也都一起埋于深僻莽苍之野。有偷盗墓中及墓外一草一木者都要处死，子女为奴，而且偷盗一般人家坟墓的也要罚九九之数。大汗及台吉去世后，仅七日之内妻子及所属部众妻子都去掉姑姑冠，七日后就可继续戴了。信奉藏传佛教以后，杀生殉葬也已改掉，从西藏来的喇嘛教以火葬之法。凡死者都以火焚化，拾其余烬为细末，和以泥，塑为小像，像外以金或银裹之，放于庙中，请喇嘛诵经四十九天，一般的人请喇嘛诵经七天，然后把死者生前喜爱的良马衣甲都答谢喇嘛，凡四方来吊唁者送来助葬的牛马，都答谢喇嘛。其生前的妻妾，除生母以外，仍为儿子所收。

如果是儿子去世，其父亲则穿甲持刀，向门三砍，仍收其媳。上述萧大亨《北虏风俗》中所记叙的土默特丧葬，显然是土默特大汗、台吉和首领们的丧葬，并没有反映出一般部民的丧葬习俗。在《阿勒坦汗法典》中，有关丧葬的条文有：送尸体者返回后，立即进入他人屋者，按人罚马；凡接触尸骨者，均应烧香去邪，否则，罚牲畜九九；盗坟墓附葬品，以盗活人财产罪论处；将供祭尸体的马匹放走者，罚九畜；将他人尸体及供祭马匹迁移他处者，罚牲畜三九。这说明当时的土默特对盗一般部民墓者的处罚仍为罚牲畜。在蒙古的历史上，能够选择土葬的仅为大汗及台吉贵族，普通部民一般都选择天葬。天葬也叫野葬或原生葬，是明代绝大部分土默特蒙古人采用的葬法。天葬并无确切地点，以车载尸，不束不殓，驱车至野，尸于何处掉落，即以所落地为葬地。尸体任鸟兽啃啄，连续多日，家人不时前往探看。火葬为信奉藏传佛教后传入，土默特第一个火葬的人为阿勒坦汗。土默特地区的人死后普遍火化后土葬开始于清乾隆年间。蒙古人的土葬也和汉人一样讲究风水，如阿勒坦汗土葬就是满珠锡里和明朝来的占卜师为其看的葬地。人亡后，子女要在最快的时间内向诸亲友讣闻报丧，孝服颜色为黑色。坟地埋葬亡人，均以辈分排行，坟穴中男西女东，入葬时间多选逢七之日，最多停灵49天。信奉藏传佛教后，在停灵时要请喇嘛念经，为死者超度修福。明代土默特人的火葬没有看到记载。清代土默特人的火葬是将逝者抬到一个居住周围固定的火葬地点，架设木柴，有条件的用木柴和炭，浇洒酥油，把尸体放置上边，然后点火焚烧。点火前孝子一人将引魂马牵至尸前，燃火以后，孝子分跪两边，喇嘛诵经。经毕，众起立。大喇嘛牵引魂马转火化尸体的火堆三圈，留二人看守火坑，其余人返回。次日，喇嘛念安息经，将骨殖放入坛中下葬，有的无坛为两个大小一样的瓦盆扣在一起，死者衣物全部赠谢诵经喇嘛。

八、崇佛

阿勒坦汗信奉藏传佛教后，土默特地区也开始信仰藏传佛教。阿勒坦汗与索南嘉措在青海会面后，土默特蒙古人原有的萨满教被抛弃，专一崇信藏传佛教。藏传佛教在土默特的传播，也使土默特社会发生了很大变化。据《北虏风俗》记载，信奉藏传佛教后的土默特，每户在蒙古包中供奉一个佛像，饮食必祭，出入必拜。生活富裕的人家建庙供奉，请喇嘛念经，捧香瞻拜，贡市卖牲畜的银子都用来铸佛像和买崇佛用品。从大汗到一般部民，见佛、见喇嘛，无不五拜五叩首，喇嘛唯以左手摩其顶而已。而且无论男女老幼，手里平常拿着念珠。又有用金银做成二三寸小盒的，把经文藏在其中，佩之左腋下，坐、卧、饮食、睡觉都不取下。

九、接待宾客

土默特人接待来宾，见面没有作揖及互相谦让之礼。来到蒙古包后，主宾坐于西北，同来的人坐于西北之下，主人及家人坐于东北和东北之下，都盘腿而坐。主人以牛羊奶、奶食、茶、酥油、酒肉招待客人。有不相识的人，不管贫富，也不用客气，直接到蒙古包而坐，主人吃什么，都会分给来者吃什么。所以进入土默特的行人过客，往往看到蒙古包或房子就可以进去吃饭。在较穷的人家，尽管食物很不好，也要分给并不认识的人吃。

十、尊师

北元时期的土默特，能识字书写的称为榜什（巴格希的不同译称），榜什为老师的意思。和老师学习的学生，称为舍毕，是徒弟、弟子的意思。弟子跟老师学习之初要带羊、酒行拜师礼，拜师后尽管每天相见，但都要叩首拜师。学成后，要答谢老师白马一匹，白衣一件，白衣布或缎均可，看学生家庭贫富而定。北元时期的土默特人有文化后，则会为首领们服务，列于普通人之上，所以土默特人也最敬榜什。法典规定，有辱慢榜什的，罚马一匹给榜什。和明朝通贡互市和崇信藏传佛教后，有文化的人越来越多。早期的土默特部书写，用木板或皮子，和明朝互市后开始用纸。土默特人所用的笔为木材或竹子削尖蘸墨书写的笔和毛笔。

十一、耕猎

北元时期的土默特蒙古人，以肉食为主。从1546年阿勒坦汗进驻土默川后，就开始小规模耕种农作物，到 1551 年丘富等人到土默特后，开始大规模种植农作物。耕种主要用牛和犁，种植的作物有小麦、豆子、谷子、黍子。1571 年和明朝通贡互市后，瓜、茄子、葱、芥菜、韭菜等全部传入，但耕种主要靠天气收获，较少人为浇灌，广种薄收。尽管土地肥沃，但因管理不够，收成不是十分理想。北元时期的土默特地区，遍地高大粗壮的松柏。土默特部人也经常射猎，但十分注意爱惜和保护野兽。春季因为野兽瘦弱而且怀孕生产哺乳，绝不围捕野兽；夏天因野兽正在生长期，一般也不猎取，只有在十分饥饿时才会小小猎取；到秋天草枯后，才会组织大规模的围猎。围猎由各部首领组织，有时一次长达十几天不回，打到的野兽就像丘陵。野兽的皮毛蹄角归于射中者，肉则一起同分。围猎中射出的箭也没有人藏匿，仍归于本人。狩猎中误伤致人死者，则赔偿一奴或一驼，不然赔偿两匹马。

十二、食用

在《北虏风俗·食用》中，萧大亨描述土默特人的饮食为："夷人虽知火食，然亦粗秽之甚矣。其食肉，类皆半熟，以半熟者耐饥且养人也。肉之汁即以煮粥，又以烹茶。茶肉味相反，彼亦不忌也。"萧大亨上述的饮食习俗，其实就是现在蒙古族的手把肉、锅茶、肉粥，萧大亨的记载是不了解蒙古饮食习惯所致，把这些美味可口又有营养的食物描述成类似于半原始人的食物。在《北虏风俗·食用》中，

萧大亨还记述土默特部有臼为米，有磨磨面，面和以乳，而不知烹调之法的记载，其实这就是现在蒙古人的油炸面食，也是既有营养又可口的美食。萧大亨还记载蒙古人当时酒的名称很多，但大多是乳制酒，酒量大的人饮数杯后也会大醉，平时则放在皮做的囊中。尽管土默特人以肉为主食，但接待客人很少用牛肉，虽然吃谷类食物，但以肉类食物为多。土默特人性耐饥，即食一酪蛋（奶食品），饮水一升，也可以过两三天，又耐寒，冬天睡于数尺厚的大雪中，只缩回手脚而不说冻。饮食没有筷子，以木盆盛饭，能够粗制木碗、木勺，首领们则用银碗、银勺。所住的蒙古包门向东，睡时人头向西。信奉藏传佛教后，按照西藏喇嘛的要求，把门从东开改为向南开，但睡觉时仍头向西睡，即使在野外露宿，也是头向西睡。在天气大冷的时候，也会把狗和瘦弱的羊弄回蒙古包内。各部落的首领们在蒙古包内设有床榻，但仅一尺多高，有毡褥厚数寸。土默特的蒙古人较喜欢吃甜的食物，喜欢穿锦缎做的衣服。

十三、帽衣

在《北虏风俗·帽衣》中，记载土默特部人"夫被发左衽，夷俗也。今观诸夷，皆祝发而右衽矣。其人自幼至老，发皆削去，独存脑后寸许，为一小辫。余发稍长即剪之，惟冬月不剪，贵其暖也"。这段记载，首先说"被（遮盖之意）发左衽（音任，这里指衣襟从左开口）"是土默特部人习俗，接下来又说"今观诸夷，皆祝（削去之意）

发而右衽矣"。这就是说，土默特蒙古人留发，穿左边开口系扣的衣服，是习俗。现在观察土默特人，却全部是剃去了头发而穿右边系扣的衣服。这是因为古代少数民族的服装都为左衽，而萧大亨也认为蒙古族的服装应为左衽。蒙古人的民族服装从元朝时已改为右边开口系扣，祝发也应是在元朝时形成。这是萧大亨对这一情况不了解而作的记载。他的记载中，脑后留一小辫，应为土默特蒙古人独辫后垂的发式，这种发型在美岱召壁画中也较多。土默特男子的另一种发型为髡发。髡发即剃去头顶发，保留四周及鬓角部分，梳到脑后扎起来。土默特的妇女在出生后就留发，长大后分为十几条小辫，这在美岱召的壁画上也能得到印证，在成人待嫁时，则分为二辫，出嫁后把头发结为二椎，垂于两耳，即链椎头。土默特的妇女也在耳朵上穿孔，佩戴各种耳环。关于土默特人的帽子，《北虏风俗》仅记载类似明朝大帽，而制特小，仅可以覆额，又其小者，止可以覆顶，俱以索系之项下。其帽之檐甚窄，帽之顶赘以朱英，帽之前赘以银佛。制以毡，或以皮，或以麦草为辫绕而成之，如南方农人之麦笠然。在美岱召的壁画中，土默特男女戴的帽子有笠子帽、浑脱帽、席帽、风兜、蒙古式皮帽。此外，应还有姑姑冠。土默特人的衣着男女均为窄袖，衣长可到膝下，下摆镶有虎、豹、水獭、貂鼠、海獭皮。在没有和明朝通贡互市前，大都以皮为主；与明朝通贡互市后，开始有用棉布、丝绸、锦缎做蒙古袍，有的上面还有刺绣。另外还有类似现在马甲的衣服，称为贾哈，以

锦貂做成，也是当时主要服装之一。内衣是紧身的，不束带子，男女均穿靴子。在美岱召的壁画中，当时的土默特贵族们均内穿窄袖袍，外罩半袖长袍，颈围披肩，腰系布带。还有女人穿的无袖貂裘对襟长袍类服装。在当时的土默特社会，即使经济条件较好的家庭，一般男人也不在乎衣着，在同一季节很少有两件衣服，新的衣服从穿上到扔掉一直不洗。但妇女们讲究打扮穿着，衣服和鞍辔都相当华丽。在《北虏风俗·帽衣》中，还记载土默特男人大多受妻子管束，但并不是妇女暴悍而丈夫害怕，而是因为妇女在家做衣做饭，挤奶剪羊毛，家庭大小事均由妇女承担较多而来。

十四、敬上

在《北虏风俗·敬上》中，记载土默特部所设法令或太严过重，或懈弛而太宽。但是，对于上面的命令，却执行得很好，凡命令下达一日，有违抗不执行者，则罚千马百驼，即使是台吉也不能赦免。首领们的居所，如果王子及台吉进入则必须由门西边进入，一般人则由门东边进入，有从中直入者，则夺去其衣，罚其乘来之马。如果媳妇入见公婆，也必须从门东而入，见面后即叩头，出去时也要面向公婆，向后倒着出去，到门外后才可以转身行走，不然则为不尊不敬也。一般人谒见首领，马要拴到离门很远的地方。如果拴到蒙古包旁，则会罚其乘马。如果有人诋毁首领，凡听到者人人皆可杀之，如逃跑不能抓获，则没收其牛羊马驼。信奉藏传佛教后，如

有疾病，则请喇嘛诵经祈祷。台吉为大汗祈祷，一般部民为台吉祈祷，敬上十分勤恳。

十五、禁忌

《北虏风俗》对土默特禁忌记载较少，缺少土默特人对大自然，对火、水、山等的崇拜和禁忌。在《北虏风俗》中，一是记载土默特人最忌患痘疮。如果有人患痘疮，无论父母兄弟妻子，都躲避不相见，调护则交给汉人。如果没有汉人，则把食物放到一个地方，让患痘疮的人自己去取。如果夫妻之间有一人患痘疮，要听到打雷后两人才相聚。如果听不到雷声，夫妻之间也要终年躲避。信奉藏传佛教之后，禁忌更加厉害，凡事皆守喇嘛戒律，毫不敢违。一行动，喇嘛说不吉利，则连家都不敢出。出门见客，喇嘛说不吉利，也不相见。每月以初一、初十、十五为最好的吉日。在土默特，还有占卜的习俗，有的是把羊棒骨用火烧，以验吉凶；有的又以上弦之弓，用两指平举口中念咒，看弓微动而定吉凶；又有以衣领、口袋诸器具，向内为吉，向外为不祥。又有以雷击死牲畜为大不祥，则用酒食祈祷消除灾殃，并立二竿为门，驱牲畜走过，从两竿中间走的则认为吉利，从旁边走的则认为不吉利，随人领走。除《北虏风俗》提到的这些禁忌外，当时的蒙古族还有崇信萨满教遗留的很多禁忌。一是火忌，蒙古人崇拜火、火神和灶神，认为火、火神和灶神是驱妖避邪的圣洁物。所以进入蒙古包后禁忌在火炉上烤脚，更不许在火炉旁烤靴子和鞋袜、裤子等。不得跨炉

灶，不得往火中扔脏东西、洒水、吐痰，不得用刀子挑火，不得将刀子插入火中，或用刀子在锅中取肉。二是水忌，蒙古人认为水是纯洁的神灵。忌讳在河流中洗手或沐浴，更不许洗女人的脏衣服或者将不干净的东西投入河湖及水中。三是家中有重病人和病危的人时，一般在蒙古包左侧挂一根绳子，并将绳子的一端埋在东侧，说明家里有重患者，不待客。四是产妇生小孩时门旁要挂弓箭或红布，客人见标志即不再进入产房。五是忌踩门槛，不能在门槛上坐，不能挡在门上，因为蒙古人把门槛看作是家的象征，踩了门槛便意味着败了时运。所以出入蒙古包时，绝不许踩蹬门槛。古代时，如有人误踏大汗的门槛，即被认为有辱国格，会被处死。六是忌讳摸头，尤其是生人用手摸小孩的头部。蒙古人认为生人的手不清洁，如果摸孩子的头，会对孩子的健康发育不利。七是忌打狗，到牧民家做客时，要在蒙古包附近勒马慢行，待主人出包迎接，千万不能打狗、骂狗。蒙古人认为狗是人类的朋友。八是做客的忌讳也较多。客人进蒙古包时要注意整装，切勿挽着袖子，把衣襟掖在腰带上，也不可提着马鞭子进入蒙古包，要把鞭子放在蒙古包的右方，并且立着放。信奉藏传佛教后，忌坐佛龛前面。另外，蒙古人骑马、驾车接近蒙古包时忌重骑快行，以免惊动畜群；忌食自死动物的肉和驴肉、狗肉、白马肉；信奉藏传佛教后，不食鱼虾等海味；办丧事时忌红色和白色，办喜事时忌黑色和黄色；日常忌讳黑色，黑色在蒙古人眼里标志着秽气，或代表着丧事；禁止在参

观寺院时吸烟、吐痰和乱摸法器、经典、佛像及高声喧哗，也不得在寺院附近打猎。在生活中，吃肉时必须用刀，给人递刀时忌刀尖对着接刀者；忌用碗在水缸、锅中取水；忌碗口朝下扣放；忌从衣、帽、碗、桌、粮袋、锅台、磨台、井口、绳上跨过；忌以靴、袜、裤为枕；忌顺便拿走敖包上的石头和树枝。土默特的人们在生产生活过程中，对交际的语言、行动的日期也十分注意选择，这些无不折射出人们对美好生活的期盼和对大自然的感谢，与自然万物和谐共生的生活方式是蒙古人的选择。

十六、牧养

北元时期的土默特，牲畜有牛、马、羊、骆驼、狗。土默特人对于牲畜十分爱惜，尤其爱惜好马，见到一匹好马，舍得用三四匹普通马来换，得到后则早晚爱护，在秋天还要控马，使马更加结实，耐力好。土默特人的酒也大多取马乳酿造，并以牛羊之乳制作乳制品，羊毛每年剪一到二次，积存到一定数量时，则和邻居一起制作为毡。骆驼因两年一产，力大能够负载行装，被土默特人看重。土默特的狗不是太大，但很有灵性，知道人意，是人们打猎牧畜的助手，也得到人们的喜爱。如果有穷人来投，或其他部族人来降，土默特人必定给予一定数量的牛羊，等到这些牛羊滋生到一定数量时，再还给给予人。

十七、习尚

北元时期的土默特，除服食器用之外，不贵珍奇异物，不讲究所用物品精美。然而妇女比较喜欢穿着打扮，并工于刺绣，胭粉和针线都要用好的。

日常生活中人们也不比贫富，不看不起贫贱。最敬重诚实可靠之人，最喜胆力出众的人，最重承诺，最怕盟誓，如果有假则不会盟誓，一旦盟誓，至死不渝。最喜欢弓，弓有几十年不坏的。最喜欢刀，刀的外形与明朝的相差不大，但喜欢其锋利，不求光泽和亮度。最喜欢盔甲，所打造的盔甲极为精致坚固，不打仗时，也要经常穿着，又最喜欢犬马，爱之甚于爱人。其衣服鞍辔，惟妇女的最为华丽，而其丈夫们，平常敝衣垢面，往来于亲友家而不顾。土默特人的特点为体貌不太魁梧，面色有皙白而可爱者，但其头微扁而短，肩膀横宽，其眼睛白多，眼珠微黄，其须黄而赤。言语多喉舌音，其歌唱亦多喉唇音而不响亮。

十八、教战

北元时期土默特的儿童，五六岁就开始骑马，再稍大一点，就开始练习马上技巧，弯弓射箭，追狐逐兔，摔跤比力，再稍大，则开始以射猎为业，从而精于骑射。如果勇力出众，则会得到众人尊敬。土默特人的马到秋天膘情最好。这时要进行控马，使马不虚肥，膘情结实，日行数百里，经战阵七八天，马仍然和以前一样。弓以榆木为干，角取野牛、黄羊，以鹿皮为胶制成。箭用柳条制成，箭头为铁，有形似钉者，有形似凿者。但每人所带箭不多，打仗时箭不虚发，弓弦为皮条，弓较弱，而箭很厉害，但不能射于五十米之外。盔甲为铁制，色泽有明有暗，样式和明朝相同，相当坚固。因土默特铁少，所以铁也较为贵重，制造铁制品工艺也较高。在土默特，箭人人能做，弓则有专门的制作人。部队中有钩枪，柄长五六尺，枪刃长数寸，刃后有钩，可以刺也可以拉。有钩杆，专门用于登城。有弩，但专门用于打猎，在与敌战争中不用。无锣、鼓。有觱篥（古代管乐器，以竹作管、以芦苇作嘴），以木头做成，前面为铜号头，吹之集合部众，声音能传很远。部队中没有旌旗，大汗及各台吉都有坐纛，出兵打仗，外人都分不清谁是大汗，谁是台吉，在行军时以雁行前进。土默特人从小到大惟力气大者为强，从上至下，最喜欢有力气的人。

十九、战阵

北元时期土默特对明朝的战争，小的抢掠对明朝构不成威胁，大的进犯，往往能达到目的。每当要进行大的进犯，大汗命人拿令箭昼夜兼程赶往各部，定于某月某日会集，各部则都能如期而至，有敢过时不到的，则要受到重罚。议事完后，首领们各归本部，准备弓矢盔甲及牲畜等军需物品。到了约定集合的时间，各部都准时到达，敢有到期不到者，必受到重罚。队伍集合后，最重要的就是坐纛，大汗之纛列于中间，各部首领之纛列于两旁。大

会部众于纛下，杀牲致祭，部队一起吃饭后，誓师启行。

对于进犯的地点，只有首领们知道，如果进犯东边，可能会向西前进，然后突然东进。将要进入长城时，先以老弱守军需，然后毁坏长城而入。让精锐部队埋伏，然后让少数人诱敌，敌人进入埋伏后则被打败，或者突然攻入几百里，进攻墩堡，使守军应接不暇，顾此失彼。或者集合入犯的队伍，围攻城池，有的以钩上城，有的持刀上城，两旁则由弓箭手射守城的人，城上的守军以石头击打以钩上城之人，却往往被射死。当觱篥一齐吹响时，呼声动地，更多的人一起攻城，直到城陷。进犯的队伍返回后，仍竖纛于出发前，将俘虏一人斩于纛下，然后集众论功。所有出征的队伍都要把抢到的东西献给首领，首领再献给大汗，没有人敢于藏匿。大汗选一些后，再分给所有人。功轻的升为巴特尔达尔罕，功重的升为威静达尔罕，再重的升为骨印达尔罕，最重的升为威达尔罕。

明蒙两军对阵，明朝军队编为方阵，四面外向应敌。土默特的部队驱马冲击，有时会从侧面进攻，每三人为一队，一人持钩枪，可刺可拉，一人持刀，一人弯弓以待。如果有一人马死，别人则会给他多余的马匹，不然就会受到重罚。如果有受伤者，众人必然捐躯救护。救一名台吉者，台吉则敬如父母，回去后把自己的好衣、好马、盔甲送给他。如果是救一个一般人，此人也会把救命之人敬为父母，把自己的财产全部送给他，而且一生不忘。救人之人并不是为了厚利，而是为了在部落中得

到荣誉。土默特的部队勇猛不可挡，是因为首领部民获则同利，危则同其害，利害相同，千人一志的原因。

在《北虏风俗》中，没有提到土默特的节日和祭星、祭天、祭湖、祭敖包等活动。春节是所有蒙古族重要的节日，同样也是土默特部人在明代就有的习俗。一般进入腊月十五，人们就着手过年的准备工作。腊月二十三过小年，这一天，全家人或亲友一起娱乐祭火神。从腊月三十到正月初五，是过春节最欢乐的几天。腊月三十全家人也要"守岁"。初一首先要祭天，家里留一两位老人或妇女，其余人身着节日盛装，手提银壶奶茶，端着奶食品，来到雪堆成的敖包旁，把贡品撒进点燃的火堆里，祈求风调雨顺、人畜平安，然后是家庭晚辈给长辈拜年。家庭拜年结束后，人们首先到年长者家中拜年，进门时依年龄大小而先后进，拜完年后还要献颂词、歌。此外，蒙古族还有祭祀敖包风俗，土默特的敖包祭祀时间一般为农历五月十三和七月十三。信奉藏传佛教后，祭祀敖包由萨满改为喇嘛，祭祀用品有羊、酒、各种奶食品，同时还要举行赛马、摔跤、射箭活动，祈求平安幸福。此外，土默特部人还把每年农历五月初五定为猎节，每年的这一天都去打猎；把每年农历正月初八定为祭星日，这一夜待星辰满天时，在居处西北角摆设香案供品，全家面向北斗七星跪拜祈福，以求光明吉祥；把每年农历七月初七作为祭天日。此外，还有每年在七八月举行的那达慕大会。

附录

阿勒坦汗法典

　　《阿勒坦汗法典》是阿勒坦汗在 1578—1581 年间制定的一部地方性法规，旨在推行政教并行政策，该法典对有效维护阿勒坦汗的统治、促进格鲁派在蒙古地区的传播，以及对蒙古地区社会经济的发展起到了重要作用，并对蒙古后世立法和法典编纂模式产生了深远影响，也是研究当时土默特经济、政治、文化、生活、民族习俗、民族关系富有价值的史料。该法典由联邦德国学者梅塞泽尔发现于英国利物浦市博物馆，原文为藏文手写体，很多翻译稿都不尽准确。此法典根据苏鲁格译本，对文字亦略有改动。

前言

　　愿得吉祥，一切诸佛殊胜灌顶，六道众生之救主观世音菩萨，为教化众生而化身为法王阿勒坦汗。可汗之教诲云："六道众生无不可转为父母者。"因此之故，佛之圣洁法旨亦云："我之佛法将向北方传播并昌盛。"金刚座之北方，即吐蕃黑暗之洲，化身法王松赞干布将吐蕃众百姓纳入政教二法规，故能永享安康。金刚座及吐蕃之北方，即蒙古地方，此亦为愚昧黑暗之洲。为给黑暗中之众生指明利乐之路，法王阿勒坦汗作了施主。遍知一切之佛陀幻化为索南嘉措喇嘛，教化十方，德被一切众生。其引导众生坚信利乐，趋向善道，兹略述于上。

　　今之政教二法规，佛之戒规绫结般牢固如不坏金刚，世间（汗）之法规，如牛轭金山。遍及广大国土之政教二法规中，其大小法律条款，皆为便利施行而制定。汝等四十鄂托克、五努图克之首领、官员及民众，应铭记于心。倘不铭记乃至排斥、藐视之，则必将照阎魔王之旨，以政教二法规严厉制裁之，故一切人等须确实铭记在心。若不遵守（政教二法规）而各行其是，莫不变作罗刹女之眷属，必将永被镇压。

　　△杀人者，杖三次，罚头等牲畜一九，执为首者一人；（或）罚头等牲畜一五，执为首者一人。二人同案，执为首者一人。

△九畜者，马二匹、牛二头、羊五只。

△五畜者，马牛合二、羊三只。

△盗窃财物、马、牛者，亦执为首者一人。

△罚九九牲畜之案件，倘系（穷人）犯案，没收其所有财物，（被窃之物）无论耗损与否，一律追究。

△致人眼瞎者，杖一次，罚牲畜九九，（向受害者）赔偿一人或一驼。

△致人牙齿断裂者，罚牲畜三九并一人或一驼。

△以锐利木、石击打（人）者，罚一人（或）一驼以及以马为首之九畜。

△以鞭、拳、脚打（人）者，罚五畜。

△斗殴中揪断（对方）头发、胡须者，倘（对方）无过错，罚五畜。双方同等相打者不予处罚。

△致人手足残废者，罚牲畜九九，执一人。若手足痊愈并无残疾，则罚五畜并酬谢医者。

△因斗殴伤害而致人丧失性功能者，杖一次，罚牲畜九九。

△因嬉戏而致死、致盲、折齿、丧失性功能者，按（参与嬉戏）人数罚马。肇事者罚牲畜三九，执一人，或以一驼顶替。

△因嬉戏致人手、足骨折者，以一人顶替并酬谢医者。

△误伤人命者，以人、驼、马、衣物等顶替，（受害人）若系有功德者则多罚。

△致孕妇流产者，按（怀胎）月数，每月罚九畜。

△男子揪妇女头发，罚牲畜五九，扯破衣服者，罚五畜。

△男女乱合者，罚牲畜七九。已染梅毒者，（加）罚九畜，杖一次。

△勾引少女成奸者，罚牲畜九九，杖一次。

△揪妇女被褥者，罚牲畜三九。

△父母以种种方式逼走女儿者，罚牲畜九九，女儿（自动）返家者，不罚。

△与恶意之人同谋（逼走女儿）者，罚牲畜七九。

△将清白女儿许配邪恶人家，或父母强迫女儿嫁人者，处罚其父母。

△杀死管理财务之汉仆，或致其身体残废者，以五畜及一人赔偿，若（被杀者）系好差役、良仆，则依蒙古惯例处置。

△恶棍或奴仆杀人，抄没其一切财物。窃贼偷盗，不必怜悯，不杀则有碍法律尊严。

△以谎言陷害他人者，按（参与制造谎言的）人数罚马；若因玩笑所致，则罚九畜。

△疯子致人死者，罚九畜。狗、疯狗、公驼、种马、公山羊等致人死亡，（处罚）与疯子致人死亡同。

△勃、额秃根占卜、作法者，（被占卜、作法者）死，杖一次，罚牲畜九九。未死，免杖，罚牲畜九九。

△自安葬之处返回途中，进入他人住所者，按（入宅）人数罚马。

　　△患恶疾者至他人家中，传染疾病并致死人者，杖一次，罚牲畜九九；虽传染疾病而未致死人者，罚牲畜三九；未传染疾病者，罚鞍辔俱全之马一匹；传染疾病致（人）眼瞎者，杖一次，罚牲畜九九。

　　△接触尸体者应去邪，否则罚牲畜九九。

　　△盗窃随葬品与盗窃活人之同类物品同罪。

　　△牵走祭祀之马者，罚九畜。

　　△将尸体、祭祀之马（自墓地）移往别处者，罚牲畜三九。

　　△诱拐汉仆而致死者，应赔偿，罚牲畜三九。若（致死之汉仆）系刁悍难驯者，不罚。

　　△辱骂诺颜或诺颜夫人者，罚牲畜三九。

　　△辱骂好人之夫人者，罚五畜。

　　△辱骂出身卑贱之妇女者，罚马一匹。

　　△辱骂（出身低贱而）地位尊贵之夫人者，罚马二匹。

　　（以上四款）若系对方前来寻衅，则不予处罚。

　　△男子衣服破烂者，罚马一匹。

　　△自己行走中帽尾断开者，罚牲畜三九；（与他人）同行中（帽尾）断开者，罚牲畜一九。

　　△帽带断开者，罚绵羊一只。

　　△许配给他人的女子，女婿应约赴订婚酒宴途中死亡者，该女归女婿之父；许婚而未举行订婚酒宴者，该女之去向由女方父母决定。

　　△拒绝供给好人之夫人食物、睡铺者，罚马一匹；拒绝供给饮料者，罚山羊一只。

　　△男子用尖利木、石殴打妇女者，罚牲畜三九；鞭抽、拳打、脚踢者，罚九畜。

　　△妇女口出秽语、扑打男子者，罚牛一头。

　　……

　　△殴打使者，罚五畜；若使者先动手，则不予处罚。

　　△使者在马群与家宅前面直驰而过，在（马群与家宅）后面下马者，罚马；若系执行紧要公务，则非使者之过。（倘非执行紧要公务）则据其驰过（马群或家宅）距离之远近分别罚马。

　　……

　　△毁改（牲畜）印记者，罚牲畜三九。

　　△经允许而后阉割公畜者，不罚；未经允许，则罚五畜；（擅自）将种马、公驼、雄黄牛、种绵羊及种山羊去势者，罚牲畜三九。

　　△盗取（马）鬃，罚九畜；盗取（马）尾，罚牲畜三九；盗取牛尾，罚五畜。

△盗取骆驼秋毛，罚马、牛合二；盗取骆驼绊腿索，罚马二匹；盗取（骆驼）鼻绳，罚马一匹。

　　△盗取绵羊毛、辔勒、缰绳者，罚羊若干只。

　　△盗取（马的）三腿绊，罚马三匹；盗取（马的）前腿绊，罚马二匹。

　　△窃饮住宅或库房中之酒、酪浆、乳、酸奶者，按（偷饮者）人数（每人）罚五畜。

　　△盗窃行军途中军队之食品者，罚牲畜三九；盗窃行军途中军队之绳索者，罚马三匹；盗窃（军队）驻地之绳索者，罚马二匹，若属询问过长官，虽过不予处罚。

　　△盗窃火镰、锉刀、精铁长矛、铁盾、银马嚼、铁炉、头盔、短剑、狐皮、箭袋、腰带、银项带等，罚牲畜三九。

　　△盗窃剑、刀、凿子、钳子、钻子、斧头、锛子、羊毛剪、刨子、墨斗、锯、帽尾璎、围腰、荷包、帽带、料兜、褡裢等物，罚五畜。

　　△盗窃大盆、碗、木勺、夹子、铜壶、斗篷、毡子、雨具、黄狗皮大衣、山羊皮大衣、皮辔索、鞭子等，罚九畜。

　　……

　　△盗窃匣子、梳子、抓挠儿、镊子、毛笔、竹笔、项圈等物，罚绵羊一只。

　　△盗窃木槌、扇子、兽皮垫、扯绳，罚绵羊一只。

　　△盗窃箭、熊面具、帽翎三物，罚马、牛、羊三畜。

　　△盗窃铠甲、貂皮大氅、克斯蒙大氅及任何一件珍贵兽皮大氅，罚牲畜六九，赔偿一人或一驼。

　　△盗窃靴子、上等裤子、大褂、被褥、西方之青蓝色或红色旱獭皮大氅，罚牲畜三九。

　　△盗窃马鞍，罚牲畜六九。无论盗窃何种马褡子，罚马一匹。盗窃鞍替，罚牲畜三九。

　　△盗取鹞、岩雕、狗头雕、鹫之翎羽，罚牲畜二九。凡偷取水禽之翎、肉者，罚马一匹。

　　△盗窃金碗、金冠、银碗者，罚牲畜六九，赔偿一人或一驼。

　　△盗窃金银，凡量大的，罚牲畜六九；量小的，罚牲畜三九。

　　……

　　△偷猎野驴、野马者，罚以马为首之五畜。

　　△偷猎黄羊、狍子者，罚绵羊等五畜。

　　△偷猎鹿、野猪者，罚牛等五畜。

　　△偷猎岩羊、野山羊、麝者，罚山羊等五畜。

　　△偷猎野驴者，（加）罚马一匹以上。

　　△偷猎貉、獾、旱獭者，罚绵羊等五畜。

△取落水、陷入泥淖或被狼咬死之（畜）肉者，应（给畜主）赔偿；取狼吃剩之驼肉者，罚牛一头。

　　△盗取（他人套住之）野兔，罚绵羊一只；盗取五只，罚山羊一只。

　　△盗窃黄羊网、鸟网者，罚牲畜三九。

　　△盗窃兔套者，罚牲畜一九。

　　……

　　△盗窃蒙古包门，罚牛一头、绵羊一只……盗窃椽子，每根罚绵羊一只。

　　△捕猎小鱼或中等的鱼、鸢、乌鸦、喜鹊等，不处罚。

　　△十岁以下（偷盗）者，不以盗窃论；十岁以上者，以盗窃论处。

　　△汉人为仆一年而偷窃者，不以窃贼论；为仆二年（行窃）者，（追还窃物）；为仆三年（以上行窃）者，按盗窃论处。

　　……

　　△无故加入两人的斗殴并帮助一方，致对方死亡者，其罪及处罚与杀人同。

　　△公正调解（斗殴）的中间人被杀，杀人者杖一次，赔偿牲畜九九及一人；未动手者免杖，罚牲畜九九，赔偿一人或一驼。

　　△从风、雪、雨中救出羊群者，可从每群羊中取好绵羊一只。

　　△救出遭狼侵害之羊群者，可从每群羊中取好绵羊二只。

　　……

　　△谎称使者，按盗贼论处……

　　△盗窃地弩、夹子、套索之类物品者，罚五畜。

　　△盗窃捕兽器、拉网之类物品者，罚马牛……

　　△从沼泽中救出骆驼，可按骆驼数取相同数量的马；救出马牛者，可按（马牛数）每四（头）取绵羊一只。

　　……

　　△杀死窃贼，不受处罚；放走窃贼，则罚羊二只。

　　△杀害子女者，若系亲生父母，杖之，罚牲畜五九；若系养父母，罚牲畜四九并驼一峰。（被害者）若系女孩，（凶手）从军，罚骆驼等九畜。

　　△生于蒙古人家之女孩或男孩（被杀害），（凶手）若系神智混乱或眼睛有毛病者，（其父母）免杖，罚牲畜九九。

　　△携带有标志的（奴仆）逃走，应赔偿。

　　△窃贼用箭射人，无论射中与否，皆罚牲畜九九，并以一人或一驼顶替。

　　△用箭射或用刀砍使者，罚牲畜一九，并以一人或一驼顶替。

　　……

△从水火中救出蒙古人者，奖马二匹。

　　△（从水火中）救出汉人家仆，奖马一匹；救出一般汉人，奖绵羊一只；救出劣等汉人，奖牛一头。

　　△（从水火中）抢救出盔甲、剑者，赏马一匹。

　　△从河水中救出骆驼者，计驼每峰赏好绵羊一只；救出牛群者，赏牛一头；救出牛马者，赏山羊一只；救出马群者，赏马一匹；救出羊群者，赏好绵羊二只。

　　……

　　△救助并携回迷路儿童者，赏好马一匹；若系女童，赏好马或骒马一匹。

　　△取窃贼吃剩之物，罚五畜。

　　△（失）火致人死亡者，罚牲畜三九，并以一人或一驼顶替；烧伤他人手足者，罚牲畜二九；烧伤眼睛者，罚牲畜一九；烧伤面容，罚五畜。

　　△因报复纵火者，杖一次，罚牲畜九九。

　　……

　　△盗窃铜碗，罚牲畜二九；盗窃马褡裢，罚绵羊二只；盗窃使者之马褡裢，罚马一匹；盗窃铜嚼子，罚牲畜二九。

　　△盗窃银项圈，罚牲畜三九；盗窃铜项圈，罚牲畜二九；盗窃铅或锡铁项圈，罚绵羊一只。

　　△用鞭、拳、脚殴打国家使者、普通使者或哨探人员者，罚五畜及马一匹。

　　△乘骑使者走失之驿马者，罚物品二件。

　　△国家使者带随从官员二人、仆役二人。

　　……

　　△诺颜叛逃，部属均可召集人追捕之。

　　△拒不供给驿马者，罚马一匹。（所供之马）倒死，则给予赔偿。

　　△汉人互相残杀，其罪与杀人者同。

　　……

　　△汉地商人调戏妇女，扯破（妇女的）衣服者，罚马、牛。

　　△因嬉戏致牲畜落水而死者，罚牲畜三九。

　　……

　　△驱赶（未造成危害）之畜群，驱赶五头并弃之远地者，罚马一匹；驱赶四头者，罚牛一头；驱赶三头，罚绵羊一只；驱赶二头，罚山羊一只；驱赶一头者，免罚。

　　△驱赶无固定（草场）之马群，驱赶十四以上者，每十匹罚马一匹；驱赶十四以下者，罚牛一头。

　　△无故驱赶自己之骆驼者（按驼群中之驼羔计），每峰驼羔罚牛一头。

主要参考书目

1. 《蒙古秘史》，余大钧译注，内蒙古大学出版社，2014 年 2 月。

2. 《蒙古源流》，萨囊彻辰著，道润梯步译校，内蒙古人民出版社，1980 年 10 月。

3. 《蒙古源流》，萨囊彻辰著，乌兰译校，内蒙古大学出版社，2014 年 2 月。

4. 《阿勒坦汗传》，珠荣嘎译注，内蒙古人民出版社，1990 年 5 月。

5. 《明代蒙古汉籍史料汇编》，第一、二、三、四、五、六辑，内蒙古大学出版社。

6. 《土默特史料》7、10、11、16 集，土默特左旗史志办公室。

7. 《蒙古佛教史》，乔吉著，内蒙古人民出版社，2008 年 4 月。

8. 《蒙古文佛教文献研究》，宝力高著，人民出版社，2012 年 1 月。

9. 《青海佛教史》，蒲文成著，青海人民出版社，2001 年 8 月。

10. 《一世—四世达赖喇嘛传》，五世达赖喇嘛阿旺罗桑嘉措著，陈庆英、马连龙等译，中国藏学出版社，2006 年。

11. 《内齐托音一世传、内齐托音二世传》，额尔德尼毕利衮达赖、达磨三谟陀罗著，成崇德、申晓亭、乌力吉图译注，内蒙古大学出版社，2014 年 2 月。

12. 《土默特志》上卷，土默特左旗《土默特志》编纂委员会编，内蒙古人民出版社，1997 年 5 月。

13. 《土默特史》，晓克主编，内蒙古教育出版社，2008 年 9 月。

14. 《阿勒坦汗》，内蒙古社会科学院历史研究所、呼和浩特市塞北文化研究会编著，内蒙古大学出版社，2008 年 12 月。

15. 《史集》，拉施特主编，商务印书馆，1997 年 5 月。

16. 《多桑蒙古史》，多桑著，上海世纪出版集团，2006 年 3 月。

17. 《北元史》，兀特日·额日德穆·巴雅尔（吴德喜）编著，中国作家出版社，2012 年 5 月。

18. 《明代西海蒙古史研究》，李文君著，中央民族大学出版社，2008 年 11 月。

19. 《蒙古民族通史》，《蒙古民族通史》编委会，内蒙古大学出版社，2002 年 11 月。

20. 《明清蒙古史论稿》，达力扎布著，民族出版社，2003 年 6 月。

21. 《十七世纪蒙古史论考》，乌云毕力格著，内蒙古人民出版社，2009 年 11 月。

22. 《清代蒙古志》，金海、齐木德道尔吉、胡日查、哈斯巴根著，内蒙古人民出版社，2009 年 12 月。

23. 《卫拉特史论文集》，内蒙古阿拉善盟公署、内蒙古师范大学合编，内蒙古师大学报哲社版，1990 年第三期专号。

24. 《卫拉特史论文集》，新疆师范大学学报专号（1987 年）。

25. 《蒙古史论文选集》，第一、二、四、五辑，呼和浩特市蒙古语文历史学会编印，1983 年。

26. 《土尔扈特源流》，道·乃岱著，其达拉图·米代译，新疆人民出版社，2010 年 7 月。

27. 《阿拉善蒙古研究》，梁丽霞著，民族出版社，2009 年 7 月。

28. 《明史纪事本末》，谷应泰著，杨旸、敬知本、田禾译评，辽海出版社，2011 年 4 月。

29. 《明代蒙古史论集》，和田清著，商务印书馆，1984 年。

30. 《绥远旗志、绥乘、归绥县志》，内蒙古社科院图书馆、内蒙古图书馆、呼和浩特市地方志编修办公室合编，远方出版社，2012 年 1 月。

31. 《包头市志、包头轶闻、萨拉齐县志、萨县失守记》，内蒙古社科院图书馆、包头市档案馆、包头市地方志办公室合编，远方出版社，2012 年 11 月。

32. 《新修清水河厅志、清水河县县长王世达呈报出巡情形、清水河县概略、武川县志略、土默特旗志、土默特特别旗调查报告》，内蒙古图书馆编，远方出版社，2009 年 8 月。

33. 《成吉思汗祭奠》，赛音吉日嘎拉、沙日乐岱著，郭永明译，内蒙古人民出版社，1987 年 7 月。

34. 《阿萨喇克其史研究》，乌云毕力格著，中央民族大学出版社，2009 年 8 月。

35. 汉译《蒙古黄金史纲》，朱风、贾敬颜译，内蒙古人民出版社，2006 年 8 月。

36. 《蒙古贞历史》，暴风雨、项福生主编，辽宁出版社，2008 年 8 月。

37. 《阜新蒙古史研究》，李品清、佟宝山主编，辽宁出版社，1998 年。

38. 《北票民族宗教志》，北票市民族事务委员会编，1987 年。

39、《蒙郭勒津姓氏及村名考》，高勒巴干、套克同巴雅尔主编，内蒙古文化出版社，1992 年。

40. 《蒙古姓氏》，鲍玺著，内蒙古文化出版社，1999 年 12 月。

41. 《鄂尔多斯蒙古姓氏》，齐·森布尔著。

42. 《满族姓氏综录》，刘庆华著，辽宁人民出版社，2012 年 2 月。

43. 《大隐楼集》，方逢时撰，李勤璞校注，辽宁人民出版社，2009 年 1 月。

44. 《朔方》，晓克主编，内蒙古大学出版社，2011 年 9 月。

45. 《察哈尔蒙古族史话》，金巴扎布主编。

46. 《喀左蒙古族史略》，李天龙主编，辽宁民族出版社，2008 年 5 月。

47. 《草原佛声》，苗润华、杜华著，内蒙古大学出版社，2008 年 12 月。

48. 《塞外城寺·美岱召》，包头市人民政府专家顾问组编著，内蒙古人民出版社，2009 年 9 月。

49. 《大青山下美岱召》，金峰编著，内蒙古人民出版社，2011 年 8 月。

50. 《人杰地灵敕勒川》，中共土右旗委员会、土默特右旗人民政府、包头大漠文化艺术中心编，内蒙古人民出版社，2011 年 9 月。

51. 《2012·中国·首届敖伦苏木文化研讨会论文集》，达尔罕茂明安联合旗人民政府、包头大漠文化艺术中心、内蒙古明华能源集团公司合编，2012 年 12 月。

52. 《鄂尔多斯历史管窥》，梁冰著，内蒙古大学出版社，1989 年 8 月。

53. 《鄂尔多斯史札》，厄尔呼特·宝山、白斯琴、王志红著，内蒙古大学出版社，2011 年 8 月。

54. 《蒙古及蒙古人》第二卷，（俄）阿·马·波兹德涅耶夫著，内蒙古人民出版社，1983 年。

55. 《青海民族关系史》，谢佐主编，青海人民出版社，2001 年 8 月。

56. 《甘青边界蒙古尔人的起源、历史及社会组织》，（比利时）许让著，李美玲译，青海人民出版社，2007 年 6 月。

57. 《国外裕固族研究文集》，钟进文主编，中央民族大学出版社，2008 年 10 月。

58. 《贸易关系：马市 1400—1600》，（美）亨利·赛瑞斯著，王苗苗译，中央民族大学出版社，2011 年 6 月。

59. 《清朝太祖太宗世祖朝实录蒙古史史料抄》，齐木德道尔吉、巴根那编，内蒙古大学出版社，2001 年 11 月。

60. 《清朝圣祖朝实录蒙古史史料抄》，齐木德道尔吉、黑龙、宝山、哈斯巴根、任爱君编，内蒙古大学出版社，2003 年 10 月。

61. 《清朝世宗朝实录蒙古史史料抄》，齐木德道尔吉、田军、伊德日克、乌云格日勒、额尔敦高娃编，内蒙古大学出版社，2009 年 8 月。

62. 《甘青特有民族文化形态研究》，郝苏民主编，民族出版社，1999 年 12 月。

63. 《内蒙古历史与文化》，林干、崔瑞堂、马大正、丁学芸、薄音湖著，内蒙古人民出版社，2000 年 9 月。

64. 《明经世文编》，中华书局影印本，1962 年。

65. 《明实录·大同史料汇编》，李峰、张焯主编，北京燕山出版社，2008 年 5 月。

66. 《明实录·山西史料汇编》，张梅秀辑录，三晋出版社，2009 年 5 月。

67. 《明实录类纂·河北天津卷》，李国祥、杨昶主编，武汉出版社，1995 年 6 月。

68. 《藏传佛教寺院美岱召五当召调查与研究》，王磊义、姚桂轩、郭建中著，中国藏学出版社，2009 年 12 月。

69. 《涌幢小品》，朱国祯著，文化艺术出版社，1998 年 8 月。

70. 《得胜古村》，薛林平、侯磊、万千、于丽萍著，中国建筑工业出版社，2012 年 9 月。

71. 《敖伦苏木古城》，孟克德力格尔编著，内蒙古人民出版社，2007 年 7 月。

72. 《内蒙古史志资料选编》第一辑，内蒙古地方志编纂委员会总编室编印。

73. 《包头史料荟要》，第六、八、十、十一、十四辑。

74. 《蒙古高原行记》，（日）江上波夫等著，赵令志译，内蒙古人民出版社，2008 年 1 月。

75. 《明史》，张廷玉等撰，中华书局，1976 年。

76. 《西宁府新志》，青海人民出版社，1988 年 6 月。

77. 《蒙古族姓氏录》，乌瑞阳海·赵·阿拉坦格日乐编，内蒙古科学技术出版社，1996 年 8 月。

78. 《蒙古博尔济吉忒氏族谱　蒙古黄史》，罗密、佚名著，乌力吉图译注，内蒙古大学出版社，2014 年 2 月。

79. 《大蒙古国根本黄金史》，罗布桑丹毕坚赞著，格日乐译注，内蒙古大学出版社，2014 年 2 月。

80. 《中国历史地图集》，谭其骧主编，中国地图出版社，1982 年 10 月。

81. 《藏传佛教萨迦派》，诺日尖措著，西藏人民出版社，2008 年 4 月。

82. 《藏传佛教噶举派》，古格·次仁加布著，西藏人民出版社，2007 年 3 月。

83. 《藏密溯源》，蒲文成、参看加著，青海人民出版社，2006 年 8 月。

84. 《西藏宗教之旅》，（意大利）图齐著，耿昇译，王尧校订，中国藏学出版社，1999 年 9 月。

85. 《卓尼藏传佛教历史文化》，丹曲著，甘肃人民出版社，2007 年 8 月。

86. 《明清之际藏传佛教在蒙古地区的传播》，（韩）金成修著，社会科学文献出版社，2006 年 9 月。

87. 《青海藏族阿柔部落社会历史文化研究》，王云著，民族出版社，2011 年 11 月。

88. 《佛像鉴赏》，黄春和著，华文出版社，2006 年 1 月。

89. 《蒙藏佛教史》，释妙舟著，广陵书社，2009 年 5 月。

90. 《内蒙古喇嘛教史》，德勒格编著，内蒙古人民出版社，1998 年 8 月。

91. 《安多政教史（青海分册）》，智观巴·贡却乎丹巴饶杰著，星全成、尼玛太译，青海民族学院民族研究所，1988 年铅印本。

92. 《明代蒙古史丛考》，曹永年著，上海古籍出版社，2012 年 12 月。

93. 《蒙古社会制度史》，（苏）符拉基米尔佐夫著，刘荣焌译，中国社会科学出版社，1980 年。

94. 《卡尔梅克史评注》，（法）伯希和著，耿升译，中华书局，1994 年。

95. 《库伦旗文史资料》第一、二、三、四辑，库伦旗政协文史资料研究委员会编。

96. 《呼和浩特史料》第一、二、三、四、五、六、七、八、九集，中共呼和浩特党史征集办公室、呼和浩特市地方志编修办公室编。

97. 《阜新市少数民族志》，阜新市少数民族志编纂委员会，辽宁出版社，2010 年 6 月。

98. 《蒙元文化》，宝·胡格吉勒图编著，远方出版社，2003 年 10 月。

99. 《蒙古贞部溯源及蒙古贞社会》，那木罕编著，中国社会出版社，2008 年 7 月。

100. 《松窗梦语　继世纪闻　治世余闻》，[明]陈洪谟、张瀚撰，中华书局，1985 年 5 月。

101. 《藏传佛教在蒙古地区的传播研究》，胡日查、乔吉、乌云著，民族出版社，2012 年 4 月。

102. 《王公补遗蒙俗风情拾粹》，中国人民政治协商会议内蒙古自治区委员会文史资料委员会编，1993 年 12 月。

103. 《蒙古风俗鉴》，罗布桑却丹著，辽宁民族出版社，1988 年 11 月。

104. 《蒙古族乌梁海部落史》，乌成荫编著，内蒙古文化出版社，2014 年 7 月。

105. 《中国古代北方游牧民族两翼制度研究》，肖爱民著，人民出版社，2007 年 12 月。

106. 《满蒙档案与蒙古史研究》，乌云毕力格主编，上海古籍出版社，2014 年 7 月。

后　记

　　2012 年 1 月，我前往海拉尔参加自治区文物工作会议，飞机飞越兴安岭，透过舷窗，俯瞰隆冬辽远无际的呼伦贝尔草原，皑皑白雪，延袤千里，我不禁心绪纷繁，思虑沉重，一个久已沉积于心的问题又一次让我陷入沉思。

　　内蒙古呼和浩特市、包头市，辽宁省阜新蒙古族自治县、北票市、朝阳县，在清朝时都称为土默特旗。由于所处地理位置不同，呼和浩特土默特被称为"西土默特"，辽宁阜新蒙古族自治县、北票市、朝阳县被称为"东土默特"。16 世纪中叶，土默特部在其领主成吉思汗第十七世孙阿勒坦汗的率领下，驻牧于今山西、河北长城以北大部分地区和青海地区，成为当时北元蒙古和明朝接壤的主要部落。阿勒坦汗率领下的土默特部，种植农作物，兴建城市，六次北征漠北蒙古兀良哈部，三次西征蒙古卫拉特部，四次赴青海征伐叛乱逃往青海的蒙古部落并占据青海广大地区，和明朝因抢掠生活物资、求贡、报复进行了四十多次战争，成为明朝立国后时间最长、危害最大的边境祸患。明朝史籍记载阿勒坦汗"雄踞漠北，侵扰九边，攻城陷州，越关犯蓟""方今四夷之中北虏为强，而北虏诸强之中，俺答（阿勒坦汗）父子为最，频年以来，扰乱我边疆，蹂践我人民，荼毒之惨，所不忍言""横行塞外几五十年"。1571 年，阿勒坦汗率领北元蒙古右翼和明朝通贡互市，明蒙双方延续了二百余年的战争结束，明蒙青海边境、甘肃、陕西、山西、河北近万里的边防线上烽烟熄灭，边境军民释戈荷锄，边内种田、边外牧马，北元蒙古右翼和明朝进入了和平、稳定的时期，开创了明蒙半个多世纪的和平局面。晚年的阿勒坦汗引进藏传佛教，使藏传佛教最终成为所有蒙古人信仰的宗教，是藏传佛教在北元时期进入蒙古的传播者和弘扬者。阿勒坦汗和他率领下的土默特部，成为北元时期对当时蒙古社会和日后蒙古影响最大的人物和部落。也正因为如此，阿勒坦汗和土默特部成为近现代国内外众多专家、学人们的研究对象。但是，由于历史资料的缺乏和研究工作不系统，阿勒坦汗和土默特部的历史还有很多争议，没有定论。于是，产生了全面系统地写一部关于阿勒坦汗和土默特部的书的想法。

从海拉尔回到呼和浩特后，就一边查找自己藏书中有关阿勒坦汗和土默特部的书籍，一边委托同事韩玲从网上和书店购买相关的书籍，并开始研读这些书籍，从众多资料中钩沉索隐，进行探讨和研究。为了更好地做好研究，我从2013年5月开始，先后赴辽宁、河北、山西、甘肃、青海、西藏及内蒙古的鄂尔多斯市、巴彦淖尔市、乌兰察布市、包头市、锡林郭勒盟考察阿勒坦汗及土默特部人的活动遗迹，以使自己的认识和研究尽可能地符合历史。

考察的日子里，多少次，当我站在每一个阿勒坦汗和土默特部人活动的遗址前，举目凝望，默默地感受阿勒坦汗和土默特部人在此的活动时，就感觉这也是自己与生俱来的责任；多少次，当我行走在追寻之旅的路上时，这些遗址就像有一种感应在吸引着我，使我能顺利地找到这些地方。在我沿着阿勒坦汗和土默特部人的足迹，游走在这些地方时，也使我感受到了土默特部在阿勒坦汗时期的强大和在社会历史进程中衰落的巨变。

2013年9月到2014年12月，我完成了此书的初稿，众多土默特人的关心和期望，也是我能尽快写完此书的动力所在。

在我的追寻之旅中，好友俞章、孙慧、郭常生、王兰柱，发小李拴拴，大学同学吴欣、樊成军、巩海军分别和我一起找寻遗址，使我的追寻之旅充满快乐，不再孤寂，特别是我的大学同学吴欣，他不仅和我一起追寻遗址，还利用工作之余帮我打文稿。我的大学同学顺布尔对此书的出版提供了支持帮助。内蒙古广播电视台蒙语副总监乌力吉，内蒙古大学博士、副教授那仁朝格图，呼和浩特市广播电视台娜日纳对本书中的一些蒙语翻译提供了帮助。我的妻子达步希雅与我结婚二十多年，相濡以沫，在此书的写作中，帮我找资料、打文稿，做了很多工作。此书的出版得到了内蒙古人民出版社副社长陈利保同志的关心支持，此书的责任编辑蔺小英同志对书稿进行了认真仔细的审查和修改，付出了大量的劳动。在此，感谢大家对此书出版的支持和帮助，祝愿好人一生健康、平安。

此书的出版也感谢国内外众多研究阿勒坦汗和土默特的前贤和学者，他们的研究成果使我在写作此书时得到借鉴。

由于掌握的资料有限，加之本人的知识学养和写作水平有限，书中不免有谬误和疏漏之处，诚恳地希望史学界前辈及关心阿勒坦汗和土默特历史的读者提出宝贵的批评、改正意见。

作者

2015年9月26日